国家自然科学基金项目（71271190）研究成果

马俊海◎著

随机波动率
LIBOR市场模型

及其利率衍生产品定价

LIBOR

中国社会科学出版社

图书在版编目（CIP）数据

随机波动率 LIBOR 市场模型及其利率衍生产品定价/
马俊海著 . —北京：中国社会科学出版社，2016. 12
ISBN 978 - 7 - 5161 - 9293 - 1

Ⅰ. ①随…　Ⅱ. ①马…　Ⅲ. ①市场利率—研究 ②金融
衍生产品—计价法　Ⅳ. ①F830. 48 ②F830. 95

中国版本图书馆 CIP 数据核字（2016）第 270869 号

出 版 人	赵剑英
责任编辑	刘晓红
责任校对	周晓东
责任印制	戴　宽

出　　版	中国社会科学出版社
社　　址	北京鼓楼西大街甲 158 号
邮　　编	100720
网　　址	http：//www. csspw. cn
发 行 部	010 - 84083685
门 市 部	010 - 84029450
经　　销	新华书店及其他书店

印　　刷	北京明恒达印务有限公司
装　　订	廊坊市广阳区广增装订厂
版　　次	2016 年 12 月第 1 版
印　　次	2016 年 12 月第 1 次印刷

开　　本	710×1000　1/16
印　　张	19. 5
插　　页	2
字　　数	302 千字
定　　价	72. 00 元

目 录

第一章 导论

由于金融市场利率波动程度不断加大，利率衍生证券逐渐占据了全球金融衍生市场主导地位；特别是随着 LIBOR 作为国际货币市场基础利率体系的作用愈加凸显，以 LIBOR 为标的变量的各种利率衍生证券得以大量产生。因此，基于 LIBOR 市场模型假设的利率衍生证券定价问题也就引起更多学者的广泛关注。进一步分析可知，由于金融市场不确定性程度不断增加，标准化 LIBOR 市场模型具有很多应用局限，非标准化扩展性 LIBOR 市场模型则成为必然选择。因此，基于非标准化扩展性 LIBOR 市场模型假设，对复杂奇异型利率衍生证券进行合理定价则成为现代金融理论研究中的重要内容。近些年来，国内外学者在这一研究领域也取得一些有益成果，但无论从理论方法还是实际应用方面仍然存在许多局限。本书正是针对现有研究局限，将随机波动率与跳跃扩散双重驱动引入 LIBOR 市场模型框架，基于金融资产无套利定价原理，运用随机过程与随机模拟、傅立叶分析、数值计算与逼近技术等为基本分析手段，对利率衍生证券定价理论方法及其实际应用问题进行深入研究探讨。

第一节 研究背景

本书研究主要基于以下三个方面背景：一是 LIBOR 利率衍生产品的快速发展；二是复杂利率衍生产品定价方法的相对滞后；三是我国利率市场化进程的迅速推进。

一 LIBOR 利率衍生产品的快速发展

基于商品多样化的需求以及金融管制的放宽，促使全球金融衍生品市场蓬勃发展，尤其以利率衍生品发展最为迅速。根据表 1 - 1 的数据可以得出，2011 年年末利率衍生品合约名义本金为 553880 亿美元，相比

2000 年增长 7. 21 倍, 在全球衍生品市场的比重高 83. 79%。就全球各地区利率衍生品来看, 利率衍生品比重也最大, 几乎全部超过 50%, 其中日本几乎 100% 是利率衍生品。在所有利率衍生品之中, 尤其以 CMS 类产品更加受到青睐。CMS 类产品是以固定期限互换为标的资产的衍生品, 收益率高, 且具有良好的套期保值特性。

表 1 −1 全球场外交易的衍生品

标的资产分类	估计值（亿美元）	占比（%）
利率	553880	83. 79
外汇	64698	9. 79
股权	6841	1. 04
大宗商品	3197	0. 48
信用违约	32409	4. 9
合计	661025	100

资料来源：BIS（2013）。

美国次贷危机已经过去六年了, 全球金融市场已经逐渐回暖。特别是国内的金融市场跟随着经济持续高速增长的脚步, 各种理财产品的发行量一路高歌猛进, 国民对利率结构性金融产品有着越来越多的需求。根据普益财富的报道, 2013 年 4 月 4 日到 10 日一周内, 国内一共发行了227 款理财产品, 其中结构性金融产品有 64 款, 占 28. 2%。

二 利率衍生产品定价方法相对滞后

在 2008 年金融危机前, 利率衍生品中的结构性金融产品在全世界范围内都是相当热门的, 金融机构不断推出种类繁多的利率结构性金融产品, 而许多投资者在未了解其风险的情况下争先恐后地购买。2008 年之后, 购买利率结构性金融产品的投资者出现大面积亏损, 甚至血本无归, 导致投资者在这之后许多年内对利率结构性金融产品敬而远之。究其原因, 主要是众多投资者使用的利率结构性金融产品的理论计算模型比较落后。当今利率衍生品市场呈现出了两个重要特征：一是 LIBOR 利率作为国际货币市场的基准利率, 其作用越来越明显, 以 LIBOR 或者由 LI-BOR 引申出的 Swap 为标的的利率衍生品层出不穷；二是这些利率衍生品的复杂多样性增加了市场的波动性和风险性, LIBOR 的动态变化过程也就越来越复杂。传统的标准 LIBOR 市场模型就难以满足定价的需求，非标准的扩展形式的 LIBOR 市场模型就成为首选。比如 CMS 价差区间型金融产品，针对其关键数据——LIBOR 远期利率变化路径的数学建模太简单。2008 年国际金融危机对衍生品发展的打击，使人们深刻反思复杂衍生品错误定价问题。衍生品承担巨大的风险是由较弱的流动性，有缺陷的定价系统以及对冲和交易成本透明性的缺乏造成的。因此，如何对这类复杂衍生品定价显得至关重要。

三 我国利率市场化进程迅速推进

随着利率化进程的加快，利率决定权交给了市场，由市场自主决定利率过程，为我国发展利率衍生品提供前提条件。并且，我国正在努力发展以 SHIBOR 利率作为中国货币市场的基准利率，大力发展以 SHIBOR 利率作为标的资产的衍生品，而 SHIBOR 利率与 LIBOR 利率具有内在的相似性。因此，对于 LIBOR 产品的定价研究将会对今后我国 SHIBOR 衍生品的发展起到推动作用。2013 年 7 月 20 日，中国人民银行全面放开对金融机构贷款利率的管制，下一步将加速完善存款利率市场化所需的各项基础条件。这意味着中国利率市场化改革进程接近尾声。利率市场化后，国内利率风险将陡增，这将促进国内利率衍生品的飞速发展，而国内商业银行对于利率结构性金融产品的定价水平与国际先进水平还有很大的差距，况且国内对于利率衍生品的定价研究并不多。综观全球市场，利率互换一般占利率衍生品的 79%，而 CMS 类结构性金融产品是与利率互换率变动风险相关的风险管理工具。国内对该产品的研究十分匮乏，本书将充实国内对于 CMS 类结构性金融产品的定价研究。

第二节 研究意义

一 理论意义

LIBOR 利率作为国际金融市场中最重要的基准利率，在金融资产定价和风险度量中发挥着越来越重要的作用，因此，对 LIBOR 利率动态过程的模拟显得尤为重要，而标准 LIBOR 市场模型中假设隐含波动率恒定，但实际上隐含波动率具有波动率微笑或是波动率偏斜的特征，从而使 LIBOR 利率求对数后的分布服从左肥尾或者尖峰厚尾的正态分布，这种缺陷对利率衍生品的定价尤为重要。如果不能准确地体现金融市场中的波动率偏斜或微笑特征则可能导致严重的定价误差,从而造成严重的经济损失。目前,学者专家通过在标准 LIBOR 市场基础上引入随机波动过程(SV)或者 Levy 跳跃过程对其进行改进;然而,随机波动过程不能产生跳跃,且 SV – LIBOR 模型无法对短期内标的资产的剧烈波动进行很好的解释,当标的资产的存续期较长时无法描述波动率微笑特征。在标准 LIBOR 市场模型基础上引入 Levy 过程等跳跃过程建立跳跃扩散 LIBOR 模型,其能够很好地解释利率波动过程中的突发变况和波动率微笑或是偏斜的特性;然而,该模型却不能有效地解释利率波动过程中的随机性特征。因此,本书在考虑各自模型的优缺点后在标准 LIBOR 市场基础上同时引入 SV 过程和跳跃过程,从而能够更好地拟合金融市场数据的特征。因此,具有重要的理论价值与学术意义。

二　现实意义

随着利率市场化的发展和金融体系的自由化,以 LIBOR 利率为标的的利率衍生品在国际金融市场上越来越多。同时我国 SHIBOR 利率报价机制与 LIBOR 利率报价机制具有内在的相似性,因此对 LIBOR 利率所服从的随机过程进行有效建模对于我国自主定价的 SHIBOR 利率所服从的随机过程建模具有一定的借鉴意义。首先,利率市场化改革还在推进,未来央行的货币政策的调控目标从广义货币供应量(M2)转向 SHIBOR 利率,即直接调控转变为间接调控,而 LIBOR 利率作为全世界最为成熟的银行间利率,对 SHIBOR 利率具有指导性意义。其次,商业银行的风险管理的范围扩大到利率风险,研究非标准化 LIBOR 市场模型有助于提高商业银行利率风险管理能力。最后,中国金融衍生品具有极大的发展潜力。以远期利率协议、利率期货、利率期权、利率互换为代表的基础利率衍生产品必将继续发挥重要的作用。而复杂的利率衍生品如 CMS 类衍生品必将在未来快速发展。因此研究利率衍生品合理定价对商业银行的风险管理具有重要的推动作用,同时也对利率自由化进程具有重大的指导意义。

第三节　国内外研究现状

Brace、Gatarek 和 Musiela（1997）推导出市场上可观察到的 LIBOR 利率所服从的随机过程，Brigo 和 Mercurio（2001）利用测度变换公式，推导出了标准 LIBOR 市场模型（LMM）。LIBOR 市场模型与 HJM 相对比，其主要优势在于模型构建是市场上可观测的远期利率，并且利率衍生产品定价在 LIBOR 市场模型框架下变得更为容易，尤其是利率上限、利率下限、利率互换期权等的定价公式能仍然同市场上最常用的 Black（1976）公式保持一致。然而，标准 LIBOR 市场模型也存在着各种与市场可观测到数据的不一致性，其中主要缺陷在于，其并不能有效获取可观察到市场隐含波动率所具有的波动率偏斜或者波动率微笑等特征。因此，目前国内外相关研究主要集中在两个领域：一是针对标准化 LIBOR 市场模型的非标准化扩展性研究，主要基于 LIBOR 市场模型波动项进行三方面扩展，即引入确定性局域波动率函数、引入跳跃扩散驱动过程、引入随机波动率驱动等；二是基于非标准化扩展性 LIBOR 市场模型的各种利率衍生证券价格计算的近似逼近方法研究，主要基于傅立叶计算逼近、特征函数谱分解、参数时间依赖平均化等技术而形成的期权理论计算方法和数值模拟方法。

一　LIBOR 市场模型的非标准化改进与拓展方法研究

1. 引入局部波动率函数

基于局部波动率的 LIBOR 市场模型主要有两种：

第一种是 Rubinstein（1983）首次提出的移动扩散 LIBOR 模型（即 DD – LMM 模型）。在远期测度 Q^k 下，远期利率 $F_i(t)$ 不同的随机过程：

$$k = i, \ t \leqslant T_{i-1}: \ dF_i(t) = \lambda(\beta F_i(t) + (1-\beta)F_i(0))dZ_i^k(t)$$

Joshi 和 Rebonato（2002）首次把 DD 模型嵌入标准市场模型建立移动扩散 LIBOR 市场模型（即 DD – LMM），并且得到封闭解。该模型采用 β 来刻画波动率微笑的倾斜程度，假设利率服从正态分布（β = 0）和对数正态分布（β = 1）的叠加形态（0 < β < 1）。DD – LMM 最明显的缺点是当 β < 1 时，利率将会出现负数。

第二种是 Cox 于 1996 年首次提出的带有常弹性方差项 LIBOR 市场模

型（即 CEV – LMM 模型）。即在远期测度 Q^k 下，远期利率 $F_i(t)$ 不同的随机过程：

$$k = i,\ t \leqslant T_{i-1}:\ dF_i(t) = \sigma_i(t)F_i^{\beta}(t)dZ_i^k(t)$$

John Holl（1999）首次把 CEV 模型嵌入 LIBOR 市场模型，建立 CEV – LMM，通过转变利率上限期权（Cap）的波动率来估计利率互换期权（Swapion）波动率；该方法的解与标准模型的解非常接近；CEV – LMM 用改进的贝塞尔（Bessel）函数直观表达其转移密度，对转移密度函数进行积分，很容易得出欧式期权计算公式。Greenwood（2009）指出，在一定条件下，CEV – LMM 与 DD – LMM 得出的期权价格往往十分接近，而且 DD – LMM 在计算速度上远胜过 LMM – CEV。所以，LMM – DD 应用得更为广泛。但两者有个共同的缺陷是：波动率曲线只有偏斜特征，凸性太小，这与实际情况不符。

2. 加入跳跃过程的 LIBOR 市场模型（JD – LMM）

最早的 JD – LMM 由 Glasserman 和 Kou（2000）提出，即在远期测度 Q^k 下：

$$k = i,\ t \leqslant T_{i-1}: dF_i(t) = \sigma_i(t)F_i(t)dZ_i^k(t) + dJ_n(t)$$

$$J_n(t) = \sum_{i=1}^{r} \sum_{j=1}^{N(i)(t)} H_{ni}(F(\tau_j^{(i)}), X_j^{(i)}, \tau_j^{(i)})$$

Glasserman 和 Merener（2004）假设利率服从对数正态分布时，得到利率上限期权元和互换期权价格封闭解，拟合波动率变化特征则采用不同的平均跳跃幅度。Eberlein 和 Özkan（2005）提出基于 Levy 过程的 LIBOR 市场模型，建立 Levy 跳跃 LIBOR 市场模型（Levy – LMM），并给出模型无套利条件。Eberlein 和 Koval（2006）以交叉货币期权为研究对象，在 Levy – LMM 基础上将其扩展到多币种形式。Jarrow 等（2007）用 JD 去替换 DD 或者 CEV，用 Levy 逆算公式解释了非对称波动率微笑，Sanjay（2009）在 Jarrow（2007）基础上，假设其中部分参数分段固定，采用 FFT 方法得到 Riccati 等式封闭解。Belomestny 和 Schoenmakers（2011）提出一种高维跳跃空间下的跳跃扩散 LIBOR 市场模型，并采用考虑了局部协方差结构的非参数校准算法对模型进行校准。Lea Steinrucke（2013）提出了一个基于机制转换的跳跃扩散 LIBOR 市场模型（即 SR – LMM），假设所有跳跃扩散参数都依赖于有限状态空间马尔科夫链，然后用此模型对利率互换定价，并证明了 SR – LMM 能给出令人满意的利率互换价格。Leippold 和 Strømberg（2014）提出一种新的时变列维 LIBOR 市场模型，以对利率上限和利率互换期权进行联合定价；他们将时变分成三部分，即拟合波动率期限结构、产生随机波动率、产生波动率偏斜。该模型充分考虑了 2008 年以来金融危机对利率动态变化的影响，并对利率上限期权和利率互换期权定价。Steinrcke 和 Swishchuk（2015）在 LIBOR 市场模型基础上引入具有马尔科夫机制转换特征的跳跃扩散项，模型中每一个远期利率在其相应的测度下都遵循一个没有漂移项的马尔科夫机制转换跳跃扩散项。同时，笔者运用测度变换技术和傅立叶定价技术推导出了利率上限期权、利率下限期权和利率互换期权的定价公式，结果表明，该模型能够很好地拟合市场数据。Glau K.、Grbac Z.、Papapantoleon A.（2016）将一般半鞅作为驱动过程来描述动态过程演变，并给出了模拟 LIBOR 利率的一个统一框架，还推导出一些充分条件来保证模型无套利性。

3. 基于随机波动率的 LIBOR 市场模型（SV – LMM）

随机波动率模型最初用来模拟波动率随机行为，反映市场波动率微笑和波动率偏斜。SV – LMM 最早由 Joshi 和 Rebonato（2001）提出，模型假设瞬时远期利率波动率期限结构包含四个参数，且都服从 Ornstein - Uhlenbeck 过程。Hagan、Kumar 等（2002）将 SABR 模型引入 LIBOR 过程中形成 SABR – LMM，模型中假设波动率由一个与 LIBOR 利率相关的几何布朗运动来驱动；该模型主要不足是，SABR 不能产生均值回复和短期内波动率变化比较平稳的特征。Piterbarg（2003）在 DD – LMM 的基础上引入了随机波动率过程，从而形成了 DD – SV – LMM。Bester（2004）推导出一个状态空间的估计框架，在该框架下随机域模型和仿射模型都可以运用同种远期利率数据通过马尔科夫链蒙特卡罗模拟（MCMC）方法来进行参数估计。Andersen 和 Brotherton – Ratcliffe（2005）在 LMM 基础上引入具有均值回复特征的随机波动率过程，并运用近似扩展技术推导出利率上限期权和利率互换期权定价的封闭解。Lixin Wu 和 Fan Zhang（2006）通过对远期利率波动率采取乘积因子随机因素来扩展，模型假定随机因子与对数正态远期利率存在相关性，运用近似技术推导出了关于远期利率和互换利率的矩母函数，最后通过逆傅立叶变换技术将期权价格计算出来。Denis Belomestny、Stanley Mathew 和 John Schoenmakers（2009）运用高维平方根波动率过程来扩展 LMM，并运用快速傅立叶方法对模型进行求解。Lutz 和 Kiesel（2011）在 LIBOR 市场模型中加入了随机波动率过程，基于快速估计 Cox – Ingersoll – Ross 过程密度函数，推导出 CMS 价差期权快速但精确的定价公式。杨荣海（2012）通过对欧洲美元市场和欧洲日元 3 月期 LIBOR 数据研究发现时间序列具有随机游走特点，并且波动程度不断扩大，建议可以引入稳定同业拆借市场利率波动为目标的监管思路。Marcel Ladkan 等（2013）提出具有替代扩散项的多维随机波动率 DD – SV – LMM，模型假设各自远期 LIBOR 利率都由平方根随机波动率过程驱动，而且还提出一种新的仿射近似扩展方法，结合傅立叶转换方法对利率上限期权和利率互换期权进行定价。Jianwei Zhu（2013）通过将短期利率过程添加到隔夜利率中扩展 LIBOR 市场模型，并在一个独特 OIS 远期测度下使 OIS 零息债券价格和远期利率期限结构统一起来，并推导出一个调整数解释分别在 OIS 远期测度和原始远期测度下远期利率之间不同。Kwais 等（2014）为了定价在利率上限期权市场中的具有波动率偏斜特征的利率上限期权而将 Wishart 过程引入标准 LIBOR 市场模型中即 LIBOR N – dimensional Wishart（LNW）。TAO L. WU 和 Shengqiang Xu（2014）通过将利率中的随机部分服从一个随机域来扩展 LIBOR 市场模型，即 RF – LMM 模型，该模型校准了利率上限波动率和互换期权波动率，并推导出了定价利率上限期权和互换期权的封闭解。

二 主要利率衍生产品定价方法研究

利率衍生产品种类很多，就目前而言，以 LIBOR 利率作为标的变量的结构性利率产品和 CMS 类产品两类应用更为广泛，本书在此主要对它们的定价方法研究现状进行分析。

1. 结构性利率产品定价方法研究

Burth、Krause 和 Wohlwend（2001）分析了瑞士市场中比较典型的两种结构性产品反向可转债和折扣凭证，认为在产品发行时的定价往往有利于发行者。Wilkens 等（2003）对反向可转债和折扣凭证进行研究，并通过产品报价与 Eurex 上市美式期权定价进行复制定价结果进行比较。张睿（2005）利用 BDT 模型对包含提前赎回权或是回售权的产品进行定价，没有对同时包含两种期权的产品进行分析，而 BDT 模型在处理美式浮动利率期权定价方面的局限性也使该方法产生一定的误差。Vishal Subandh（2007）从投资者的角度出发认为在不同组合策略下，提出结构性产品的最终收益与其他投资工具相比并没有绝对的优势。颜忠田（2007）利用标准 LIBOR 市场模型，通过从市场得到的 LIBOR 利率、互换利率得出远期利率起始值和利率上限市场报价校正出远期利率波动率结构，并利用历史数据得出远期利率的相关系数，然后利用蒙特卡罗模拟方法对该结构性产品进行定价。张竣堯（2008）利用标准 LIBOR 市场模型以及最小二乘蒙特卡罗方法，对每日计息的区间变动可赎回债券以及股权联动的触发失效绝对报酬股权联动债券定价分析。Thorsten Hens 和 Marc Oliver Riegery（2009）从投资者角度出发，利用一定约束下的最大效用函数方法得到最优结构性产品，分析了在不利收益的情况下，该产品对于投资者非常有吸引力的原因。

2. CMS 类利率产品定价方法

CMS 挂钩型金融产品主要有 CMS 互换、CMS 上/下限期权、CMS 价差期权（CMSSO）和 CMS 价差区间型连动债券。标准利率互换使用的浮动利率是 LIBOR 利率，而 CMS 互换使用的浮动利率是 CMS 利率，还有一类金融产品和长期（如 10 年或者 30 年）CMS 与短期（如 2 年）CMS 之差挂钩。Hunt 和 Kennedy（2000）通过线性互换率模型对 CMS 互换近似定价，Boenkost 和 Schmidt（2003）、Pelsser（2003）利用 LMM，经过凸性调整，然后用蒙特卡罗模拟对 CMS 互换定价。Mercurio、Pallavicini 和 Banca 等（2005）采用高斯短期利率模型以及随机化的参数对 CMS 为基础的衍生产品进行定价，定价模型能够很好地拟合互换期权微笑以及 CMS 价差期权市场价格。廖容晨（2008）利用 LMM 标准型，并假设波动率期限结构是分段常数，然后用最小二乘蒙特卡罗模拟计算可赎回 CMS 价差区间型理财产品的价格。Antonov 和 Arneguy（2009）使用 LMM – SV 对 CMS 挂钩型金融产品定价，对于单个 CMS 挂钩型产品运用标准线性回归测度变换，对于 CMSSO 则是非线性测度变换技术。Wu 和 Chen（2009）以多因子 LIBOR 市场模型为基础对三种利率期权，以 CMS 价差期权为例提出一种在 LIBOR 市场模型框架下近似求解远期互换利率分布的方法。Hanton 和 Henrard（2010）以多因子 HJM 模型为基础，对 CMS、CMS 价差类以及其他相似衍生产品进行分析并求解出近似定价公式。他们近似方法分为以下两种：以近似的期望方程求解出精确的解析解和以精确的期望方程求解出近似的解析解。他们的实证研究证明后者的近似误差更小。

Kienitz 和 Wittke（2010）利用 LMM – DDSV – SABR 模型计算 CMS

上/下限期权的封闭解，在 LMM – DDSV – SABR 模型定价过程中，不仅要考虑不同期限 CMS 的相关性系数，还要考虑波动率期限结构的偏度和交叉偏度。Lutz 和 Kiesel（2011）在流行的 LIBOR 市场模型中加入了随机波动率过程（SV – LIBOR 市场模型）推导出 CMS 价差期权快速但精确的定价公式，并基于快速估计 Cox – Ingersoll – Ross 过程的密度函数而得出，再结合近似互换利率动态方程推导出 CMS 价差期权的半解析解。Tchuindjo（2012）对互换率历史数据作统计学分析，证实 CMS 服从正态分布假设，利用双因素模型对 CMS 价差挂钩型金融产品定价，其中远期 CMS 价差利率在相关的测度下服从高斯过程。最后求出 CMSSO 的封闭解。陈曦（2012）利用互换率市场模型（SMM）对 CMS 挂钩型金融产品定价，在使用互换率市场模型（SMM）标准型时，先测度变换，然后时间调整，最后用泰勒展开式估计上述两个部分。蔡昱宏（2013）利用 LMM 标准型求出远期利率，然后计算 30 年期 CMS 与 10 年期 CMS 的利差。马俊海等（2013）在标准 LIBOR 市场模型基础上加入 Heston 随机波动率，建立 Heston – LMM，运用 Black 逆推参数校正方法对局部波动率进行校正，并采用马尔科夫链蒙特卡罗模拟（MCMC）方法对模型参数进行估计。孙斌（2015）引入了具有随机波动率和机制转换性质的 LIBOR 市场模型和互换率市场模型，运用 Black 逆推公式和分段固定参数化方法对局部波动率和瞬时波动率参数进行校准，而且利用 MCMC 方法对模型参数进行估计，模型中包含了市场当前信息和历史信息，能够更有效地预测未来市场的信息。陈睿骁（2015）在标准 LIBOR 市场模型基础上引入随机波动率过程和跳跃扩散过程，运用蒙特卡罗模拟对 CMS 价差产品中零息债券部分和浮动收益债券部分进行定价，同时利用最小二乘蒙特卡罗方法确定产品可提前赎回权价值。

三　研究局限及未来发展动态分析

基于以上分析，目前研究局限及未来发展动态主要体现在以下三方面：

一是在扩展性 LIBOR 市场模型研究。目前主要有 CEV 和 DD 简单局域波动率函数的 Heston 类随机波动模型，而且随机波动率和跳跃驱动并未进行有机融合，不能很好地拟合 LIBOR 变化实际特征。因此，基于随机波动率和 Levy 跳跃驱动双重驱动，建立非 Heston 类非标准化 LIBOR 市场模型，将是 LIBOR 市场模型扩展研究未来发展方向。

二是利率期权价格计算与模拟方法研究。目前近似逼近技术都是基于二阶以下低阶分析，而对于高阶逼近尚未得到真正运用，在复杂衍生证券定价中显得比较粗糙，所以基于二阶以上近似逼近将成为利率期权价格理论与数值模拟重点突破内容。

三是应用研究方面。国内基本停留在标准化 LIBOR 市场模型运用，非标准化模型理论研究和实际应用还非常初步。因此，基于随机波动率 LIBOR 市场模型的利率衍生债券定价方法也成为正确解决我国诸多利率产品定价问题的理论基础。

第四节　主要研究内容框架

针对以上研究局限及未来发展动态，本书拟实现以下三个方面研究目标：一是针对 LIBOR 愈加突出的隐含波动率微笑或偏斜尖峰特征，基于随机波动率与跳跃扩散双重驱动，建立更加有效的扩展性非标准化 LIBOR 市场模型，进一步拓展其应用范围；二是针对大量奇异性利率衍生证券迅速发展和已有定价方法局限，充分运用随机分析和数值逼近模拟技术，建立更为有效的利率衍生证券定价的理论计算与数值模拟方法；三是充分利用上述理论研究成果，对我国外汇结构性衍生产品定价问题进行系统研究，进一步完善我国商业银行金融资产定价方法体系，提升其资产定价能力。围绕以上目标，本书主要研究内容包括以下六个方面。

一　移动扩散 LIBOR 市场模型（DDSV－LIBOR）市场模型及其结构化债券定价

1. 研究内容框架

主要针对国内外研究现状及未来发展动态，基于 LIBOR 市场模型的核心组成要素和利率衍生证券的价值结构特征，对已有的利率衍生证券定价方法进行研究。首先，对 LIBOR 利率衍生证券定价的基本理论进行分析，建立本书的 DDSV－LMM 模型。其次，研究分析随机波动率模型的参数估计方法，同时通过欧拉离散化对 LMM－DDSV 模型进行离散化转换，并且着重介绍了本书使用的自适应的 MCMC 方法的技术手段。再次，则是利用历史数据对 LMM－DDSV 模型的参数进行估计分析。最后，通过 DDSV－LMM 模型来对区间累积结构性理财产品进行定价分析，说明了该模型对于产品的价值有很好的模拟效果。

2. 创新之处

该模型的创新之处主要体现在理论研究和实证模拟两个方面，包括以下三个内容：

一是在 LIBOR 市场模型中加入移动扩散项和随机波动率，建立 DDSV－LMM 理论动态模型，比较分析认为，该模型能够更好地描述利率的动态变化过程特征。

二是通过自适应 MCMC 参数估计方法中来对模型参数进行估计。研究认为，LMM－DDSV 模型能够较好地描述 LIBOR 利率的动态变化过程。

三是用蒙特卡罗模拟方法对银行 LIBOR 挂钩结构型理财产品进行定价分析，实证表明，LMM－DDSV 模型能够提供很好的利率路径模拟。

二 SV－LIBOR 市场模型及其外汇结构化存款定价

1. 研究思路及内容提要

本书选用具有可提前赎回和回售特征的范围累积外汇结构性存款作为研究对象。首先，利用金融工程的分解复制原理，对该外汇结构性存款，进行理论上的价值组成分析。其次，对其标的 LIBOR 利率特性进行分析，利用 Black 逆推公式以及 MCMC 方法对模型参数进行校正和估计分析。再次，研究了基于随机波动率过程的利率外汇结构性存款蒙特卡罗模拟定价模型及其改进的定价方法，结合产品本身内含的可提前赎回或是回售特征的百慕大式期权的最优执行策略理论，对民生银行"民生财富"外汇理财二期 C 计划——具有提前赎回特征的范围累积外汇结构性存款进行定价分析。最后，选择其初远期利率、局部波动率、随机波动率的波动率以及相关系数四个参数对上述外汇结构性存款进行敏感性分析，以得出模型内上述各参数变化对于该产品理论价值的影响以及模型参数和产品价值定价之间的相互关系。

2. 创新之处

该模型的创新之处主要体现在理论研究和实证模拟两个方面，包括以下三个内容：

一是利用金融工程的分解复制原理，针对现阶段普遍存在的带有可提前赎回或是回售条款的外汇结构性存款，进行理论上价值组成分析，建立了外汇结构性存款价值构成公式。

二是基于 SV – MM 分析框架，建立该模型的 MCMC 和 Black 逆推公式参数校准与估计模型，更好地满足了历史信息、当前市场信息和建模者主观意识三大校正条件要求。

三是运用最小二乘蒙特卡罗方法（LSM），提出百慕大式衍生证券的理论定价方法和数值模拟计算模型及改进研究。利用 Longstaff 和 Schwartz（2001）所提出的最大值准则来确定回归计算中最佳基本函数数量和解释变量以得到最佳持有价值。

三 JDSV – LIBOR 市场模型的 CMS 差价区间型债券定价

1. 研究思路及内容提要

主要基于 JDSV – LMM 分析框架，以 CMS 价差区间型连动债券为研究对象，将其视为多种利率衍生产品的组合，分析探讨其定价方法。主要内容包括三个部分。首先，研究分析 CMS 价差区间型连动债券的基本价值组成，对其包含的各个部分的价值，特别是可提前赎回特征的百慕大期权特性进行深入分析。其次，在 CMS 价差区间型连动债券价值分析基础上，分析作为该结构性金融产品最终标的物——LIBOR 利率的特点，并建立 SVJD – LMM 市场模型更适合于描述 LIBOR 利率市场行为的结论；同时利用产品的历史市场数据，将市场信息、建模者的主观判断以及历史信息加入该模型中去，利用 Black 逆推公式以及 MCMC 方法对该模型进行参数估计分析。最后，结合产品本身内含的可提前赎回特征的百慕大式期权的最优执行策略理论，对荷商安智银行的 2 年期美元计价的"威力 55" CMS 价差连动债券——具有提前赎回特征的 CMS 价差区间型债券进行定价分析。

2. 创新之处

该模型的创新之处主要体现在理论研究和实证模拟两个方面，包括以下三个内容：

一是建立了 CMS 价差区间型连动债券的价值表达式。利用金融工程的分解复制原理，基于可提前赎回价值分析，针对现阶段普遍存在的带有可提前赎回条款的 CMS 价差区间型连动债券理论上的价值组成进行代数分析。

二是建立 SVJD – LMM 模型。主要基于 CMS 价差区间型连动债券的定价问题的实际需要，在满足市场的历史信息、当前市场信息和建模者主观判断三大估计条件要求下，运用 Black 逆推公式和 MCMC 参数估计方法建立了 LMM – SV – JD 模型。

三是最小二乘蒙特卡罗模拟方法对百慕大式 CMS 价差区间型连动债券的定价方法的研究。根据产品内含的可提前赎回特征的百慕大式期权最优执行策略理论，对荷商安智银行的 2 年期美元计价的"威力 55" CMS 价差连动债券进行定价分析。

四 SABR – LIBOR 市场模型及其 CMS 差价区间型产品定价

1. 研究思路及内容提要

本书基于 SABR – LMM 分析框架，以 CMS 价差期权为研究对象，研究探讨利率衍生证券定价的理论计算与实证模拟问题。主要内容包括三个方面，首先，对 CMS 类产品定价的基本理论进行分析，主要对即期利率、远期利率及交换利率的概念内涵进行分析，在此基础上对 Caps、Caplet 价值方法进行分析评述。其次，对利率模型进行介绍及构建，收益率方程的参数估计主要运用 Caplet 的 Black 逆推公式得出隐含波动率，从而得到远期利率的波动率，对于随机波动率方程的参数估计主要采用 MC-MC 方法，并通过离差计算，对不同模型模拟结果进行比较分析。最后，对 CMS 价差区间产品进行定价且进行参数敏感性分析和收敛性分析，以判断该定价体系是否稳定。

2. 创新之处

该模型的创新之处主要体现在理论研究和实证模拟两个方面，包括以下三个内容：

一是将 SABR 随机波动率方程引入标准 LIBOR 市场模型，建立 SA-BRLMM 模型。以往对衍生品进行定价设定的利率模型集中于标准 LIBOR 模型和 Heston – LMM 模型；而 Heston 模型期限较长不能很好地拟合波动率微笑，SABR 波动率能很好地拟合期限较长波动率微笑特征。

二是将 MCMC 方法运用到 SABR – LIBOR 利率模型参数估计中。以往模型仅满足历史信息校正条件，而忽略了当前市场信息以及建模者主观意识条件；MCMC 方法不依赖于初始值和初始分布，最后会趋于稳定的分布，因此可以更好地保证模型稳定性和准确性。

三是用蒙特卡罗模拟方法对 CMS 类产品进行定价。以往的文献中对 CMS 类产品的定价主要采用解析解方法，而对数值方法应用也多以二叉树、三叉树方法为主。解析解方法对 CMS 类中较为复杂的衍生品应用具有很大的局限性，且无法对具有回购性质 CMS 类产品进行定价。

五　RSSV – LIBOR 市场模型及其 CMS 价差期权定价

1. 研究内容框架

研究的总体思路是：首先，对标准的 LIBOR 市场模型进行介绍，并分析了市场利率衍生产品的隐含波动率存在的随机性以及机制转换的特性，指出该模型存在的缺陷；在此基础上分别推导出了具有随机波动率和机制转换性质的 LIBOR 市场模型以及互换利率市场模型。其次，利用市场上可观测到的利率上限及利率互换期权的市场报价，运用 Balck 逆推公式以及分段固定的参数化方法对模型中的局部波动率以及瞬时波动率参数进行了校准；同时，我们利用马尔科夫链蒙特卡罗模拟的方法对模型中随机波动率和机制转换方程的参数进行了估计。最后，在随机波动率机制转换特性的假设下，利用费曼—卡茨定理求解出了 CMS 价差期权中标的远期互换利率的特征函数，并运用傅立叶逆变换的方法最终求解出了 CMS 价差期权的定价公式。

2. 创新之处

该模型的创新之处主要体现在理论研究和实证模拟两个方面，包括以下三个内容：

一是在标准 LIBOR 市场模型的基础上引入具有随机波动率和机制转换性质的 LIBOR 市场模型，形成了随机波动率机制转换 LIBOR 市场模型；该模型由随机波动率和机制转换双重因子驱动，因此其能更好地拟合远期 LIBOR 利率的走势；实证分析的结果也证明了这一点。

二是马尔科夫链蒙特卡罗模拟方法的参数估计。本书采用马尔科夫链蒙特卡罗模拟的参数估计方法估计随机波动率机制转换随机微分方程中的参数问题，其反映了隐含波动率的历史信息；以 Black 逆推公式所得的局部波动率来反映隐含波动率的当前信息。

三是以傅立叶变换为基础的利率衍生产品定价问题求解。本书运用傅立叶逆变换方法和费曼—卡茨定理，对模型假设下的利率衍生产品定价问题进行求解。

六　Levy – SV – LIBOR 市场模型的参数校准与估计

1. 研究思路及创新

包括三个部分：第一部分，根据远期 LIBOR 利率的定义，推导出标准 LIBOR 市场模型，分析了远期 LIBOR 利率的随机波动率和跳跃特性，推导出随机波动率 Levy – LIBOR 市场模型。第二部分，对 LIBOR 模型市场校准方法的研究，介绍了两种常见的校准工具——利率上限和利率互换期权的定义和表示方法，并利用传统参数化方法和新的非参数化方法分别对模型的局部波动率和瞬时相关系数进行校准。第三部分，对 Metropolis – Hastings 抽样算法进行优化设计，提出了并行化的自适应 M – H 抽样算法；然后利用新的自适应马尔科夫链蒙特卡罗模拟方法对各假设下的 Levy – LIBOR 市场模型进行参数估计，并对估计后的模型运用蒙特卡罗模拟方法对远期 LIBOR 利率的生成路径进行了模拟。

2. 创新之处

该模型的创新之处主要体现在理论研究和实证模拟两个方面，包括以下三个内容：

一是在标准 LIBOR 市场模型的基础上构建由随机波动率和 Levy 跳跃过程双重因子驱动的 LIBOR 市场模型。本书在标准 LIBOR 市场模型的基础上，引入具有随机波动率和 Levy 跳跃性质的 LIBOR 市场模型从而形成了随机波动率 Levy – LIBOR 市场模型。该模型可由随机波动率和多种 Levy 跳跃过程驱动，因此能更好地拟合远期 LIBOR 利率走势。

二是 LIBOR 市场模型的校准方法。本书利用传统参数化方法和新的非参数化蒙特卡罗模拟方法分别对模型的瞬时相关系数进行校准，并对校准结果进行分析，结果证实新的非参数化蒙特卡罗模拟方法具有较高的校准精度。

三是自适应马尔科夫链蒙特卡罗模拟方法的参数估计。采用并行化的自适应马尔科夫链蒙特卡罗模拟参数估计方法解决随机波动率 Levy – LIBOR 随机微分方程中的参数估计问题。

第五节　本书撰写工作说明

本书是国家自然科学基金项目"基于随机波动率 LIBOR 市场模型的利率衍生证券定价方法及其应用研究"的最终研究成果。整个项目由课题负责人马俊海教授统一组织安排，同时也得到浙江财经大学刘凤琴博士的大力协助，经过课题组全体成员四年以来的共同努力，课题研究工作得以顺利开展，并取得了预期研究效果。到目前为止，发表（录用待发表）高水平学术论文 10 余篇，其中在《系统工程理论与实践》、《中国管理科学》和《统计研究》等国内重要期刊上发表 6 篇；指导硕士研究生完成了 7 篇相关内容的毕业论文。硕士研究生张强、陈睿骁、孙斌、张如竹、金瑜、聂志平、刘丽莉等同学在课题数据资料收集处理、模型实证分析等方面，做了大量工作。本书的撰写是对课题研究成果的进一步提炼而形成，全书的写作结构、内容安排都是由马俊海教授完成的，已经完成的相关硕士学位论文对本书的撰写完成也起到了比较重要的支撑作用。

第二章 基本模型方法与定价工具

本书研究注重数理方法与模型的分析与应用，比较复杂，涵盖基本理论、模型方法、实证计算与模拟等内容，特别是诸如随机波动率、Levy跳跃、马尔科夫链蒙特卡罗模拟、互换期权等一些主要模型方法与工具，形成了本书研究工作开展的强有力理论基础。

第一节 金融市场中的随机波动率

金融市场波动描述是现代金融理论关键内容之一，而且随着近年金融市场的波动日益加剧，表现出非常复杂、丰富的统计特征。因此，构建合适波动率理论模型对于资产定价理论检验、投资组合配置、衍生品套期保值策略的设计和金融风险的测度和管理而言，都有着极其重要的理论和现实意义。由于随机波动模型（SV 模型）在描述金融资产波动率动态过程时更为灵活，因此逐渐在波动率估计和预测中占据主导地位。目前最常用的 SV 模型包括：Hull – White 模型、Stein – Stein 模型、Heston模型和 SABR 模型。

一 Hull – White 模型

Hull 和 White（1987）使用几何扩散模型将 Black – Scholes 期权定价模型中的常数波动推广为随机波动，得到一个连续时间的 SV 模型。Hull – White 模型可表示为如下形式：

$$dS_t = \mu S_t dt + \sqrt{v_t} S_t dW_t, \quad t > 0 \tag{2-1}$$

$$dv_t = \theta v_t dt + \xi v_t dB_t, \quad t > 0 \tag{2-2}$$

$$dW_t dB_t = \rho dt, \qquad t > 0 \tag{2-3}$$

其中，v_t 为资产价格 S_t 的随机波动方差；而随机波动率 $\sigma_t = \sqrt{v_t}$；θ、

ξ 分别代表方差 v_t 的漂移系数和波动系数；μ 是 S_t 的漂移系数；W_t、B_t 都是标准布朗运动，ρ 为 dW_t 与 dB_t 之间的相关系数。v_t 为对数正态分布，且当 $\theta < 0$ 时，v_t 服从零均值回归过程。假定满足特殊情形 $\rho = 0$ 时，Hull 和 White 利用推导出显式期权定价公式，局限性在于 v_t 不能为负。但在实际市场环境下，实证研究已证实 ρ 通常为负值。目前，Hull – White 模型主要作为无套利利率期限结构模型，应用于利率衍生品和债券定价等。

二　Stein – Stein 模型

M. Stein 和 C. Stein（1991）提出了随机波动率模型单因素 Stein – Stein 模型。Schöbel 和 Zhu（1999）将模型扩展为目前最常用的双因素 Stein – Stein 模型，表示为如下形式：

$$dS_t = \mu S_t dt + \sigma_t S_t dW_t, \quad t > 0 \tag{2-4}$$

$$d\sigma_t = \eta(\theta - \sigma_t)dt + \xi dB_t, \quad t > 0 \tag{2-5}$$

$$dW_t dB_t = \rho dt, \quad t > 0 \tag{2-6}$$

其中，σ_t 代表随机波动率，μ，η，ξ，θ 均为常数；η 为波动率 σ_t 调整的速率；θ 为波动率 σ_t 的均值回归；ξ 为资产价格瞬时波动率；W_t，B_t 都是标准布朗运动，ρ 为 dW_t 与 dB_t 之间的相关系数（$-1 < \rho < 1$）。模型克服了 Hull – White 模型无法提供有效期权定价公式的缺陷。在假设 $\rho = 0$ 情况下，M. Stein 和 C. Stein 利用 Stein – Stein 模型中的波动率的分布密度函数推导出期权价格的封闭解。但实证研究证明 Stein – Stein 期权定价模型的解并不完备。

三　Heston 模型

Heston（1993）最早提出 Heston 模型，是目前应用相当广泛的随机波动率模型，模型借用了 Cox、Ingersoll 与 Ross（1985）提出的均值回复平方根过程。基本模型为：

$$dS_t = \mu_t S_t dt + \sigma_t S_t dW_t \tag{2-7}$$

$$d\sigma_t^2 = \kappa(\theta - \sigma_t^2)dt + \eta \sigma_t dZ_t \tag{2-8}$$

$$dW_t dZ_t = \rho dt \tag{2-9}$$

其中，σ_t^2 服从 CIR 过程；参数 κ，θ 与 η 都是正常数，分别表示均值回复速率、波动率平方 σ_t^2 的长期均值水平、波动率的波动率（Vol – of – Vol）；μ_t 为无风险利率；W_t 与 Z_t 都为标准布朗运动，ρ 为 dZ_t 与 dW_t 的相关系数。应用模型仿射结构和傅立叶方法，Heston 推导出普通期权价格的半封闭解。随后许多学者对 Heston 模型进行了扩展，如加入非连续跳跃过程等，进一步提高对期权定价的精确度。此外，诸多学者还利用 Heston 模型对金融市场其他问题进行了研究，这些研究都极大地丰富了 Heston 模型的实际应用。Heston 模型目前有两方面局限：一是 Bergomi （2004）实证检验发现，应用 Heston 模型难以对结构化产品实现有效估值；二是应用 Heston 期权定价模型难以较好地刻画与预测"波动率微笑"现象。

四 SABR 模型

Hagan 等（2002）在远期测度下，对标的资产远期价格动态演化过程提出一个新的 SABR 随机波动模型。SABR 模型可表示为如下形式：

$$dF_t = \delta_t F^\beta dW_t, \qquad t > 0 \qquad\qquad (2-10)$$

$$d\delta_t = \alpha \delta_t dB_t, \qquad t > 0 \qquad\qquad (2-11)$$

$$dW_t dB_t = \rho dt, \qquad t > 0 \qquad\qquad (2-12)$$

式中，随机过程 δ_t 是远期资产价格 F_t 的波动率的随机过程分量；常数 $\alpha > 0$ 被称为波动率系数的波动性，若 $\alpha = 0$ 则模型退化为 CEV 模型；偏移参数 β 为常数，$\beta \in [0, 1]$，主要用来表示未来现货价格与平价期权波动性之间的关系，当 $\beta = 1$ 时 SABR 模型为对数正态模型，常用于股票期权或外汇市场建模，当 $\beta = 0$ 时 SABR 模型为随机正态模型，常用于"波动率微笑"的风险管理，当 $\beta = 0.5$ 时 SABR 模型为 CIR 模型，常用于利率市场建模。SABR 模型在一定程度上拟合了实际市场交易中的"波动率微笑"，由于其具有高效率、易操作等特性，已成为目前金融市场管理"波动率微笑"风险的行业标准模型之一。但是 Hagan 等提出的基本 SABR 模型是针对具有固定截止日期的标的资产远期价格的动态演化模型，因此，理论上对于可拥有多个不同有效期限的期权价格的市场波动率无法正确拟合；而且，实验数据证明通过对多个不同时间维度上的随机波动过程的拟合难以得到更为精确的远期价格。

第二节 Levy 跳跃模型

一 Levy 过程概念内涵及规范表述

Levy 过程 $\{L_t, t \in T\}$ 是定义在概率空间 (Ω, F, P) 上的取值于

R^d 的具有左极限右连续性质且初值为 0 的随机过程，并满足如下性质：

（1）独立增量：对于任意递增的时间序列 $0 \leqslant s < t \leqslant T$，随机变量 $\{L_t - L_s\}$ 相互独立。

（2）平稳增量：对于任意 $s, t \geqslant 0$，$L_{t+s} - L_t$ 的分布不依赖 t。

（3）随机连续性：$\forall \varepsilon > 0$，$\lim_{h \to 0} P(|L_{t+h} - L_t| \geqslant \varepsilon) = 0$。

对于 Levy 过程，其分布和特征函数都是无限可分的，即 $X^d = X_1^{(1/n)} + \cdots + X_n^{(1/n)}$ 与 $\Phi_X(u) = (\Phi_{X(1/n)}(u))^n$，如线性确定性函数、布朗运动、复合泊松过程都属于 Levy 过程。设随机变量 X 无限可分，则存在一个三元组 (b, c, v)，其中 $b \in R$，$c \in R_+$，且测度 v 满足 $v(0) = 0$，$\int_R (1 \wedge |x|^2) v(dx) < \infty$，使式（2-13）成立。

$$E[e^{iuX}] = \exp\left[ibu - \frac{u^2 c}{2} + \int_R (e^{iux} - 1 - iux 1_{\{|x|<1\}}) v(dx)\right] \quad (2-13)$$

对于 Levy 过程 $L = (L_t)_{t \geqslant 0}$，其分布和特征函数都是无限可分的，故对任意 $t > 0$，有：

$$\psi_t(u) = \log E[e^{iuL_t}], \quad t\psi_1(u) = \psi_t(u) \quad (2-14)$$

因此对于 Levy 过程，有：

$$E[e^{iuL_t}] = e^{t\psi(u)} = \exp\left[t\left(ibu - \frac{u^2 c}{2} + \int_R (e^{iux} - 1 - iux 1_{\{|x|<1\}}) v(dx)\right)\right]$$

$$(2-15)$$

其中，$\psi(u) := \psi_1(u)$ 是无限可分过程 $L_1 := X$ 的特征指数，(b, c, v) 是 Levy 过程参数，$b \in R$ 是漂移项，$c \in R_+$ 是扩散项，v 被称为 Levy 测度且满足

$$\int_{R \setminus \{0\}} \min(1, x^2) v(dx) < \infty \quad (2-16)$$

所以，Levy 过程可分解为连续和纯跳跃两种过程叠加，根据跳跃活动特征，纯 Levy 跳跃可分为有限活性跳跃和无限活性跳跃两种类型。有限跳跃就是在任何有限时间区间内产生有限次跳跃，其相应 Levy 概率密度的积分也是有限的。而无限跳跃就是在有限时间区间内可产生无限次跳跃。设每个 Levy 过程由三元组 (γ, σ^2, ν) 确定，Levy 过程可被分解为：$L =$ 常数漂移 + 布朗运动 + 复合 *Poisson* 过程 + 纯跳轶，即：

$$L_t = \gamma t + \sigma W_t + \int_0^t \int_{|x| \geqslant 1} x \mu^J(ds, dx) + \left(\int_0^t \int_{|x|<1} x \mu^J(ds, dx) - t \int_{|x|<1} x v(dx)\right)$$

二 金融市场中的基本 Levy 跳跃模型

以下主要从各种纯 Levy 跳跃结构的角度介绍，并将其分为两类：有限跳跃和无限跳跃。

1. Merton 跳跃扩散模型

在 BS 模型基础上，Merton（1976）构建了首个跳跃模型，其 Levy 分解为：

$$X_t = \mu t + \sigma W_t + \sum_{k=1}^{N_t} Y_i \qquad (2-17)$$

其中，W_t 为标准布朗运动，N_t 是跳跃强度参数为 λ 的独立泊松过程，跳跃幅度 $Y_i \sim N(\alpha, \delta^2)$，所以跳跃幅度的密度函数为：

$$f_j(x) = \frac{1}{\delta\sqrt{2\pi}}\exp\left[-\frac{(x-\alpha)^2}{2\delta^2}\right] \qquad (2-18)$$

Levy 密度函数为：

$$\nu(x) = \lambda f(x) = \frac{\lambda}{\delta\sqrt{2\pi}}\exp\left[-\frac{(x-\alpha)^2}{2\delta^2}\right] \qquad (2-19)$$

模型的特征函数可以表示为：

$$E[e^{iuX_t}] = \exp\left\{t\left(i\mu u - \frac{1}{2}\sigma^2 u^2 + \lambda\left(e^{i\alpha u - \frac{1}{2}\delta^2 u^2} - 1\right)\right)\right\} \qquad (2-20)$$

Levy 三元组为 $(\mu, \sigma^2, \lambda f)$，而其一、二阶矩分别为：

$$E[X_t] = t(\mu + \lambda\delta) \quad Var[X_t] = t(\sigma^2 + \lambda\alpha^2 + \lambda\delta^2) \qquad (2-21)$$

Merton 跳跃属于有限跳跃，对于捕捉重大但罕见事件较为有效，比如 Carr 和 Wu（2005）利用 Merton 跳跃过程对公司债务违约行为对股价影响进行建模。但也包含以下几个缺陷：一是随机跳跃代表非系统性风险；二是跳跃服从对数正态分布，模型难以刻画基础资产收益率的偏斜特征和市场波动率微笑等现象。

2. Kou 跳跃扩散模型

Kou（2002）提出的跳跃扩散模型与 Merton 模型类似，只是跳跃幅度服从双指数分布，即：

$$X_t = \mu t + \sigma W_t + \sum_{k=1}^{N_t} Y_i \qquad (2-22)$$

$Y_i \sim DbExpo(p, \eta_1, \eta_2)$，即跳跃幅度服从 Laplace 双指数分布，其跳跃幅度密度函数为：

$$f(x) = p\eta_1 e^{-\eta_1 x} I_{x<0} + (1-p)\eta_2 e^{-\eta_2|x|} I_{x>0} \qquad (2-23)$$

所以 Levy 密度函数可为：

$$v(x) = \lambda f(x) = p\lambda\eta_1 e^{-\eta_1 x} I_{x<0} + (1-p)\lambda\eta_2 e^{-\eta_2|x|} I_{x>0} \qquad (2-24)$$

该模型的特征函数为：

$$E[e^{iuX_t}] = \exp\left\{ t\left(i\mu u - \frac{1}{2}\sigma^2 u^2 + iu\lambda\left[\frac{p}{\eta_1 - iu} - \frac{1-p}{\eta_2 + iu} \right] \right) \right\} \qquad (2-25)$$

并可推导得其一、二阶矩分别为：

$$E[X_t] = t\left(\mu + \frac{\lambda p}{\eta_1} - \frac{\lambda(1-p)}{\eta_2} \right) \quad Var[X_t] = t\left(\sigma^2 + \frac{\lambda p}{\eta_1^2} - \frac{\lambda(1-p)}{\eta_2^2} \right)$$

$$(2-26)$$

Kou 双指数跳跃结构可生成非对称正向和负向跳跃幅度，故可刻画对数收益率的尖峰厚尾等非对称现象。Kou 和 Wang（2004）证明，双指数跳跃结构能够得到美式期权、障碍期权等路径依赖期权解析解，但模型跳跃结构仍采用复合泊松过程的框架，属于有限活动跳跃。

3. 方差伽马过程（Variance Gamma，VG）

VG 过程由 Madan 和 Seneta（1987）首次构建。Madan 等（1998）考虑了 VG 过程的一般情况，并推导出在非对称情况下的期权定价方法。Seyed 和 Patrice（2015）利用 Gamma 和 Variance – Gamma 过程证实 Levy 从属过程能够很好地解释人口死亡率的突然变化状态。

Gamma 分布的密度函数为：

$$f_G(x) = \frac{b^a}{\Gamma(a)} x^{a-1} e^{-xb}, \quad b > 0, \quad x > 0 \qquad (2-27)$$

而其特征函数为：

$$\Phi_{Gamma}(u; a, b) = \left(1 - \frac{iu}{b} \right)^{-a} \qquad (2-28)$$

VG 过程的特征函数为：

$$\begin{aligned} E[\exp(iuX_t^{(VG)})] &= \Phi_{VG}(u; \sigma\sqrt{t}, v/t, t\theta) \\ &= \Phi_{VG}(u; \sigma, v, \theta)^t \\ &= \left(1 - iu\theta + \frac{1}{2}\sigma^2 vu^2 \right)^{-\frac{t}{v}} \end{aligned} \qquad (2-29)$$

Madan 和 Seneta 证明，Variance Gamma 过程能被表示为两个独立的代表 Levy 过程 L_t 向上和向下运动的 Gamma 过程之差。这个特点允许将 VG

过程的特征函数表述为：

$$\Phi_{VG}(u;\ C,\ G,\ M) = \left(\frac{GM}{GM + (M - G)iu + u^2} \right)^C \qquad (2-30)$$

根据特征函数可知，$L_t^{VG} = G_t^{(1)} - G_t^{(2)}$，其中 $G^{(1)} = \{ G_t^{(1)},\ t > 0 \}$ 是参数 $a = C$，$b = M$ 的 Gamma 过程。$G^{(2)} = \{ G_t^{(2)},\ t > 0 \}$ 是一个独立的参数 $a = C$，$b = G$ 的 Gamma 过程，所以 VG 过程的参数可被表述为 VG(C，G，M)。VG 过程包含两个特点：一是 Levy 测度积分无穷大，即一个 VG 过程在有限的区间内会产生无限次的跳跃，属于无限跳跃 Levy 过程。二是 VG 过程不包含布朗项，又因为 $\int_{-1}^{+1} |x| \upsilon_{VG}(dx) < \infty$，VG 过程的路径是有限变分的。

4. 正态逆高斯过程（Normal Inverse Gaussian Process，NIG）

Barndorff - Nielsen（1995）创建了 NIG 过程。NIG 跳跃过程属于广义抛物线扩散过程的特殊情况，同时也属于无限跳跃 Levy 过程。Rydberg（1999）用 NIG 扩散过程作为金融数据建模，多应用于股票收益率的拟合和期权定价。Chandra 等（2014）提出一个随机模型来计算单一障碍期权价格和一些敏感性指标如 Greeks 等。NIG 跳跃过程分布的密度函数为：

$$f_{IG}(x) = \frac{ae^{ab}}{\sqrt{2\pi}} x^{-3/2} \exp\left(-\frac{1}{2}(a^2 x^{-1} + b^2 x) \right) x > 0 \qquad (2-31)$$

由上式可推导得 IG 过程的均值为 a/b，方差为 a/b^3。IG 过程的特征函数为：

$$\Phi_{IG}(u;\ a,\ b) = \exp\{ -a(\sqrt{-2iu + b^2} - b) \} \qquad (2-32)$$

所以正态逆高斯分布 NIG（α，β，δ）的特征函数为：

$$\Phi_{NIG}(u;\ \alpha,\ \beta,\ \delta) = \exp(-\delta\sqrt{a^2 - (\beta + iu)^2} - \sqrt{\alpha^2 - \beta^2}) \qquad (2-33)$$

其中，$\alpha > 0$，$-\alpha < \beta < \alpha$，$\delta > 0$。可定义 NIG 过程：$X^{NIG} = \{ X_t^{(NIG)},\ t \geq 0 \}$，$X_0^{(NIG)} = 0$，它具有独立平稳的 *NIG* 分布增量。*NIG* 过程具有两个特点：一是 Levy 测度积分无穷大，即一个 *NIG* 过程在有限的区间内会产生无限次的跳跃，属于无限跳跃 Levy 过程；二是 VG 过程不包含布朗项，因为 VG 过程的路径是有限变分的。

5. CGMY 过程

在 VG 模型基础上，Carr 等（2002）引入了另一个参数 Y 构建出 CG-MY 模型，它允许同时包括有限和无限跳跃，且其增量具有独立平稳分布。CGMY 模型路径特性由 Y 值决定，当参数 Y = 0 时模型便退化为 VG 模型，当 Y < 0 时，路径在单位时间内产生有限次跳跃，当 Y > 0 时，路径可在单位时间内产生无限次跳跃。CGMY（C，G，M，Y）分布的特征函数为：

$$\Phi_{CGMY}(u; C, G, M, Y) = \exp(C\Gamma(-Y)((M-iu)^Y - M^Y + (G+iu)^Y - G^Y))$$

$$(2-34)$$

由此可见，定义 CGMY 过程是，增量具有独立平稳分布。CGMY 分布的 Levy 测度函数为：

$$v_{CGMY}(y) = \begin{cases} C\dfrac{\exp(-G|y|)}{|y|^{1+Y}}, & y < 0 \\ C\dfrac{\exp(-My)}{|y|^{1+Y}}, & y > 0 \end{cases} \qquad (2-35)$$

其中，C 表示过程的整体活跃度，且 C > 0；G、M 表示正负跳跃度，且 $G, M \geq 0$；Y 代表过程的精度系数，且 Y < 2。

第三节　随机波动率模型的常用参数估计方法

参数估计的实质是获得使模型导出的理论值和市场实际价格以某种方式加权最小化的一组参数。参数估计函数一般可以表示为：

$$(\theta_1, \theta_2, \cdots, \theta_n) = \underset{(\theta_1, \theta_2, \cdots, \theta_n)}{\operatorname{argmin}} \left(\sum_{i=1}^{n} w_i g(l_i(M_i) - l_i(Market)) \right) \quad (2-36)$$

其中，$(\theta_1, \theta_2, \cdots, \theta_n)$ 为待估参数，w_i 为权重，g 为非凸函数且 $g(0) = 0$，l_i 为某一单调函数。在估计中权重的选择，l_i 函数的选择，以及 g 函数的选择都将影响参数的数值。具体到 SV 模型的参数估计问题，主要是研究如何运用模型和 B – S 理论框架，借助从金融市场获取的信息去重构在风险中性概率测度下标的资产价格的过程。

一　传统参数估计方法

目前，随机波动率模型最常用的传统参数估计方法包括广义矩估计方法（GMM）、有效矩估计方法（EMM）和极大似然估计方法（MLE）。

1. 广义矩估计

由于其易于计算，GMM 估计在实际应用广泛。在大样本情况下，

GMM 估计基本满足一致性和渐近正态性。GMM 方法的核心思想是引入一个权重矩阵使相应的样本矩尽可能收敛于其总体矩，从而估计出未知参数。GMM 估计就是使下式目标函数 $J_T(\theta)$ 最小的估计：

$$\hat{\theta}_T = \underset{\theta \in \Theta}{\mathrm{argmin}} \{ J_T(\theta) \equiv g^T(\theta) W^{-1} g(\theta) \} \qquad (2-37)$$

其中，Θ 是参数空间；权重矩阵 W 是一个对称的正定矩阵，可根据各个样本矩条件估计的精确程度来设置（用方差度量），最简单的权重矩阵是单位矩阵，它赋予每个矩阵条件相同的权重。实际应用中，Bollerslev 和 Zhou（2002）利用离散时间资产价格和 GMM 估计对连续时间波动率模型校准。

2. 有效矩估计

Andersen T. G. 等（1997）提出了有效矩（EMM）估计法，基本思想是基于模拟技术的矩匹配过程，利用辅助模型的得分在结构模型下的期望值作为矩条件。EMM 估计方法可分为两步：

第一步，把原始数据映射到简化真实结构模型上，选择一个近似于结构模型的辅助模型，并用极大似然方法估计出辅助模型参数。辅助模型主要有两类：一是采用 Gallant 和 Geoge 提出的用 SNP 方法拟合成母函数；二是直接以 ARCH 类模型作为辅助模型。

第二步，利用极大似然方法得到的参数估计量产生模拟数据，并以辅助模型刻度向量为矩条件进行模拟矩估计。

González – Urteaga A.（2012）利用 EMM 估计和带跳跃连续时间随机波动率对一些国际股票市场指数进行研究。吴晓彤和何锋（2013）以上证指数收益率为例，对随机波动率模型的 EMM 和 GMM 估计法进行实证研究，结论表明：有效矩估计在一定程度上比广义矩估计更有效。

3. 极大似然估计

极大似然估计（MLE）的出发点是已知随机波动率模型的分布，但不知其参数。然后依据总体分布构造相应的似然函数，用得到观测值（样本）最高概率的那些参数值来估计该分布的参数。但随机波动率模型的精确似然函数很难得到，因此多利用滤波技术（filtering technique）得到渐近似然函数。Harvey、Ruizh 和 Shephard（1994）假设扰动项的对数为高斯过程，然后利用卡尔曼滤波技术（Kalman Filter）获得准极大似然函数的估计法（QML）。Danielsson 和 Richard（1993）讨论验证了用模拟极大似然估计技术（SML）对 SV 模型参数估计。实践运用中，Kimmel R. （2007）通过一系列扩展导出 Heston 模型渐近闭合的似然函数。

二 模型参数的 MCMC 方法及其改进

MCMC 方法是一种完全模拟方法，采用了动态的抽样方法，克服了传统 Monte Carlo 模拟的高维、静态的缺陷，提高了估算精度。本书在上述分段固定的局部波动率假设下，利用历史的每段时间下（3 个月）的远期利率对数收益率，通过 MCMC 方法来对当前时刻开始相对应的时间段内随机波动率过程的参数进行估计。

1. MCMC 的基本思想原理

MCMC，即马尔科夫链蒙特卡罗方法，是在蒙特卡罗方法的框架下，加入马尔科夫过程，从而计算马尔科夫链的蒙特卡罗积分抽样。根据马尔科夫原理，在已知市场历史数据的情况下，运用模拟技术，随着随机链的不断延伸，所得随机数必将收敛于一个平稳分布 $\pi(x)$，最终使得所求参数的分布与平稳分布接近。在达到平稳的情况下，利用此分布求出相应的参数估计值即期望，同时其他参数也可以在此基础之上求得，如分位数、方差等。但在收敛出现以前的一段时间，比如 m 次迭代中，各状态的边际分布还不能认为是平稳分布。因此，在估计时，应把前面的 m 个迭代值去掉，而使用后面（n − m）个迭代结果来估计，即：

$$E[f(x)] \approx \frac{1}{n-m} \sum_{t=m+1}^{n} f(x^{(t)})$$

MCMC 方法主要的理论基础是 Hammersly – Clifford 定理。该定理为在满足正则条件下联合分布分解成一系列条件边际分布提供了理论基础，也为 MCMC 方法中实现多元抽样提供了现实的可操作性。用公式表示，即为：

$$\frac{P(\Theta, X \mid Y)}{P(\Theta^0, X^0 \mid Y)} = \frac{P(\Theta \mid X^0, Y)P(X \mid \Theta, Y)}{P(\Theta^0, X^0 \mid Y)P(X^0 \mid \Theta, Y)}$$

只要满足正则条件，如果已知 $P(\Theta \mid X, Y)$ 和 $P(X \mid \Theta, Y)$，在已知一个固定比例的情况下，就可以求出联合分布 $P(\Theta, X \mid Y)$，从而实现从低维分布到高维分布的转变。

2. 自适应 M – H 抽样改进方法

使用 MCMC 方法时，马尔科夫链中转移概率核的构建十分关键，目前最常用的是 Metropolis – Hastings 算法和 Gibbs 抽样方法等。但实证研究表明，对于超高维空间数据，这些方法较难构建，此即蒙特卡罗抽样算法"局部陷阱"问题。考虑到 LIBOR 扩展模型涉及超高维联合概率分布，故本章考虑对 Metropolis – Hastings 抽样算法进行优化设计，提出新的自适应 M – H 抽样算法。

Metropolis 算法是 MCMC 方法中最常用的迭代抽样方法。M – H 算法的形式非常简单，假设目标分布为 π，初始值 X_0，从 X_n 到 X_{n+1} 的过程的步骤如下：从一个建议的概率密度转移核 $q(X_n, y)$ 中得到建议抽样分布 y，然后检验能否以如下概率 α 接受建议抽样 y。

$$\alpha(X_n, y) = \begin{cases} \min 1, \dfrac{\pi(y)q(y, X_n)}{\pi(X_n)q(X_n, y)}, & \pi(X_n)q(X_n, y) > 0 \\ 1, & \pi(X_n)q(X_n, y) = 0 \end{cases}$$

若建议抽样被接受，则 $X_{n+1} = y$；否则 $X_n = y$。而 $\alpha(X, y)$ 被称为 Metropolis 比率，它使 M – H 算法得到的抽样序列 $\{X_0, X_1, \cdots, X_n\}$ 服从目标分布。对称随机游走（symmetric random – walk）Metropolis 算法是我们最常用到的一种抽样方法。随机游走 Metropolis 算法的建议分布为对称分布：$y = X_n + Z_n$，$\{Z_n\}$ 选择独立同分布的对称分布（实际操作中，我们常选择 Z_n 服从均值为 0，协方差矩阵为 $\sigma^2 I_d$ 的正态分布），所以接受概率 α 可被简化为：

$$\alpha(X_n, y) = \min\left\{1, \frac{\pi(y)}{\pi(X_n)}\right\} \tag{2 – 38}$$

在这种情况下，问题变为如何选择合适的建议分布方差。当建议分布方差过大时，该算法的拒绝率会较高，从而使抽样结果中存在大量的相同值；而当建议分布方差过小时，抽样值将被控制在较小固定区间内，从而影响马尔科夫链参数估计的正确性。由于 M – H 算法在建议分布上的选择有极大自主性，因此如何找到一个好的建议分布是目前研究改进 Metropolis – Hastings 算法中具有挑战性的课题。有鉴于此，我们考虑采用自适应抽样算法使在 Metropolis – Hastings 算法中的建议分布可根据在抽样过程中获得的关于目标分布的特点进行实时更新调整，以此来提高抽样效率。假设点 $X_1, X_2, \cdots, X_k$ 已经抽样得到，候选点 Y 通过建议分布 q_k $(g | X_1, X_2, \cdots, X_k)$ 抽样得到，这时的建议分布依赖过去抽样得到的信息适时调整，其具体操作步骤如下：假设目标分布为 d 维分布，在时

点 t 我们已得到至少 n 个抽样点 $\{X_0, \cdots, X_{n-1}\}$。这时的建议分布 q_t 的方差可通过如下式进行选择：

$$C_n = \begin{cases} C_0, & n \leqslant n_0 \\ s_d Cov(X_0, \cdots, X_{n-1}) + s_d \varepsilon I_d, & n > n_0 \end{cases} \quad (2-39)$$

其中，协方差矩阵是利用最新抽样点 $X_0, \cdots, X_k \in R^d$ 获得的。

$$Cov(X_0, \cdots, X_k) = \frac{1}{k} \left(\sum_{i=0}^{k} X_i X_i^T - (k+1) \overline{X}_k \overline{X}_k^T \right) \quad (2-40)$$

其中，$\overline{X}_k = \frac{1}{k+1} \sum_{i=0}^{k} X_i, X_i \in R^d$。协方差矩阵 C_n 满足如下迭代关系式：

$$C_{n+1} = \frac{n-1}{n} C_n + \frac{s_d}{n} (n \overline{X}_{n-1} \overline{X}_{n-1}^T - (n+1) \overline{X}_n \overline{X}_n^T + X_n X_n^T + \varepsilon I_d) \quad (2-41)$$

这种自适应算法的遍历性已在实证研究中得到证实。对于 n_0，即最初非自适应模拟阶段的长度选择根据实际情况决定。参数 ε 的作用是确保 C_n 不变成奇异矩阵。而比例因子 s_d 只与维度 d 有关，默认使用 Gelman 等（1995）提出的 $s_d = 2.4/\sqrt{d}$。

3. 并行化的自适应 MCMC 方法

由于目前高性能并行化处理系统的兴起，若能实现算法的并行化处理，将极大地提高该算法的运算效率。目前针对自适应 MCMC 算法的并行化研究相对较少。将并行计算与 MCMC 结合本身存在固有的困难，因为 MCMC 是天然的串行算法。Brockwell 和 Kadane（2005）实现了模拟重现时点问题的 MCMC 并行化算法。Rosenthal（2000）证实同时并行化运行多条互相独立的马尔科夫链，对找寻目标分布和优化调整建议分布并没有带来时间上的节省和效率上的提高。所以在本节我们将重点研究如何利用并行化的自适应抽样链提高混合 MCMC 链的效率。使用了 Craiu 等（2009）提出的链间自适应 MCMC 算法实现了并行化处理。利用 MPI 软件包解决了多线程并行计算和线程间通信和数据池共享等问题。链间自适应并行方法可简单阐述为允许多条马尔科夫链并行独立抽样运行，但建议分布协方差矩阵利用所有链的输出进行适度调整后，反馈于独立运行的马尔科夫链。其运作方式如图 2 - 1 所示。

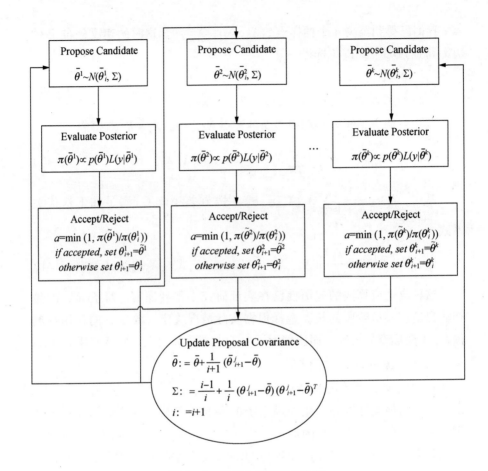

图 2 - 1 链间自适应并行方法

第四节　LIBOR 市场模型的有效校准的
基本工具与方法

　　在此主要针对一些重要的利率及其衍生工具进行分析，它们是构建
LIBOR 市场模型框架，并对模型进行有效市场校准的理论基础。

一　重要利率

1. 零息债券

一份到期日为 T 的零息债券是指持有该合约的投资者在时间 T 能获

取一单位货币的收益，而在到期日 T 之前的持有期间无其他任何收益。其在时间 t 的价值记为 $P(t, T)$，$t < T$。显然，对于任一时间 T，$P(T, T) = 1$。

2. 简单复利下的即期利率

简单复利下表示为 $L(t, T)$，是指能使投资者在时间 t 以 $P(t, T)$ 单位货币进行投资，在时间 T 能产生 1 单位货币的收益的固定利率。用公式表示即为：$P(t, T)[1 + \tau(t, T)L(t, T)] = 1$。

其中，$\tau(t, T)$ 为采用适合日期惯例下的以年为单位的时间差。市场 LIBOR 利率即为简单复利下的即期利率，可以表示为：

$$L(t, T) = \frac{1 - P(t, T)}{\tau(t, T)P(t, T)} \tag{2-42}$$

进而，在 LIBOR 利率形式下，零息债券可以表示为以下公式：

$$P(t, T) = \frac{1}{1 + \tau(t, T)L(t, T)} \tag{2-43}$$

3. 远期利率协议及简单远期利率

远期利率协议由三个时间点来定义，即远期利率观测日 t，终止日 S 和到期日 T，$t \leq T \leq S$。在时间 T 和 S 之间投资者能获得一单位利率的收益。在到期日 S，固定利率受益者收到固定利率 K，支付以重置日为 T、到期日为 S 的浮动利率 $L(T, S)$。因此假设合约名义价值为 N，则时间 S 合约持有者收到 $\tau(T, S)KN$ 单位货币，支付 $\tau(T, S)L(T, S)N$ 单位货币。则时间 S 合约价值即为：$FRA(S, T, S, \tau, N, K) = N\tau(T, S)[K - L(T, S)]$，将即期利率代入得：

$$FRA(S, T, S, \tau, N, K) = N\tau(T, S)\left[K - \frac{1 - P(T, S)}{\tau(T, S)P(T, S)}\right]$$

$$= N\left[\tau(T, S)K - \frac{1}{P(T, S)} + 1\right]$$

于是，$FRA(S)$ 在时间 t 的价值 $FRA(t)$ 为：

$$FRA(t, T, S, \tau, N, K) = P(t, S)N\left[\tau(T, S)K - \frac{1}{P(T, S)} + 1\right]$$

$$= N\Big[P(t, S)\tau(T, S)K$$

$$- P(t, T)\frac{P(T, S)}{P(T, S)} + P(t, S)\Big]$$

$$= N \Big[P(t, \ S)\tau(T, \ S)K$$

$$- P(t, \ T) + P(t, \ S) \Big] \qquad (2-44)$$

因此，只从在一个固定利率 K 使远期利率合约的价值在时间 t 为 0。此时所计算出的利率即定义为简单复利下的远期利率。在时间 t，终止日为 T，到期日为 S 的简单复利下的远期利率表示为 $F(t; \ T, \ S)$，定义如下：

$$F(t; \ T, \ S) = \frac{1}{\tau(T, \ S)} \Big[\frac{P(t, \ T)}{P(t, \ S)} - 1 \Big],$$

使得：$FRA(t, \ T, \ S, \ \tau, \ N, \ K) = N[P(t, \ S)\tau(T, \ S)F(t; \ T, \ S) - P(t, \ T) + P(t, \ S)] = 0$。

4. 互换利率协议及互换利率

更一般化的远期利率协议即为利率互换协议。典型的利率互换是指协议的支付双方在未来某一时刻分别交换两种事先已约定的利率。在每个 T_i 时刻，即前述的支付日 $T_{\alpha+1}$，$\cdots$，T_β 时，固定利率支付方支付为 $N\tau_i K$。其中 K 为固定利率，N 为合约名义价值以及 τ_i 为时刻 T_{i-1} 和 T_i 的年化时间间隔。而浮动利率支付方支付为 $N\tau_i L(T_{i-1}, \ T_i)$。$L(T_{i-1}, \ T_i)$ 表示以 LIBOR 利率计的浮动利率，其重置日为 T_{i-1}，到期日为 T_i。具体地，浮动利率的重置日为 $T_\alpha, T_{\alpha+1}$，$\cdots$，$T_{\beta-1}$，支付日为 $T_{\alpha+1}$，$\cdots$，T_β。

令集合 $T = \{T_\alpha, \ \cdots, \ T_\beta\}$ 以及 $\tau = \{\tau_{\alpha+1}, \ \cdots, \ \tau_\beta\}$。按以上定义，假设固定利率支付方与浮动利率支付方在同一年化时间间隔后的同一日期支付各自利率。当然，对于不同支付日不同日历惯例的利率互换协议也是可以定义的，为了简化模型，我们仅按上述定义利率互换协议。当固定利率支付方支付固定利率，收到浮动利率时，我们称其为支付型利率互换。反之，当浮动利率支付方支付浮动利率，收到固定利率时，称其为收入型利率互换。

则根据上述定义，在时间 $t \leqslant T_\alpha$ 时，贴现后的支付型利率互换的收益可以表示为：

$$PIRS(t, T, \tau, N, K) = \sum_{i=\alpha+1}^{\beta} D(t, T_i) N\tau_i(L(T_{i-1}, T_i) - K)$$

而在时间 $t \leqslant T_\alpha$ 时，贴现后的收入型利率互换的收益可以表示为下式：

$$RIRS(t,T,\tau,N,K) = \sum_{i=\alpha+1}^{\beta} D(t,T_i) N \tau_i (K - L(T_{i-1},T_i)) \qquad (2-45)$$

如果我们将收入型利率互换协议看成是远期利率协议的组合形式，则可以利用远期利率协议公式求解出具有下式形式的收入型利率互换公式：

$$\begin{aligned}
RIRS(t,T,\tau,N,K) &= \sum_{i=\alpha+1}^{\beta} FRA(t,T_{i-1},T_i,\tau_i,N,K) \\
&= N \sum_{i=\alpha+1}^{\beta} \tau_i P_t,T_i K - F_t;T_{i-1},T_i \\
&= N \sum_{i=\alpha+1}^{\beta} \tau_i P_t,T_i \Big[K - \frac{1}{\tau_i}\Big(\frac{P_t,T_{i-1}}{P_t,T_i} - 1\Big)\Big] \\
&= N \sum_{i=\alpha+1}^{\beta} [\tau_i P_t,T_i K - (P_t,T_{i-1} - P_t,T_i)] \\
&= -N[P_t,T_\alpha - P_t,T_\beta - NK \sum_{i=\alpha+1}^{\beta} \tau_i P_t,T_i] \qquad (2-46)
\end{aligned}$$

5. 远期互换利率

前述已知，从远期利率协议的公平价值中，我们得出了上述远期利率的定义。类似地，我们可以使在时间 t 将上述利率互换协议具有公平价值，即将此时使上述合约具有零价值的固定利率 K 定义为远期互换利率，故定义在时间 t，对于具有时间集合 T，年化时间间隔 τ 的远期利率 $S_{\alpha,\beta}$(t) 为一种使上述利率互换协议具有公平价值的合约固定利率。具体表示为：

$$S_{\alpha,\beta}(t) = \frac{P(\iota,T_\alpha) - P(t,T_\beta)}{\sum_{i=\alpha+1}^{\beta} \tau_i P(t,T_i)} \qquad (2-47)$$

使得：$RIRS(t,T,\tau,N,K) = -N[P(t,T_\alpha) - P(t,T_\beta) - K \sum_{i=\alpha+1}^{\beta} \tau_i P(t,T_i)] = 0$。

将互换利率公式上下分子分母同时除以 $P(t,T_\alpha)$ 后，以及注意到远期利率 $F_\alpha(T)$ 以零息债券 P 表示时，对于任意的 $k > \alpha$ 我们可以得到：

$$\frac{P(t,T_k)}{P(t,T_\alpha)} = \frac{P(t,T_{\alpha+1})}{P(t,T_\alpha)}\frac{P(t,T_{\alpha+2})}{P(t,T_{\alpha+1})}\cdots\frac{P(t,T_k)}{P(t,T_{k-1})} = \prod_{j=\alpha+1}^{k}\frac{P(t,T_j)}{P(t,T_{j-1})} =$$

$$\prod_{j=\alpha+1}^{k} \frac{1}{1 + \tau_j F_j(t)}$$

其中，$F_j(t) = F(t; T_{j-1}, T_j)$。因此，可得到用远期利率 $F_k(t)$ 所表示的新互换利率公式：

$$S_{\alpha,\beta}(t) = \frac{(P(t,T_\alpha) - P(t,T_\beta))/P(t,T_\alpha)}{(\sum_{i=\alpha+1}^{\beta} \tau_i P(t,T_i))/P(t,T_\alpha)} = \frac{1 - \prod_{j=\alpha+1}^{\beta} \frac{1}{1 + \tau_j F_j(t)}}{\sum_{i=\alpha+1}^{\beta} \tau_i \prod_{j=\alpha+1}^{i} \frac{1}{1 + \tau_j F_j(t)}}$$

$$(2-48)$$

同时，将使利率互换协议为公平价值时的固定利率 K 用互换利率符号 $S_{\alpha,\beta}(t)$ 代替，并代入具有公平价值时的利率互换协议公式中即有：

$$\sum_{i=\alpha+1}^{\beta} \tau_i P(t,T_i)(S_{\alpha,\beta}(t) - F_i(t)) = 0$$

$$\Rightarrow S_{\alpha,\beta}(t) = \frac{\sum_{i=\alpha+1}^{\beta} \tau_i P(t,T_i) F_i(t)}{\sum_{i=\alpha+1}^{\beta} \tau_i P(t,T_i)} = \sum_{i=\alpha+1}^{\beta} \frac{\tau_i P(t,T_i)}{\sum_{j=\alpha+1}^{\beta} \tau_j P(t,T_j)} F_i(t)$$

$$= \sum_{i=\alpha+1}^{\beta} w_i(t) F_i(t)$$

二　基本校准工具

在利率市场中，利率上限期权和利率互换期权是最被广泛交易的标准期权。

1. 利率上限期权（Cap）

利率上限期权是目前非常流行的一种场外金融工具，交易双方将未来某一时点约定的固定利率作为利率上限，若市场利率超过约定利率，则卖方需将市场利率与约定利率之间的差额支付给买方。由于它的收益有与看涨期权类似的特征，在实际市场操作中常利用 Black 公式定价。假设利率上限为 K，贷款本金为 P，T 为该期权的存续期，利息将在每个重置日 t_1，t_2，$\cdots$，t_n 支付且 $t_{n+1} = T$，在时点 $t_{j+1}(j = 1, 2, \cdots, n)$，Cap 持有者的期权收益为：

$$P\delta_j \max(L_j - K_j, 0) \qquad (2-49)$$

其中，$\delta_j = t_{j+1} - t_j$，L_j 为在时期 t_j 和 t_{j+1} 之间的 LIBOR 利率。单个期权的价格为：

$$Caplet_j^{Black}(\sigma) = P\delta_j e^{-rt_{j+1}}(L_j N(d_1) - KN(d_2)) \qquad (2-50)$$

其中，$N: R \rightarrow [0, 1]$ 为标准正态分布函数，Black 公式中的关于单个期权（Caplet）的隐含波动率为市场单个期权报价的波动率。

$$d_1 = \frac{\ln(L_j/K_j) + \frac{1}{2}\sigma^2 t_j}{\sigma\sqrt{t_j}}, \quad d_2 = \frac{\ln(L_j/K_j) - \frac{1}{2}\sigma^2 t_j}{\sigma\sqrt{t_j}} = d_1 - \sigma\sqrt{t_j}$$

利率上限期权（Cap）可视为 n 个单一利率上限期权（Caplet）的组合，表达式如下：

$$Cap = \sum_{j=1}^{n} P\delta_j E^j [\max(L_j - K_j, 0)] = \sum_{j=1}^{n} P\delta_j e^{-rt_{j+1}}(L_j N(d_1) - K_j N(d_2)) \qquad (2-51)$$

LIBOR 市场模型中假设 LIBOR 远期利率对数正态分布，Black 公式中对单个上限期权的隐含波动率为瞬时波动率 $\sigma_n(g)$ 平均。对单个上限期权定价，在第 j 个终期测度 $Q_{t_{j+1}}$ 下有：

$$\frac{dL_j(t)}{L_j(t)} = \sigma_j(t) g dW^{Q_{t_{j+1}}}(t), \ 0 \leqslant t \leqslant T \qquad (2-52)$$

LIBOR 市场模型推导出第 j 个上限期权的报价为：

$$Caplet_j^{LMM}(t_j, K) = P\delta_j B_{j+1}(0) E^{Q_{t_{j+1}}}\left[\frac{(L_j(t_j) - K)^+}{B_{j+1}(t_{j+1})}\right]$$

$$= P\delta_j B_{j+1}(0) E^{Q_{t_{j+1}}}(L_j(t_j) - K)^+ \qquad (2-53)$$

对式（2-53）中的期望值积分后得到的 Caplet 表达式为：

$$Caplet_j^{LMM}(t_j, K) = P\delta_j B_{j+1}(0)[L_j(0)N(d_1) - KN(d_2)] \qquad (2-54)$$

其中，$d1 = \dfrac{\log\left(\dfrac{L_j(0)}{K}\right) + \dfrac{1}{2}\tau^2}{\tau}$，$d_2 = \dfrac{\log\left(\dfrac{L_j(0)}{K}\right) - \dfrac{1}{2}\tau^2}{\tau}$，并且

$\tau^2 \equiv \int_0^T \|\sigma_j(s)\|^2 ds$。利用式（2-52）和式（2-53）可得到如下的关系：

$$\sigma_j^{Black,LMM} = \sqrt{\frac{1}{t_j}\int_0^{t_j} \|\sigma_j(s)\|^2 ds} \qquad (2-55)$$

因为在 LIBOR 市场模型框架下推导出的 Caplet 报价能精确匹配市场报价，所以 Caplet 市场报价能被用于逆推远期 LIBOR 的 Black 隐含波动率。

2. 利率互换期权（Swaption）

利率互换期权是目前利率市场中交易额最大的期权类型。互换期权给持有者在未来某个时点能签订一个利率互换合约的权利。利率互换可视为一个固定利率与一个浮动利率的债券组合。以支付浮动利率，收取固定利率的交易者为例，相当于买入一个固定利率债券并卖出一个浮动利率债券。在贷款存续期间，通常有多次的利息交换过程，所以利率互换合约可分解为多个单独的互换利率协议（swaplets）。在每个交换时点使下期互换合约初始价值为 0 的固定利率称为互换利率（swap rate）。

假设第一个互换利率协议的起始时点为 T_α，第一次支付时点为 $T_{\alpha+1}$，而最后一个互换利率协议的起始时点为 $T_{\beta-1}$，最后支付日为 $T_\beta\alpha<\beta$，$\alpha\in\{1, 2, \cdots, N\}$，$\beta\in\{1, 2, \cdots, N+1\}$。因此，互换合约由 $\beta-\alpha$ 个互换利率协议组成。假设 $S_{\alpha,\beta}$ 为事先确定固定互换利率，表示为：

$$S_{\alpha,\beta} = \frac{B_\alpha(t) - B_\beta(t)}{\sum_{k=\alpha+1}^{\beta} \delta_k B_{k+1}(t)}, 0 \leq t \leq T_i \tag{2-56}$$

假设 K 为敲定利率，到期日为 T_α，在时点 T_k（$k=\alpha+1, \cdots, \beta$），互换期权现金流为：

$$P\delta_k(S_{\alpha,\beta}(T_i) - K)^+ \tag{2-57}$$

互换期权定价由利率市场中的隐含波动率确定，在 Black 定价框架下，互换利率服从对数正态分布，瞬时波动率为 $\sigma(t)$，$0 \leq t \leq T$，$\sigma: [0, T_i] \rightarrow [0, \infty)$，互换期权的定价公式为：

$$P\sum_{k=\alpha+1}^{\beta} \delta_k B_k(0)[S_{\alpha,\beta}(0)N(d_1) - KN(d_2)] \tag{2-58}$$

其中，$d_1 = \dfrac{\log\left(\dfrac{S_{\alpha,\beta}(0)}{K}\right) + \dfrac{1}{2}\int_0^{T_\alpha}\sigma^2(s)ds}{\sqrt{\int_0^{T_\alpha}\sigma^2(s)ds}}$，

$$d_2 = \frac{\log\left(\dfrac{S_{\alpha,\beta}(0)}{K}\right) - \dfrac{1}{2}\int_0^{T_\alpha}\sigma^2(s)ds}{\sqrt{\int_0^{T_\alpha}\sigma^2(s)ds}} = d_1 - \sqrt{\int_0^{T_\alpha}\sigma^2(s)ds}$$

要在 LIBOR 市场模型框架下对互换期权定价，需要将互换利率的波

动率以远期利率波动率的形式表示。LIBOR 市场模型框架下，远期互换利率 $S_{\alpha,\beta}$ 服从如下随机微分方程：

$$\frac{dS_{\alpha,\beta}(t)}{S_{\alpha,\beta}(t)} = \mu_{\alpha,\beta}(t)dt + \sigma_{\alpha,\beta}dW(t), \ 0 \leqslant t \leqslant T_i$$

而互换利率的波动率 $\sigma_{\alpha,\beta}: [0, T_i] \times \Omega \to R^d$ 可表示为：

$$\sigma_{\alpha,\beta}(t) \equiv \sum_{k=\alpha+1}^{\beta} \frac{\sigma_k L_k(t)\gamma_k^{\alpha,\beta}(t)}{1+\delta_k L_k}\sigma_k(t) \tag{2-59}$$

$$\gamma_k^{\alpha,\beta}(t) = \frac{\Pi_{l=\alpha+1}^{\beta}(1+\delta_l L_l(t))}{(\Pi_{l+\alpha+1}^{\beta}(1+\delta_l L_l(t)))-1} - \frac{\sum\limits_{l=\alpha+1}^{k-1}(1+\delta_m L_m(t))}{\sum\limits_{m=l+1}^{\beta}(1+\delta_m L_m(t))}, 0 \leqslant t \leqslant T_i,$$

$$k = i, \cdots, j-1$$

第三章　Heston – LIBOR 市场模型及其外汇结构性存款定价

外汇结构性存款在外汇资产保值增值、银行发展创新中间业务等方面具有重要的作用，近年来在我国的发展非常迅猛。因此，研究外汇结构性存款的内在价值构成、定价技术对于我国商业银行在结构性产品的开发和风险管理等方面具有重要的理论与实际意义。本章选用在结构上较为复杂的具有可提前赎回和回售特征的范围累积外汇结构性存款作为定价研究对象，在将该产品作为多个利率衍生产品的组合的基础之上得出各个部分的价值解析式，采用 MCMC 统计方法进行参数估计，同时利用改进的最小二乘蒙特卡罗模拟技术进行定价分析，在敏感性分析原理的基础之上，在深入探讨此类外汇结构性产品的定价方法的同时，向投资者和发行者双方提出相应的对策建议。

第一节　背景及意义

一　研究背景

外汇结构性存款作为结构性产品的主要组成部分，其将固定收益的普通外汇存款和金融衍生产品（主要是各类期权）结合起来，使投资者收益与利率、汇率、指数、大宗商品等指标的走势联动，在承担一定市场风险的同时，获得比普通外汇存款更高的收益。2004 年之后，伴随着金融市场市场化改革压力的增大和同业竞争激烈程度的加剧，各大行纷纷加大金融产品创新力度，同时随着人民银行放开大额外汇结构性存款的上限以及外汇结构性存款本金金额的减少，使该类产品在我国迅速发展。但是，外汇结构性存款和普通外汇存款有着本质的区别，如何对该类产品内部所包含的复杂产品结构和附加条款进行准确的分析，不管是发行者的定价以及风险管理能力还是投资者的风险识别投资能力，都同样面临着严峻的挑战。美国次贷危机的爆发使许多外汇结构性存款因其联动货币利率的不利变化，不但难以实现预期收益，而且由于汇率变动而导致本金的损失。根据西南财大信托和理财研究所披露的数据显示，2009 年前四个月有 90 款到期的银行理财产品遭遇零收益甚至负收益，其中结构性理财产品是重灾区，以 2009 年 3 月为例，就有 16 款零收益、2 款负收益。在我国经济对外开放日益加深的大背景下，如此大范围的产品亏损现象对于投资者而言是外汇财富的一种吞噬，同时对以理财专家自居的产品发行银行也造成了极大的负面影响，从而使金融创新停滞不前，在与外国金融机构竞争中将明显处于劣势状态。

那么到底外汇结构性存款具有怎样的价值构成？它的风险和价值如何衡量？从定价的技术水平上，作为发行方的国内银行如何面对国外银行的竞争压力？对于这些问题进行深入而具体的研究，不仅可以为该产品投资者提供投资参考，提高收益并降低风险，而且对促进整个理财产品市场的理性有序发展具有十分重要的理论与实践意义。

二　理论价值与实践意义

1. 理论价值

对于外汇结构性存款定价，主要分为三个步骤：首先，利用金融工程原理的组合分解技术分析该类产品的价值构成；其次，分析判断标的变量所服从的随机过程并进行参数估计；最后，利用合理定价方法对产品的各个部分价值进行准确求解。对于外汇结构性存款的价值构成的分析说明，以往的文章往往是很粗糙地直接分为债券与期权等衍生产品，缺乏精确的定价解析公式，对于发行银行进行分产品套期保值提出了严峻的挑战，所以有必要合理分析该产品各部分价值。而对于标的变量 LIBOR 利率所服从的随机过程，最开始的模型假设远期利率波动率服从常数，这并不能体现实际市场中的波动率微笑和偏斜现象，虽然后来也有很多学者对其做了各种各样的改进，但是基于计算的复杂性与实际操作性，未能体现较好效果。进一步分析，对于外汇结构性存款中所包含的可提前赎回和可提前回售权可以看作一个百慕大期权，基于蒙特卡罗方法的前向性特点，一度被认为不能利用该方法对该类证券进行定价分析；之后，Longstaff 和 Schwartz（2001）提出的最小二乘蒙特卡罗方法以其简单性和易理解性的优点在美式和百慕大式期权定价中得到了广泛的运用，但是由于其一些固有的缺陷，因此要对其进行一系列改进，以提高定价的精确性。所以，本章基于随机波动率假设的 LIBOR 市场模型，利用 MCMC 方法加入历史信息来对 LIBOR 进行模拟，在蒙特卡罗模拟定价方法的框架下，利用普通蒙特卡罗模拟方法来确定外汇结构性存款中附息债券价值，然后通过基于 SVD 方法下的最小二乘蒙特卡罗模拟合理确定基本函数类型和数量，从而利用价值函数逆向迭代方法对提前赎回权和回售权价值进行定价，具有重要的理论学术价值。

2. 实践意义

从产品的需求方面来讲，由于我国连年巨额贸易顺差，如何对外汇存款进行保值增值，成为持有外汇居民亟须解决的问题。基于国内外汇投资产品的匮乏以及外汇套期保值的需要，外汇投资者也迫切需要一种新的外汇产品和投资渠道以丰富其外汇资产的组合，根据资产组合理论，在降低风险的同时，提高整体外汇资产收益水平，实现资源合理配置。同时通过本章的分析能够使投资者对外汇结构性存款的收益和风险有一个全面的认识，避免由于该类产品表面上的高利率诱惑而最终导致巨大的财富损失。

从供给的方面来讲，2004 年之后，伴随着金融市场市场化改革压力的增大和同业竞争激烈程度的加剧，各大行纷纷加大金融产品的创新力度。并且，随着银行传统存贷款业务上的利润空间不断地压缩，积极发展以结构性存款为代表的这类理财产品业务，不但符合各大银行盈利增长点向中间业务转移的发展目标，同时多样化地满足特定风险—收益—流动性的外汇结构性存款能够满足客户对外汇风险收益的需求，这对于提高银行理财产品业务的竞争力以及银行整体利润的增长都有极其重要的意义。

三 近期研究分析

曾昱璟（2007）利用市场报价对标准 LIBOR 市场模型进行参数校正之后，利用最小二乘蒙特卡罗方法对中国大陆地区发行的利率联动和股权联动的结构性产品进行定价分析。颜忠田（2007）以 6 个月美元利率联动的逆浮动债券的结构性产品为例，利用利率上限市场报价校正出远期利率波动率结构，并利用历史数据得出远期利率相关系数，利用蒙特卡罗模拟方法对该结构性产品进行定价。张竣尧（2008）利用标准 LIBOR 市场模型以及最小二乘蒙特卡罗方法，对每日计息区间变动可赎回债券定价进行分析。Thorsten Hens 和 Marc Oliver Riegery（2009）从投资者的角度出发，利用在一定约束下的最大效用函数的方法来得到最优的结构性产品，提出大部分结构性产品并不是最优的，并且也分析了在不利收益的情况下，该产品对于投资者非常有吸引力的原因。马俊海（2013）基于 Heston 随机波动率 LIBOR 市场模型，对范围累计外汇结构型存款定价的蒙特卡罗模拟方法进行了深入理论分析与实证模拟计算。

　　基于以上分析，目前研究仍然存在一定局限。外汇结构性存款可以看作百慕大性质的可提前赎回或回售 LIBOR 奇异证券，而对其定价的研究理论主要局限于非随机波动率下 LIBOR 市场模型，针对随机波动率 LIBOR 市场模型也仅仅是在欧式证券的定价范围之内，并没有扩展到美式或百慕大式的衍生证券；现阶段 LIBOR 市场模型的随机波动率校正也只是考虑了当前市场信息和建模者主观判断，并没有加入历史数据的市场信息。本章尝试将随机波动率下的 LIBOR 市场模型引入百慕大性质的外汇结构性存款定价过程中去，在利用 MCMC 方法基础上，将历史信息加入，利用改进最小二乘蒙特卡罗方法实现外汇结构性存款定价过程。

第二节　外汇结构性存款定价的基本理论分析

　　根据金融工程的分解组合特性，外汇结构性存款基本原理是把普通外汇存款和一系列金融衍生产品进行打包，利用金融衍生产品收益不确定的特性，改变传统外汇存款的支付体系，积极寻求合理的风险收益。根据当前银行所发行的外汇结构性存款的合约条款，其最全面的价值构成可以表述为：外汇结构性存款价值＝本金＋固定收益价值＋浮动收益价值＋可赎回权－可回售权。基于以上分析，本节分为以下三部分：首先，在考虑收益风险的基础上，分析影响外汇结构性存款未来现金流基本要素以及相应的产品设计创新之处；其次，以解析解的形式对该类外汇结构性存款进行价值构成分解；最后，对该产品各个部分价值进行阐述分析。

一　价值确定的基本要素

　　根据价值构成分析，外汇结构性存款的理论价值主要是由各个部分价值分别加总求和之后的总价值，而对于各个部分价值求解，主要是根据各部分未来现金流贴现值决定。所以，外汇结构性存款的理论价值就是该产品总体未来现金的现值之和，其最终收益和风险主要由基本要素变化来体现。那么，如何确定外汇结构性存款的基本影响因素，就成为设计外汇结构性存款结构最需要考虑的问题。外汇结构性存款价值构成主要受到外汇结构性存款的连接成分、连接标的、连接方式三个基本因素影响。

1. 外汇结构性存款的连接成分

该因素主要考虑在外汇结构性存款价值构成中，哪些部分承担了金融衍生特性的风险及收益。根据产品合同条款分析，如果结构性存款的本金部分不产生利息，仅仅是以零息债券为主体，则连接部分一定是本金。相反，如果产品是以附息债券为主，则连接部分可能是利息、本金或是整个结构性存款全体构成部分。而外汇结构性存款的连接部分实际上决定了产品现金流结构，也相当于产品本金和利息等未来现金流如何改变常规存款或债券的支付方式，以反映特定的收益风险结构。所以，外汇结构性存款设计过程要从存款连接成分的变化上来进行独特设计，从而体现结构性产品灵活创新特点，并在同业银行竞争中处于优势地位。

2. 外汇结构性存款的连接标的

该因素主要考虑外汇结构性存款中，有哪些因素可以作为产品内部期权部分标的资产。根据联动资产不同，可将外汇结构性存款分为：股票（股指）联动、利率联动、商品联动以及其他资产甚至是其他特殊事件联动等（比如世界杯比赛结果）。这些联动因素直接决定了哪些外界资产变量以及影响这些资产变量变动的因素可以影响外汇结构性存款未来现金流的支付，这也就最终决定了该产品的理论价值。从产品设计者的角度来讲，不但要考虑到未来所选择标的变量的变动性，而且也需要对标的变量的走势具有一定程度的准确预测能力，这对于发行银行确定理论价值以及最终发行价格的确定都具有意义。

3. 外汇结构性存款的连接方式

该因素主要考虑存款连接成分与连接标的之间的连接方式，最终决定了该产品的未来现金流以及根本风险收益特征。当前，我国银行所发行的外汇结构性存款内含衍生证券主要以期权为主。其中，在外汇结构性存款中经常出现的期权有：看涨或看跌期权、数值期权或范围累积期权、分阶段期权、障碍期权、彩虹期权。为了体现产品的创新性以及产品复杂性所带来利润的增长，产品设计者往往倾向于设计出带有新型期权的外汇结构性存款。

4. 衍生证券收益风险特征分析

在此，主要对我国发行的外汇结构性存款中常见的衍生产品收益风险特征进行分析。

（1）数值期权、范围数值期权以及范围累积期权。两值期权又叫二元期权，是指只有当标的资产价格到达事先水准的情况下才能支付固定金额，否则不会有任何回报。所以，其到期回报率可以描述为：

$$\begin{cases} Q, & \text{条件满足时} \\ 0, & \text{条件不满足时} \end{cases}$$

由于两值期权可以分为现金或无价值期权和资产或无价值期权，所以，Q 可以是现金也可以是资产。通过分析，一份普通欧式期权可以由一份资产或无价值期权的多头和一份现金或无价值期权的空头组成。范围数值期权是对于两值期权标的资产的变动设定一个范围，根据标的资产对于该确定范围的相对变动来确定期权的收益。而范围累积期权则是在范围累积期权的基础上，对于期权到期日的不断延伸，即在一段时间内，每天执行该范围数值期权并在未来特定时间点最终收益之和。

（2）分阶段期权。分阶段期权是指将整个产品存续期分为多个阶段，产品最终收益主要由这几个阶段的收益加总得到。其实和范围累积期权相似，只是该单位期权换成了标准的欧式期权而已。分阶段期权可分为三类：标准分阶段、逆向分阶段和上下限分阶段期权。

第一类主要是一组标准欧式期权多头组合，即：

$$\sum_{i=1}^{n} \max\left[0, \left(\frac{S_{T_i}}{S_0} - 1\right)\right] \tag{3-1}$$

第二类收益是第一类的反方向头寸，即为一系列普通欧式看涨期权空头组合：

$$a + \sum_{i=1}^{n} \min\left[0, \left(\frac{S_{T_i}}{S_0} - 1\right)\right] \tag{3-2}$$

而最后一类则是在第一类的基础之上，在分段收益和总收益上都加入了利率的上限和下线。其到期盈亏函数可以表示为式（3-3），其中，h 和 l 分别为期权盈亏函数收益上限和下限。

$$\max\left\{\min\left\{\sum_{i=1}^{n}\max\left[\min\left[l_1,\left(\frac{S_{T_i}}{S_0}-1\right)\right],h_1\right],l_2\right\},h_2\right\} \tag{3-3}$$

（3）障碍期权。障碍期权是一种路径依赖期权，指在生效过程中受到一定限制的期权，其目的是把投资者收益或损失控制在一定范围内。盈亏函数主要取决于标的资产变量价格在一段时间内是否触及某一个特定临界值或价值范围，主要出现在触发性外汇结构性存款。

二　基本价值构成分析

本章以美元 3 个月 LIBOR 利率联动并带有提前赎回和回售特征的范围累积外汇结构性存款为研究对象，主要出于两个方面考虑：理论方面，包含了影响外汇结构性存款定价的全部三个基本要素。实际方面，基于增加盈利空间需要，产品设计者往往偏好于设计出一些结构比较复杂的结构性存款，当前市场上出现越来越多的具有可提前赎回或是回售特征并带有奇异期权的结构性存款。同时，对此产品定价进行分析也有助于研究我国 SHIBOR 利率期限结构以及 SHIBOR 利率联动人民币结构性存款定价问题。

1. 具有提前赎回特征的外汇结构性存款的价值构成分解

假设该外汇结构性存款的存续期为 $[T_0, T_m]$，其中 T_0 为当前日期，T_m 则为该产品到期日。考虑一个完整的概率空间 $[\Omega, F, Q]$，其中，Ω 为非空集合，代表了所有可能发生的经济事件和信息；F 作为 Ω 的子集族被称为 σ – 代数，其代表了相应时刻所得到经济信息。Q 代表了相应的概率测度。假设当产品不包含提前赎回特征时，产品的价值可以表示为：

$$V^{NC}(T_j) = E\left[\sum_{i=j+1}^{m}\frac{K(T_i)}{B(T_i)}+\frac{1}{B(T_m)}\,\bigg|\,F_{T_j}\right] \tag{3-4}$$

其中，$V^{NC}(T_j)$ 代表 T_j 时刻不可提前赎回条件下的外汇结构性存款理论价值，$K(T_i)$ 代表每个利息支付点发行者向投资者支付的利息。根据结构性产品衍生产品特征，此处利息恰恰是产品设计者偏好的创新之处。以本章定价产品为例，该利息即为各固定期限内范围累积期权在相应利息支付点盈亏收益。同时设定，当满足 $i > m$ 时，$\sum_{i=j+1}^{m}(\cdots) = 0$。因此，$V^{NC}(T_m) = 1/B(T_m)$。假设该产品具有提前赎回特征时，银行在任何停时处可以提前终止该产品。根据以上分析，在产品期初时刻 T_0，其理论价值可以表示为：

$$V_0 = E\Big[\sum_{i=1}^{\xi(\tau_k)} \frac{K(T_i)}{B(T_i)} + \frac{1}{B(\tau_k)} \Big| F_{T_0} \Big]$$

$$= E\Big[\sum_{i=1}^{m} \frac{K(T_i)}{B(T_i)} + \frac{1}{B(T_m)} \Big| F_{T_0} \Big]$$

$$- E\Big[E\Big[\sum_{i=\xi(\tau_k)+1}^{m} \frac{K(T_i)}{B(T_i)} + \frac{1}{B(T_m)} \Big| F_{\tau_k} \Big] - \frac{1}{B(\tau_k)} \Big| F_{T_0} \Big]$$

$$= V^{NC}(T_0) - E\Big[V^{NC}(\tau_k) - \frac{1}{B(\tau_k)} \Big| F_{T_0} \Big]$$

$$= V^{NC}(T_0) - C_1(T_0) \tag{3-5}$$

其中，$\xi(\tau)$ 表示该产品各个停时的顺序。因此，可以看出具有可提前赎回特征外汇结构性存款主要由三部分组成：零息债券、由范围累积期权所得到的浮动收益以及可提前赎回权。其中，$V^{NC}(T_0)$ 表示零息债券与范围累积期权价值之和，$C_1(T_0)$ 表示可提前赎回权的价值。

从发行者银行追求利润最大化的角度来讲，肯定希望未来所需支付现金流越少越好，即 V 值越小越好。同时，$V^{NC}(T_0)$ 可以看作一个普通的附息债券，其理论价值主要取决于未来标的资产价格走势。所以，如何选择最优执行点以达到 V 值最小化，主要是由可提前赎回价值 $C_1(T_0)$ 的最小化所决定的。可提前赎回期权是一种具有有限个执行点的百慕大式看涨期权，其盈亏函数可以表示为以 τ_k 时刻为起始日的不可提前赎回债券的价值与 τ_k 时刻产品面值的现值之差。此处，可以把 $V^{NC}(\tau_k)$ 看作资产价格而把 $1/B(T_{\tau_k})$ 看作该期权的执行价格。计算该期权价值，定义该提起赎回期权的盈亏收益函数 $Z(T_j)$：$Z(T_j) = V^{NC}(T_j) - \dfrac{1}{B(T_j)}$。

如果期权持有者执行该期权，那么持有者收到了附息债券所产生的现金流现值，同时支付面值的现值。于是，引入一个 Snellenvelope $(U(T_j))_{j=k,\cdots,m}$ 来代替该期权盈亏函数过程 $(Z(T_j))_{j=k,\cdots,m}$。同时为了理论完整性，令 k 表示产品允许提前赎回起始点，则 $(U(T_j))_{j=k,\cdots,m}$ 具有：

$$U(T_j) = \begin{cases} \sup_{\tau \in \Gamma_{j,m}} E[Z(\tau) \mid F_{T_j}], & k \leqslant j < m \\ E[U(T_k) \mid F_{T_j}], & j < k \end{cases} \tag{3-6}$$

上式是一个最优停时问题，可以运用向后动态规划方法进行求解。在产品到期日 Snellenvelope $(U(T_j))_{j=k,\cdots,m}$ 为零，即产品到期日，期权没有价值。在产品开始执行点到产品到期日 $[T_k, T_m)$ 内，持有价值

$\Gamma(T_j) = E[U(T_{j+1}) | F_{T_j}]$ 和执行价值 $Z(T_j)$ 两者之间的最大值。公式表达即为：

$$\begin{cases} U(T_m) = Z(T_m) = 0 \\ U(T_j) = \max\{Z(T_j), \Gamma(T_j)\}, \ j = k, \cdots, m-1 \end{cases} \tag{3-7}$$

所以，在 T_0 时刻，该提前赎回权的价值为：$C_1(T_0) = E[U(T_k) | F_{T_0}] = E[Z(\tau_k) | F_{T_0}]$。其中，第一个等号是从 SnellenvelopeU（T_k）来解释的，而第二个等号则是从最优停时处产品贴现值的角度来解释的。因此有：

$$V_1(T_0) = V^{NC}(T_0) - C_1(T_0) \tag{3-8}$$

2. 具有提前回售特征的外汇结构性存款价值构成分解

前面主要是从银行角度进行分析，同理对于投资者能够单方面终止外汇结构性存款合同的权利则被称为可提前赎回权。本章就针对该类价值构成进行分析，价值公式表示为：

$$\begin{aligned} V_2 &= E\Big[\sum_{i=1}^{\xi(\tau_k)} \frac{K(T_i)}{B(T_i)} + \frac{1}{B(\tau_k)} \Big| F_{T_0}\Big] \\ &= E\Big[\sum_{i=1}^{m} \frac{K(T_i)}{B(T_i)} + \frac{1}{B(T_m)} \Big| F_{T_0}\Big] \\ &\quad + E\Big[\frac{1}{B(\tau_j)} - E\Big[\sum_{i=\xi(\tau_l)+1}^{m} \frac{K(T_i)}{B(T_i)} + \frac{1}{B(T_m)} \Big| F_{\tau_l}\Big] \Big| F_{T_0}\Big] \\ &= V^{NC}(T_0) + E\Big[\frac{1}{B(\tau_l)} - V^{NC}(\tau_l) \Big| F_{T_0}\Big] \\ &= V^{NC}(T_0) + C_2(T_0) \end{aligned} \tag{3-9}$$

其中，$\xi(\tau)$ 表示该产品各个停时的顺序。因此，该类外汇结构性存款主要由三部分组成：零息债券、由范围累积期权所得到的浮动收益以及可提前赎回权。其中，$V^{NC}(T_0)$ 表示零息债券与范围累积期权价值之和，$C_2(T_0)$ 表示可提前赎回权价值。如果希望产品未来产生现金流越大越好，那么就必须使 V 值越大越好；同时，$V^{NC}(T_0)$ 可以看作一个普通的附息债券，其理论价值主要取决于未来标的资产价格的走势。所以，如何选择最优执行点使 V_2 值达到最大化，主要是由可提前回售价值 $C_2(T_0)$ 的最大化所决定的。可提前回售期权是一种具有有限个执行点的百慕大式看跌期权，其盈亏函数可以表示为以 τ_l 时刻产品面值的现值与 τ_l 时刻为起始日的普通债券的价值之差。此处，可以把 $1/B(T_{\tau_l})$ 看作该期权的执

行价格而把 $V^{NC}(\tau_l)$ 看作资产价格。计算该期权价值，定义其盈亏收益函

数 $Z(T_j)$，即：$Z(T_j) = \dfrac{1}{B(T_j)} - V^{NC}(T_j)$。

如果期权持有者执行该期权，那么相当于该持有者收到产品面值现
值，同时支付普通附息债券所产生的现金流现值。于是引入 Snellenvelope
$(U(T_j))_{j=k,\cdots,m}$ 来代替该期权盈亏函数过程 $(Z(T_j))_{j=l,\cdots,m}$。同时为了理论
完整性，令 k 表示产品允许提前回售起始点，则 $(U(T_j))_{j=l,\cdots,m}$ 有：

$$U(T_j) = \begin{cases} \sup_{\tau \in \Gamma_{j,m}} E\big[Z(\tau)\,\big|\,F_{T_j}\big], & l \leqslant j < m \\ E\big[U(T_l)\,\big|\,F_{T_j}\big], & j < l \end{cases} \qquad (3-10)$$

上式是一个最优停时问题，可运用向后动态规划方法进行求解。同
前分析有：

$$\begin{cases} U(T_m) = Z(T_m) = 0 \\ U(T_j) = \max\{Z(T_j),\ \Gamma(T_j)\}, & j = l,\ \cdots,\ m-1 \end{cases} \qquad (3-11)$$

所以，在 T_0 时刻，该提前回售权的价值为：$C(T_0) = E\big[U(T_l)\,\big|\,F_{T_0}\big] = E\big[Z(\tau_l)\,\big|\,F_{T_0}\big]$，其中，第一个等号是从 SnellenvelopeU (T_1) 来解释的，
而第二个等号则是从最优停时处产品贴现值的角度来解释的。因此，具
有可提前回售特征的外汇结构性存款的价值为以奇异期权盈亏函数利息
支付的附息债券与可提前回售权价值之和，即：

$$V_2(T_0) = V^{NC}(T_0) + C(T_0) \qquad (3-12)$$

3. 具有可提前赎回和回售特征的混合外汇结构性存款价值构成分解

从实际情况来讲，产品设计者往往偏好于设计出结构上更加复杂的
产品，比如，同时带有可提前赎回和回售特征。在上述两种产品定价分
析基础之上，具有可提前赎回和回售特征的混合外汇结构性存款价值为：
零息债券 + 浮动收益 + 可提前赎回价值 – 可提前回售价值，有：

$$\begin{aligned}
V_3 ={}& E\Big[\sum_{i=1}^{m} \frac{K(T_i)}{B(T_i)} + \frac{1}{B(T_m)}\,\Big|\,F_{T_0}\Big] \\
& - E\Big[E\Big[\sum_{i=\xi(\tau_k)+1}^{m} \frac{K(T_i)}{B(T_i)} + \frac{1}{B(T_m)}\,\Big|\,F_{\tau_k}\Big] - \frac{1}{B(\tau_k)}\,\Big|\,F_{T_0}\Big] \\
& + E\Big[\frac{1}{B(\tau_k)} - E\Big[\sum_{i=\xi(\tau_l)+1}^{m} \frac{K(T_i)}{B(T_i)} + \frac{1}{B(T_m)}\,\Big|\,F_{\tau_l}\Big]\,\Big|\,F_{T_0}\Big] \\
={}& V^{NC}(T_0) - E\Big[V^{NC}(\tau_k) - \frac{1}{B(\tau_k)}\,\Big|\,F_{T_0}\Big] + E\Big[\frac{1}{B(\tau_l)} - V^{NC}(\tau_l)\,\Big|\,F_{T_0}\Big]
\end{aligned}$$

$$= V^{NC}(T_0) - C_1(T_0) + C_2(T_0) \tag{3-13}$$

其中，$V^{NC}(T_0)$、$C_1(T_0)$ 以及 $C_2(T_0)$ 分析与前面两部分相同。与美元三个月 LIBOR 利率联动并带有提前赎回或回售特征的范围累积外汇结构性存款本质上是一个利率衍生产品的组合。

三 附息债券部分的定价理论与方法

基于以上分析，该产品价值构成中的附息债券价值主要由零息债券部分与浮动收益所决定，其中，各期浮动收益即是相应期间内范围累计期权的盈亏函数。

1. 零息债券部分

零息债券特征组成部分定价方法与普通零息债券相似。因此，该部分理论价值表现为该产品面值现值。需要强调的是，进行面值贴现时贴现率如何去确定。基于风险中性定价原理，一般处理方法是假设其为国债利率或是一年期存款利率。但是，由于该类外汇结构性存款的期限基本上都在一年以上。所以，如果单纯假设贴现率不变，则并不符合实际情况。所以，需要用一定利率模型来模拟贴现率变动。由于该产品联动的标的变量是 3 个月美元 LIBOR 利率，所以，采用 3 个月美元 LIBOR 利率作为该零息债券部分的贴现率，其价值可以表示为：

$$P = \frac{1}{B(T_m)} = \frac{1}{\prod\limits_{i=1}^{m}\left[1 + \Delta \times F_i(T_{i-1})\right]} \tag{3-14}$$

其中，$F_i(T_{i-1})$ 表示在 $[T_{i-1}, T_i]$ 区间内，以 T_{i-1} 为期初时刻的远期利率。

2. 浮动收益部分

浮动收益部分即为范围累积期权的盈亏函数，所以，对该部分进行定价基础就是需要对范围累积期权的组成部分——数值期权价值进行确定，将一段期限内的所有数值期权价值加总即可得到该产品浮动收益部分的价值。本章假设标的 LIBOR 利率服从随机波动率 LIBOR 市场模型，解析定价角度会相当复杂，所以在此从数值分析方法角度来对该产品进行定价。目前，金融衍生产品定价的数值分析方法主要有：网格分析技术和蒙特卡罗模拟方法。但是，网格分析方法却存在很多的局限性，比如无法包含范围累积期权标的资产所服从的特定随机过程，而且网格定价模型只适用于低维或是少量执行点的情况，但是该范围累积期权具有较多数量的可执行点，计算过程会相当复杂。蒙特卡罗模拟方法能够解决以上网格分析方法的不足，从而成为该类期权各种定价方法中最为有效的数值计算方法。

四　可提前赎回权和回售权的定价方法

根据价值构成分析，可提前赎回权和可提前回售权可分别归类百慕大式看涨期权和看跌期权。由于蒙特卡罗模拟方法的前向性，不能直接运用。所以，本章将采用基于回归的逆向推导方法来计算上述嵌入两个百慕大式衍生证券的价值。根据式（3 – 11），T_i 时刻该类期权的价值由在该时刻期权的执行价值和持有价值之间最大值来决定。那么，如何决定持有价值就成为对该期权进行合理定价最为重要的一个因素。

1. 持有价值的一般计算方法

根据回归计算方法，确定该期权持有价值公式为：

$$\Gamma(T_i) = E[V_{i+1}(X_{i+1}) \mid X_i = x] = \sum_{r=1}^{M} \beta_{jr}\psi_r(x) = \beta_i^T \psi(x) \quad (3-15)$$

其中，$\beta_i^T = (\beta_{i1}, \beta_{i2}, \cdots, \beta_{iM})$，$\psi(x) = (\psi_1(x), \psi_2(x), \cdots, \psi_M(x))^T$ 为基本函数组成的多项式。通过回归计算方法，我们可以得到系数向量 β_j：$\beta_i = (E[\psi(X_{i+1})\psi(X_i)])^{-1}E(\psi(X_i)V_{i+1}(X_{i+1})) \equiv B_\psi^{-1}B_{\psi V}$。

其中，B_ψ 代表了 $M \times M$ 非奇异矩阵，$B_{\psi V}$ 代表了长度为 M 的向量。在上述期望函数中的 X_i 和 X_{i+1} 服从马尔科夫过程并且有一个联合概率分布。考虑计算实际情况，对于有限个数 m 的基本函数以及 b 个独立标的资产价格运动路径 $(X_{1j}, X_{2j}, \cdots, X_{mj})$，并且假设已知 $V_{i+1}(X_{i+1,j})$ 的一阶矩形式，则 β_j 的最小二乘估计量为：$\hat{\beta}_i = \hat{B}_\psi^{-1}\hat{B}_{\psi V}$。其中，$\hat{B}_\psi$ 和 $\hat{B}_{\psi V}$ 实际上是在 B_ψ 和 $B_{\psi V}$ 中选取了有限个元素而组成的向量。所以，当已知一对连续点 $(X_{ij}, X_{i+1,j})$ 的情况下，有：

$$E[\psi(X_{i+1})\psi(X_i)] \approx \hat{B}_\psi = \frac{1}{b}\sum_{j=1}^{b}\psi_q(X_{ij})\psi_r(X_{ij})E(\psi(X_i)V_{i+1}(X_{i+1}))$$

$$\approx \hat{B}_{\psi V} = \frac{1}{b}\sum_{k=1}^{b}\psi_r(X_{ik})V_{i+1}(X_{i+1,k})$$

利用回归方法可以计算出 V_{i+1} 在有限元素下的替代值 $\hat{V}_{i+1}$。所以，在状态空间 R^d 中，在任意路径中任意时刻，该百慕大式衍生证券的持有价值估计量为：$\hat{C}_i(x) = \hat{\beta}_i^T \psi(x)$。$\psi(x)$ 代表由基本函数构成的多项式。通过以上分析，该回归算法中的因变量所选择的是相邻已判断执行点处的该期权价值函数。假设期权决定在 i 时刻执行时，该时刻的期权价值选择执行价值。而如果期权在该时刻不决定执行时，期权价值的选择问题，即如何选择持有价值。

2. 价值函数逆向迭代定价方法

第一，利用标的资产所服从的具有马尔科夫性质随机过程，模拟出 b 条独立价格变动路径 $\{X_{1j}, X_{2j}, \cdots, X_{mj}\}$，$j = 1, 2, \cdots, b$ 表示路径条数，而 m 表示相应路径所能够执行的时间点。

第二，根据逆向推导特征计算最后执行点的期权价值函数。由于该产品在最后一期必定执行，所以，期权持有价值为零，其执行价值为：$\hat{V}_{mj} = Z_m(X_{mj})$，$j = 1, 2, \cdots, b$。

第三，在 $i = m-1, m-2, \cdots, 1$ 条件下，假设已知 $i+1$ 时刻价值函数为 $\hat{V}_{i+1,j}$，$j = 1, 2, \cdots, b$，那么计算 $\hat{\beta}_i = \hat{B}_\psi^{-1} \hat{B}_{\psi V}$，$\hat{C}_i(x) = \hat{\beta}_i^T \psi(x)$。在此基础之上，动态迭代过程为：

$$\hat{V}_{ij} = \max[Z_i(X_{ij}), \hat{C}_i(X_{ij})], \quad j = 1, 2, \cdots, b \qquad (3-16)$$

第四，在每一条路径上，都从 $m-1$ 一直逆推到第一个可执行点，然后将各条路径的最后值加总求平均，即可得到该衍生证券的理论价值：

$$\hat{V}_0 = (\hat{V}_{11} + \hat{V}_{12} + \cdots + \hat{V}_{1b})/b \qquad (3-17)$$

五 最小二乘蒙特卡罗方法（LSM）

第一，模拟出 b 条独立的资产价格变动路径 $\{X_{1j}, X_{2j}, \cdots, X_{mj}\}$，$j = 1, 2, \cdots, b$ 表示路径条数，而 m 表示该百慕大式衍生证券在相应路径所能够执行的时间点。

第二，根据逆向推导特征计算最后执行点的期权价值函数。由于该产品在最后一期必定执行，所以，期权持有价值为零，其执行价值为：$\hat{V}_{mj} = Z_m(X_{mj})$，$j = 1, 2, \cdots, b$。

第三，在 $i = m-1, m-2, \cdots, 1$ 条件下，假设已知 $i+1$ 时刻价值函数为 $\hat{V}_{i+1,j}$，$j = 1, 2, \cdots, b$，那么计算 $\hat{\beta}_i = \hat{B}_\psi^{-1} \hat{B}_{\psi V}$，$\hat{C}_i(x) = \hat{\beta}_i^T \psi(x)$。在此基础之上，动态迭代过程为：

$$\hat{V}_{ij} = \begin{cases} Z_i(X_{ij}), & Z_i(X_{ij}) \geqslant \tilde{C}_i(X_{ij}) \\ \hat{V}_{i+1,j}, & Z_i(X_{ij}) < \tilde{C}_i(X_{ij}) \end{cases} \qquad (3-18)$$

第四，在每一条路径上，都从 $m-1$ 一直逆推到第一个可执行点，然后将各条路径的最后值加总求平均，即可得到该衍生证券的理论价值：

$$\hat{V}_0 = (\hat{V}_{11} + \hat{V}_{12} + \cdots + \hat{V}_{1b})/b \qquad (3-19)$$

根据分析，上述两种方法单独使用都未能得出一个较为准确的定价结果，所以有必要对其方法进行改进。本章将二者进行有机结合，采用以下方法对百慕大式衍生证券进行定价：首先，基于 LSM 方法的下偏性，利用该方法逼近法则，将在有限模拟数量的情况下，选择该方法的计算结果实现最大值的基本函数类型和数量。在此基础之上，将上述结果运用到价值函数逆向迭代算法中去，最终实现最优定价结果。

第三节　Heston－LIBOR 市场模型的参数估计

LIBOR 市场模型已成为当前描述 LIBOR 利率走势最为重要的随机模型。但是基于现实数据的考虑，在拟合历史数据上仍存在差距。特别是该模型无法体现市场上出现的实际情况。本章考虑在 LIBOR 利率模型基础之上加入随机波动率过程，以便更好地拟合 LIBOR 利率的未来走势，从而实现对外汇结构性存款的准确定价。

一　利率模型选择

对于波动率所服从的连续随机过程，一般文献都采用 Heston 模型，但是 Hagan、Kumar 等（2002）、Nada（2008）、Rebonato，White（2009）提出以 SABR 模型代替一般采用的 Heston 随机波动率模型，认为：Heston 模型在产品期限比较长的情况下无法体现波动率微笑特征，但由于本章所研究的国内发行的外汇结构性存款的期限普遍较短而不会产生上述缺陷现象。并且 SABR 模型假设波动率服从漂移项为零的几何布朗运动，无法体现均值回复，无法使波动率在一定时期内保持平稳。所以本章采用 Heston 模型来表示波动率所服从的随机过程，对 LIBOR 利率进行模拟。在此基础上，与不含随机波动率的 LIBOR 利率模拟路径在实际 LIBOR 利率走势的基础上进行对比分析。本章所选用随机微分方程为即期测度下基于随机波动率过程的标准 LIBOR 市场模型：

$$
\begin{cases}
dF_i(t) = V(t)\sigma_i(t)F_i(t) \times \sum_{j=k+1}^{i} \dfrac{\rho_{i,j}^* \tau_j \sigma_j(t) F_j(t)}{1 + \tau_j F_j(t)}dt \\
\qquad + \sqrt{V(t)}\sigma_i(t)F_i(t)dZ_i^k(t), k < i, t \leqslant T \\
dV(t) = \kappa(\nu - V(t))d(t) + \tau\sqrt{V(t)}d\omega \\
dZ_i^k(t)d\omega = \rho dt
\end{cases} \qquad (3-20)
$$

其中，$F_i(t)$ 表示为时刻未来 T_{i-1} 到 T_i 之间的远期利率，$V(t)$ 为随机波动率矩阵，本章所需要估计的参数为远期利率瞬间相关系数和局部波动率矩阵 ρ^*、σ 以及由于加入随机波动率过程所产生的各参数 κ、v、τ 和两个随机过程相关系数 ρ。

二 局部波动率校正

对于局部波动率校正，主要思路就是利用市场上提供的 Cap 隐含波动率报价，求出其组成部分 Caplet 市场波动率，最后利用 Caplet 定价公式逆推出局部波动率的参数。

1. 确定远期利率波动率结构

远期利率波动率期限结构在 LIBOR 市场模型假设为两种不同的结构形式：参数化形态和分段固定形态。参数化形态是指瞬间波动率服从一个关于时间 t 的函数，Rebonato（1999）和 Brigo Mercurio（2001，2006）提出使用以下函数来拟合瞬间远期波动率期限结构：

$$\sigma_i(t) = \kappa_i \psi(T_{i-1} - t; \ a, \ b, \ c, \ d)$$
$$= \kappa_i \{ [a(T_{i-1} - t) + d] e^{-b(T_{i-1} - t)} + c \} \tag{3-21}$$

这种假设是以一个以远期利率距各自到期日（$T_{i-1} - t$）的时间函数，其波动率期限结构呈现驼峰形状（humped shape）和市场波动率现象一致，并且瞬间波动率的极限值会收敛到有限数值 d。另外，参数 κ_i 根据不同到期日 T_i 的远期利率，对 $\psi(T_{i-1} - t; \ a, \ b, \ c, \ d)$ 做区域性修正，如果这种修正很接近于 1，则不会破坏其和距到期日具有相依性的本质，并且更增加了可以用来进行 Cap 校正的弹性。

分段固定形态是指将瞬间波动率的参数在一段固定的区间内假设为固定值，从而避免了上述参数化形态假设下，由于每个时间点都有相应的波动率而导致模型所需要确定的参数过多的问题，对于简化 LIBOR 利率的模拟过程以及衍生产品的定价都是非常重要的。同时，Glasserman（2004）提出，当假设波动率只取决于 $T_i - T_{\beta(t)-1}$ 时，其结构是平稳的。所以，本章采取式（3-22）形式，该分段固定波动率如表 3-1 所示。其中，Dead 代表每个远期利率一旦到达到期日即变为即期利率后，对后期时间点而言为已知利率，故没有波动率。

$$\sigma_i(t) = \sigma_{i,\beta(t)} = \eta_{i-(\beta(t)-1)}, \quad 其中，t \in [T_{\beta(t)-1}, \ T_i] \tag{3-22}$$

表 3 - 1 分段固定波动率

瞬间波动率	$t \in (0, T_0]$	$(T_0, T_1]$	$(T_1, T_2]$	...	$(T_{M-2}, T_{M-1}]$
$F_1(t)$	η_1	dead	dead	...	dead
$F_2(t)$	η_2	η_1	dead	...	dead
...	...	...	...	...	dead
$F_M(t)$	η_M	η_{M-1}	η_{M-2}	...	η_1

2. 远期利率波动率与 Caplet 波动率之间的关系

在标准 LIBOR 市场模型基础之上，利用 BS 定价模型，可以推出 Caplet 定价公式：

$$
\begin{cases}
Cpl^{LFM}(t, T_{i-1}, T_i, K) = P(t, T_i)\, \tau_i [F_i(t)\Phi(d_1(K, F_i(t), \nu_i)) \\
\qquad\qquad\qquad\qquad\qquad - K\Phi(d_2(K, F_i(t), \nu_i))] \\[2mm]
d_1(K, F_i(t), \nu_i) = \dfrac{\ln\left(\dfrac{F_i(t)}{K}\right) + \dfrac{\nu_i^2}{2}}{\nu_i}, d_2(K, F_i(t), \nu_i) = \dfrac{\ln\left(\dfrac{F_i(t)}{K}\right) - \dfrac{\nu_i^2}{2}}{\nu_i} \\[2mm]
\nu_i^2 = (T_{i-1} - t)\nu_{T_{i-1}-Caplet}^2 \\[2mm]
\nu_{T_{i-1}-Caplet}^2 = \dfrac{1}{T_{i-1} - t}\int_t^{T-1} |\sigma_i(s)|^2 ds = \dfrac{1}{T_{i-1} - t}(\eta_{\beta(t)-1}^2\Delta + \cdots + \eta_{T_{i-1}}^2\Delta)
\end{cases}
$$

$$(3-23)$$

$\nu_{T_{i-1}-Caplet}^2$ 是以为收益确定日，为支付日的 Caplet 年度波动率，其数值等于在区间内远期利率波动率的平均值。只要知道各期 Caplet 市场波动率报价，运用 bootstraping 方法得到 LIBOR 市场模型中远期利率初始时刻的整个波动率期限结构 $\eta_{\beta(t)-1}^2, \cdots, \eta_{T_i-1}^2, i \in [1, M]$。

3. Cap 的市场报价原则

虽然校正远期利率瞬间波动率是利用其和 Caplet 之间的关系式，然而市场上所提供的报价只有各种不同到期日的 Cap 波动率。由于 Cap 价值为 Caplet 价值之和，所以，利用 Cap 的波动率报价来推导出 Caplet 的波动率报价。首先需要了解 Cap 市场报价的规则。Cap 报价以式（3 - 3）的 Black 形式下 Cap 价格隐含波动率来表示，并且全部采用平值报价，Cap 的执行价值为当期和 Cap 到期日相同的 Swap rate 决定，即：

$$
K = K_{ATM} = S_{\alpha,\beta}(0) = \dfrac{P(0, T_\alpha) - P(0, T_\beta)}{\sum_{i=\alpha+1}^{\beta} P(0, T_i)\Delta}
\qquad (3-24)
$$

其中，K_{ATM} 为平值时的 Cap 执行价值，$S_{\alpha,\beta}(0)$ 为相应互换利率。α 为初始时刻，β 为到期日。由于 Cap 价值为 Caplet 价值之和，根据式（3 - 3）可以得到 Cap 的市场价格为：

$$Cap(t) = \sum_{i=1}^{n} \tau_i P(t,T_i) Bl(K,F_i(0),\sqrt{T_{i-1}}\nu_{T_{n-Cap}}) = \sum_{i=1}^{n} \tau_i P(t,T_i) Bl(K,$$
$$F_i(0),\sqrt{T_{i-1}}\nu_{T_{n-1-Caplet}}) \tag{3-25}$$

如知道 Cap 的市场波动率报价，则可以通过以上式子得到相应各期 Caplet 波动率价格。

4. Caplet 波动率和 Cap 波动率之间的关系

Cap 由一系列的 Caplet 组成。对于不同到期日 Cap 中所包含的相同利率参考日、交割日以及执行价值的 Caplet，应有不同的 Caplet 波动率。所以，式（3 - 25）变为：

$$Cap(t) = \sum_{i=1}^{n} \tau_i P(t,T_i) Bl(K,F_i(0),\sqrt{T_{i-1}}\nu_{T_{i-1-Caplet}})$$
$$= \sum_{i=1}^{n} \tau_i P(t,T) Bl(K,F_i(0),T_{i-1}\nu_{T_{i-1-Caplet}}) \tag{3-26}$$

因此，利用式（3 - 26）中 Cap 和 Caplet 的 Black 形式价格封闭解，已知 Cap 市场报价情况下反推 Caplet 的隐含波动率，进而利用式（3 - 21）推导出各期远期利率瞬间波动率。

三 远期利率相关系数矩阵

计算远期瞬间相关系数方法主要有两种：一种是利用远期利率的过去历史资料，来计算各期远期利率之间的历史瞬间相关系数；另一种则是使用在 LIBOR 市场模型下推导出的近似利率互换期权公式，利用使市场价格与理论价格均方差和最小的远期利率瞬间相关系数。关于瞬间相关系数的设定，最常见的近似函数为 Rebonato（2002）中所介绍的单一化参数化函数，即 $\rho_{i,j}^* = e^{-c|T_i-T_j|}$。其中，上述均方差结果就是取得最小化 c。不过，由于一般的实证研究发现，任两个相同时刻差距的远期利率间的相关系数为一个随着到期日增加而递增的函数，所以可以使用 Schoenmakers 和 Coffet（2000）中所构建的两参数函数形式：

$$\rho_{i,j}^* = \exp\left\{ -\frac{|i-j|}{M-1}\left(-\ln\rho_\infty^* + \eta\frac{i^2+j^2+ij-3i+3j+2M^2-M-4}{(M-2)(M-3)} \right) \right\}$$
$$\tag{3-27}$$

其中 i，$j = 1$，…，M；$0 < \eta < -\ln\rho_\infty^*$，而参数 $\rho_\infty^* = \rho_{1,M}^*$ 可以看成是第一个到期日远期利率与到期日最后最远的远期利率之间的相关系数。

四 基于 MCMC 方法的随机波动率过程参数估计

本章利用随机波动率过程，将历史信息加入当前的模型参数估计中去。最近几年，对于 SV 模型的估计，学者们基于计量经济学和仿真模拟等技术，提出了许多可行的估计方法。贝叶斯框架下的马尔科夫链蒙特卡罗模拟方法（MCMC）是一种完全模拟方法，采用了动态的抽样方法，克服了传统 Monte Carlo 模拟的高维、静态的缺陷，提高了估算精度。因此，本章在上述分段固定的局部波动率假设下，利用历史的每段时间下（3 个月）的远期利率对数收益率，通过 MCMC 方法来对当前时刻开始相对应的时间段内随机波动率过程的参数进行估计，将历史信息加入 LIBOR 市场模型中波动率参数的过程中去。

根据式（3－20），可得以下公式：

$$\begin{cases} dx_i(t) = V(t)\sigma_i(t) \times \displaystyle\sum_{j=k+1}^{i} \frac{\tau_j\sigma_j(t)F_j(t)}{1+\tau_jF_j(t)}dt - \frac{1}{2}V(t)\sigma_i^2(t)dt \\ \qquad\quad + \sqrt{V(t)}\sigma_i(t)(\rho dZ_1 + \sqrt{1-\rho^2}dZ^2(t)), k < i, t \leqslant T \quad (3-28) \\ dV(t) = \kappa(\nu - V(t))d(t) + \tau\sqrt{V(t)}d\omega \\ dZ_1dZ_2 = 0 \end{cases}$$

利用欧拉离散化方法，对上式进行离散和对数化处理，得到：

$$\begin{cases} h_t = \log(V(t)) \\ y_y = x_{t+\Delta} - x_t \\ \quad = \exp(h_t)A + \sigma_i(t)\dfrac{\rho}{\tau}\Big[(h_{t+\Delta} - h_t)\exp(h_t) \\ \qquad - (1-\Phi)(\nu - \exp(h_t)) + \dfrac{1}{2}\tau^2\Delta\Big] + \sigma_i(t)\exp\Big(\dfrac{\eta_t}{2}\Big)\sqrt{1-\rho^2}\zeta_t \\ h_{t+\Delta} = h_t + \exp(-h_t)(1-\Phi)\big[\kappa\nu\Delta - \kappa\Delta\exp(h_t)\big] \\ \qquad - \dfrac{1}{2}\exp(-h_t)\tau^2\Delta + \exp\Big(-\dfrac{1}{2}h_t\Big)\tau\sqrt{\Delta\eta_t} \\ \quad = h_t + \exp(-h_t)(1-\Phi)\big[\alpha - (1-\Phi)\exp(h_t)\big] \\ \qquad - \dfrac{1}{2}\exp(-h_t)\tau^2\Delta + \exp\Big(-\dfrac{1}{2}h_t\Big)\tau_t\eta_t \end{cases}$$

$$(3-29)$$

其中，对于 $\sigma_i(t) \times \sum_{j=k+1}^{i} \dfrac{\tau_j \sigma_j(t) F_j(t)}{1 + \tau_j F_j(t)} \Delta - \dfrac{1}{2} \sigma_i^2(t) \Delta$，根据测算，在 3 个月区间内方差非常小，假设其为常数，记为 A，$\Phi = 1 - \kappa\Delta$。假设 Heston 模型参数集 $\Theta = \{\alpha, \Phi, \tau_k, \rho\}$。根据 C – H 理论，$p(\Theta, h \mid y)$ 的统计特征可以由 $p(\alpha, \Phi \mid \tau^2, h, y)$，$p(\tau^2 \mid \alpha, \Phi, h, y)$ 和 $p(h \mid \alpha, \Phi, \tau^2, y)$ 完全决定。假设联合先验分布为正态分布，τ^2 的先验分布为逆马玛分布，则有：

$$p(\alpha, \Phi \mid \tau, h, y) \propto \prod_{t=1}^{T} p(\theta_t \mid \theta_{t-1}, \alpha, \Phi, \tau) p(\alpha, \Phi) \propto N$$

对于 τ，我们有：$p(\tau^2 \mid \alpha, \Phi, h, y) \propto \prod_{t=1}^{T} p(\theta_t \mid \theta_{t-1}, \alpha, \Phi, \tau) p(\tau^2) \propto IG$。

h_t 的完全联合后验分布为：$p(h \mid \Theta, y) \propto p(y \mid \Theta, h) p(h \mid \Theta) \propto \prod_{t=1}^{T} p(h_t \mid h_{t-1}, h_{t+1}, \Theta, y)$，而 $p(h_t \mid h_{t-1}, h_{t+1}, \Theta, y) = p(y_t \mid \theta_t, \Theta) p(\theta_t \mid \theta_{t-\Delta}, \theta_{t+\Delta}, \Theta, y)$

其中：
$$
\begin{cases}
y_t \mid h_t \sim N\left(\exp(h_t)A + \sigma_i(t)\dfrac{\rho}{\tau}\left[(h_{t+\Delta} - h_t)\exp(h_t) + \dfrac{1}{2}\tau^2\Delta\right]\right., \\[2mm]
\left.\sigma_i^2(t)\exp(h_t)(1-\rho^2)\zeta\right) \\[2mm]
h_t \mid h_{t-\Delta}, \Theta \sim N\big(h_{t-\Delta} + \exp(-h_{t-\Delta})\left[\alpha - (1-\Phi)exp(h_{t-\Delta})\right] \\[2mm]
\quad - \dfrac{1}{2}\exp(-h_{t-\Delta})\tau^2\Delta, \ \exp(-h_{t-\Delta})\tau_k^2\big) \\[2mm]
h_{t-\Delta} \mid h_t, \Theta \sim N\big(h_t + \exp(-h_t)\left[\alpha - (1-\Phi)exp(h_t)\right] \\[2mm]
\quad - \dfrac{1}{2}\exp(-h_t)\tau^2\Delta, \ \exp(-h_t)\tau_k^2\big)
\end{cases}
$$

$$(3-30)$$

所以，可以推导出：

$$p(h_t \mid h_{t-\Delta}, h_{t+\Delta}, \Theta, y) \propto \dfrac{1}{h_t}\exp\left(-\dfrac{\varepsilon_{1,t}^2}{2}\right)\exp\left(-\dfrac{\varepsilon_{2,t}^2}{2}\right)\exp\left(-\dfrac{\varepsilon_{2,t-\Delta}^2}{2}\right)$$

$$(3-31)$$

最后，可以把此处的 MCMC 算法分解为以下几步：

第一步：从 $p(\alpha, \Phi \mid \tau^2, h, y) \propto N$ 中对 α，Φ 进行抽样；

第二步：从 $p(\tau^2 \mid \alpha, \Phi, h, y) \propto IG$ 中对 τ^2 进行抽样；

第三步：从 $p(\rho \mid \alpha, \Phi, h, \tau^2, \kappa, y) \propto U(-1, +1)$ 中对进行

抽样；

第四步：利用 Metropolis 抽样方法从 $p(h_t | h_{t-\Delta}, h_{t+\Delta}, \Theta, y)$ 对 h 进行抽样。

重复以上步骤直至各参数和波动率潜在变量的模拟轨迹收敛为止，然后把收敛时的模拟值作为对各参数和潜在变量的估计值。

五　实证分析

在实际数据基础上对随机波动率过程 LIBOR 市场模型的各部分参数进行校正与估计。

1. 局部波动率的参数校正

（1）建立完整 Cap 波动率曲线。本章定价研究的产品为 2004 年 8 月 5 日民生银行发行的"民生财富"外汇理财二期 C 计划。所以，通过 Bloomberg ICAU 报价系统得到该产品初始日以美元 3 个月 LIBOR 利率标的资产的 Cap 各到期日平值报价如表 3 – 2 所示。

表 3 – 2　　　　　　　　　　　　　　Cap 各期报价

到期日	1	2	3	4	5	6	7	8	9	10
Cap 波动	0.3189	0.3176	0.299	0.2829	0.2684	0.2566	0.245	0.2347	0.2248	0.2164

资料来源：Bloomberg ICAU 报价系统（2004 – 08 – 05）。

根据式（3 – 22），由于 Cap 包含的都是以 3 个月 LIBOR 利率计息一次、3 个月到期的 Caplet，所以需要得到以 3 个月为倍数的到期日的 Cap 报价。但是，根据 3 – 2 只能得到 Cap 的年度报价，所以表 3 – 2 的数据并不完整，因此必须通过曲线拟合（Curve Fitting）的方式求出其他到期日的 Cap 波动率。假设 Cap 波动率期限结构为下列函数：

$$V_{T_i - Cap}(t) = [a(T_{i-1} - t) + d] e^{-b(T_{i-1} - t)} + c \tag{3 – 32}$$

利用 Matlab 内建函数 Lsqcurvefit 可以找到最适合参数如下：a = 0.0568，b = 0.3358，c = 0.1940，d = 0.1。计算得到 Cap 各期波动率如图 3 – 1 所示。

（2）找出市场 Caplet 隐含波动率。由于 1 年期的 Cap 包含 3 个 Caplet，Caplet 的参考日分别为 0.25 年、0.5 年以及 0.75 年，对应的交割日分别为 0.5 年、0.75 年以及 1 年；而两年期的 Cap 包含 7 个 Caplet，其参考日分别为 0.25 年、0.5 年、0.75 年、1 年、1.25 年、1.5 年以及 1.75

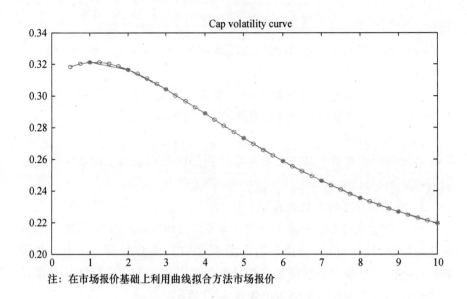

注：在市场报价基础上利用曲线拟合方法市场报价

图 3 - 1　Cap 各期波动率

注：在市场报价基础上利用曲线拟合方法市场报价推导出 10 年波动率期限结构，其中 x 轴为期限，y 轴为波动率。

年，对应的交割日分别为 0.5 年、0.75 年、1 年、1.25 年、1.5 年、1.75 年以及 2 年。而 3 年期的 Cap 包含 11 个 Caplet，以此类推。并利用式 （3 - 23），求出以 3 个月为倍数的到期日的 Cap 波动率。

首先，0.5 年期的 Cap 只包含一个 0.25 年计息、0.5 年到期的 Caplet，因此，$\nu_{0.25 - Caplet} = \nu_{0.5 - Cap}$；其次，将 $\nu_{0.75 - Cap}$ 与平值条件下代表执行价格的 0.75 年到期、3 个月交换一次的 Swap Rate 代入 Black 公式，求出 0.75 年到期的 Cap 价格，而此价格等于 0.5 年到期的 Caplet 与 0.75 年到期的 Caplet 价格相加，如下式所示：

$$Cap(t) = \sum_{i=1}^{2} \tau_i P(t, T_i) Bl(K, F_i(0), \sqrt{T_{i-1}} \nu_{T_{n-Cap}})$$

$$= \sum_{i=1}^{2} \tau_i P(t, T_i) Bl(K, F_i(0), \sqrt{T_{i-1}} \nu_{T_{n-1-Caplet}}) \qquad (3 - 33)$$

其中，0.5 年到期的 Caplet 价格可以由已知的 $\nu_{0.25 - caplet}$ 与 0.75 年到期、3 个月交换一次的 Swap Rate 代入 Black 封闭解求得，因此，0.75 年到期的 Caplet 价格可以相减得到，在利用 Black 封闭解可以反推得出 0.75 年到期的 Caplet 隐含波动率 $\nu_{0.5 - Caplet}$；同样，利用已知的 $\nu_{1 - Cap}$、

$\nu_{0.5-Caplet}$、$\nu_{0.25-Caplet}$ 与 1 年到期、3 个月交换一次的 Swap Rate，根据 Black 封闭解，可以反推出 $\nu_{0.75-Caplet}$。如此反复运算即可得到各期到期日的 3 个月的 Caplet 市场波动率。由于本章研究的外汇结构性存款期限为两年，所以根据以上算法，可以得到 8 个 Caplet 隐含波动率，如表 3 – 3 所示。

表 3 – 3　　　　　　　　　　Caplet 各期隐含波动率

区间	0, 3M	3M, 6M	6M, 9M	9M, 1Y	1Y, 1.25Y	1.25Y, 1.5Y	1.5Y, 1.75Y	1.75Y, 2Y
Caplet	0.3184	0.321	0.3221	0.3204	0.3282	0.3152	0.3109	0.3058

（3）校正出远期利率瞬间波动率。根据远期利率瞬间波动率的分段固定假设，根据式（3 – 21），可以得到各区间远期利率局部波动率，如表 3 – 4 所示。

表 3 – 4　　　　　　　　　　各区间未来远期利率局部波动率

区间	0, 3M	3M, 6M	6M, 9M	9M, 1Y	1Y, 1.25Y	1.25Y, 1.5Y	1.5Y, 1.75Y	1.75Y, 2Y
$F_1(t)$	0.3184							
$F_2(t)$	0.3236	0.3184						
$F_3(t)$	0.3243	0.3236	0.3184					
$F_4(t)$	0.3153	0.3243	0.3236	0.3184				
$F_5(t)$	0.3124	0.3153	0.3243	0.3226	0.3184			
$F_6(t)$	0.2982	0.3124	0.3153	0.3243	0.3226	0.3184		
$F_7(t)$	0.2851	0.2982	0.3124	0.3153	0.3243	0.3226	0.3184	
$F_8(t)$	0.2701	0.2851	0.2982	0.3124	0.3153	0.3243	0.3226	0.3184

2. MCMC 方法参数估计

通过 MCMC 参数估计方法来对该随机波动率过程中的参数进行估计。以 2004 年 8 月 5 日两年期产品起始日为分界点，记为 S 时刻，那么（S，S + 90）区间内随机波动率过程的参数主要根据（S – 720，S – 630）区间内的数据利用 MCMC 方法求得，而（S + 90，S + 180）区间内的参数主要根据（S – 630，S – 540）的区间内数据计算得到，以此类推。运用欧拉离散方法，可得：

$$\begin{cases} \dfrac{F_i(t+\Delta)}{F_i(t)} = V(t+\Delta)\sigma_i(t) \times \sum_{j=k+1}^{i} \dfrac{\tau_j\sigma_j(t)F_j(t)}{1+\tau_jF_j(t)}\Delta \\ \qquad\qquad + \sqrt{V(t+\Delta)}\sigma_i(t)F_i(t)Z_i^k(t), k < i, t \leqslant T \\ V(t+\Delta) = V(t) + \kappa\nu - V(t)dt + \tau\sqrt{V(t)\Delta}\omega \end{cases} \quad (3-34)$$

当 i 固定时，主要是从 $F_i(t)$ 推导到 $F_i(t+\Delta)$，基于分段固定局部波动率假设，利用 MCMC 方法估计每个区间（3M）中模型随机波动率过程各参数。本章主要以在（0，3M）所服从的基于随机波动率过程的 LIBOR 市场模型为对象进行分析阐述。

（1）MCMC 方法数据选择及检验。以 $F_i(t)$ 为例，假设 $\Delta = \dfrac{1}{360}$，$t = 0$，根据式（3-26），进行 MCMC 方法所需要的数据为 $F_1(0)$，$F_1(0+\Delta)$，$F_1(0+2\Delta)$，…，$F_1(0+90\Delta)$，其中，$F_1(0+30\Delta) = F_1(T_0)$，在即日确定并在 T_0 时刻开始期限为 3 个月直到 T_1 时刻结束的远期利率。

在零时刻，$F(0, T_{i-1}, T_i) = \dfrac{P(0, T_{i-1}) - P(0, T_i)}{(T_i - T_{i-1})P(0, T_i)}$，

经过一个单位的时间区间 Δ，$F(\Delta, T_{i-1}, T_i) = \dfrac{P(\Delta, T_{i-1}) - P(\Delta, T_i)}{(T_i - T_{i-1})P(\Delta, T_i)}$。

其中，P 为各期零息债券价格，可由各时点的远期利率和互换利率通过三阶样条插值（spline）获得。所以，上述过程类推，即可得到 MCMC 方法所需数据 $F_1(0)$，$F_1(0+\Delta)$，$F_1(0+2\Delta)$，…，$F_1(0+90\Delta)$。

（2）MCMC 数据的平稳性检验。为了研究上述数据的波动特征，利用插值法求出休假日期利率的条件下从 2002 年 8 月 16 日到 2002 年 11 月 2 日共 91 个数据，利用上述方法所得到的 $F_1(0)$，$F_1(0+\Delta)$，$F_1(0+2\Delta)$，…，$F_1(0+90\Delta)$ 的收益率过程，共 90 个数据（如图 3-2 所示）。

由此可见，在 99% 的置信水平上拒绝单位根假设，收益率序列不存在单位根现象，可以直接作为后面分析的对象。

对序列进行单位根检验，检验结果如表 3-5 所示。

（3）MCMC 参数估计结果。本章利用 Winbugs 软件进行参数估计。首先，假设先验分布如下：$1/\tau_h^2 \sim \Gamma(1, 0.025)$，$\tau_h = \tau\sqrt{\Delta}$；$\Phi^* \sim \beta(20, 1.5)$，其中 $\Phi = (1-\kappa\Delta) = 2\Phi^* - 1$；设 $\mu = \alpha/(1-\Phi) = \kappa\nu\Delta/(1-\Phi)$，$u \sim N(-8, 2.5)$；$\rho \sim U(-1, +1)$；$\Delta = 1/360$。其次，迭代 200000 次，

不进行舍弃。各参数估计值及相关统计指标如表3 – 6 所示。

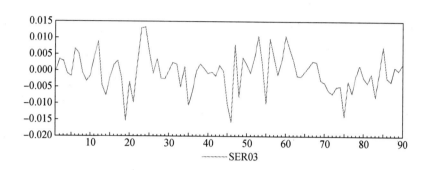

图 3 – 2　收益率序列

表 3 – 5　　　　　　　　　　　序列单位根检验

ADF Test Statistic	– 4. 702723	1% Critical Value*		– 3. 5064
		5% Critical Value		– 2. 8947
		10% Critical Value		– 2. 5842
Variable	Coefficient	Std. Error	t – Statistic	Prob.
SER03 （ – 1）	– 0. 732717	0. 155807	– 4. 702723	0. 0000
D （SER03 （ – 1））	0. 025943	0. 133680	0. 194066	0. 8466
D （SER03 （ – 2））	– 0. 045968	0. 109371	– 0. 420299	0. 6754
C	– 0. 000391	0. 000606	– 0. 645936	0. 5201
R – squared	0. 366994	Mean dependent var		– 1. 2E – 05
Adjusted	0. 344115	S. D. dependent var		0. 006921
R – squared				
S. E. of regression	0. 005605	Akaike info criterion		– 7. 48536
Sum squared resid	0. 002608	Schwarz criterion		– 7. 37199
Log likelihood	329. 6134	F – statistic		16. 04016
Durbin – Watson	1. 994519	Prob （F – statistic）		0. 000000
Stat				

表 3 - 6   模型各参数估计值及相关统计指标

node	mean	MC error	2.5%	median	97.5%	start	sample
itau2	90.61	0.9761	39.23	83.82	181.5	4001	196000
mu	-7.986	4.744E-4	-8.378	-7.986	-7.595	4001	196000
phistar	0.9999	7.765E-5	0.9997	0.9999	1.0	4001	196000
rho	-0.3175	0.00838	-0.8052	-0.3247	0.207	4001	196000

可以得到：$\tau = \tau_k \times \sqrt{360} = \sqrt{1/90.61} \times \sqrt{360} = 1.9933$，$\Phi = 2\Phi^* - 1 = 0.9988$。

根据 $\mu = \alpha/(1-\Phi) = \kappa\nu\Delta/(1-\Phi)$，$\Phi = 1 - \kappa\Delta = 2\Phi^* - 1$，可得 $\kappa = 0.072$，$\nu = -7.896$。基于 Heston 随机波动率过程的 LIBOR 市场模型可以表示为：

$$
\begin{cases}
dF_i(t) = V(t)\sigma_i(t)F_i(t) \times \sum_{j=k+1}^{i} \dfrac{\rho_{i,j}^* \tau_j \sigma_j(t) F_j(t)}{1 + \tau_j F_j(t)} dt \\
\qquad + \sqrt{V(t)}\sigma_i(t)F_i(t)dZ_i^k(t), k < i, t \leq T \\
dV(t) = 0.072(-7.986 - V(t))d(t) + 1.9933\sqrt{V(t)}d\omega \\
Corr[dZ_i^k, d\omega] = \rho dt = -8.8194E-4
\end{cases}
\tag{3-35}
$$

设 $x_t = \log(S_t)$，利用 Ito's 引理，在（0，3M）区间内 $F_1(t)$ 局部波动率为 0.3184，可得：

$$
\begin{cases}
y_t = x_{t+\Delta} - x_t \\
\quad = V(t+\Delta) \times 0.3184 \times \dfrac{\Delta \times 0.3184 \times F_1(t)}{1 + \Delta \times F_1(t)} \\
\qquad \times \Delta - \dfrac{1}{2}V(t+\Delta)(0.3184)^2 \times \Delta \\
\qquad + \sqrt{V(t+\Delta)}0.3184(\rho d\eta_t + \sqrt{1-\rho^2}d\zeta_t) \\
V(t+\Delta) - V(t) = 0.072(-7.986 - V(t)) \times \Delta + 1.9933\sqrt{V(t)}d\eta_t \\
Corr[d\eta_t, d\zeta_t] = 0, \rho = -0.3175
\end{cases}
$$

$$\tag{3-36}$$

3. 模型的蒙特卡罗模拟及效果比较

（1）期初远期利率确定。具体步骤如下：

首先，求出期初零息债券价格。零息债券价格虽然可以直接依据式

（3－37）计算，但市场上仅有 1 年以下的 LIBOR 报价，对于 1 年以上债券价格，就必须改用互换利率的报价，即：

$$P(0, T_i) = \frac{1}{1 + T_i \times F(0, 0, T_i)}, \quad i = 1, 2, 3, 4 \qquad (3-37)$$

$$P(0, T_\beta) = \frac{1 - \Delta \times S_{0,\beta} \times \sum_{i=1}^{\beta-1} P(0, T_i)}{1 + \Delta \times S_{0,\beta}(0)}, \quad \beta = 5, 6, 7, \cdots \qquad (3-38)$$

本章所采用的 2004 年 8 月 5 日美元 3 个月 LIBOR 利率和互换利率报价如表 3－7 所示。

表 3－7 各期 Swap rate 报价

到期日	1	2	3	4	5	6	7	8	9	10
Swap rate（%）	2.364	3.013	3.477	3.832	4.095	4.317	4.4965	4.645	4.775	4.885

资料来源：Bloomberg（2004－08－05）。

表 3－7 中互换利率到期日以年为单位，所以需要利用非线性插值方法得到以各季为到期日的互换利率，并利用式（3－26）、式（3－27），得到各季到期零息债券曲线，如图 3－3 所示。

其次，计算期初远期利率。设 $T_0 = 0.25$，$T_1 = 0.5$，…，$T_8 = 2$，$T_9 = 2.25$，所以远期 LIBOR 利率和零息债券的价格之间满足以下关系式：$1 + \Delta \times F(t, T_{i-1}, T_i) = \frac{P(t, T_i)}{P(t, T_{i+1})}$，$i = 1, 2, 3, \cdots, 9$。那么，通过式子变化，在零时刻，期初远期利率计算公式如下所示，期初远期利率计算结果如表 3－8 所示。

$$F(0, T_{i-1}, T_i) = = \frac{P(0, T_{i-1}) - P(0, T_i)}{(T_i - T_{i-1})P(t, T_i)}, \quad i = 1, 2, 3, \cdots, 9$$

（2）LIBOR 利率模拟。根据式（3－29），得到以下简化公式：

$$\begin{cases} y_y = \exp(h_t)A + \sigma_i(t)\frac{\rho}{\tau}\Big[(h_{t+\Delta} - h_t)\exp(h_t) - (1-\Phi)(\nu - \exp(h_t)) \\ \qquad + \frac{1}{2}\tau^2\Delta\Big] + \sigma_i(t)\exp\left(\frac{h_t}{2}\right)\sqrt{1-\rho^2}\,\zeta_t \\ h_{t+\Delta} = h_t + \exp(-h_t)(1-\Phi)\big[\alpha - (1-\Phi)\exp(h_t)\big] \\ \qquad - \frac{1}{2}\exp(-h_t)\tau^2\Delta + \exp\left(-\frac{1}{2}h_t\right)\tau_t\eta_t \end{cases}$$

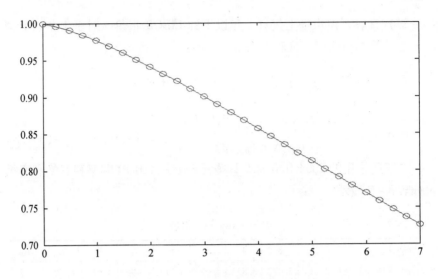

图 3 - 3   各季到期的零息债券曲线

表 3 - 8   期初远期利率

F(0, 0, T_0)	F(0, 0, T_1)	F(0, T_1, T_2)	F(0, T_3, T_4)	F(0, T_4, T_5)	F(0, T_5, T_6)	F(0, T_6, T_7)	F(0, T_7, T_8)	F(0, T_8, T_9)
0.0171	0.0216	0.0252	0.0289	0.0351	0.0362	0.0386	0.0407	0.0424

利用以下步骤得到 $\{y_t\}$，进而得到各个季度末未来即期美元 3 个月 LIBOR 利率：

第一，假设期初随机波动率 $V_0 = 1$，即 $h_0 = 0$。

第二，一次性生成波动率潜在变量 h 的正态随机数矩阵 $\eta_{N \times 721}$。其中列向量 $\eta_{N \times i}$ 代表时刻 t_i 的随机数项；当 $t = 1$ 时，以 $\eta_{N,1}$ 为随机数项时的潜在变量，$h_\Delta = h_0 + \exp(-h_0)(1 - \Phi)[a - (1 - \Phi)\exp(h_0)] - \frac{1}{2}\exp(-h_0)\tau^2\Delta + \exp\left(-\frac{1}{2}h_0\right)\tau_\kappa\eta_0$ 为初始值。根据模型中 $h_{t+\Delta} = h_t + \exp(-h_t)(1 - \Phi)[a - (1 - \Phi)\exp(h_t)] - \frac{1}{2}\exp(-h_t)\tau^2\Delta + \exp\left(-\frac{1}{2}h_t\right)\tau_t\eta_t$ 的向前递推关系，求出初始时刻 $t = 1$ 潜在变量的序列矩阵 $h_{N \times 720}^{t_1}$，得到随机波动率序列矩阵 $\exp(h_{N \times 720}^{t_1})$。

第三，一次性生成收益率过程的正态随机数矩阵 $\zeta_{N \times 720}$。选择 $\eta_{N \times 721}$

除去第一列所形成的新矩阵 $\eta_{N \times 720}$，然后结合波动率序列矩阵 exp $(h_{N \times 720}^{1})$，求出以 $t = 1$ 为初始时刻的对数收益率序列矩阵 $y_{N \times 720}$，其中 N 代表每一时刻的模拟次数，720 代表每条模拟路径的步数。

第四，利用 $y_{N \times 720}$ 求出每天路径步数点上的远期利率，进而得到各个季度末的未来即期美元 3 个月 LIBOR 利率 $F(1, 1, 91)$，$F(91, 91, 181)$，…，$F(631, 631, 721)$。

（3）模型模拟效果比较。将基于随机波动率的 LIBOR 市场模型和标准市场模型分别进行模拟，模拟从 2004 年 8 月 5 日开始至 2006 年 7 月 25 日共 720 天。由于模型的随机游走特性，我们不能将其模拟的某一条路径与历年来的利率曲线进行纯粹的比较与误差分析，即对于一个利率模型，很难根据某条路径决定一个模型是否能够应用，所以选用在 5000 次基础上得到平均利率与实际利率进行比较，如图 3 – 4 所示。结果表明，经过 5000 次模拟（趋向于平行），Heston – LIBOR 市场模型的误差值为 0.0442，而标准 LIBOR 市场模型的误差值则为 0.0447。主要原因有三个：首先，加入随机波动率可将历史信息加入 LIBOR 市场模型参数中去，在进行未来模拟递推时，所得到的 LIBOR 利率可以反映历史的走势。其次，加入随机波动率在一定程度上弥补了为简化计算而运用的 LIBOR 利率模型单因子假设。最后，随机波动率情况符合利率收益率的尖峰厚尾性质从而能够体现波动率微笑的特征，与市场上实际情况更为符合。

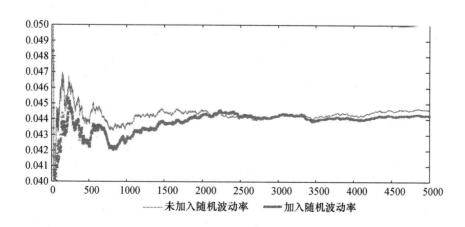

图 3 – 4　平均利率与实际利率的比较分析

第四节   范围累积外汇结构性存款定价分析

在此，首先从理论上分析外汇结构性存款的整个定价过程步骤；其次选取对民生银行"民生财富"外汇理财二期 C 计划进行案例定价分析；最后对 2009 年 7 月 14 日开始计息的法国兴业银行（中国）发行的 3 年期美元 3 个月 LIBOR 挂钩结构性存款进行定价分析。

一   定价过程的理论分析

利用普通蒙特卡罗模拟方法对附息债券部分进行定价，同时利用基于回归的逆向推导方法对可提前赎回权和可提前回售权进行定价。取间隔 $\Delta = 1/360$，模拟在期初远期利率条件下，经过 m 个 Δ 之后，利率可能经过的路径，重复利用此模拟方法，可以模拟出 500 条、1000 条甚至上万条 LIBOR 利率路径图，以满足蒙特卡罗模拟定价的需要。基本步骤为：

（一）零息债券部分定价

基于上文对随机波动率过程的标准市场模型进行模拟，选取以 3 个月为区间的未来即期 3 个月 LIBOR 利率，即可以得到 LIBOR 市场账户资产的价值为：

$$B(T_i) = 1 + \Delta F(T_{i-1}, T_{i-1}, T_i), \quad T_{-1} = 0, \quad i = 1, 2, \cdots, m$$

所以，以此计算零息债券的贴现资产价值，得到每天路径中零息债券价值为：

$$V_1^{NC}(0) = \frac{1}{\displaystyle\sum_{i=0}^{m} B(T_i)} = \frac{1}{\displaystyle\sum_{i=0}^{m} (1 + \Delta F(T_{i-1}, T_{i-1}, T_i))}, T_{-1} = 0, i = 1, 2, \cdots, m$$

$$(3-39)$$

（二）浮动收益部分价定价

浮动收益部分主要是由范围累积期权在该产品各付息的盈亏函数在 LIBOR 即期测度下各条路径的贴现值的平均值所决定。那么，如何确定盈亏函数则成为合理地对该部分进行定价的关键因素。根据定义，范围累积期权是由固定时间段内的范围两值期权所组成，而范围两值期权的价值取决于 LIBOR 利率是否落入一定范围之内，如果落入，则取 1；反之为零。所以，范围累积期权的盈亏函数为固定时间内落入某一区间的比例乘以固定系数。

因此，确定上述部分的价值关键是要确定未来 LIBOR 即期利率。但根据上述 LIBOR 模拟模型，只可得到间隔固定时间段处 T_0，T_1，$\cdots$，T_m 的即期利率，而不能得到 $T_0 + \Delta$，$T_1 + 2\Delta$，$\cdots$，T_1，$T_1 + \Delta$，$\cdots$，T_m 的即期利率。对此，Brigo 和 Mercurio（2001，2006）在标准 LIBOR 市场模型条件下提出用漂移项插值法或是布朗桥结构方法进行处理。但是，如果运用到本章所讨论的 LIBOR 利率模型上去，那么解析公式将变得非常复杂。所以，本章参照 George Chalamandaris（2007）提出的式（3–40）方法进行差值分析，在蒙特卡罗模拟方法下，利用上述零息债券的贴现方法，基于每条路径下的值进而求平均得到该部分理论价值。

$$K_{T_i} = \begin{cases} F(T_{i-1}, T_{i-1}, T_i), \ F(T_i, T_i, T_{i+1}) \geqslant R, \ K_{T_i} = 0 \\ F(T_{i-1}, T_{i-1}, T_i), \ F(T_i, T_i, T_{i+1}) \leqslant R, \ K_{T_i} = 0 \\ F(T_{i-1}, T_{i-1}, T_i) \leqslant R, \ F(T_i, T_i, T_{i+1}) \geqslant R, \\ K_{T_i} = \dfrac{R - F(T_{i-1}, T_{i-1}, T_i)}{F(T_i, T_i, T_{i+1}) - F(T_{i-1}, T_{i-1}, T_i)} \\ F(T_{i-1}, T_{i-1}, T_i) \geqslant R, \ F(T_i, T_i, T_{i+1}) \leqslant R, \\ K_{T_i} = 1 - \dfrac{R - F(T_{i-1}, T_{i-1}, T_i)}{F(T_i, T_i, T_{i+1}) - F(T_{i-1}, T_{i-1}, T_i)} \end{cases} \quad (3-40)$$

（三）可提前赎回部分价值确定

外汇结构性存款可提前赎回权为百慕大式衍生证券，在此运用最小二乘蒙特卡罗原则确定基本函数类型；在此基础之上，将该基本函数运用到价值函数逆向迭代方法中去，利用基于回归的逆向推导方法来计算该百慕大式衍生证券，求出可提前赎回部分价值。

1. 最小二乘蒙特卡罗方法定价步骤

第一，模拟出 N 条独立的资产价格变动路径 $\{F_{1j}, F_{2j}, \cdots, F_{mj}\}$，$j = 1, 2, \cdots, N$ 表示路径条数，而 T_{mj} 表示该百慕大式衍生证券在相应路径所能够执行的时间点。

第二，根据该方法的逆向推导特征，计算最后执行点的期权价值函数。由于该产品在最后一期必定执行，所以，该时间点处的期权持有价值为零；那么，其执行价值就等于期权价值函数，即 $\hat{V}_{mj} = Z_m(X_{mj}) = V^{NC}(T_{mj}) - \dfrac{1}{B(T_{mj})} = 0$，$j = 1, 2, \cdots, N$。

第三，运用逆向递推方法，当 $i = m - 1$，$m - 2$，…，1，0 时，仅考虑条路径中实值路径，假设已知时刻之后最优执行策略点 τ_i 的执行价值为

$$Z_{\tau_i}(X_{\tau_i n}) = V^{NC}(T_{\tau_i n}) - \frac{1}{B(T_{\tau_i n})}$$，代表实值路径。以此数值在时刻的贴现

值利用 SVD 回归方法计算回归系数，即：

$$\beta_i = \arg \min_{\beta_i \in \mathbf{R}^d} \sum^{i \in realpath} (Z(\tau_{ij}) - \hat{\beta}_i \times \Psi^d(X_{ij}))^2$$

其中，$\Psi^d(X_{ij})$ 为相应该时点实值路径处由基本函数所组成的多项式。再利用上述求得的系数计算出持有价值并与该时刻的执行价值进行大小比较，选取最大值作为该处时间点的期权价值。该动态迭代过程即可写成以下公式：

$$C_1(T_{(i)n}) = \begin{cases} Z_i(X_{(i)n}), & Z_i(X_{(i)n}) \geq E\Big[\prod_{l=1}^{\tau_{i,n}} \frac{1}{1+\Delta F(T_{(l)n}, T_{(l)n}, T_{in})} Z_{(\tau_i)n} \mid F_{(i)n}\Big] \\ E\Big[\prod_{l=1}^{\tau_{i,n}} \frac{1}{1+\Delta F(T_{(l)n}, T_{(l)n}, T_{in})} Z_{(\tau_i)n} \mid F_{(i)n}\Big], & Z_i(X_{(i)n}) < E\Big[\prod_{l=1}^{\tau_{i,n}} \frac{1}{1+\Delta F(T_{(l)n}, T_{(l)n}, T_{in})} Z_{(\tau_i)n} \mid F_{(i)n}\Big] \end{cases}$$

第四，按照上述计算方法，在每一条路径上，都从 $m - 1$ 一直逆推到第一个可执行点，然后将各条路径的最后值加总求平均，即可得到该衍生证券的理论价值：

$$C_1(0) = \Big(\sum_{j=1}^{N} \frac{C_1(T_0)}{1 + \Delta F(0,0,T_{0j})}\Big) / N \qquad (3-41)$$

2. 基本函数的确定

基本函数组成的多项式主要有 10 种，如表 3-9 所示。

表 3-9 基本函数组成的多项式

Name	$f_n(x)$	Name	$f_n(x)$
Power	$W_n(x)$	Chebyshev 1st kind A	$T_n(x)$
Legendre	$P_n(x)$	Chebyshev 1st kind B	$C_n(x)$
Laguerre	$L_n(x)$	Chebyshev 1st kind C	$T_n^*(x)$
Hermite A	$H_n(x)$	Chebyshev 2nd kind A	$U_n(x)$
Hermite B	$H_{e_n}(x)$	Chebyshev 2nd kind B	$S_n(x)$

其中，$f_n(x)$ 表示基本函数的名称，其基本形式为：$f_n(x) = d_n \sum_{m=0}^{N} c_m g_m(x)$，$n \geq 0$。

不同的基本函数，上述式子中各部分是不同的。Abramowitz 和 Stegun（1972）提出了上述多项式之间的关系。所以，本章主要考虑 $W_n(x)$，$P_n(x)$，$L_n(x)$，H_{e_n}，$T_n(x)$。

$$H_{e_n}(x) = 2^{-n/2} H_n\left(\frac{x}{\sqrt{2}}\right) 0$$

$$T_n(x) = \frac{1}{2}[U_n(x) - U_{n-2}(x)]$$

$$C_n(x) = 2T_n\left(\frac{x}{2}\right)$$

$$S_n(x) = U_n\left(\frac{x}{2}\right)$$

3. 价值函数逆向迭代方法

利用上述最大值方法求出最佳基本函数，并将其运用到价值函数逆向迭代方法中去，以实现可提前赎回权价值的最佳定价结果。

第一，模拟出 N 条独立的资产价格变动路径 $\{F_{1j}, F_{2j}, \cdots, F_{mj}\}$，$j = 1, 2, \cdots, N$ 表示路径条数，而 T_{mi} 表示该百慕大式衍生证券在相应路径所能够执行的时间点。

第二，根据该方法的逆向推导特征，计算最后执行点的期权价值函数。由于该产品在最后一期必定执行，所以，该时间点处的期权持有价值为零，那么，其执行价值就等于期权价值函数，即 $\hat{V}_{mj} = Z_m(X_{mj}) = V^{NC}(T_{mj}) - \frac{1}{B(T_{mj})} = 0$，$j = 1, 2, \cdots, N$。

第三，与最小二乘蒙特卡罗选择实值路径不同，我们在此方法中考虑所有路径，假设已知时刻的价值函数为 $C_1(T_{(i+1)j})$，$j = 1, 2, \cdots, N$，以此数值在时刻的贴现值利用 SVD 回归方法计算回归系数，即：$\beta_i^* = \arg\min_{\beta_i \in \mathbf{R}^d} \sum_{i=1}^{N}(C_1(T_{(i+1)j}) - \hat{\beta}_i^* \times \Psi^d(X_{ij}))^2$。

其中，$\Psi^d(X_{ij})$ 为相应该时点实值路径处由基本函数所组成的多项式。再利用上述求得的系数计算出持有价值并与该时刻的执行价值进行大小比较，选取最大值作为该处时间点的期权价值。该动态迭代过程即可写成以下公式：

$$C_i(x_{ij}) = \max\left[Z_i(X_{ij}), E\left[\frac{C_{i+1}(x_{ij})}{1 + \Delta F(T_i, T_{i+1}, T_{i+1})} \mid F_i\right]\right], j = 1, 2, \cdots, N$$

第四，按照上述计算方法，在每一条路径上，都从 m－1 一直逆推到第一个可执行点。然后将各条路径的最后值加总求平均，即可得到该衍生证券的理论价值。

二　定价实证分析

1. 具有可提前赎回特征的范围累积外汇结构性存款

选取产品为民生银行 2004 年 8 月 5 日发行的"民生财富"外汇理财二期 C 计划，其条款主要如下：存款币种：美元；投资期限：2 年；起点金额：100；起息日：2004 年 8 月 5 日；到期日：2006 年 8 月 5 日；收益情况：保本浮动收益，年收益率为 3.5%×N1/N2（N1 为 3 个月 LIBOR 位于观察日区间的天数，N2 为投资天数）。观察区间为：第一季度：0—3%；第二季度：0—3.5%；第三季度：0—3.5%；第四季度：0—3.75%；第五季度：0—4%；第六季度：0—4.25%；第七季度：0—4.5%；第八季度：0—4.75%。赎回情况：付息日银行可按面值赎回。实施过程如下。

第一，利率路径的模拟。根据上述参数校正和估计方法，我们可以得到各个远期利率在各区间的局部波动率和随机波动率过程中的参数，以 $[0, 90]$ 区间，通过远期利率 $F(0, T_0, T_1)$ 得到 T_0 处的即期利率 $F(T_0, T_0, T_1)$ 为例：根据表（3－6），$\sigma_1 = 0.3184$；$\tau = 1.9933$；$\kappa = 0.0072$；$\upsilon = -7.986$，根据式（3－36），即：

$$
\begin{cases}
y_t = x_{t+\Delta} - x_t \\
\quad = V(t+\Delta) \times 0.3184 \times \dfrac{\Delta \times 0.3184 \times F_1(t)}{1 + \Delta \times F_1(t)} \times \Delta \\
\quad - \dfrac{1}{2} V(t+\Delta)(0.3184)^2 \times \Delta + \sqrt{V(t+\Delta)} \\
\quad \times 0.3184(\rho d\eta_t + \sqrt{1-\rho^2} d\zeta_t) \\
V(t+\Delta) - V(t) = 0.072 \times (-7.986 - V(t))\Delta + 1.9933 \sqrt{V(t)} d\eta_t \\
Corr[d\eta_t, d\zeta_t] = 0, \ \rho = -0.3175
\end{cases}
$$

Δ 以日为单位，即 1/360。布朗运动 $d\eta$ 和 $d\zeta$ 可分别用 $\sqrt{\Delta\eta}$ 和 $\sqrt{\Delta\zeta}$ 来模拟，其中 η，$\zeta \sim N(0.1)$ 正态分布，可在 Matlab 中实现标准正态分布的样本抽样。我们可以根据表 3－8 中的期初远期利率，利用各个固定区间内远期利率所服从的模型对 LIBOR 利率进行模拟。图 3－5 即为在一次利率模拟中得到的各区间点的未来即期 LIBOR 利率路径。

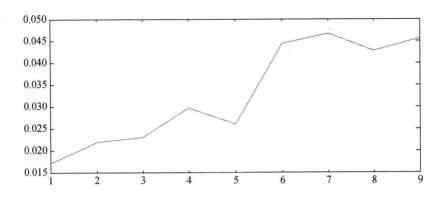

图 3 - 5　未来即期 LIBOR 利率路径

第二，零息债券部分价值。根据式（3 - 39），零息债券为到期日的贴现值，其中贴现率为上述模拟得到的各区间点处的即期美元 3 个月 LI-BOR 利率，利用蒙特卡罗模拟方法，对各条路径上所求得值求平均即为其价值。根据蒙特卡罗模拟性质，随着模拟路径的增加，可以达到更高的准确度。下面我们分别表示蒙特卡罗模拟方法在模拟路径数为 500 次、1000 次、1500 次、2000 次的情况，由模拟发现，零息债券部分在模拟前期波动较大，在模拟 2000 次之后时已达到稳定，我们取其值为：0.941 × 100 = 94.1。

第三，浮动收益部分价值。根据式（3 - 40），我们可以求得各固定区间内的范围累积期权盈亏函数及其相应贴现值，与前面类似，利用蒙特卡罗模拟方法，在模拟路径数量分别为 500 次、1000 次、1500 次、2000 次的情况下，对所得的值求平均即为该部分价值，在模拟 2000 次之后时已达到稳定，其值为 0.2221 × 100 = 22.21。

第四，基本函数的选择。由于 LSM 方法定价结果低偏性，在不同阶数的情况下求出各个不同基本函数下可提前赎回权价值中的最大值，从而选择最优的基本函数，模拟路径数选取 2000 次。如表 3 - 10 所示。

表 3 - 10　　　　　　　　　基本函数的选择　　　　　　　　单位:%

	Power	Legendre	Laguerre	Hermite B	Chebyshev A	Fourier
1	13.23	13.23	13.21	13.23	13.13	13.27
2	13.33	13.37	13.21	13.27	13.2	13.29

续表

	Power	Legendre	Laguerre	Hermite B	Chebyshev A	Fourier
3	13.26	13.24	13.22	13.23	13.29	13.27
4	13.28	13.23	13.22	13.24	13.34	13.27
5	13.24	13.46	13.25	13.38	13.38	13.27
6	13.21	13.24	13.49	13.21	13.27	13.29
7	13.19	13.37	13.22	13.22	13.29	13.38
8	13.28	13.27	13.24	13.22	13.28	13.29
9	13.28	13.23	13.34	13.25	13.27	13.37
10	13.27	13.24	13.37	13.27	13.27	13.33

从表 3 - 10 可以看出，一方面，基本函数的类型和数量具有一定的稳定性，即上述计算结果的值都在 0.132 至 0.134，波动幅度较小，所以，在一般的计算过程中，我们原则上可以选择较为简单的指数形式基本函数来进行计算。另一方面，基于最小二乘蒙特卡罗方法的低偏性，根据 Longstaff 和 Schwartz（2001）在其文章中所提出的收敛逼近准则，我们需要选择使该提前赎回权价值最大的基本函数类型和数量，使之用于上偏性的价值函数逆向迭代方法，以期得到最佳定价结果。根据表 3 - 10，以 Laguerre 六阶多项式的期权价值结果最大，0.1349 × 100 = 13.49。所以本章选择该基本函数结果进行定价。

第五，基于价值函数逆向迭代方法的可提前赎回权价值。根据上述分析，我们将六阶 Laguerre 基本函数运用于价值函数逆向迭代方法，利用蒙特卡罗模拟方法，在模拟路径数量分别为 500 次、1000 次、1500 次、2000 次的情况下，对所得的值求平均即为该部分价值，在模拟 2000 次之后时已达到稳定，得到结果为 100 × 0.144 = 14.4。

第六，产品模拟价格分析。根据金融工程的组合分解定价原理，该外汇结构性存款的价值为上述各部分价值之和，即该产品的产品价值 = 零息债券价值 + 范围累积期权价值 - 可提前赎回价值 = 94.1 + 22.21 - 14.4 = 101.91。而基于逼近最大值原则的最小二乘蒙特卡罗方法所求结果为 94.1 + 22.21 - 13.49 = 102.82。作为两者的比较基准，本章根据实际利率，利用上述方法计算得到该产品零息部分的价值为 93.39，范围累积期权价值为 15.07，可提前赎回价值为 6.47。所以该产品实际总价值为

101.99，该混合方法得到的结果比最小二乘蒙特卡罗方法更为接近。在已知利率情况下的实际价格。究其原因，主要有以下几个方面：

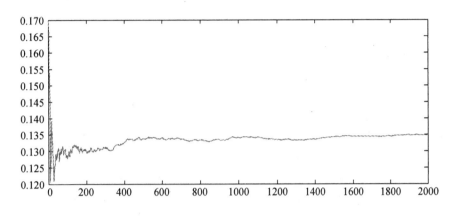

图3－6　Laguerre 六阶多项式的期权价值结果

　　首先，基于随机波动率过程的 LIBOR 市场模型所模拟得到的利率从总体上较为符合实际的 LIBOR 走势。其次，基于上偏性价值函数迭代方法和下偏性最小二乘蒙特卡罗方法相结合的混合方法能够得到单独利用最小二乘方法所导致的下偏性，使计算结果更为符合实际价格。最后，不难否认，本章所模拟的 LIBOR 利率在最后几期与实际存在一定的偏差，导致利率全部落入计息范围内，使计算得到的范围累积期权价值明显要比实际的价值来得大，但是对于银行来讲，执行可提前赎回期权的冲动较大，使混合方法所计算的价格比实际价格要高，两个效果相中和，所以得到符合实际的理论价值。

　　2. 具有可提前赎回和回售权的范围累积外汇结构性存款

　　本部分选取的产品为 2009 年 7 月 14 日法国兴业银行在我国内地发行的 3 年期美元 3 个月伦敦银行间同业拆借利率挂钩结构性存款，其条款主要如下：

　　存款币种：美元；投资期限：3 年；起点金额：20000；起息日：2009 年 7 月 14 日；到期日：2012 年 7 月 14 日；收益情况：保本浮动收益，年收益率为 3.4% × N1/N2（N1 为 3 个月 LIBOR 位于观察日区间的天数，N2 为投资天数）。观察区间为：第一年：0—3%；第二年：0—4%；第三年：0—5%。赎回情况：银行可以在每季度付息日按面值赎回，投资者可以在 3 个月封闭期后每个月固定日赎回。

根据上述合同条款以及本章第二节的价值构成分析，该产品可以分为零息债券部分、范围累计期权部分、可提前赎回权以及可提前回售权。所以为了计算上述各个部分，我们可以根据前面估计出来的各远期利率的各阶段参数模拟得出未来 3 年内各付息点的即期美元 3 个月 LIBOR 利率，并计算每条路径下在上述即期美元 3 个月 LIBOR 利率作为单利贴现率的基础上，得到上述各部分的贴现价值。最后，将各条路径下的价值求平均即可得到该外汇结构性存款的价格。利用蒙特卡罗模拟方法定价外汇结构性存款的步骤如下：

第一，利率路径的模拟。根据上文参数校正和估计方法，可以得到各个远期利率在各区间的局部波动率和随机波动率过程中的参数。在 $[0,$ $90]$ 区间内，以通过远期利率 $F(0, T_0, T_1)$ 得到 T_0 处的即期利率 $F(T_0, T_0, T_1)$ 为例，$\sigma_1 = 0.9579$，$\tau = 0.5397$，$\kappa = 0.072$，$\upsilon = -7.99$，而定价所需随机过程为：

$$
\begin{cases}
F(t+\Delta, T_0, T_1) = F(t, T_0, T_1)\exp\Big(V(t+\Delta) \times 0.9579 \times \dfrac{\Delta \times 0.9579 \times F(t, T_0, T_1)}{1 + \Delta \times F(t, T_0, T_1)} \\
\qquad\qquad \times \Delta - \dfrac{1}{2}V(t+\Delta)(0.9579)^2 \times \Delta + \sqrt{V(t+\Delta)} \times 0.9579(\rho d\eta_t + \sqrt{1-\rho^2}d\zeta_t) \\
V(t+\Delta) - V(t) = 0.072 \times (-7.99 - V(t))\Delta + 0.5397\sqrt{V(t)}d\eta_t \\
Corr[d\eta_t, d\zeta_t] = 0, \rho = 0.2063
\end{cases}
$$

在上式中，Δ 以日为单位，即 1/360。布朗运动 $d\eta_t$ 和 $d\zeta_t$ 可分别用 $\sqrt{\Delta}\eta$ 和 $\sqrt{\Delta}\zeta$ 来模拟，其中 η，$\zeta \sim N(0, 1)$ 正态分布，可在 Matlab 中实现标准正态分布的样本抽样。我们利用各个固定区间内远期利率所服从的模型对 LIBOR 利率进行模拟。以下是我们在一次利率模拟中得到的各区间点的未来即期 LIBOR 利率路径图。

第二，零息债券部分价值。与上一产品定价过程相同，利用蒙特卡罗模拟方法，对各条路径上所得的值求平均即为利息债券部分价值。根据蒙特卡罗模拟性质，随着模拟路径的增加，可以达到更高的准确度。下面我们分别表示蒙特卡罗模拟方法在模拟路径数为 500 次、1000 次、1500 次、2000 次的情况，由模拟发现，零息债券部分在模拟前期波动较大，在模拟 2000 次之后时已达到稳定，我们取其值为 $0.9448 \times 2000 = 18896$。

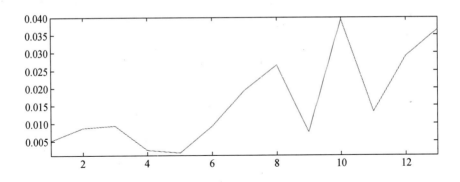

图 3 - 7　未来即期 LIBOR 利率路径

第三，浮动收益部分价值。根据式（3 - 40），我们可以求得固定区间内的范围累积期权盈亏函数及其相应贴现值，与前面类似，利用蒙特卡罗模拟方法，在模拟路径数量分别为 500 次、1000 次、1500 次、2000 次的情况下，对所得的值求平均即为该部分价值，在模拟 2000 次之后时已达到稳定，其值为：$0.358 \times 2000 = 7160$。

第四，可提前赎回价值。根据上一产品分析，我们将六阶 Laguerre 基本函数运用于价值函数逆向迭代方法，利用蒙特卡罗模拟方法，在模拟路径数量分别为 500 次、1000 次、1500 次、2000 次的情况下，对各条路径下所求的可提前赎回价值求平均即为该部分价值，在模拟 2000 次之后时已达到稳定，其价值为：$0.288 \times 20000 = 5960$。

第五，可提前回售价值。根据前文分析，我们将六阶 Laguerre 基本函数运用于价值函数逆向迭代方法，利用蒙特卡罗模拟方法，在模拟路径数量分别为 500 次、1000 次、1500 次、2000 次的情况下，对各条路径下所得的可提前回售价值求平均即为该部分价值，在模拟 2000 次之后时已达到稳定，其价值为：$0.02 \times 20000 = 400$。

第六，产品模拟价格分析。根据金融工程的组合分解定价原理，该外汇结构性存款的价值为上述各部分价值之和，即产品价值 = 零息债券价值 + 范围累积期权价值 - 可提前赎回价值 + 可提前回售价值 = 18896 + 7160 - 5960 + 400 = 20496。

三　外汇结构性存款的敏感性分析

在前文中，利用改进的最小二乘蒙特卡罗方法对基于随机波动率 LIBOR 市场模型下的外汇结构性存款得出了定价结果，而且与实际利率已知条件下的实际价值相近。但是，存在两个问题需要去解决：第一，在定价过程中我们只是求出了模型的各参数值，但并未分析各参数变化对于该外汇结构性存款价值的影响，而这一点对于投资者和发行者对产品进行套期保值就显得尤为重要；第二，研究各参数变化对于产品价值的影响可以判定该产品定价过程中的模型和方法的稳定性，是否具有一定的普遍适用性。

基于以上分析，本章将逐一对模型中参数的变动进行分析，以研究相应变动下的产品价值的影响程度。以下首先分析期初远期利率变动对于该产品价值的影响程度，即 Delta 系数，并在此基础之上，求出 Delta 系数对于相同期初远期利率变动的变化程度，即 Gamma 系数。然后，分析局部波动率变化对于产品价值的影响，即 Vega$_1$ 系数。由于本章假设 LIBOR 市场模型带有随机波动率过程，所以也要研究随机波动率参数变动对于随机波动率影响的程度。

1. 期初远期利率变化

基于 LIBOR 利率向量模拟的特点，本章将分析整条期初远期利率曲线的同时变动对于该外汇结构性存款理论价值的影响程度。用公式表示即为：

$$Delta = \frac{V^* - V_0}{F^*(0, 0, T_0) - F(0, 0, T_0)}$$

其中，$F(0, 0, T_0)$ 代表利用当时市场数据求出的期初远期利率，V_0 表示在该期初远期利率的基础上，利用上文提到的参数估计的方法求出相应参数，利用改进的最小二乘蒙特卡罗方法所求得的产品价值；V^* 代表在其他参数不变的情况下，将期初远期利率变为 $F^*(0, 0, T_0)$，利用相同的定价方法所求得的价值。上述式子表示期初远期利率对于产品价值的影响程度。经过相同的定价方法，可得表 3 – 11。

表 3 – 11　　　　期初远期利率对于产品价值的影响程度

变化比例	零息债券价值	浮动部分价值	可提前赎回权价值	总价值
-12%	94.79	24.59	16.85	102.53
-8%	94.57	23.85	16.12	102.3
-4%	94.33	23.11	15.33	102.11

续表

变化比例	零息债券价值	浮动部分价值	可提前赎回权价值	总价值
0	94.10	22.21	14.40	101.91
+4%	93.89	21.31	13.55	101.65
+8%	93.64	20.16	12.33	101.47
+12%	93.44	19.28	11.51	101.21

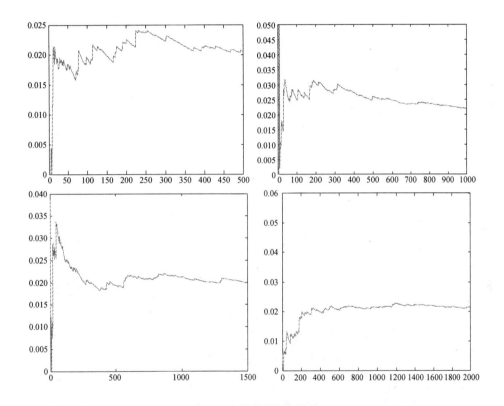

图 3 - 8　可提前回售价值

　　其中，变化比例表示期初远期利率曲线整体变化比例，后四列则代表了产品价值对于相应变化比例的影响程度，以变化比例为横轴总价值为纵轴即可得到如图 3 - 9 所示的总价值变化曲线。

　　从图 3 - 9 中可以发现：一方面，该外汇结构性存款定价模型具有一定的稳定性，即随着期初远期利率的较大比例的变动对于产品价值的影响程度比较小：前后将近变化 24% 而价值变化为 1.32。所以，所得出的定价结果具有一般适用性；另一方面，随着期初远期利率不断增大，产品的价值逐渐变小，以向上浮动4%为例：

$$Delta_{+0.04} = \frac{101.65 - 101.91}{4} = -0.065$$

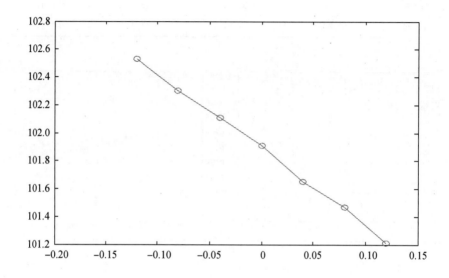

图 3 - 9　期初远期利率变化

以上公式说明，期初远期利率每上涨1%，产品价值就下降0.065元，主要原因是：一方面，作为未来现金流的平均现值，加大期初远期利率，未来远期利率各路径中的值将总体向上移动，即意味着以此作为贴现率也随之上涨；换句话说，因为市场报酬率上升，因此投资人所领到的利息相对减少；另一方面，基于该产品范围累积性质的考虑，由于期初远期利率上涨而引起的未来远期利率上涨，使利率突破计息区间的概率和路径数会大大增加，根据累积性质要求，当远期利率不在计息区间内时不计入利息，这意味着未来现金流量（利息）的减少。所以综合以上两方面因素考虑，随着期初远期利率曲线上移，产品价值在不断减少。在上述分析的基础上，我们也同时可以求出 Delta 对于相同期初远期利率变动对于产品价值的影响，即 Gamma 系数：

$$Gamma = \frac{V_2^* - 2V_0 + V_1^*}{(F^*(0,\ 0,\ T_0) - F(0,\ 0,\ T_0))^2} = \frac{101.11 + 101.65 - 2 \times 101.91}{4^2} = -0.00375$$

　　以上公式表明，期初远期利率每上涨 1%，Delta 值就减少 0.00375。从绝对值的角度上看，该值是比较小的，这意味着 Delta 对于期初远期利率的变动并不是很敏感，这在一定程度上说明了该模型对于参数稳定性以及在实际运用中的实用性。

　　2. 局部波动率变化

　　基于 LIBOR 利率向量模拟的特点，本章将分析未来区间内整体局部波动率变化对于产品价值的影响程度，即 Vega 系数，用公式表示即为：

$$Vega = \frac{V^* - V_0}{\sigma^* - \sigma_0}$$

　　其中，σ_0 代表利用当前市场数据基于本章第三节所阐述的参数估计方法得出未来各固定区间内的局部波动率，V_0 表示在该局部波动率的基础上，利用改进的最小二乘蒙特卡罗方法所求得的产品价值；V^* 代表在其他参数不变的情况下，将局部波动率变为 σ^*，利用相同的定价方法所求得的价值。在此需要注意的是，当一个参数变化时，其余参数都保持不变，所以，这里假设上面所提到的参数的期初远期利率为原始的期初远期利率 $F(0, 0, T_0)$。上述公式表示局部波动率变动对于产品价值的影响程度。经过相同的定价方法，得到表 3 – 12。

表 3 – 12　　　　　局部波动率变动对于产品价值的影响程度

变化比例	零息债券价值	浮动部分价值	可提前赎回价值	总价值
– 12%	94.14	22.73	14.79	102.08
– 8%	94.11	22.42	14.52	102.01
– 4%	94.11	22.27	14.42	101.96
0	94.10	22.21	14.4	101.91
+ 4%	94.10	22.06	14.29	101.87
+ 8%	94.11	21.98	14.25	101.84
+ 12%	94.08	21.88	14.15	101.81

　　其中，变化比例表示局部波动率整体变化比例，后四列则代表了产品价值对于相应变化比例的影响程度，以变化比例为横轴、总价值为纵轴即可得出如图 3 – 10 所示的总价值变化曲线。

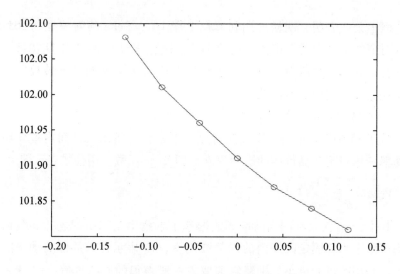

图 3 - 10 局部波动率变化

从图 3 - 10 中我们可以发现：一方面，该外汇结构性存款定价模型具有一定的稳定性，即随着局部波动率的较大比例的变动对于产品价值的影响程度比较小：前后将近变化 24% 而价值变化为 0.27，比上述期初远期利率的变动还要小，说明模型对于此参数的变动所受影响较小。所以，所得出的定价结果具有一般适用性。另一方面，随着局部波动率不断增大，产品的价值逐渐变小，以向上浮动 4% 为例：$\text{Vega}_{+0.04} = \dfrac{101.87 - 101.91}{4} = -0.01$。

以上公式说明，局部波动率每上涨 1%，产品价值就下降 0.01 元。主要原因是，随着局部波动率按比例上涨，未来利率的变化浮动也在加大，那么这意味着与原来相比，变化后的远期利率进入计息区间的概率也在变小，这直接导致未来利息现金流的减少，从而最终使得产品的价值与原来的价值不断减小。

3. 随机波动率的波动率

基于文章简洁性和直观性，直接利用 MCMC 方法得到的参数 itau2，因为：$\tau = \sqrt{\dfrac{360}{\text{itau2}}}$。

其中，τ 为随机波动率的波动率，itau2 为 MCMC 所求参数值。通过以上公式，我们可以得出，itau2 与 τ 成反比，即随着 itau2 的增加，τ 的值会相应减少。所以，下文通过按比例改变 itau2 的值，间接改变随机波动率的波动率τ，以求得该外汇结构性存款的价值变化程度。与上文一样，于 LIBOR 利率向量模拟的特点，以下将分析未来区间内整体局部波动率变化对于产品价值的影响程度。用公式表示即为：

$$Vega^* = \frac{V^* - V_0}{itau2^* - itau2_0}$$

其中，$itau2_0$ 代表利用当前市场数据基于本章第三节所阐述的 *MCMC* 参数估计方法得出未来各固定区间内随机波动率的波动率成反比关系的参数；V_0 表示在该参数的基础上，利用改进的最小二乘蒙特卡罗方法所求得的产品价值；V^* 代表在其他参数不变的情况下，将该参数变为 $itau2^*$，利用相同的定价方法所求得的价值。在此需要注意的是，根据敏感性分析的原理，当一个参数变化时，其余参数都保持不变，所以，这里假设上面所提到的参数的期初远期利率为原始的期初远期利率 $F(0, 0, T_0)$，局部波动率为 σ_0。上述式子表示该参数变动对于产品价值的影响程度，经过相同的定价方法，得到表 3 – 13。

表 3 – 13　　　　局部波动率 σ_0 为对于产品价值的影响程度

变化比例	零息债券	附息债券	可提前赎回权	总价值
– 24%	94. 09	22. 23	14. 52	101. 80
– 16%	94. 13	22. 27	14. 56	101. 84
– 8%	94. 10	22. 10	14. 34	101. 86
0	94. 10	22. 21	14. 40	101. 91
8%	94. 12	22. 34	14. 53	101. 93
16%	94. 11	22. 28	14. 44	101. 95
24%	94. 09	22. 13	14. 25	101. 97

其中，变化比例表示该参数整体变化比例，后四列则代表了产品价值对于相应变化比例的影响程度，从而间接表示了随机波动率的波动率变化对于产品价值的变动影响。以变化比例为横轴、总价值为纵轴即可得如图 3 – 11 所示的总价值变化曲线。从图 3 – 11 中可以发现以下两点：一方面，该外汇结构性存款定价模型具有一定的稳定性，即随着该参数 *itau2* 的较大比例的变动对于产品价值的影响程度比较小，说明随机波动率的波动率变动对于模型产生的价值变化：前后将近变化 48% 而价值变

化为 0.17，说明模型对于此参数的变动所受影响较小。所以，所得出的定价结果具有一般适用性。另一方面，随着该参数不断变小，使得随机波动率的波动率不断增大，产品的价值逐渐变小，以向上浮动 8% 为例：

$$Vega^*_{-0.08} = \frac{101.91 - 101.86}{8} = 0.00625$$

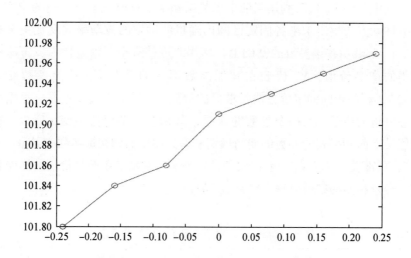

图 3 - 11 随机波动率的波动率

与局部波动率的变动方向相同，以上式子说明，$itau2$ 参数每下降 1%，产品价值就上升 0.00625 元。主要原因是，随着参数按比例下降，随机波动率的波动率就会加大，下降未来利率的变化浮动也在加大，这意味着与原来相比，变化后的远期利率进入计息区间的概率也在变小，直接导致未来利息现金流减少，从而最终使得产品价值与原来的价值不断减小。

四 基于敏感性分析的对策建议

本章已经利用敏感性分析方法得到了模型内各重要参数变化对于产品价值变动的影响程度，但是这对于投资者和发行者有何启示呢？对此，以下部分就根据各敏感性分析结果提出相应的对策建议。

1. 基于期初远期利率敏感性分析

对期初远期利率进行敏感性分析认为，期初远期利率越大，该外汇结构性存款的理论价值就越低。这意味着，在一个利率上涨周期中，随着利率的增加，所发行的产品价值就越低。对于投资者而言，在一个利率上升通道中，随着期初远期利率的增加，该类产品未来利率进入计息区间的天数将逐渐变少，这意味着购买该产品的投资者在未来获得收益将减少，这对于投资者而言是极其不利的。所以，对于投资者而言，当购买该产品之前，首先需要考虑到当前利率所处的趋势周期；其次以此为基础来判断未来标的利率落入计息区间的概率和天数，在计算判断可能的收益以及产品理论价值的基础上来决定产品是否应该进行投资。

2. 基于局部波动率敏感性分析和随机波动率

根据上文对局部波动率进行的敏感性分析，得到以下结论：局部波动率越大，该外汇结构性存款的理论价值就越低。这意味着，在高度震荡波动率较大的市场中，随着波动率的持续增加，所发行的产品价值就越低。同时，上文利用参数 $itau2$ 的敏感性分析来得到随机波动率变动对于产品价值变化幅度，得到以下结论：$itau2$ 越小，随机波动率的波动率的值也就越大，该外汇结构性存款的理论价值就越低，这意味着，在高度震荡波动率较大的市场中，随着随机波动率的波动率持续增加，所发行的产品价值就越低。

对于投资者而言，当购买该产品时，需要考虑当前的金融市场环境是处于高度震荡期还是平稳期，我们发现随着次贷危机的爆发，市场波动性急剧增加，波动率增加，所以使得该类结构性产品的价值逐渐降低，投资者面临损失的风险，同时，随着波动率的增加，未来远期利率的变化也将加大，由于计息区间是相对固定的，而且幅度也比较小，所以，由此导致的远期利率进入计息区间的概率和天数也进一步减少，导致该产品的理论价值降低，投资者将受到损害。

第五节　结论与展望

一　研究结论

本章选取以"民生财富"外汇理财二期 C 计划——具有提前赎回特征的范围累积外汇结构性存款为研究对象，深入探讨了该类外汇结构性存款的蒙特卡罗定价方法以及相关重要参数的敏感性分析。主要得出以下几个结论：

（1）本章以解析解的形式得出了该类外汇结构性存款的价值主要由零息债券价值、浮动部分价值、可提前赎回价值以及可提前回售价值组成，与以往文献缺乏解析基础不同，本章具体求出各部分解析解能够有利于投资者更直观清楚地了解和分析该产品的内在价值构成以及相关影响因素，同时有助于发行者提高在国外市场上套期保值的能力和水平。

（2）在外汇结构性存款价值分析的基础上，本章选取带有随机波动率过程的 LIBOR 市场模型作为研究对象，利用 Black 公式以及 MCMC 方法对其进行参数估计。之后，将加入随机波动率与未加入跳跃的利率模型误差进行比较，从数据比较上得出结论：基于随机波动率过程的 LIBOR 市场模型对于拟合现实数据更具真实性，利率衍生产品定价也更具合理性。

（3）在基于 Heston – LIBOR 市场模型基础之上，在蒙特卡罗模拟框架下对该产品中零息债券部分和浮动收益部分进行定价，同时，利用改进的最小二乘蒙特卡罗方法确定产品所含的可提前赎回权的价值，最后将三部分加总得到总价值，得出结论：基于改进的最小二乘蒙特卡罗定价方法（101.91）与普通最小二乘蒙特卡罗方法（102.82）相比，所得结果更接近于实际利率下所求理论价值（101.99）。最后，利用上述方法对 2009 年 7 月 14 日法国兴业银行在我国内地发行的 3 年期美元 3 个月伦敦银行间同业拆借利率挂钩结构性存款进行定价。

（4）在上述定价方法的基础上，对模型内的各参数进行敏感性分析，即参数的变动对于产品价值的影响程度，得出以下结论：①基于参数变化价值变动并不明显的情况表明本章所采用的模型具有一定的稳定性和实际实用性。②投资者和发行者需要根据不同的市场环境下不同参数的变化方向进行预测，从而采取不同的投资策略。

二 研究展望

由于本章研究内容具有很大的复杂性，而且外汇结构性存款定价理论还不是很成熟，关于此产品的敏感性分析的文献也比较少，有些观点与国内外学者还未达成一致，所以给本章的研究带来一定的困难。另外笔者自身能力有限，所以本章在对外汇结构性存款的应用研究中存在众多不足，还处于起步阶段，有很多问题还有待进一步研究和探讨。

（1）本章所选取的 LIBOR 模型为单因子模型，所以在计算中假设其远期相关系数为 1，这意味着未来远期利率完全相关，这与实际情况非常不符，故在利率模拟的精确性方面可能还有欠缺，在此方面需要进一步研究。

（2）为了与 LIBOR 市场模型模拟周期一致，本章在定价过程中假设该产品都以 90 天为付息周期，而实际上产品各个相邻支付日内天数是不同的，所以按照本章的假设去进行定价，其结果与真实价值会存在一定的差异。本章未对这些细节进行深入研究。

（3）在该外汇结构性存款的定价中，本章未考虑产品如若提前终止的其他成本，如时间成本以及机会成本等，对该产品的实际价值会产生一定的影响。

第四章 DDSV - LIBOR 市场模型及其结构性债券定价

本章主要基于 LIBOR 市场模型的核心要素和利率衍生证券的价值结构特点，选取移动扩散项随机波动率 LIBOR 市场模型对具有区间累积特点的银行结构性理财产品进行定价。首先，将移动扩散局部波动率函数和 Heston 随机波动率引入标准化 LIBOR 市场模型分析框架，建立局域随机波动率非标准化 LIBOR 市场模型（DDSV - LMM）；其次，运用 Cap、Swaption 等基本利率产品与自适应马尔科夫链蒙特卡罗模拟方法（AMC-MC），对该模型参数进行有效的市场校准与模拟估计；最后，针对结构性债券的价值结构特征，对区间累积结构性理财产品进行定价分析，说明了该模型对于产品价值的应用效果。研究结论认为，与一般随机波动率模型（LMM - SV）相比，DDSV - LMM 模型能够更全面地体现 LIBOR 利率的波动率微笑与偏斜特征；蒙特卡罗模拟方法则成为结构性债券定价的一种有效计算方法。

第一节 背景及意义

一 问题提出背景

利率衍生证券是指收益在某种程度上依赖利率水平的金融工具。20 世纪 80 年代到 90 年代早期，场外市场和场内交易市场的利率衍生证券的成交量迅速增加，已经开发出许多新产品满足客户的需求。找出精确的定价方法和对冲手段是各从业人员一直在追求的目标。由于金融市场的利率具有波动性，所以被很多金融机构开发出针对利率变化的金融衍生品。当今利率衍生证券市场呈现出了两个重要特征：一是 LIBOR 利率作为国际货币市场的基准利率体系的作用越发明显，以 LIBOR 为标的的利率衍生品层出不穷；二是这些利率衍生证券的复杂多样性增加了市场的不确定性和波动性，LIBOR 的动态变化过程也就越来越复杂。传统的标准 LIBOR 市场模型就难以满足定价的需求，非标准的扩展形式的 LIBOR 市场模型就成为首选。因此，基于随机波动率和扩散特征的扩展形式的 LIBOR 市场模型假设，对具有复杂奇异结构的利率衍生证券合理定价问题就成为现代金融理论中的重要组成部分，同时构成了有效解决诸多金融危机事件的重要理论基础。就国内而言，利率市场化的推进使得利率衍生证券也得到了一定程度的发展和丰富，而国内商业银行国际化水平的提升，以 LIBOR 利率为标的变量结构化利率债券也不断发展和运用，对此类利率衍生证券的合理定价显得非常有必要。

二　理论价值与实践意义

1. 理论价值

金融市场的不断发展使各类衍生品也得到了丰富，其中利率衍生品的种类也逐渐增多，相比较权益类的衍生品而言，利率衍生品具有以下特点：结构复杂，估值困难。随着以 LIBOR 标的的利率衍生品不断增加，对此类衍生品的定价水平也需要相应提高，但是 LIBOR 的变化受到的影响因素也越来越多，传统的标准 LIBOR 市场模型不能描绘隐含波动率曲线的凸性特征，这就需要扩展形式的非标准 LIBOR 市场模型来对利率衍生品进行定价。本章采用的模型是具有移动扩散特征的随机波动率模型，利用 MCMC 中的一种改进参数估计方法，自适应的 Metropolis – Hastings 算法来对移动扩散的随机波动率模型局部波动率参数进行估计，利用历史的数据验证该模型的参数，其次利用 DDSV – LMM 模型对结构型理财产品进行定价分析，最后对未来的价格进行模拟，可提高定价的精确度。

2. 实践意义

商业银行利率风险管理的范围快速扩大、难度不断提升。可以预见，商业银行利率风险管理能力和利率产品的定价、创新能力将成为未来其经营管理的核心竞争力，而以利率互换、远期利率协议、利率期货和利率期权为代表的利率衍生产品必将在以上方面发挥越来越重要的作用，对于复杂的利率衍生品而言，如区间累积型 LIBOR 挂钩结构性理财产品，如果能够精确地定价，那么对提高银行的风险管理水平会有很大的推动作用。

三 研究思路及创新点

1. 研究思路与框架

研究思路：本章针对国内外研究现状及未来发展动态，基于 LIBOR 市场模型的核心组成要素和利率衍生证券的价值结构特征，对已有的利率衍生证券定价方法进行研究：首先建立移动扩散的随机波动率 LIBOR 市场模型；其次利用此模型进行参数估计，并且将估计出参数的移动扩散随机波动率 LIBOR 市场模型与不加移动扩散项的随机波动率模型和标准的 LIBOR 市场模型进行比较；最后将理论研究成果应用到可区间累积银行利率挂钩结构性理财产品定价中去。

研究框架：首先建立 LMM – DDSV 模型，也就是移动扩散随机波动率条件下的 LIBOR 市场模型；其次对扩展型的 LIBOR 市场模型进行参数估计，对参数使用自适应的 MCMC 方法，以反映参数的历史信息和未来变化信息，还需要包含市场变化的信息；最后利用利率期权的蒙特卡罗数值模拟计算方法，将具有区间累积银行 LIBOR 挂钩型结构性理财产品进行定价研究，用蒙特卡罗模拟法进行扩展。

2. 创新之处

本章的创新之处主要体现在理论研究和实证模拟，具体包括三个方面：

（1）在 LIBOR 市场模型中加入移动扩散项和随机波动率来描述 LIBOR 的动态变化过程特征。本章分别比较了三种 LIBOR 市场模型之后，认为移动扩散的随机波动率 LIBOR 市场模型能够更好地描述利率的动态变化过程特征。

（2）运用 MCMC 参数估计方法中的自适 Metropolis – Hastings 方法来对模型参数进行估计。本章运用自适应的 MCMC 参数估计方法对 LMM – DDSV 模型进行参数估计，证明 LMM – DDSV 模型能够较好地描述 LIBOR 利率的动态变化过程。

（3）用蒙特卡罗模拟方法来对银行 LIBOR 挂钩结构型理财产品进行定价分析。用蒙特卡罗模拟方法来对银行利率挂钩型结构性进行定价分析，证明 LMM – DDSV 模型能够提供很好的利率路径模拟。

第二节　基本理论分析

一　定价模型与波动偏斜

1. 期限结构模型

期限结构模型是一个描述零息票率可能行为的模型，有基于特定的短期利率 r 行为过程构造的期限结构模型。t 时刻的短期利率 r 是适用于 t 时刻一个无穷小的时间期限内的利率。有时这种利率也称为瞬态短期利率。债券价格、期权价格和其他衍生证券价格只依赖于 r 在风险中性世界中所遵循的过程，与现实世界中 r 所遵循的过程无关。在一个 t 至 $t + \Delta t$ 之间的时间段内，投资者平均获得 $r(t)\Delta t$，所有的 r 遵循的过程，都是在风险中性世界中得到的。在 T 时刻给出收益为 f_T 的利率衍生证券的价值 $\hat{E}$ $[e^{\bar{r}(T-t)}f_T]$：

其中，$\bar{r}$ 是在 t 到 T 时间间隔内 r 的平均值，$\hat{E}$ 代表风险中性世界的期望值。设 $P(t, T)$ 为 t 时刻零息票债券的价格，该债券在 T 时刻支付 1 美元，则由上面的式子可以得到：

$$P(t, T) = \hat{E}[e^{-\bar{r}(T-t)}] \tag{4-1}$$

若 $R(t, T)$ 为 t 时刻的 $T - t$ 期限的连续复利率，那么 $P(t, T) = e^{-R(t,T)(T-t)}$，所以 $R(t, T) = -\dfrac{1}{T-t}\ln(P(t, T))$。由于 $P(t, T) = \hat{E}[e^{-\bar{r}(T-t)}]$，所以：

$$R(t, T) = -\frac{1}{T-t}\ln\hat{E}[e^{-\bar{r}(T-t)}] \tag{4-2}$$

根据该时刻的 r 值和 r 的风险中性过程，这个公式可获得任意给定时刻的利率期限结构，也就是说，一旦我们定义了 r 的过程，我们就已经完全定义了初始零息率曲线所需的所有内容以及它随时间的演变过程。

2. 波动率微笑和波动率聚集

波动率微笑反映了隐含波动率作为执行价格函数的关系。Jackwerth 和 Rubinstein（1996）研究过权益性期权的波动率微笑。在 1987 年之后，交易者开始用波动率微笑来定价权益性期权，被称为波动率偏斜，波动率随着执行价格的上升而下降。也就是说，定价低执行价格的期权的波动率要高于定价高执行价格的期权的波动率。

除了波动率微笑，交易者们在定价期权的时候也会使用波动率期限结构。在两平期权的定价中使用的波动率依赖于期权的有效期。若短期波动率比较低，波动率一般是时间期限的增函数；相反，若短期波动率比较高，波动率一般是时间期限的减函数。这主要取决于大众的预期，短期波动率低时，大众预期波动率会上升；而短期波动率较高时，大众预期波动率会下降。波动率集合是把波动率微笑和波动率期限结构结合起来制成的二维波动率表格，这样可以方便交易员对任意执行价格和任意期限的期权进行定价。波动率集合的一个尺度是执行价格，另一个尺度是期限。以 Black – Scholes 模型计算的隐含波动率具有二维特点，在一个给定的时间，表格中的一些项可能对应于存在市场数据的期权。这些期权的隐含波动率直接由它们的市场价格计算得到，然后输入到表格中。其他项可以由线性插值方法得到。如果需要为新发行的期权进行定价，只需要从表格中选取合适的波动率即可。

二　利率衍生证券

1. 远期利率协议（FRA）

远期利率协议在时期 $[T, T+\tau]$ 内有一个互换合约，根据固定利率 K 和 T 时刻观察到的期限为 τ 的短期利率计算。交换时间发生在 $T+\tau$。固定利率支付者将要支付的利息为 τK，同时收到的利息为 $\tau(L(T, T, T+\tau))$。因此远期利率协议在时间 $T+\tau$ 从固定利率支付者角度价值为：

$$V_{FRA}(T+\tau) = \tau(L(T, T, T+\tau) - K) \qquad (4-3)$$

同时，合约在 $t < T$ 时的价值就等于：

$$V_{FRA}(t) = P(t, T+\tau)E_t^{T+\tau}[\tau(L(T, T, T+\tau) - K)] \qquad (4-4)$$

由于 $L(t, T, T+\tau)$ 是一个在 $T+\tau$ 远期测度 $Q^{T+\tau}$ 的鞅，所以我们有：

$$V_{FRA}(t) = \tau P(t, T+\tau)(L(T, T, T+\tau) - K) \qquad (4-5)$$

2. 普通互换协议

普通互换交易指的是两个公司之间的约定时间的现金流互换协议。一个普通掉期交易的利率互换是一种将固定利率支付现金流和另一个浮动利率支付现金流互换的交易。在国际金融市场飞速发展的今天，掉期交易作为一种灵活有效的避险和资产负债综合管理的衍生工具越来越受到金融界的重视，用途也越来越广泛。

3. 利率上限/下限

利率上限和利率下限是非常流行的利率期权。一个利率上限/下限是一系列看涨/看跌期权的组合，这类组合也被叫作看涨期权元/看跌期权元。看涨期权元（看跌期权元）同时也是一个欧式利率看涨（看跌）期权。一个看涨期权元（看跌期权元）在 LIBOR 利率 $L(t, T, T+\tau)$ 和协定利率 K 在时刻支付的价格为：$\tau\{\omega L(t, T, T+\tau) - K\}^+$。其中 ω 是一个指向性函数，$\omega = 1$ 表示看涨元，$\omega = -1$ 表示看跌元。通过 Black 公式可定价看涨期权元和看跌期权元：

$$V_{caplet/floorlet}(0) = \tau P(0, T+\tau)\omega L(0, T, T+\tau)N(\omega d_1) - \omega KN(\omega d_2)$$

$$d_1 = \frac{\log(L(0, T, T+\tau)/K) + \sigma^2 T/2}{\sigma\sqrt{T}}, \ d_2 = d_1 - \sigma\sqrt{T} \tag{4-6}$$

一个利率顶由一簇看涨期权元组成，一个利率底由一簇看跌期权元组成。所以对于一个 N 个时期利率顶（利率底）在时刻 0 的定价就可以简单地用时刻 0 的 N 个看涨期权元或者看跌期权元之和来解决。因此利用 Black 模型可定价利率顶（利率底）在时刻 0 的约定价格 K：

$$V_{cap/floor}(0) = \sum_{n=0}^{N-1} P(0, T_{n-1})(\omega L(0)N(\omega d_1) - \omega KN(\omega d_2))$$

$$d_1 = \frac{\log(L(0)/K) + \sigma_n^2 T/2}{\sigma_n\sqrt{T}}, \ d_2 = d_1 - \sigma_n\sqrt{T} \tag{4-7}$$

σ_n 是对应 $L_n(t)$ 的波动率。为了定价利率上限（利率下限），考虑两种方法。一种方法就是利用不同的看涨/跌期权元的波动率，这是一种即期波动率。另一种方法就是对于所有的看涨期权元（看跌期权元）使用相同的波动率来拟合整个利率顶（利率底），这种就是平坦的波动率曲线。而平坦的波动率曲线是不够准确的，只有即期波动率才能克服这些缺陷。

4. 欧式互换期权

欧式互换期权让持有者有权利在未来某个日期用给定的固定利率 K 进行互换。假设在互换开始时期权到期日为 T_0，那在 T_0 时刻偿还互换期权有：$(V_{swap}(T_0))^+ = \omega A(T_0)(S(T_0) - K)^+$。互换的测度 $Q^{0,m}$ 下，互换期权在时刻 0 价格为：

$$V_{swaption}(0) = A(0)E^{0,m}\left[\frac{\omega A(T_0)(S(T_0) - K)^+}{A(T_0)}\right] = A(0)E^{0,m}\left[\omega(S(T_0) - \right.$$

K)⁺]

更精确地，一个执行价格为 K、时刻为 0 的互换期权的价值为：

$$V_{swaption}(0) = A(0)(\omega S(0)N(\omega d_1) - \omega KN(\omega d_2))$$

$$d_1 = \frac{\log(S(0)/K) + \sigma^2 T_0/2}{\sigma_n \sqrt{T_0}}, \ d_2 = d_1 - \sigma \sqrt{T_0} \qquad (4-8)$$

三 结构化产品价值结构

1. 结构化产品概念内涵

结构化产品一般分为两类，一种是具有融资功能，其特点在于和结构性融资相关联。通过使用传统金融工具，以实现再融资和风险转移的方法将风险转移到愿意承担风险的投资者身上，包括各类衍生产品，如 **ABS**、**MBS** 等。另一种从投资角度来看，包括结构性票据、结构性存款、结构性证券等；这类产品的特点是发行人利用金融工程技术，通过区分不同投资者的风险偏好，采用债券期权分解法，连接结构性产品及衍生产品合约的相关资产价格。其他类别的结构性产品，按照挂钩标的的衍生产品来区分，可分为股票挂钩的结构性产品、利率挂钩的结构性产品、汇率利率挂钩的结构性产品、商品挂钩的结构性产品、信用挂钩的结构性产品。按照由客户承担的风险分类，结构性产品可以分为保证和非保证的结构化产品两种。根据收入类型来划分，可分为固定收益类结构性产品和浮动收益型结构化产品。

2. 利率挂钩型结构化产品

本章重点分析与利率挂钩的结构化产品及其定价。它们是结构化产品主要类型之一，与投资者到期时支付的收入和相关参考利率挂钩，是一种投资者预期未来利率走势的产品化的方式。与利率挂钩的结构化产品类型可细分为两部分：固定收益和期权。固定收益部分保证本金或者利息收入，从而向客户提供确定的收益；期权部分则因为利率变化的不确定性而产生不确定的收益甚至亏损。大部分产品目前在市场上和银行同业拆借利率挂钩，通常有 3 个月或 6 个月期美元 **LIBOR** 利率挂钩的结构化产品。

3. 利率挂钩型结构化产品的主要分类

（1）区间累积的产品。此类产品首先预设一个参考区间和基准年收益率 R，产品的不确定收益部分和有效期内挂钩利率落在参考区间内的天数有关。例如，某日的挂钩利率落入了协定区间，那么当日就可以按照基准年收益率 R 计息，否则收益率为零。如此每日计算，并且累计，按年计息。由此，到期日时投资者的实际收益率就为 R×n/N（n 位有效期内挂钩利率处于协定区间的实际天数，N 位产品有效期的实际天数）。

（2）固定期限互换利率挂钩型产品。固定期限互换利率（CMS）挂钩型产品是近些年来出现的一种利率挂钩型结构化产品。此类产品特点是产品到期时向投资者支付的收益与一种或几种货币的固定期限互换利率挂钩，从而将投资者对于未来互换利率走势的预期产品化。这些产品中以基于欧元和美元互换利率的挂钩产品最为流行，其中 CMS 价差区间累积型产品应用很广泛：挂钩产品各期利息所得与长短期互换利率之差落在某一协定区间的天数相关。在整个投资期限内的每一天，只要长短期互换利率之差落在设定的区间内，投资人当天就可以按照事先确定的利率水平计算投资收益，否则当日收益为零。

4. 利率挂钩型结构化产品的发展状况

利率挂钩型结构化产品是所有类型的结构化产品中一直处于领先地位的挂钩型结构化产品。CMS 挂钩产品，自 2005 年以来出现了快速增长的势头。在中国，一些外资银行，如花旗银行、荷兰银行凭借它们丰富的发展和管理经验，先进的产品设计，创新功能和产品定价优势，根据投资者的风险偏好需求的产品的价值，率先发行了利率挂钩的理财产品。中国银行、中国工商银行、中国建设银行、中国农业银行作为四大国有商业银行也相继推出利率挂钩的结构性产品，产品类型也以区间累积为主，利率主要以美元伦敦银行同业拆借利率 LIBOR 为基础。图 4-1 是2000 年以来 3 个月 LIBOR 的历史走势图。

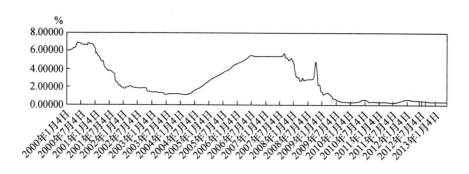

图 4-1　3 个月美元 LIBOR 走势

四 模型选择

1. 鞅和测度

前面提到的期权定价方法都假设利率为常数，而利率衍生证券的利率是变化的。所以我们需要用到风险中性估值方法来估计利率的大小，这里就用到了鞅和测度，鞅是零漂移随机过程，测度是估值证券价格采用的单位。通过等价鞅测度说明当我们的可交易证券作为测度中的单位的时候，存在一些风险市场的价格，使得所有的证券价格遵循鞅。$d\theta = \sigma dz$，dz 服从几何布朗运动，鞅在任意未来时刻 T 的期望值等于今天价值，即 $E(\theta_T) = \theta_0$。期限为 T 的零息票债券价格作为计价标准的 T – 远期测度 Q^T 中，$V(t)/P(t, T)$ 是一个鞅，即：

$$V(t) = P(t, T)E_t^T\left[\frac{V(T)}{P(T, T)}\right] = P(t, T)E_t^T[V(T)] \tag{4-9}$$

对于所有 $t \leqslant T$，其中 E_t^T 是在 T – 远期测度 Q^T 下的条件期望。债券价格作为计价标准的利率，远期 LIBOR 利率 $L(t, T, T+\tau)$，$t \leqslant T$，$\tau \geqslant 0$，则是一个在 $(T+\tau)$ – 远期测度 $Q^{T+\tau}$ 下的鞅，有：

$$L(t, T, T+\tau) = E_t^{T+\tau}[L(T, T, T+\tau)], \quad t \leqslant T, \quad \tau \geqslant 0 \tag{4-10}$$

通过即期测度，使 $V(t)/B(t)$ 成为鞅，$V(t) = B(t)E_t^B\left[\dfrac{V(T)}{B(T)}\right]$。其中

$B(t) = P(t, T_{i+1}) \displaystyle\prod_{n=0}^{t} 1/P(T_n, T_{n+1})$。

首先定义一个期限结构，$0 < T_0 < T_1 < \cdots < T_N$，$\tau_n = T_n - T_n$，其中 $n = 0, \cdots, N-1$，把时间距离 τ_n 通常设定为 0.25 或者 0.5（对应 3 个月或者 6 个月）。利用一组有限的零息债券 $P(t, T_n)$，其中 $\{n: t < T_n \leqslant T_N\}$，当 t 向远期移动时这组期限减少。下面介绍一个指针函数 $q(t)$ 满足 $T_{q(t)-1} \leqslant t < T_{q(t)}$。指针函数可以看作是映射第一个在 t 时刻到期的零息债券。对于任意的 $T_n > t$，零息债券的价格由下式得到：

$$P(t, T_n) = P(t, T_{q(t)}) \prod_{t=q(t)}^{n-1} \frac{1}{(1 + \tau_i L_i(t))} \tag{4-11}$$

同样，可以得到资产价格过程 $B(t) = P(t, T_{q(t)}) \displaystyle\prod_{n=0}^{q(t)-1} (1 + \tau_n L_n(T_n))$。现在，考虑一组远期 LIBOR 利率 $L_{q(t)}(t)$，$L_{q(t)+1}(t)$，$\cdots$，$L_{N-1}(t)$，对于所有的 $n \geqslant q(t)$，$L_n(t)$ 在 T_{n+1} 的远期风险中性世界中遵循鞅，是一个零漂移随机过程。这就可以假设远期利率随机过程遵循下式：

$dL_n(t) = \sigma_n(t)^T dW^{n+1}(t)$，其中 $W^{n+1}(t) = W^{T_{n+1}}(t)$ 是一个遵循在 T_{n+1} 的远期风险测度的 m 维标准布朗运动，而 σ_n 是由 $W^{n+1}(t)$ 产生的一个 m 维布朗运动过程。随机过程 $L_n(t)$ 在 T_n 远期风险测度下则由下式得到：

$$dL_n(t) = \sigma_n(t)^T \left(\frac{\tau_n \sigma_n(t)}{1 + \tau_n L_n(t)} dt + dW^n(t) \right) \tag{4-12}$$

其中，$W^n(t)$ 是一个在远期测度下的 m 维布朗运动。上面给出了如何联系 T_{n+1} 和 T_n 下的远期测度，同样地，可以将 $L_n(t)$ 的随机过程用最终一期测度 T_N 来表示：

$$dL_n(t) = \sigma_n(t)^T \left(- \sum_{j=n+1}^{N-1} \frac{\tau_j \sigma_j(t)}{1 + \tau_j L_j(t)} dt + dW^N(t) \right) \tag{4-13}$$

在即期测度下，$L_n(t)$ 过程就由下式得到：

$$dL_n(t) = \sigma_n(t)^T \left(\sum_{j=q(t)}^{n} \frac{\tau_j \sigma_j(t)}{1 + \tau_j L_j(t)} dt + dW^B(t) \right) \tag{4-14}$$

其中，$W^B(t)$ 是一个在点测度下的 m 维布朗运动。

通过对 $L_n(t)$ 的模拟，分别考虑在最终测度和即期测度下的随机过程。在最终测度下，$L_n(t)$ 的漂移总和的时期数总是 $N-n-1$，对于所有的 $t \leq T_n$，这也就意味着当 $m < n$ 时，$L_m(t)$ 可能比 $L_n(t)$ 更偏斜。然而，$L_n(t)$ 在即期测度下的漂移总和的时期数是由 $n-q(t)+1$ 决定的。这也就意味着当 t 增加的时候，$L_n(t)$ 的漂移总和的时期数是减少的。因此，离散条件下的远期利率的漂移率可能更分散。这就促使我们选择即期测度下的 $L_n(t)$ 随机过程而不是最终测度。

2. LMM 模型的缺陷和本章模型的选择

LMM 模型的隐含波动率曲线比较平坦，没有体现出波动率微笑的特征，而实际定价中，执行价格和隐含波动率是反方向变化的，有明显的曲率。捕捉波动率偏斜对于期权定价非常重要，尤其是奇异型期权，为了克服 BGM 模型的这一缺点，我们介绍随机波动率条件下的 LIBOR 市场模型。CIR 模型具有均值回复过程 $z(t)$，其形式为：

$$dz(t) = \theta(z_0 - z(t)) dt + \eta \sqrt{z(t)} dZ^B(t)，\ z(0) = z_0 = 1 \tag{4-15}$$

其中 θ，z_0，η 是正常数，Z_B 是一个点测度下的布朗运动。资产价格 $X(t)$ 通过 Heston 模型计算得出：

$$dX(t) = \mu X(t) dt + \sqrt{z(t)} X(t) dW(t)，$$

$$dz(t) = \theta(z_0 - z(t)) dt + \eta \sqrt{z(t)} dZ(t)，\ d[Z，W](t) = \rho dt$$

$$z(0) = z_0 = 1 \qquad (4-16)$$

Heston 模型可以定价随机波动率条件下的欧式看涨期权，相比较其他随机波动率模型显得更好实现。除了这些特点，Heston 模型可以描绘隐含波动率微笑。在 Heston 模型中，随机波动率过程，特别地带有一个均值回复的平方根过程。这个过程被广泛应用于金融领域，例如短期利率模型 CIR、仿射结构模型和远期利率模型等。通过一些技术变形，Heston 模型就可以变成 DDSV – LMM 模型。从而可以定价利率上限和互换期权。给出了随机波动率过程之后，我们假设远期利率过程 $L_n(t)$ 在 $n \geqslant q(t)$ 下的即期测度如下：

$$dL_n(t) = \sqrt{z(t)}\,\varphi(L_n(t))\lambda_n(t)^T(\sqrt{z(t)}\mu_n(t)dt + dW^B(t)),$$

$$\mu_n(t) = \sum_{j=q(t)}^{n} \frac{\tau_j \varphi(L_j(t))\lambda_j(t)}{1 + \tau_j L_j(t)}$$

$$\sigma_n = \sqrt{z(t)}\,\varphi(L_n(t))\lambda_n(t) \qquad (4-17)$$

用移动的对数正态方程来给波动率函数 $\varphi(x)$ 确定形式，选择：

$$\varphi(L_n(t)) = bL_n(t) + (1-b)L_n(0), \ 0 < b < 1 \qquad (4-18)$$

这样可以通过参数 b 控制隐含波动率偏斜。因此，LMM – DDSV 模型就是具有如下形式：

$$dL_n(t) = \sqrt{z(t)}(bL_n(t) + (1 -$$
$$b)L_n(0))\lambda_n(t)^T \left(\sqrt{z(t)} \sum_{j=k+1}^{n} \frac{\tau_j(bL_j(t) + (1-b)L_j(0))\lambda_j(t)}{1 + \tau_j L_j(t)}dt \right.$$
$$\left. + dW^B(t) \right)$$

$$dz(t) = \theta(z_0 - z(t))dt + \eta\sqrt{z(t)}dZ(t)$$
$$z_0 = z(0) = 1, d[Z, W^B](t) = 0 \qquad (4-19)$$

第三节　DDSV – LIBOR 市场模型的参数估计

随机波动模型的参数估计方法主要有极大似然估计、模拟矩估计、有效矩估计、实证特征函数法以及马尔科夫链蒙特卡罗方法，本节分别介绍了这几种参数估计方法，最后采用马尔科夫链蒙特卡罗方法作为本节模型的参数估计方法。

一 随机波动率模型的参数估计方法

在 SV 模型中，波动率是作为一个不可观测的潜在变量，这符合实际的金融序列的性质，但是这也给模型的参数估计带来许多困难，因此，与 GARCH 类的模型相比，SV 模型自提出以来并没有得到广泛的应用。这主要是因为 GARCH 模型的似然函数可以精确表示，而构建 SV 模型的似然函数就非常复杂，所以这就加大了估计参数的困难，以往的参数估计方法一般分为两种，似然函数方法和非精确解法，研究成果有：Kim（1996）曾经提出了与正态分布的近似分布的密度函数相混合的极大似然估计，Jacquie（1994）则提出了基于 MCMC 方法的贝叶斯方法，Friedman 和 Harries（1996）在构建 SV 模型中使用了扩散的 Kalman 参数估计应用。Danielson（1994）提出了重要性抽样的精度近似。Shephard 和 Pitt（1997）提出的是蒙特卡罗模拟技术构建似然函数的广义状态空间，也就是 MCL 方法。其他方法如 Harvey（1994）提出的 QML 方法，Andersen 和 Sorensen（1996）提出的广义矩估计 GMM 方法等。

1. 矩类估计法

最简单的方法就是传统类型的矩类估计方法，泰勒就使用这种方法对 SV 模型进行参数的估计。后来 Melino 和 Tumbull 提出了使用 GMM 方法来估计 ARSV（1）模型。GMM 方法的核心思想就是，在相应的样本结点时刻，用相应的样本矩来估计总体矩，最后得到收敛的结果可以估计未知的参数。在该方法中，举要引入一个加权矩阵，尽可能地解决不同矩条件下的问题。Andersen 和 Sorensen 提出，GMM 估计量的准确度对于权重矩阵的估计精度有很大的影响，于是提出了一种改进的高斯混合模型。矩估计方法的最大优点就是操作简单，易于计算，估计具有一致性并且是渐进正态分布的，所以该方法在 SV 模型中已经被广泛使用。然而，它也有许多不足之处：首先，这种估计方法的差量具有有限样本的局限性，并不像其他方法那样，同时可以估计隐含波动率；其次，虽然在模型中有大量的矩估计条件，但是只能猜测参数估计来套用具体的矩条件，这样会影响估计的精度。

2. 伪极大似然估计法

伪极大似然估计（QML）将基本的 SV 模型转换成线性空间形态，应用标准正态分布的误差项卡尔曼滤波器，把测量方程看作是服从正态分布，通过对数似然函数最大化可以得到参数向量的竹笋估计。因为误差不是服从正态分布的，该方法不是建立在一个真正的似然函数的基础上的，所以称为伪极大似然估计法。QML 估计最大的优势在于容易实现。但 QML 估计具有有限样本性质的特点，因为它们不是建立在上述严格的似然基础上。QML 估计另一个缺点是该模型必须被转换为一个线性状态空间形式，这使它具有很大的局限性，许多模型实现这一转换是非常困难的。

3. 模拟极大似然法

模拟的极大似然（SML）是通过整体的重要性采样函数来实现联合密度函数的分解，将其分解成一种重要抽样函数（IF）和互补的函数相乘（RF），其参数最大化，获得参数的估计。SML 方法是基于严格的似然函数表达式，估计的精确度一般超过 QML 方法，但它的计算量往往过大。

4. MCMC 方法

基本原理及思路在本章第二节已经分析了，在此主要针对自适应算法进行阐述说明。M－H 自适应算法是一种经过调整的抽样方法，如果考虑对称的分布，即 $q(x, x') = q(x', x)$，对于任意的 x，x'，那么，$\alpha(x, x')$ 就变为：$\alpha(x, x') = \min\left\{1, \dfrac{\pi(x')}{\pi(x)}\right\}$。给定 x 的数值，$q(x, x')$ 就是一个均值为 x，方差为常数的正态分布。如果潜在转移核 $q(x, x')$ 不仅满足对称性，而且只和两点间距离有关，那么 $q(x, x')$ 就变成了 $q(x, x') = q(|x - x'|)$。由此，该算法就变成了随机移动 M－H 算法。M－H 自适应算法的关键是提议函数的选择，提议函数的选择会直接影响收敛的效率。最常见的一种随机移动自适应算法以正态分布作为密度函数，也就是说 $x' \to N(x, \sum)$，其中 $\sum$ 是任意的方差正定矩阵，所以常取值为 $\sum = \sigma I$，x 就是当前的状态。一般来说，σ 的取值在提议接受概率为 0.234 左右时就可以得到比较好的模拟结果。基于这样的想法，我们尝试构造一种自适应算法来寻找合适的提议函数的方差。大致的思想是让接受比率落入一个可以接受的范围内，比如区间 $[a - \varepsilon, a + \varepsilon]$。以一维的情况为例，先给定一个初值 σ_0，用这个值产生一条链，来估计接受比率 p_0。若 p_0 在给定的区间中，则已符合要求，算法停止；若不然，则以 σ_0 为中心做一次随机移动，得到一个 σ_1，再计算 p_1 是否满足要求，以此类推直至找到合适 σ 值。具体步骤如下：

（1）给定 σ 一个初值 σ_0，置 $n = 0$；

（2）以 $N(x_{i-1}, \sigma_n)$ 为建议分布，用随机移动 M – H 算法产生一条长度为 m 的马尔科夫链；

（3）计算第 2 步中产生的马尔科夫链接受新状态的比率；

（4）如果 $p_n \in [a-\varepsilon, a+\varepsilon]$，则置 $\sigma = \sigma_n$，退出；如果 $p_n \notin [a-\varepsilon, a+\varepsilon]$，转入第 5 步；

（5）如果 $n > 2$ 并且 $|p_n - a| < |p_{n-1} - a|$，则置 $\sigma_n = \sigma_{n-1}$；

（6）从 $N(\sigma_n, \delta)$ 中产生一个随机数，记为 σ_{n+1}，置 $n = n + 1$，转入第 2 步。

第 5 步的判断是为了保证接受比率 p_n 要优于 p_{n-1}，即 σ_n 至少不会比 σ_{n-1} 坏；第 6 步中的 δ 的选取没有固定的规律可循，主要是看对初始的 σ_0 的估计是否接近于合适的 σ 值。若估计 σ_0 与 σ 较为接近，则 δ 可选择得小一些；若估计 σ_0 与 σ 相差较远，则 δ 可选择得大一些；对于 $d > 1$ 的多维情况，如果要确定一个任意的正定矩阵 $\sum$，则要确定 d^2 个参量，显得有些麻烦。更多情形下，我们取 $\sum = \sigma I$。这样一来，要确定的参数就只有一个，同时上述算法也可以用于多维情形，只需在第 6 步中"以 $N(X_{i-1}, \sigma_n)$ 为建议分布"改为"以 $N(X_{i-1}, \sigma_n I)$ 为建议分布"。

二　蒙特卡罗模拟

在金融计算中蒙特卡罗模拟是一个重要的工具，可以用来进行期权定价、评估投资组合管理规则、模拟对冲交易策略与风险估值。蒙特卡罗方法的优点是易于使用和灵活，并且在大部分的条件下是广泛适用的，对丁随机波动和奇异期权的选择已经做了很多复杂性的分析，更擅长处理高维的问题，这些问题在高维网格和 PDF 的分析框架下并不适用。由于我们不能无限细分时间，所以不可以直接使用计算机来直接模拟连续的随机过程，一般的做法是将一个连续时间近似称为一段离散的时间过程。例如，使用蒙特卡罗方法计算连续时间情形下的亚式期权市场，首先需要将其转换成离散时间标记的亚式期权。这一步转换必然带来误差，这种误差是不可避免的，但离散的时间间隔越小，就会得到更精确的结果，随之带来的就是需要花费更长的计算时间。具体操作时，如何划分离散化程度，随之带来多大的误差，都可以用复杂的数学方法来进行分析度量，一个简单的方法是使用不同长度的时间间隔进行几次模拟，对模拟得到的结果进行对比分析，只要误差在可接受的范围内，那么通常将时间间隔划分到该种程度即可。

三　欧拉离散化过程

1. 欧拉方法

欧拉离散化就是把时间期限 $[0, T]$ 分割成 N 个时间间隔为 h 的区间。在每个时刻 ih, $i \in [0, \cdots, N-1]$，z_{i+1} 由下式得到：

$$\hat{z}_{i+1} = \hat{z}_i + \theta(z_0 - \hat{z})h + \eta\sqrt{\hat{z}_i}\sqrt{h}W_i, \quad \hat{z}_0 = z_0 \tag{4-20}$$

其中，w_i 是一个标准正态随机向量。该方法的一个缺点就是 $z(t)$ 可能为负，因为 W 服从标准正态分布。而我们需要的 $z(t)$ 是一个正数的方差过程。为了克服这个困难，我们介绍了对数欧拉方法，将 $z(t)$ 做一个变形使得 $z(t) = \exp(y(t))$，这样就变 $y(t) = \log(z(t))$，利用伊藤公式可以得到 LMM-DDSV 模型：

$$dL_n(t) = \sqrt{z(t)}\left[bL_n(t) + \right.$$
$$\left. (1-b)L_n(0)\right] \|\lambda_n(t)\| \left(\sqrt{z(t)}\sum_{j=k+1}^{n}\frac{\tau_j\sigma_j}{1+\tau_jL_j(t)}dt + dW^B(t)\right)$$
$$\sigma_n(t) = \sqrt{z(t)}(bL_n(t) + (1-b)L_n(0))\lambda_n(t)$$
$$dz(t) = \theta(z_0 - z(t))dt + \eta\sqrt{z(t)}dZ(t), dZ(t)dW^B(t)$$
$$= 0, k < n \tag{4-21}$$

该模型是时间齐次的，根据上述信息，假设 $x_t = L_n(t+\Delta) - l_n(t)$，我们将时间齐次的 LMM-DDSV 模型进行欧拉离散化可以得到：

$$L_n(t+\Delta) - L_n(t) = \sqrt{z(t+\Delta)}\left[bL_n(t) + \right.$$
$$\left. (1-b)L_n(0)\right]\lambda_n(t)\left(\sum_{j=k+1}^{n}\frac{\tau_j\lambda_j\varphi(L_j(t))}{1+\tau_jL_j(t)}\Delta + \sqrt{\Delta}\zeta_t\right)$$
$$z(t\Delta\Delta) - z(t) = \theta(z_0 - z(t))\Delta + \eta\sqrt{z(t)}\sqrt{\Delta}\zeta_t \tag{4-22}$$

由于 $\varphi(L_n(t)) = bL_n(t) + (1-b)L_n(0)$，所以假设：$\overline{L}_n(t) = bL_n(t) + (1-b)L_n(0)$，则有：

$$d\overline{L}_n(t) = bdL_n(t) = b\sqrt{z(t)}\overline{L}_n(t)\lambda_n(t)\left(\sum_{j=k+1}^{n}\frac{\tau_j\lambda_j(t)\overline{L}_j(t)}{1+\tau_jL_j(t)}dt + dW\right)$$

设 $y(t) = \log(z(t))$，$k_t = \log(\overline{L}_n(t))$，进一步可以得到：

$$\begin{cases} x_t = \kappa_{t+\Delta} - \kappa_t \\ \quad = b \times z(t+\Delta)\lambda_n(t) \times \sum_{j=k+1}^{i} \frac{\tau_j\lambda_j(t)\overline{L_j}(t)}{1+\tau_j L_j(t)}\Delta - \frac{1}{2}b \\ \quad \times z(t+\Delta)\lambda_n^2(t)\Delta + b \times \sqrt{z(t+\Delta)}\lambda_n(t)(\rho\sqrt{\Delta}\gamma_t + \sqrt{1-\rho^2}\zeta_t) \\ z(t+\Delta) - z(t) = \theta(z_0 - z(t))\Delta + \eta\sqrt{z(t)}\sqrt{\Delta}\gamma_t \end{cases}$$

$$(4-23)$$

设 $y(t) = \log(z(t))$，$y_{t+\Delta} = y_t + \exp(-y_t)(a - (1-\Phi)\exp(y_t)) - \frac{1}{2}\eta^2\exp(-y_t)\Delta + \eta_k\exp(-\frac{1}{2}y_t)\sqrt{\Delta}\zeta_t$

于是：$x_t = \kappa_{t+\Delta} - \kappa_t = b \times \exp(y_t)B + b \times \lambda_i(t)\frac{\rho}{\eta}[(y_{t+\Delta} - y_t)\exp(y_t) - (1-\varphi)(z_0 - \exp(y_t)) + \frac{1}{2}\eta^2\Delta] + b \times \lambda_i(t)\exp\left(\frac{y_t}{2}y_t\right)\sqrt{1-\rho^2}\zeta_t$

其中，$B = \lambda_n(t) \times \sum_{j=k+1}^{i} \frac{\tau_j\lambda_j(t)\overline{L_j}(t)}{1+\tau_j L_j(t)}\Delta - \frac{1}{2}\lambda_n^2(t)\Delta$，$a = \theta\exp(y_0)\Delta$，$b$，$\eta_k$ 四个参数就是要估计的先验分布参数集 $\Phi = \{a, \varphi, b, \eta_k\}$。

2. 参数的 MCMC 估计

根据 Clifford‐Hammersley 理论，$p(\Phi, y \mid x)$ 的统计特征可以由 $p(a, \varphi \mid b, \eta^2, y, x)$，$p(\eta^2 \mid b, a, \varphi, y, x)$，$p(b \mid a, \varphi, \eta^2, y, x)$ 和 $p(y \mid b, a, \varphi, \eta^2, x)$ 完全决定。假设 a，θ 的联合先验分布为正态分布，即有 $a, \theta \sim N$；设 η^2 的先验分布为逆伽马分布，即有 $\eta^2 \sim IG$，

则有：$p(a, \varphi \mid b, \eta^2, y, x) \propto \prod_{t=1}^{T} p(y_t \mid y_{t-1}, a, \varphi, b, \eta^2)p(a, \varphi) \propto N$

对于 η^2，有：$p(\eta^2 \mid b, a, \Phi, y, x) \propto \prod_{t=1}^{T} p(y_t \mid y_{t-1}, b, a, \Phi, \eta^2)p(\eta^2) \propto IG$，波动率状态变量 y_t 的完全联合后验分布为：$p(y \mid \Phi, x) \propto p(x \mid \Phi, y)p(y \mid \Phi) \propto \prod_{t=1}^{T} p(y_t \mid y_{t-1}, y_{t+1}, \Phi, x)$

$p(y_t \mid y_{t-1}, y_{t+1}, \Phi, x) = p(x_t \mid y_t, \Phi)p(x \mid \Phi, y)p(y_t \mid y_{t-\Delta}, y_{t+H}, \Phi, x)$

其中，$(\xi_t) \to iidN(0, 1)$，$(\xi_t) \to iidN(0, 1)$。可将 LMM‐DDSV 模型 MCMC 算法分解为以下几步：先初始化各参数值，分别为 a_0，Φ_0，b_0，η_{00}。

第一步：从 $p(a, \Phi \mid b, \eta^2, y, x)$ 中对 a，Φ 进行抽样，令其为

a_1，Φ_1；

第二步：从 $p(\eta^2 \mid b, a, \Phi, y, x)$ 中对 η^2 进行抽样，令其为 η_1^2；

第三步：从 $p(b \mid a, \Phi, \eta^2, y, x)$ 中对 b 进行抽样，令其为 b_1；

第四步：利用 Metropolis – Hastings 自适应算法从 $p(y_t \mid y_{t-1}, y_{t+1}, \Phi, x)$ 中抽取 y_t。

其中第四步又可以分为如下几步：

（1）给定 y 一个初值 y_0，设 $t = 0$；

（2）以 $N(X_{t-\Delta}, y_t)$ 为建议分布，用随机移动 M – H 算法产生一条长度为 m 的马尔科夫链；

（3）计算第二步中所产生的马尔科夫链接受新状态的比率 P_t；

（4）如果 $P_t \in [a - \varepsilon, a + \varepsilon]$，则使得 $y = y_t$，结束，如果 $P_t \notin [a - \varepsilon, a + \varepsilon]$，则转入第五步；

（5）如果 $n - 2$ 并且 $|y_n - a| < |y_{t-\Delta} - a|$，则使得 $y_t = y_{t-\Delta}$；

（6）从 $N(y_t, y)$ 中产生一个新的随机数，记为 $y_{t+\Delta}$，设 $t = t + \Delta$，再转入第二步。

接下来，利用新的参数值作为初始值，重复上述步骤 m 次，得到一系列的随机抽样，而且当 m 充分大的时候，a_m，Φ_m，η_m^2，b_m，y_m 可被认为是渐进等价于 y_t 收敛为止，最后把收敛时的模拟值作为各参数的估计值以及 y_t 的估计值。

第四节　模拟计算

首先选取了对应历史时期的样本作为估计波动率参数的样本，然后通过自适应的 MCMC 方法对模型参数进行估计，最后为模拟比较，得出了加入移动扩散项的 SV 模型对于利率有较好的拟合效果的结论。

一　样本选择及分析

本节选取了 2009 年 1 月 27 日至 2012 年 4 月 16 日的 LIBOR 利率数据，由于 LIBOR 利率的数据有不同的期限，各期限 LIBOR 数据的相关系数如表 4 – 1 所示。

从表 4 – 1 的数据可以看到，由于短期内的 LIBOR 利率波动性较大，所以相关系数并非最高，特别是 1 个月期和 2 个月期的相关系数只有

0.956275，所以选择中期的 LIBOR 利率比较合适，本节选取的 LIBOR 利率为 3 个月期 LIBOR 利率，该期限的利率和相邻 2M 和 4M 的相关系数都比较高，3M 和 2M 的相关系数有 0.995339，而 3M 和 4M 的相关系数有 0.993643，具有代表性。

表 4-1　　　　　　　　各期限的 LIBOR 相关系数

	1 周	2 周	1 个月	2 个月	3 个月	4 个月	5 个月	6 个月
1 周	1							
2 周	0.987713	1						
1 个月	0.954068	0.985743	1					
2 个月	0.847153	0.914445	0.956275	1				
3 个月	0.844215	0.910183	0.951548	0.995339	1			
4 个月	0.831185	0.895857	0.934485	0.982501	0.993643	1		
5 个月	0.81845	0.882056	0.917451	0.966261	0.981901	0.9965	1	
6 个月	0.815983	0.87875	0.913681	0.960714	0.977923	0.9944	0.9992	1

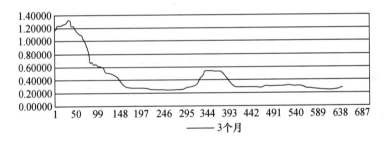

图 4-2　3 个月 LIBOR 走势

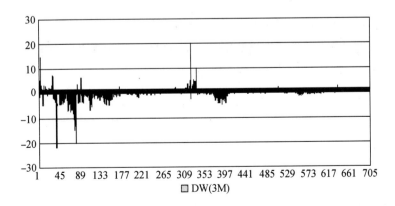

图 4-3　3 个月 LIBOR 一阶差分

本节选取的外汇结构性理财产品为汇丰银行在 2010 年 1 月发行的汇丰银行美元 3 个月 LIBOR 利率挂钩美元 1 年期理财产品，该产品的起息日为 2010 年 1 月 27 日，结息日为 2011 年 1 月 27 日，共 360 天，其投资货币为美元，收益与 3 个月 LIBOR 挂钩，LIBOR 的变动参考区间为 [0, 6%]。为了得到远期波动率，可以用 2009 年 1 月 27 日到 2009 年 4 月 27 日的数据作为历史波动率来代替理财产品有效期内的远期利率波动率。

假设起息日的时刻为 $t = 0$，$\Delta = \dfrac{1}{360}$ 要估计美元 3 个月期 LIBOR 在未来一年内每一天变化轨迹，期初 $t = 0$ 时的远期利率为：

$$L_1(0), \ L_1(0 + \Delta), \ L_1(0 + 2\Delta), \ \cdots, \ L_1(0 + 90\Delta), \ L_1(90\Delta) = L_1(T_0)$$

在起始时刻，$L(0, \ T_i, \ T_{i+1}) = \dfrac{P(0, \ T_i) - P(0, \ T_{i+1})}{(T_{i+1} - T_i) P(0, \ T_{i+1})}$

在下一个观察日，$L(\Delta, \ T_i, \ T_{i+1}) = \dfrac{P(\Delta, \ T_i) - P(\Delta, \ T_{i-1})}{(T_{i+1} - T_i) P(\Delta, \ T_{i+1})}$

在时刻 t 的远期利率与债券价格关系式为：

$$L(t, \ T_i, \ T_{i+1}) = \frac{P(t, \ T_i) - P(t, \ T_{i-1})}{(T_{i+1} - T_i) P(t, \ T_{i+1})},$$

$$P(t, \ T) = \frac{1}{1 + (T - t) L(t, \ T)} \tag{4-24}$$

远期利率和即期利率的关系式为：

$$L(t, \ T_i, \ T_{i+1}) = \frac{r(t, \ T_{i+1}) \times (T_{i+1} - t) - r(t, \ T_i) \times (T_i - t)}{(T_{i+1} - T_i)} \tag{4-25}$$

也可通过各时间点的短期利率推出远期利率。也即需要知道 $r(t, \ T_{i+1})$ 和 $r(t, \ T_i)$。为了求出每隔 3 个月的利率期限结构，首先将起始日（2010 年 1 月 27 日）当天 LIBOR 报价列出，如表 4-2 所示。

表 4-2 　　　　　　　　　　各期限的 LIBOR 报价

期限	LIBOR 报价（%）
3 个月美元 LIBOR	0.24875
6 个月美元 LIBOR	0.38344
9 个月美元 LIBOR	0.61219
12 个月美元 LIBOR	0.84188

　　由于区间是 1 年以内的，不需要利用互换利率，所以同时也可以得到一年内间隔 3 个月的零息债券收益率，如表 4-3 所示。

表 4-3　　　　　　　　　　　　　零息债券收益率

零息债券利率	收益率（%）
$r_{0.25}$	0.24875
$r_{0.5}$	0.38344
$r_{0.75}$	0.61219
r_1	0.84188

　　由此，在 2010 年 1 月 27 日，各期限的美元 LIBOR 的利率期限结构就如图 4-4 所示。

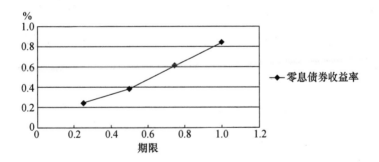

图 4-4　LIBOR 的利率期限结构

　　而为了得到完整的利率路径，还需要求出每个远期利率的波动率 $\lambda_k(t_j)$，此时就需要选取前期的历史波动率作为期初的利率波动率。图 4-5 和表 4-4 是选取 2009 年 1 月 27 日至 2009 年 4 月 27 日的历史数据按照远期利率的递推过程得到的数据收益率的时序图和单位根检验。

　　由表 4-4 可以得知，在 99% 的置信水平上拒绝了单位根的假设，所以收益率序列不存在单位根现象，数据有效，可以作为分析的对象。

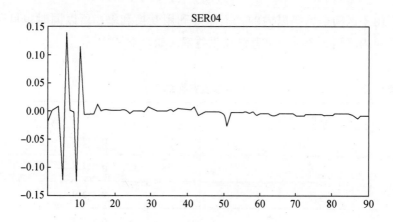

图 4 – 5 样本数据的时序

表 4 – 4　　　　　　　　**样本数据的单位根检验**

Null Hypothesis：SER04 has a unit root

Exogenous：Constant

Lag Length：4（Automatic – based on SIC，maxlag = 11）

		t – Statistic	Prob. *
Augmented Dickey – Fuller test statistic		– 4. 845810	0. 0001
Test critical values：	1% level		– 3. 509281
	5% level		– 2. 895924
	10% level		– 2. 585172
SER04 （ – 1）			
D （SER04 （ – 1））			
D （SER04 （ – 2））			
D （SER04 （ – 3））			
D （SER04 （ – 4））			
C			
R – squared	Coefficient	Std. Error	t – Statistic	Prob.
Adjusted R – squared	– 1. 859803	0. 383796	– 4. 845810	0. 0000
S. E. of regression	0. 207140	0. 342716	0. 604407	0. 5473
Sum squared resid	– 0. 175562	0. 262037	– 0. 669987	0. 5048
Log likelihood	– 0. 444172	0. 175261	– 2. 534350	0. 0132
F – statistic	– 0. 154915	0. 090378	– 1. 714070	0. 0904
Prob （F – statistic）	– 0. 005207	0. 002148	– 2. 424801	0. 0176

二　模型参数估计

以下使用 winbugs 软件对于模型进行参数估计，首先设定 LMM –

DDSV 模型的各参数的先验分布：$1/\eta_h^2 \sim IGa(1, 0.025)$，$\eta_h = \eta \sqrt{\Delta}$，$\Phi^*$ $\sim beta(20, 1.5)$，$2\Phi^* - 1 = \Phi = 1 - \theta\Delta$，$v = a/(1 - \Phi) = \theta\exp(y_0)\Delta/(1 - \Phi)$，$v \sim N(-8, 25)$，$\Delta = 1/360$；迭代 100000 次，舍弃 4000 次，各参数分布变化和统计估计结果如图 4 - 6 和表 4 - 5 所示。

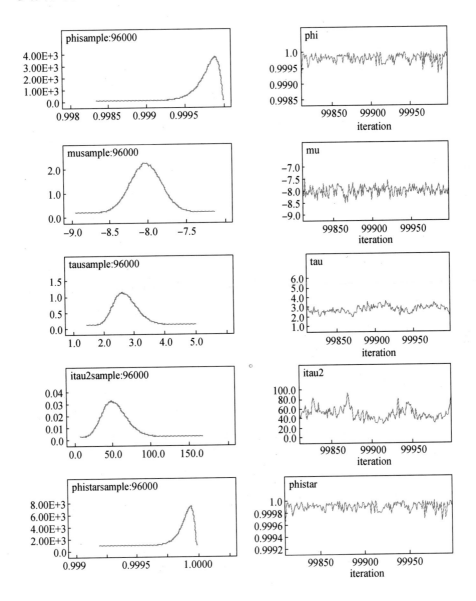

图 4 - 6　各个参数的分布变化

表 4-5 参数估计结果

	mean	sd	MC error	2.5%	median	97.5%	start	sample
phistar	0.9999	7.319E-5	7.562E-7	0.9997	0.9999	1.0	4001	96000
itau2	49.49	14.29	0.3958	26.85	47.72	82.36	4001	96000
mu	-7.987	0.1995	6.507E-4	-8.38	-7.986	-7.596	4001	96000
tau	2.781	0.4025	0.01123	2.091	2.747	3.662	4001	96000
phi	0.9998	1.464E-4	1.512E-5	0.9994	0.9998	1.0	4001	96000

综合上述数据进行分析，可以得到下列参数值：

$$\eta = \eta_k \times \sqrt{360} = \sqrt{1/49.49} \times \sqrt{360} = 2.697, \quad \Phi = 2\Phi^* - 1 = 0.9998$$

而由于：$v = a/(1-\Phi) = \theta\exp(y_0)\Delta/(1-\Phi) = -7.987$，并且，$\Phi = 1 - \theta\Delta = 2\Phi^* - 1 = 0.9998$，可以计算得到 $\theta = 0.075$，$\exp(y_0) = -7.987$，$b = 0.25$。

所以原模型：

$$dL_n(t) = \sqrt{z(t)}\big[bL_n(t) + (1$$
$$- b)L_n(0)\big]\lambda_n(t)\big(\sqrt{z(t)}\sum_{j=k+1}^{n}\frac{\tau_j\lambda_j(t)(bL_j(t) + (1-b)L_j(0))}{1+\tau_jL_j(t)}dt$$
$$+ dW^B(t)\big)$$

$$dz(t) = \theta(z_0 - z(t))dt + \eta\sqrt{z(t)}dZ(t), \quad dZ(t)dW^B(t) = 0, \quad k < n$$

$$(4-26)$$

考虑第一个区间 $[0, 3M]$ 之内的远期利率随机过程可以表示为：

$$dL_1(t) = \sqrt{z(t)}\big[0.25L_1(t) + 0.75L_1(0)\big] \times 0.516875$$
$$\times \frac{\sqrt{z(t)} \times 0.25 \times 0.516585(0.25L_1(t) + 0.75L_1(0))}{1 + 0.25 \times L_j(t)}dt + dW^B(t)$$

$$dz(t) = 0.072(-7.987 - z(t))dt + 2.697\sqrt{z(t)}dZ(t) \qquad (4-27)$$

同时随机波动率 LIBOR 市场模型，Heston 模型进行参数估计，有下列形式：

$$dL_n(t) = \sqrt{z(t)}L_n(t)\lambda_n(t)\sqrt{z(t)}\sum_{j=q(t)}^{n}\frac{\tau_j\lambda_jL_j(t)}{1+\tau_jL_j(t)}dt + dW^B(t)$$

$$dz(t) = \theta(z_0 - z(t))dt + \eta\sqrt{z(t)}dZ(t) \qquad (4-28)$$

运用与移动扩散随机波动率模型相同的对数化方法对 Heston 模型进

行对数化，假设

$$x_t = \log(L_n(t)) , \quad y_t = \log(z(t))$$

那么，根据伊藤公式和差分方程就有下列变换：

$$x_{t+\Delta} - x_t = z(t) \times \lambda_n(t) \times \sum_{j=k+1}^{n} \frac{\tau_j \lambda_j(t) L_j(t)}{1 + \tau_j L_j(t)} \Delta - \frac{1}{2} z(t) \lambda_n^2(t) \Delta$$

$$+ \sqrt{z(t)} \lambda_n(t) \left(\rho \sqrt{\Delta \zeta_1} + \sqrt{1 - \rho^2} \sqrt{\Delta \zeta_2} \right)$$

$$y_{t+\Delta} = y_t + \exp(-y_t) a - (1 - \Phi) \exp(y_t) - \frac{1}{2} \eta^2 \exp(-y_t) \Delta$$

$$+ \eta_k \exp\left(-\frac{1}{2} y_t \right) \sqrt{\Delta \zeta_t}$$

由此，可得到如表 4 – 6 所示的参数估计结果。

表 4 – 6　　　　　　　　　模型参数估计结果

	mean	sd	MC error	2.5%	median	97.5%	start	sample
phistar	0.9999	9.569E – 5	1.168E – 6	0.999	0.9999	1.0	4001	96000
itau2	45.33	13.88	0.4092	23.85	43.38	77.81	4001	96000
mu	– 7.986	0.2007	6.72E – 4	– 8.359	– 7.985	– 7.595	4001	96000
tau	2.916	0.4442	0.01322	2.151	2.881	3.885	4001	96000
phi	0.9997	1.914E – 4	2.335E – 6	0.999	0.9998	1	4001	96000
rho	– 0.2405	0.1436	0.002004	– 0.509	– 0.2438	0.04954	4001	96000

$\rho = -0.2405$，$\eta = \eta_k \sqrt{360} = \sqrt{1/45.33} \times \sqrt{360} = 2.818112$，$\Phi = 2\Phi^* - 1 = 0.9997$，$v = a/(1 - \Phi) = \theta \exp(y_0) \Delta/(1 - \Phi) = -7.986$。由于 $\Phi = 2\Phi^* - 1 = 0.9997$，所以可以计算得到 $\exp(y_0) = -7.986$，$\theta = 0.108$。那么模型变为：

$$\log\left(\frac{L_1(t + \Delta)}{L_1(t)} = x_{t+\Delta} - x_t \right.$$

$$= \exp(y_t) \times 0.516855 \times \frac{0.25 \times 0.516855 \times L_1(t)}{1 + 0.25 \times L_1(t)} \Delta$$

$$- \frac{1}{2} \exp(y_t) \times 0.516855^2 \Delta + \exp\left(\frac{1}{2} y_t \right)$$

$$\times 0.516855^2 - 0.2405 \sqrt{\Delta \zeta_1} + \sqrt{1 - 0.2405^2} \sqrt{\Delta \zeta_2} \right)$$

$$y_{t+\Delta} = y_t + \exp(-y_t) - 0.0023958 - 0.0003 \times \exp(y_t) - \frac{1}{2}$$

$$\times 2.818112^2 \exp(-y_t)\Delta + 0.1485\exp\left(-\frac{1}{2}y_t\right)\sqrt{\Delta}\zeta_t \qquad (4-29)$$

三 模型的利率模拟检验

无论是 LIBOR 市场模型还是它的几种扩展形式都是为了描述远期 LIBOR 的动态变化而建立的模型,而且最终是为了描述即期 LIBOR 的运行轨迹。在初始时刻,$t=0$,第 i 个远期利率可以用 $L(T_0,T_i,T_{i+1})$ 来表示,意思是在 $t=0$ 时刻,T_i 到 T_{i+1} 期间的远期利率。$L(T_0,T_1,T_2)$ 表示的是时刻 $t=0$ 时 T_2 时刻到期,T_1 到 T_2 期间的远期利率。假设远期利率的时间间隔为 3 个月,那么在 $t=0$ 时刻,3 个月即期 LIBOR 利率可以表示为 $L(0,0,T_0)$,其余的利率结构为 $L(0,T_0,T_1)$,$L(0,T_1,T_2)$,…,$L(0,T_i,T_{i+1})$ 远期利率模型就是为了解决随着时间的推移,远期利率结构的动态变化规律。当 t 从 0 变为 T_0 时,远期利率的结构也相应地变化为:

$$L(T_0,T_0,T_1),L(T_0,T_1,T_2),\cdots,L(T_0,T_i,T_{i+1})$$

以此类推,当起始时刻变为 T_1 时,远期利率的结构变为:

$$L(T_1,T_1,T_2),L(T_1,T_2,T_3),\cdots,L(T_1,T_i,T_{i+1})$$

由此得到一系列的随着时间变化的远期利率结构(如表 4-7 所示):

表 4-7 　　　　　　　　　随时间变化的远期利率结构

$t=0$	$L(0,0,T_0)$	$L(0,T_0,T_1)$	$L(0,T_1,T_2)$	…	$L(0,T_i,T_{i+1})$
$t=T_0$		$L(T_0,T_0,T_1)$	$L(T_0,T_1,T_2)$	…	$L(T_0,T_i,T_{i+1})$
$t=T_1$			$L(T_1,T_1,T_2)$		$L(T_1,T_i,T_{i+1})$
…				…	…
$t=T_{i-1}$			⋮	⋮	
$t=T_i$					$L(T_i,T_i,T_{i+1})$

表 4-7 中,$L(0,0,T_1)$,$L(T_0,T_0,T_2)$,…,$L(T_i,T_i,T_{i+1})$ 反映的是 0,T_0,T_1,…,T_i 对应的即期 LIBOR 变化。在标准 LIBOR 市场模型中,LIBOR 的随机过程由下面这个式子决定:

$$dL_n(t) = \lambda_n(t) \times L_n(t) \times \left(\sum_{j=k+1}^{n} \frac{\tau_j\lambda_j(t)L_j(t)}{1+\tau_jL_j(t)}dt + dW^B(t) \right)$$

利用对数化和伊藤公式以及离散化方法,Hull(2005)给出了反映每个对应时刻的远期利率变化递推关系式如下：

$$L(T_{j+1},T_i,T_{i+1}) = L(T_j,T_i,T_{i+1}) \times \exp\bigg[(\lambda_i(T_j)$$
$$\times (\sum_{k=j+1}^{i} \frac{\tau_k L(T_j,T_k,T_{k+1})\lambda_j(T_j)}{1 + \tau_k L(T_j,T_i,T_{i+1})}) - \frac{\sigma_i^2(T_j)}{2}) \times \theta_j$$
$$+ \lambda_i(T_{j+1})\varepsilon \sqrt{\theta_j}\bigg] \qquad (4-30)$$

其中，ε 为服从 $N(0,1)$ 的随机数，$\theta_j = 1/360$，λ 为波动率。要对模型进行利率的模拟检验，就首先要求得初始值，也就是 2010 年 1 月 27 日的各个远期利率；其中，$T_0 = 0.25$，$T_1 = 0.5$，$T_2 = 0.75$，$T_3 = 1$，$T_4 = 1.25$。期初 1 年期内的零息债券价格为：

$$P(0,T_i) = \frac{1}{1 + T_i \times L(0,0,T_i)}, \ i = 1,2,3,4$$

而在 1 年期以上的债券价格需要互换利率来计算：

$$P(0,T_\alpha) = \frac{1 - 1 + \Delta \times S_{0,\alpha} \times \sum_{i=1}^{\alpha-1} P(0,T_i)}{1 + \Delta \times S_{0,\alpha}}, \alpha = 5,6,7,\cdots \qquad (4-31)$$

表 4 – 8 是 2010 年 1 月 27 日的互换利率的报价。

表 4 – 8　　　　　　　　　　互换利率报价

Swap rate	1Y	2Y	3Y	4Y	5Y	7Y	10Y	30Y
2010 – 01 – 27	0.0048	0.0109	0.017	0.0222	0.0264	0.0322	0.0372	0.0442

其中一年之内各季度之间的互换率可以由线性插值法得到，并且根据公式可以计算得到零息债券期初价值（如表 4 – 9 所示），期初远期利率见表 4 – 10。

表 4 – 9　　　　　　　　　　零息债券价值

$P(0,T_0)$	$P(0,T_1)$	$P(0,T_2)$	$P(0,T_3)$	$P(0,T_4)$
0.99937851	0.99808647	0.99542956	0.99165148	0.9875416

表 4 – 10　　　　　　　　　　期初远期利率

$L(0,0,L_0)$	$L(0,T_0,T_1)$	$L(0,T_1,T_2)$	$L(0,T_2,T_3)$	$L(0,T_3,T_4)$
0.0024875	0.0051813	0.0106969	0.0153095	0.02179241

在利率模拟开始之前，首先要将参数模型离散化，如下所示：

$$x_t = \kappa_{t+\Delta} - \kappa_t = b \times \exp(y_t)B + b \times \lambda_i(t)\exp\left(\frac{y_t}{2}\right)\zeta_t$$

$$y_{t+\Delta} = y_t + \exp(-y_t)(a - (1-\Phi)\exp(-y_t))$$
$$- \frac{1}{2}\eta^2\exp(-y_t)\Delta + \eta_k \times \exp\left(-\frac{1}{2}y_t\right)\sqrt{\Delta}\zeta_t$$

我们只要得到 x_t，就可以得到每个时间结点的即期 3 个月美元 LIBOR 利率。首先假设随机波动率过程初值为：$z(0) = z_0 = 1$，那么 $y_0 = \log(z_0) = 0$。

然后，就可以一次生成波动率潜在变量 y 的过程，随机变量 η 的正态随机数矩阵 $\eta_{N \times 361}$，其中的 $\eta_{N \times i}$ 代表时刻 t_i 的随机数列向量，当时 $t = 1$，以 $\eta_{N \times 1}$ 为随机数列向量时的潜在变量：

$$y_{0+\Delta} = y_0 + \exp(-y_0)(a - (1-\Phi)\exp(-y_0))$$
$$- \frac{1}{2}\eta^2\exp(-y_0)\Delta + \eta_k \times \exp(-y_0/2)\sqrt{\Delta}\zeta_0$$

作为初始值。根据以下模型递推关系，求出对应于初始时刻 $t = 1$ 的潜在变量 θ 的序列矩阵 $y_{N \times 360}^{t_1}$，从而得到随机波动率部分的序列矩阵 exp $(y_{N \times 360}^{t_1})$。

$$y_{t+\Delta} = y_t + \exp(-y_t)(a - (1-\Phi)\exp(-y_t))$$
$$- \frac{1}{2}\eta^2\exp(-y_t)\Delta + \eta_k \times \exp(-y_t/2)\sqrt{\Delta}\zeta_t$$

接着生成收益率过程中随机变量 ζ 的正态随机数矩阵 $\zeta_{N \times 360}$，并且选择 $\eta_{N \times 361}$ 除去第一列所形成的新的矩阵 $\eta_{N \times 360}$ 然后结合波动率序列矩阵 exp $(y_{N \times 360}^1)$，求出对应于以 $t = 1$ 为初始时刻的对数收益率序列矩阵 $\overline{X}_{N \times 360}$，其中 N 代表每一时刻的模拟次数，360 代表每条模拟路径的步长。

最后，利用 $\overline{X}_{N \times 360}$ 求出每天路径步数点上的 $\overline{L}$ 远期利率，进而得到各个结点的未来即期美元 3 个月 LIBOR 利率：$\overline{L}(1, 1, 91)$，$\overline{L}(91, 91, 181)$，$\overline{L}(181, 181, 271)$，$\overline{L}(271, 271, 361)$，$\overline{L}(361, 361, 451)$。

要得到远期利率还需要经过一个变换，根据 $\overline{L}_n(t) = bL_n(t) + (1-b)L_n(0)$，得到：

$$L_n(t) = \frac{\overline{L}_n(t) - (1-b)L_n(0)}{b}$$

再得到各个结点的未来即期美元 3 个月 LIBOR 利率：

$L(1, 1, 91)$，$L(91, 91, 181)$，$L(181, 181, 271)$，$L(271, 271, 361)$，$L(361, 361, 451)$

DDSV – LMM 模型对于 3 个月 LIBOR 利率的模拟的离差为 0.0385，随机波动率 LIBOR 市场模型，即 Heston 模型对于 3 个月 LIBOR 利率的模拟离差值为 0.04027，标准的 LIBOR 市场模型对于 3 个月 LIBOR 利率模拟的离差值为 0.04123，综合来看，三种模型中对 LIBOR 模拟效果最好的是 DDSV – LMM 模型，也就是本章应用的模型。由此可以得知，DDSV – LMM 模型在对于利率衍生证券的定价中会有更好的精确度和效果。

通过对比三种模型，即加入移动扩散过程的随机波动率模型，随机波动率模型以及标准的 LIBOR 市场模型对利率路径的模拟效果，我们可以得知加入移动扩散过程的随机波动率模型对于利率变化有较好的模拟，这对于相关利率衍生证券的定价具有重要的意义。

第五节　区间累积的银行利率挂钩结构性理财产品定价

由于移动扩散的 SV 模型能够更好地拟合利率走势，本节将其应用到实际的区间累积的利率挂钩型结构化理财产品的定价中去，并得到相应的结论。

一　LIBOR 挂钩型结构化产品的定价方法

由于挂钩型结构化产品包含了固定收益部分和期权部分，因此在定价的时候也可以根据这两部分分别定价，然后将两部分的价值加起来。其中，固定收益部分的定价比较简单，和债券定价的原理类似，根据发行条款中规定的还本付息的数额和时间，采用现金流贴现的方法，计算预期流入的现值，也就是固定收益部分的价值。对于大多数的理财产品来说，固定收益部分往往为到期偿还的本金，因此固定收益部分在期初的价值就为：

$$B = \frac{F}{(1+i)^{T-i}} \tag{4-32}$$

其中：i 为贴现率，F 为到期偿还的本金，T 和 t 则分别为到期日和起始日。实际上，在 LIBOR 挂钩型结构化产品中，资产的价值可以表示为：

$$B(T_i) = 1 + \tau_i L(T_{i-1}, T_{i-1}, T_i), \quad T_{-1} = 0, \quad i = 1, 2, \cdots, m \quad (4-33)$$

固定收益部分的期初价值就可以表示为：

$$V_1(0) = \frac{1}{\sum\limits_{i=0}^{m} B(T_i)} = \frac{1}{\sum\limits_{i=0}^{m} (1 + \tau_i L_{T_i}(T_{i-1}))}, \quad T_{-1} = 0, i = 1, 2, \cdots, m$$

$$(4-34)$$

期权部分的定价也是 LIBOR 挂钩产品定价的关键部分。既有标准的欧式期权和价差期权，也有奇异型期权，例如两值期权、触点期权、亚式期权、障碍期权等。而区间累计型期权就是典型的两值期权。区间累计型的 LIBOR 挂钩结构化产品主要根据 LIBOR 落入协定区间的天数来确定收益的。相对于标准的 LIBOR 市场模型来说，移动扩散的随机波动率 LIBOR 市场模型只能得到每个结点 T_0, T_1, T_2, $\cdots$, T_i 的即期利率，而标准的 LIBOR 市场模型可以得到每天的即期利率。所以对于产品定价来说需要用到插值方法：

$$K_{T_i} = \begin{cases} L(T_{i-1}, T_{i-1}, T_i), \ L(T_i, T_i, T_{i+1}) \geqslant R, \ K_{T_i} = 0 \\[2mm] L(T_{i-1}, T_{i-1}, T_i), \ L(T_i, T_i, T_{i+1}) \leqslant R, \ K_{T_i} = 0 \\[2mm] L(T_{i-1}, T_{i-1}, T_i) \leqslant R, \ L(T_i, T_i, T_{i+1}) \geqslant R, \\[2mm] \quad K_{T_i} = \dfrac{R - L(T_{i-1}, T_{i-1}, T_i)}{L(T_i, T_i, T_{i+1}) - L(T_{i-1}, T_{i-1}, T_i)} \\[4mm] L(T_{i-1}, T_{i-1} T_i) \leqslant R, \ L(T_i, T_i, T_{i+1}) \leqslant R, \\[2mm] \quad K_{T_i} = 1 - \dfrac{R - L(T_{i-1}, T_{i-1} T_i)}{L(T_i, T_i, T_{i+1}) - L(T_{i-1}, T_{i-1}, T_i)} \end{cases} \quad (4-35)$$

利用上述公式就可以得到浮动收益部分的价值。

二 实证模拟定价

本章选取的是汇丰银行于 2010 年 1 月 13 日到 2010 年 1 月 26 日推出的 3 个月 LIBOR 利率挂钩美元的 1 年期产品。该产品的投资币种为美元，投资期限为 1 年，起点金额为 10000 美元，产品的收益率挂钩美元 3 个月伦敦同业拆借利率。该产品每日观察美元 3 个月伦敦同业拆借利率是否在年率 0%（含）至年率 6%（含）的区间内。计算处于规定年率范围内的天数；在到期日的时候，投资的年收益率就等于 0.95% + 范围内所适

用的收益率 × （处于规定年率范围内的天数/日历总天数）。到期所得就等于投资本金 × （1 + 投资年收益率）。该产品到期为保本的，投资收益与美元 3 个月伦敦同业拆借利率的未来走势相关。LIBOR 的协定区间为在未来预期 3 个月 LIBOR 在规定年率内波动。根据约定，挂钩利率在收益期内的大多数天数都在协定区间内波动，那么可以获得最高的收益率；最差的情况就是挂钩 LIBOR 利率在收益期内的每一天都在协定区间外波动，那么投资者将只能获得的最低回报率。

1. 利率路径样本的路径模拟

经过模拟可知 LMM – DDSV 模型可以很好地模拟 LIBOR 利率的动态变化，并且能够体现波动率微笑的特征。所以根据即期测度下的模型公式如下：

$$
\begin{cases}
dL_n(t) = z(t)\lambda_i(t)(bL_n(t) + (1-b)L_n(0)) \times \\
\displaystyle\sum_{j=k+1}^{n} \frac{\tau_j\lambda_j(t)(bL_j(t) + (1-b)L_j(0))}{1 + \tau_j L_j(t)} dt + dW^B(t), k < i, t \leq T \\
dz(t) = \theta(z_0 - z(t))dt + \eta\sqrt{z(t)}dZ(t) \\
dZ(t)dW^B = 0
\end{cases}
$$

$$(4-36)$$

对模型进行离散化，然后取时间间隔为，经过个时间间隔之后，LIBOR 利率可能的轨迹。并且经过多次蒙特卡罗模拟，产生多条利率的运动轨迹，这样就为产品定价做好了准备。通过之前的方法可以得到一个 3 个月内区间的局部波动率和随机波动率随机过程中的参数，在第一个区间 $[0, T_0]$ 内，通过远期利率递推关系式可以得到时刻 T_0 处的即期利率 $L(T_0, T_0, T_1)$，根据已经估算出来的参数以及离散化公式可以得到：

$\lambda_1 = 0.516585$，$\eta = 2.696$，$z_0 = -7.987$，$b = 0.25$

$$dL_1(t) = \sqrt{z(t)}[0.25L_1(t) + 0.75L_1(0)] \times 0.516585$$

$$\times \frac{\sqrt{z(t)} \times 0.25 \times 0.516585(0.25L_1(t) + 0.75L_1(0))}{1 + 0.25 \times L_1(t)}$$

$$dt + dW^B(t)$$

$$dz(t) = 0.072 - 7.987 - z(t)dt + 2.697\sqrt{z(t)}dZ(t)$$

用前文所用方法先对数化再使用伊藤公式离散化之后可以得到：

$$x_t = \kappa_{t+\Delta} - \kappa_t = z(t+\Delta) \times 0.516585 \times 0.25$$

$$\times \frac{0.25 \times 0.516585(0.25L_1(t) + 0.75L_1(0))}{1 + 0.25 \times L_1(t)}\Delta$$

$$-\frac{1}{2}z(t+\Delta) \times 0.25 \times 0.516585^2 \times \Delta$$

$$+\sqrt{z(t+\Delta)} \times 0.25 \times 0.516585d\zeta_t$$

$$z(t+\Delta) - z(t) = 0.072 \times -7.987 - z(t)\Delta + 2.697 \times \sqrt{z(t)}d\zeta_t \quad (4-37)$$

通过上面这个式子可以得知，$\Delta = 1/360$。两个服从布朗运动的随机过程 $d\zeta_t$ 和 $d\zeta_t$ 可以用 $\sqrt{\Delta}\zeta$ 和 $\sqrt{\Delta}\zeta$ 来表示，并且 ξ，$\zeta \sim N(0, 1)$ 正态分布，标准正态分布的抽样可以在 Matlab 中实现。不同远期利率区间 $[0, 3M]$，$[3M, 6M]$，$[6M, 9M]$，$[9M, 12M]$ 具有不同的模型参数，按照第一个远期利率区间的方法可以通过历史波动率得到其余各区间的局部波动率，然后可以得出各自区间的模型参数。图 4-7 是一次模拟过程中得到的路径图，得到的期初固定收益的期初价值为 0.199835104。

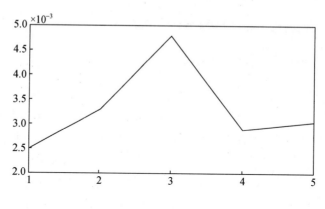

图 4-7　路径图

2. 区间累计的收益

可以求得各固定区间内的累计利率与协定区间的对应关系，观察有多少天的 LIBOR 利率能落在协定区间内部，在利用蒙特卡罗模拟 1000 次之后，如图 4-8 所示，可以得知利率的路径落在区间内，所以可以获得全部区间累计的收益。

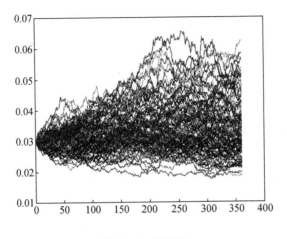

图 4 – 8　模拟图

第六节　结论与展望

一　研究结论

LIBOR 是伦敦同业银行拆借利率，以 LIBOR 为标的资产的利率衍生证券的精确定价就需要能较好地描绘 LIBOR 利率期限结构的模型。本章在随机波动率模型的基础上加入了移动扩散项来反映波动率随时间变化的特征，同时利用 MCMC 参数估计方法中的 Metropolis – Hastings 自适应算法的改进来对 LMM – DDSV 模型和 Heston 模型进行参数估计，结果表明 LMM – DDSV 模型相比较 Heston 模型和 LMM 模型而言可以全面描绘 LIBOR 的利率动态变化过程。

本章还利用蒙特卡罗模拟法对汇丰银行 LIBOR 挂钩区间累计结构性理财产品进行了研究，认为 LMM – DDSV 模型能够很好地提供利率模拟路径，主要结论如下：

（1）本章认为 LMM – DDSV 模型能够全面地描述 LIBOR 利率的均值回复、与随机波动率的特点。Heston 模型的随机波动项反映了随机波动率的动态变化过程。而在随机波动项中加入移动扩散项的 LMM – DDSV 模型能够更好地反映 LIBOR 的波动率变化过程。

（2）本章通过 MCMC 参数估计 Metropolis – Hastings 自适应算法的改

进，认为模拟得到的样本能够很好地反映目标分布的特性，证明了
LMM – DDSV 模型能够更好地拟合 LIBOR 利率的期限结构动态变化特征。

（3）本章利用了蒙特卡罗模拟方法对 LIBOR 挂钩的结构性理财产品
进行了计算，认为 LMM – DDSV 模型能够很好地提供金融衍生品定价的
利率路径模拟，解决了 BS 模型在定价中的不足。本章分析了汇丰银行 3
个月 LIBOR 挂钩结构性理财产品模拟出的价值。

二 研究展望

要使 LIBOR 更加具有活力，提高金融机构利率衍生产品的定价能力，
增强金融机构的风险管理水平，本章的结论还存在以下需要改进之处：

（1）在随机波动率模型方面，可以加入跳跃扩散的过程进行对比。

（2）在提高参数估计效率与拟合程度方面，除自适应算法外，我们
还可以通过模拟进行相关方面的比较分析。

在提高蒙特卡罗模拟方面，方法削减技术可以提高稳定性，减少模
拟次数，除对偶变量技术外，还有控制变量技术、分层抽样、矩匹配、
条件蒙特卡罗模拟等，我们还可以进行相关方面的改进与比较。

第五章 SABR–LIBOR 市场模型及其 CMS 价差产品定价

随着金融自由化的发展，利率结构化产品尤其是 CMS 类价差型产品发展尤为迅速，在投资理财、套期保值等方面发挥着显著的作用，因此在全球各地发展迅速。然而投资者在观测到该产品具有丰厚回报的同时，往往忽略了产品背后蕴含的潜在巨大的风险，尤其是在经济低谷时期，利率的不利变化导致产品难以获得预期的收益，往往会给投资者带来损失。同时，对于发行机构而言，这类产品结构上较为复杂，暂时还没有一套完整有效的定价体系，从而会对发行机构造成潜在的损失，也会使投资者对该类产品风险估计不足。因此研究该类产品正确的价值评估方法以及该定价技术对于产品风险管理方面的应用具有重要理论价值及实践意义。对于产品的价值评估研究，本章选取较为复杂的欧式 CMS 价差区间型产品作为定价研究的对象，对该类产品的内在价值进行分解。同时对于该类产品的标的资产的研究，本章采用 SABR–LIBOR 模型去模拟标的资产的变化路径，运用 MCMC 方法进行参数估计，同时采用蒙特卡罗模拟技术进行定价分析，并对蒙特卡罗方法的模拟次数进行收敛性分析。在此基础上，通过敏感性分析，探讨产品的风险研究方法，并向投资者及发行机构提出建议。

第一节 问题提出背景及研究意义

一 问题提出背景

1. 产品发展现状

基于商品多样化的需求以及金融管制的放宽，促使全球金融衍生品市场蓬勃发展，尤其以利率衍生品发展最为迅速。根据国际清算银行

（BIS）统计，2011 年年末利率衍生品合约名义本金为 5574 万亿美元，相比 2000 年增长 7.21 倍，在全球衍生品市场的比重高达 78.94%。就全球各地区利率衍生品来看，利率衍生品比重也最大，几乎全部超过 50%，其中日本几乎 100% 是利率衍生品。在所有利率衍生品之中，尤其以 CMS 类产品更加受到青睐。CMS 类产品是以固定期限互换为标的资产的衍生品，收益率高，且具有良好的套期保值特性。

2. 产品定价体系现状

由于 CMS 类产品结构复杂，并没有形成一套完整的定价理论体系，对于发行机构而言，常常会低估产品的真实价值，从而遭到潜在的损失。错误的定价同样也会使市场中产生巨大的套利机会，从而形成金融市场的不均衡，降低金融市场的效率。此外，投资者对于这类产品风险估计不足，错误地预计利率的走势且没有采取必要的套期保值措施，常常会造成惨痛的损失。因此如何对该类产品进行正确科学的定价，以及如何通过定价方法进行敏感度分析，从而有效地对产品进行风险管理，成为本章研究的核心内容。对这些问题的有效而又深入的研究，将会对投资者投资策略提供参考，降低投资风险，也会使产品发行机构掌握一套科学稳健的定价方法，避免低估价值而产生的损失。而且对于促进整个利率衍生产品的创新，以及利率衍生品市场有序稳定健康的发展具有重要的理论价值及实践意义。

二　理论价值与实践意义

1. 理论价值

由于金融市场利率不断加大，利率衍生品逐渐占据了全球金融市场的主导地位，其产品不断创新发展，结构也越来越复杂，因此定价也越来越困难。CMS 类产品的标的资产是固定期限互换，而固定期限互换率由一系列远期利率的加权平均值构成。所以，需要决定 LIBOR 利率所服从的随机过程。以往的文献中假设远期利率的波动率为常数，并不能体现市场中波动率微笑的特征。本章对标准 LIBOR 市场模型的波动率部分进行改进，在此基础上通过 Cap 市场报价运用 Black 逆推公式得到收益率方程参数，并运用马尔科夫链的蒙特卡罗模拟对随机波动率方程进行参数校正。这类参数估计方法采用动态模拟技术，克服了蒙特卡罗高维分布抽样难的特性以及静态处理时间序列的缺陷，提高了估计精度。在确定利率动态模型的基础上，运用蒙特卡罗模拟，对 CMS 价差区间产品进行定价分析，并进行模拟的收敛性分析，从而提高模拟过程稳定性。因此，本书研究具有重要的理论价值。

2. 实践意义

随着利率市场化进程的加剧，为今后我国发展利率衍生品提供前提条件。对这类产品科学准确的定价分析为今后该类产品的发行、定价、风险管理提供宝贵的借鉴。我国正在努力发展以 SHIBOR 利率作为中国货币市场的基准利率，大力发展以 SHIBOR 利率作为标的资产的衍生品，而 SHIBOR 利率与 LIBOR 利率具有内在的相似性，对于 LIBOR 产品的定价研究将会对今后我国 SHIBOR 衍生品的发展起到推动作用。同样在国际方面，由 LIBOR 利率主导的衍生品占据主要方面，这些衍生产品对我国金融市场产生了一定的影响，了解这些产品的定价有助于我国更好地适应国际形势，在面对国外的利率波动时能更加从容应对。2008 年国际金融危机对衍生品发展的打击使人们深刻地反思复杂衍生品错误定价问题。衍生品承担巨大的风险是由较弱的流动性、有缺陷的定价系统以及对冲和交易成本上的透明性的缺乏造成的。因此如何对这类复杂衍生品进行定价显得至关重要。因此研究利率衍生品合理定价对商业银行的风险管理具有重要的推动作用，对利率自由化进程也具有重大的指导意义。

三　研究框架及创新之处

1. 研究框架

本章以 CMS 价差期权为研究对象，首先对产品进行价值分析，得到产品的支付损益；然后构建标准的 LIBOR 市场利率模型中，在此模型上加入 SABR 的随机波动过程；先以 3 个月 LIBOR 利率为标的变量的 Cap 市场报价，通过 Black 逆推公式对局部波动率进行校正。以 3 个月的 LIBOR 利率为估计样本，利用 MCMC 方法，对随机波动率模型的参数进行估计。在此模型基础上，通过蒙特卡罗模拟对 CMS 价差期权进行定价分析。

核心内容包括三个部分：第一部分是 CMS 类产品定价的基本理论分析。首先对即期利率、远期利率及交换利率进行介绍，并推导出计算方法。然后在此基础上对 Caps、Caplet 进行价值评价，对 CMS 产品进行介绍，并对定价用到的数值方法进行评述。第二部分是对利率模型进行介绍及构建。对于收益率方程的参数估计主要运用 Caplet 的 Black 逆推公式得出隐含波动率，从而得到远期利率的波动率。对于随机波动率方程的参数估计主要采用 MCMC 方法，对于马尔科夫链转移核函数的抽样采用 M－H 算法。最后通过 SABR 随机波动率模型得到的利率与真实值做离差，分别与 Heston 随机波动率模型得到的利率与真实值的离差和未加入随机波动率模型得到的利率与真实值的离差做比较。第三部分是对 CMS 价差区间产品进行定价且进行参数敏感性分析。CMS 价差区间产品价值分为两部分：零息债券加上利差数位选择权。通过模拟方法求出各到期日即期利率，该利率即为贴现率，即可求出零息债券价格。同时对各路径的模拟即可求得利差数位选择权的价值，两者相加即为所求的价值。然后由不同模拟次数对产品价值进行模拟，对价值的收敛性进行分析。

2. 创新之处

（1）将 SABR 随机波动率方程引入标准 LIBOR 市场模型。以往在对衍生品进行定价设定的利率模型中，对于利率模型的研究主要集中于标准 LIBOR 模型，即使在少数的非标准的 LIBOR 模型中，也主要以 LIBOR 市场模型加上具有利率均值回复特性的 Heston 模型。而 Heston 模型由于期限较长不能很好地拟合波动率微笑。本章提出 SABR 波动率方程能很好地拟合期限较长的波动率微笑特征。

（2）将 MCMC 方法运用到 SABR－LIBOR 利率模型参数估计中。以往模型仅满足历史信息的校正条件要求，而忽略了当前市场信息以及建模者主观意识条件，导致拟合效果并不好。MCMC 方法不依赖于初始值和初始分布，最后会趋于稳定的分布，因此用 MCMC 方法对模型参数进行估计可以保证模型的稳定性，且模型估计出的参数比较精准。

（3）用蒙特卡罗模拟方法对 CMS 类产品进行定价。以往文献中对 CMS 类产品定价主要采用解析解方法，而对数值方法的应用也多以二叉树、三叉树方法为主；这些方法运用都存在一定局限。本章提出的蒙特卡罗模拟方法具有较好的模拟效果。

第二节　SABR－LIBOR 市场模型的选择与建立

一　模型选择

利率模型是用来描述利率的随机过程。因此完整的利率动态模型需要能反映历史利率走势。从历史资料来看，利率走势具有以下特性：

（1）短期利率的波动会反映可能的预期，利率不会上涨下跌到不合理的状况或为负值。（2）不同到期日的利率会有不同的波动度，长时间的利率比短时间有更高的波动率。在建立大部分利率模型时会考虑利率的波动行为。

Hull（2008）将利率模型分为一般或部分均衡模型和无套利模型。均衡模型将利率期限结构视为输出变量，推导出的利率曲线未必和实际利率曲线相一致。无套利模型则是将利率期限结构作为输入值，可以拟合现实利率期限结构。

无套利模型主要包含两类：HJM 模型 [Heath，Jarrow and Merton（1992）] 和 BGM（标准 LMM）模型 [Brace，Gatarek and Musiela（1997）]。HJM 模型以瞬间远期利率为评价利率商品的切入点，模型的漂移项和波动度皆为时间的函数，且为多因子模型，因此除了可以匹配市场上利率结构模型之外，更符合市场波动率期间结构。然而该模型存在的问题在于，当波动率结构符合对数正态形式时，则有机会让漂移项发散，利率也会发散。当假设利率为连续复利时，瞬间利率具有扩张利率的效果，用来评价债券价格接近于 0，故违反套利机会原则。另外，远期利率不属于马尔科夫过程，必须对不同的历史路径进行描述，增加了数值方法的处理时间，且瞬间利率无法从市场上直接观察得到。BGM 模型很好地克服 HJM 模型中远期利率短时间爆炸的现象，且研究的利率是在市场上可以观察到的市场利率的基础上，因此同时解决了 HJM 模型中利率可能出现负值以及违反无套利机会的问题。由于 BGM 模型与 Caplet 的 Black 定价公式具有等价性，因此我们可以从 Caplet 的 Black 逆推公式求出隐含波动率报价形式，从而构建出远期波动度期限结构。因此 BGM 模型被广泛地运用于利率衍生类产品定价。但是 BGM 模型违背实际波动率微笑的特征，有必要对标准 LIBOR 模型进行改进。常见的改进分为以下三种：（1）局部波动率模型。常见的有两种：第一种是 Cox（1996）提出的 constant – elasticity – of – variance（CEV）模型，该模型中利率与波动率之间的弹性为常数。第二种是 Rubinstein 和 Mark（1983）提出的替代扩散模型 Displaced – Diffusions（DD）。（2）加入跳跃项的 LIBOR 市场模型。考虑到宏观经济政策会对利率市场产生不连续变化的冲击，因此 Glasserman 和 Kou（2000）将跳跃项加入 LIBOR 市场模型中。Jarrow、Li 和 Zhao（2007），Sanjay K. Nawalkha（2009）利用跳跃来代替扩散项，在随机波动率的基础上来解释非对称波动率微笑。（3）加入随机波动项。常见主要有两类：第一类是 Piterbarg（2003）将 Heston 模型引入 LIBOR 市场模型中，Heston 模型具有均值回复特性，然而在长期情况下无法体现波动率微笑的特征，因此不能很好地对 CMS 长期限产品进行定价，因此本章采用第二类，即 Hagan（2002）提出的 Stochastic Alpha Beta Rho（SABR）模型。此后 Rebonato（2009）等将 SABR 随机波动率模型引入 LIBOR 市场模型，对利率衍生品进行定价。

本章运用 SBAR 模型来表示波动率服从的随机过程，考虑远期利率和波动率的相关情况对 LIBOR 利率进行模拟。在此基础上与加入 Heston 随机波动率模型的拟合得到的利率值以及不含随机波动率的 LIBOR 市场模型拟合得到的利率值在实际 LIBOR 利率的基础上进行比较分析。选择利率服从的随机微分方程是在即期测度下的 SABR – LIBOR 模型，模型如下：

$$
\left\{
\begin{aligned}
dF_i(t) &= V(t)\sigma_i(t)F_i(t) \times \sum_{j=k+1}^{i} \frac{\rho_{I,j}^* \tau_j F_i(t)\sigma_j(t)}{1+\tau_j F_j(t)} dt \\
&\quad + \sqrt{V(t)}\sigma_i(t)F_i(t)dZ_i^k(t), k < i, t \leqslant T \\
dV(t) &= \tau\sqrt{V(t)}d\omega \\
dZ_i^k(t)d\omega &= \rho dt
\end{aligned}
\right\}
\tag{5-1}
$$

其中，$F_i(t)$ 为未来时刻 $[T_{i-1}, T_i]$ 的远期利率，$V(t)$ 为随机波动率矩阵，$dZ_i^k(t)$ 为即期测度下对应于 $F_i(t)$ 的维纳过程。我们先要对瞬间远期利率波动度矩阵 σ 以及远期利率的瞬时相关系数 ρ^* 进行校正，在校正的基础上对参数 τ 以及两个随机过程的相关系数 ρ 进行估计。

二 局部波动率以及瞬间波动率校正

1. 局部波动率校正

所谓参数校正，就是运用 LMM 与 Black 公式等价性的原理，用 Caplet 的市场价格逆推得到 Black 公式中 Caplet 的隐含波动率，即可推导出远期局部波动率矩阵。然而市场中并没有直接的 Caplet 报价，因此我们需要从 Cap 报价中得到 Caplet 的报价，然后再得到隐含波动率。对于瞬间远期利率波动率模型的设定，主要有两种方法：

第一种是 Rebonato（1999）和 Brigo Mercurio 的做法，假设波动率是距离各自到期日（$T_{i-1} - t$）的时间函数，其波动率的期间结构呈现驼峰状，这与一般文献中实证结果相符合，表达方式如式（5 - 2）所示。其中，k_l 根据不同到期日 T_l 远期利率，对 $\psi(T_{i-1} - t; \ a, \ b, \ c, \ d)$ 做区域性修正，然后代入 Caplet 波动率封闭解。

$$\sigma_i(t) = \kappa_i \psi(T_{i-1} - t; \ a, \ b, \ c, \ d) = \kappa_i \{[a(T_{i-1} - t) + d] \times e^{-b(T_{i-1} - t)} + c\}$$
$$(5 - 2)$$

第二种方法是采用分段常数型波动率结构。远期利率的波动率会随着所在观察区间（T_{i-1}，T_i）的不同有所差异，但是在区间内维持不变，该模型的好处在于能够减少模型的参数估计。分段常数型波动率结构形式多种多样，本章采用的是分段固定波动率表达式，如下所示：

$$\sigma_i(t) = \sigma_{i,\beta(t)} = \eta_{i-(\beta(t)-1)}, \ 0 < t \leq T_{i-1}$$
$$\beta(t) = m, \ T_{m-2} < t \leq T_{m-1}$$
$$(5 - 3)$$

表 5 -1   分段固定波动率

瞬间波动率 ＼ 观察期	$t \in (0, T_0)$	$t \in (T_0, T_1)$	$t \in (T_1, T_2)$	$\cdots$	$t \in (T_{M-2}, T_{M-1})$
$F_1(t)$	η_1	dead	dead	$\cdots$	dead
$F_2(t)$	η_2	η_1	dead	$\cdots$	dead
$\cdots$	$\cdots$	$\cdots$	η_1	$\cdots$	dead
$F_M(t)$	η_M	η_{M-1}	η_{M-2}	$\cdots$	η_1

其中 dead 代表每个远期利率一旦到达生效日，远期利率即变为即期利率，对后面时间点而言利率为已知利率，所以没有波动率。然后采用 Caplet 波动率报价进行校正，公式为：

$$\nu_{T_i\text{-caplet}} = \frac{1}{T_i - 1} \int_0^{T_{i-1}} \sigma_i^2(t) \, dt, i = 1, 2, \cdots, M \quad (5 - 4)$$

2. 瞬间相关系数校正

远期利率的相关系数获取主要有两种方法：第一种是利用历史相关资料求取各期远期利率相关系数，即是历史瞬间相关系数。第二种是利用推导 swaption 波动度封闭解求得，作为隐含瞬间相关系数。该公式由 Rebonato（1998）推导得到，形式如下：当已知

$$S_{\alpha,\beta}(t) = \sum_{i=\alpha+1}^{\beta} W_i(t) F_i(t),$$

$$\nu_{\alpha,\beta-swaption^2} = \sum_{i,j=\alpha+1}^{\beta} \frac{W_i(0)W_j(0)F_i(0)F_j(0)\rho_{i,j}}{S_{\alpha,\beta}(0)^2} \int_0^{T_\alpha} \sigma_i(t)\sigma_j(t)dt$$

远期利率相关系数校正较为复杂，而且单因子 LIBOR 模型能很好地拟合未来 LIBOR 趋势，因此为了计算的简便，我们假设远期瞬间相关系数为零。

3. Cap 报价法则及公式

求隐含波动率前需要 Cap 的市场报价。Cap 市场报价规则为：（1）Cap报价是以 Black 公式下的隐含波动率进行表示；（2）Cap 的报价都是平值报价，不因履约价格水平而有差别。此时在平值基础上的 Cap 的执行价格即为与 Cap 有相同到期日的互换利率，即：

$$K_{ATM} = S_{\alpha,\beta}(0) = \frac{P(0,T_\alpha) - P(0,T_\beta)}{\sum_{i=\alpha+1}^{\beta} \tau_i P(0,T_i)} \tag{5-5}$$

其中 K 为平值下的履约价格，$S_{a,\beta}(0)$ 为 0 时刻观察得到，以 T_a 为初始日，以 T_β 为到期日的远期交换利率。Cap 的市场价格如下：

$$\text{Cap}(0) = \sum_{i=1}^{n} \tau_i P(0,T_i) \text{B1}(K,F_i(0),\sqrt{T_{i-1}}\nu_{n-cap}) \tag{5-6}$$

只要知道 Cap 报价，即可求出 CAP 的市场价格。

4. Cap 波动率与 Caplet 波动率之间的关系

Cap 是由一系列 Caplet 组成，报价时，每个 Cap 中所有 Caplet 共享同一个波动率报价 $\nu_n - Cap$，但是每个不同到期日的 Cap 都包含相同利率参考日、交割日以及履约价格的 Caplet，其应该有相同的 Caplet 波动率。因此 Cap 波动率可以表示成下式：

$$\text{Cap}(0) = \sum_{i=1}^{n} \tau_i P(0,T_i) \text{Bl}(K,F_i(0),\sqrt{T_{i-1}}\nu_{n-cap})$$

$$= \sum_{i=1}^{n} \tau_i P(0,T_i) \text{Bl}(K,F_i(0),\sqrt{T_{i-t}}\nu_{i-1-\text{caplet}}) \tag{5-7}$$

三　基于 MCMC 方法的随机波动率参数估计

1. MCMC 方法的思想原理

MCMC 方法是一种动态模拟方法，克服了传统 Monte Carlo 模拟的高维静态的缺陷，提高了精度。在贝叶斯统计框架下，我们对参数的估计是利用参数的先验分布及样本信息，通过贝叶斯定理表示成参数的后验分布。假设 θ 为待估计参数，有先验分布 $\theta \sim \pi(\theta)$，样本分布为参数已

知时样本 X 的分布：$f(X, \theta) = f(X \mid \theta)$。我们记 θ 的后验分布为 π $(\theta \mid X)$，由贝叶斯公式可以得到：

$$\pi(\theta \mid x) = p(x \mid \theta) = \frac{\pi(\theta)p(x \mid \theta)}{p(x)} = \frac{\pi(\theta)f(x \mid \theta)}{\int \pi(\theta)f(x \mid \theta)d\theta}$$

$$= c(x) \pi(\theta)f(x, \theta) \tag{5-8}$$

MCMC 的基本思想是运用模拟技术，使随机链不断延伸从而得到一条或者多条马尔科夫链，该马尔科夫链的极限分布趋于平稳，即为该参数的后验分布。在达到平稳的情况下，可以利用此分布对应的参数估计值，求得其他相应统计量。所谓的马尔科夫链即是一个随机序列在下一时刻状态，与当前状态有关，而与以前历史状态无关。在马尔科夫链趋于平稳后，假设得到的极限分布 $\pi (x)$ 为后验分布，若得到 $\pi (x)$ 的样本 $X^{(1)}$, $X^{(2)}$, $\cdots$, $X^{(n)}$，可估计期望为：

$$f^*(x) = \frac{1}{n} \sum_{i=1}^{n} X^{(i)} \tag{5-9}$$

这一方程即为蒙特卡罗积分。由于 $X^{(1)}$, $X^{(2)}$, $\cdots$, $X^{(n)}$ 为独立变量，由大数定律 $f^* \to E$ $(f (x))$，$n \to \infty$，该式只有在 $X^{(1)}$, $X^{(2)}$, $\cdots$, $X^{(n)}$ 平稳时才成立。然而在蒙特卡罗链的初始迭代中 X 并不收敛于 $\pi(n)$，因此我们需要将迭代的前 m 次项去除，公式表示为：

$$E(f(x)) \approx \frac{1}{n-m} \sum_{i=m+1}^{n} f(x^{(i)}) \tag{5-10}$$

MCMC 的一个重要的理论基础是 Hammersly – Clifford 定理，该定理为 MCMC 方法中实现多元抽样提供了操作可能。该公式为：

$$\frac{P(\Theta, X \mid Y)}{P(\Theta^0, X^{(0)} \mid Y)} = \frac{P(\Theta \mid X^0, Y)P(X \mid \Theta, Y)}{P(\Theta^0, X^0 \mid Y)P(X^0 \mid \Theta, Y)} \tag{5-11}$$

上式表明，如果已知 P $(\Theta \mid X^{(0)}, Y)$、P $(X \mid \Theta, Y)$ 在已知一个固定比例的情况下，可以求出联合分布 P $(\Theta, X \mid Y)$，从而实现由低维到高维的转变。因此如何选取平稳的马尔科夫链成为关键，要选择平稳的马尔科夫链，我们需要选择合适的核转移函数。所谓核转移函数，就是对于随机序列 $(\Theta^0, \Theta^1, \Theta^2, \cdots)$，对于当前时刻 j，一步转移核函数为：

$$P(\Theta, \Theta') = P(\Theta \to \Theta') = P(\Theta^{j+1} = \Theta' \mid \Theta^j = \Theta) \tag{5-12}$$

对于不同的核转移函数的选取，会产生不同的 MCMC 抽样方法，主要包括主要两类：Gibbs 抽样和 Metropolis – Hastings 抽样。

2. MCMC 在 SABR – LIBOR 模型中的运用

我们运用相应历史数据加入随机波动率的 LIBOR 模型中，从而对该模型的参数进行估计。

对于式 (5 – 1)，令 $X_t = \log\ (F_i\ (t))$ 由伊藤定理，可得以下公式：

$$
\begin{cases}
\mathrm{d}x_i = V(t)\sigma_i(t)F_i(t) \times \sum_{j=k+1}^{i} \dfrac{\tau_j\sigma_j(t)F_j(t)}{1+\tau_jF_j(t)}\mathrm{dt} - \dfrac{1}{2}V(t)\sigma_i^2(t)dt \\[2mm]
\qquad + \sqrt{V(t)}\sigma_i(t)(\rho dZ_1 + \sqrt{1-\rho^2}dZ_2) \\[2mm]
dV(t) = \tau\sqrt{V(t)}dZ_1 \\[2mm]
dZ_1 dZ_2 = 0
\end{cases}
\tag{5 – 13}
$$

对该随机过程进行欧拉离散化，对于 $\sigma_i(t) \times \sum_{j=k+1}^{i} \dfrac{\tau_j\sigma_j(t)F_j(t)}{1+\tau_jF_j(t)}\Delta - \dfrac{1}{2}$ $\sigma_i^2(t)\Delta$，由于三个月内方差非常小，因此假定为常数，记为 A。进一步进行对数化，则式 (5 – 16) 表示如下：

$$
\begin{cases}
h_t = \log(V(t)) \\[2mm]
y_t = x_{t+\Delta} - x_t = \exp(h_t) \times A + \exp(0.5 \times h_t) \times \sigma_i(t)\rho\sqrt{\Delta}\eta_t \\[2mm]
\qquad + \exp(0.5 \times h_t) \times \sigma_i(t)\sqrt{1-\rho^2}\sqrt{\Delta}\xi_t \\[2mm]
= \exp(h_t) \times A + \dfrac{\rho}{\tau}\Big[(h_{t+\Delta} - h_t)\exp(h_t) + \dfrac{1}{2}\tau^2\Delta\Big]\sigma_i(t) \\[2mm]
\qquad + \sigma_i(t) \times \exp\Big(\dfrac{h_t}{2}\Big)\sqrt{1-\rho^2}\sqrt{\Delta}\xi_t \\[2mm]
h_{t+\Delta} - h_t = -\exp(-h_t)\tau^2\Delta + \exp(-0.5h_t)\tau_k\eta_t \\[2mm]
\tau_k = \tau\sqrt{\Delta}
\end{cases}
\tag{5 – 14}
$$

模型参数集为 $\Theta = \{\rho,\ \tau_k\}$，p $(\Theta,\ h\mid y)$，统计特征可由 p $(\rho\mid\tau, h, y)$，p $(\tau\mid\rho, h, y)$，p $(h\mid y, \rho, \tau)$ 决定。假设 τ^2 先验分布为逆伽马分布，ρ 服从均匀分布。那么该参数集的后验分布如下：

$$p(\tau^2 \mid h,y,\rho) \propto \prod_{t=1}^{T}p(y_t \mid y_{t-1},\rho,\tau,h) \times p(\tau^2) \propto \mathrm{IG},$$

$$p(\rho \mid h,y,\tau^2) \propto \prod_{t=1}^{T}p(y_t \mid y_{t-1},\rho,\tau,h) \times p(\rho) \propto \mathrm{U}$$

波动率状态变量 h_t 的完全联合后验分布：

$$p(h \mid \tau^2,y,\rho) \propto \prod_{t=1}^{T}p(h_t \mid h_{t-1},\tau,\Theta,y) = \prod_{t=1}^{T}p(y_t \mid h_t,\Theta)p(h_t \mid h_{t-1},\Theta)p(h_{t+1} \mid h_t,\Theta)$$

其中：

$$
\begin{cases}
y_t \mid h_t, \ \Theta \sim N\exp(h_t)A + \dfrac{\rho}{\tau}\big[(h_{t+1} - h_t)\exp(h_t) + 0.5\,\tau^2\Delta\sigma_i(t), \\
\qquad \Delta\sigma_i^2(t)\exp(h_t)(\sqrt{1-\rho^2})\big] \\
h_t \mid h_{t-1}, \ \Theta \sim N(h_{t-1} - 0.5\exp(-h_{t-1})\tau^2\Delta, \ \exp(-h_{t-1})\tau_k^2) \\
h_{t+1} \mid h_t, \ \Theta \sim N(h_t - 0.5\exp(-h_t)\tau^2\Delta, \ \exp(-h_t)\tau_k^2)
\end{cases}
$$

将 MCMC 算法分解为如下步骤：

第一步：从 p $(\tau^2 \mid h, \rho, y) \propto$ IG 对 τ 进行抽样；

第二步：从 p $(\rho \mid h, y, \tau^2) \propto$ U 对 ρ 进行抽样；

第三步：利用 Metropolis 抽样方法从 p $(h \mid \tau^2, y, \rho)$ 中对 h 进行抽样。

重复上述步骤直到各参数和波动率潜在变量的模拟轨迹收敛为止，收敛时的模拟值作为各参数的估计值。

3. 利率路径模拟

在对模型参数进行校准与估计之后，得到了整个利率变化的动态路径，需要采用蒙特卡罗模拟方法对路径进行模拟。主要步骤如下：

（1）对 LIBOR 利率模型进行欧拉离散化处理。

（2）产生随机数矩阵，作为整个随机过程中维纳过程的驱动项。

（3）反复迭代，模拟出 N 条利率模拟路径。

（4）将 N 条路径的模拟值取平均值。

以加入 SABR 随机波动率的 LIBOR 市场模型拟合出的利率模拟值与真实值做离差与 Heston 随机波动率的 LIBOR 市场模型得到的离差值和标准 LIBOR 市场模型的离差值进行比较，评价各个模型拟合的准确性。

四　数据选取与实证分析

1. 构建完整的期初利率曲线

对随机波动率模型进行模拟前，首先要计算模型的期初值，即期初远期利率。然而市场上没有远期利率报价，因此我们需要通过交换利率与 LIBOR 利率求得不同到期日的零息债券价格，然后通过零息债券价格求出期初远期利率。本章研究的是 2008 年 8 月 20 日发行，2010 年 8 月 20 日到期的 CMS 价差区间型商品。以发行日 3 个月前的 2008 年 5 月 20 日作为观察日。本产品投资时间为 2 年，并且需要观察最后一个计息日的 5 年固定年限的互换利率，因此需要构建 7 年的期初远期利率曲线。

（1）构建完整的互换利率曲线。本章采用的资料来自 Bloomberg

ICAU 报价系统，此系统每个交换利率的循环期限皆为 3 个月，取出市场上流动性最好的交换利率年限（1—7 年，10 年和 15 年）利用三次样条插值法，得到 3 个月为单位的交换利率，即 1.25 年，1.5 年，…，7.25 年等之交换利率。插值结果如图 5 – 1 所示。

表 5 – 2 市场交换利率报价

到期日	1 年	2 年	3 年	4 年	5 年	6 年	7 年	10 年	15 年
交换利率(%)	2.768	3.102	3.396	3.622	3.797	3.95	4.087	4.379	4.665

资料来源：Bloomberg ICAU 报价系统（2008 – 05 – 20）。

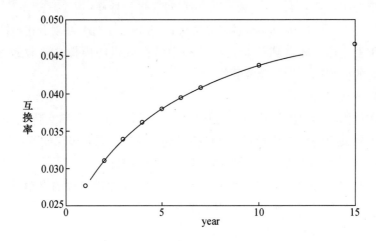

图 5 – 1 互换利率插值结果

（2）求期初零息债券价格。零息债券价格可由相同期限的即期 LIBOR 利率求得，即：

$$P(0, T_i) = \frac{1}{1 + \tau \times F(0, 0, T_i)} \tag{5 – 15}$$

但是市场上只有一年以下的 LIBOR 利率报价，因此对于一年以上的期初零息债券价格，则需要运用交换利率与零息债券价格的关系式，可得到零息债券价格。即：

$$P(0, T_\beta) = \frac{P(0, T_\alpha) - \tau_i \times S_{\alpha,\beta}(0) \times \sum_{i=1}^{\beta-1} P(0, T_i)}{1 + \tau_i \times S_{\alpha,\beta}(0)}, \beta = 4, 5, \cdots \tag{5 – 16}$$

观察期 $t = T_{-1} = 0$，$T_\alpha = T_0 = 0.25$，$T_1 = 0.5$，$\cdots$，$T_\beta = T_{28} = 7.25$。

表 5 - 3　　　　　　　期初一年内各到期日的 LIBOR Rate

到期日（年）	0.25	0.5	0.75	1
LIBOR RATE（%）	2.65750	2.80060	2.88690	2.97620

资料来源：WIND（2008 - 05 - 20）。

由式（5 - 16），得：

$P(0, T_0) = 0.9934$，$P(0, T_1) = 0.9862$，$P(0, T_2) = 0.9788$，$P(0, T_3) = 0.9711$

对于一年以上的零息债券价格，运用交换利率与零息债券的关系式可得零息债券的价格。首先将第一年的零息债券价格（到期日为 0.25年、0.5 年、0.75 年、1 年）与 1.25 年的交换利率代入公式，推导出 1.25 年的零息债券价格；再将到期日为 0.25 年、0.5 年、0.75 年、1 年、1.25 年的零息债券价格与 1.5 年期的交换利率价格代入公式中，求出 1.5年零息债券价格，以此类推，可以得到 7 年期零息债券价格。

表 5 - 4　　　　　　　　　7 年期零息债券价格

到期日	零息债券价格	到期日	零息债券价格	到期日	零息债券价格
0.25	0.9934	3.5	0.8840	6.75	0.7587
0.5	0.9862	3.75	0.8745	7	0.7491
0.75	0.9788	4	0.8648	7.25	0.7396
1	0.9711	4.25	0.8552		
1.25	0.9651	4.5	0.8456		
1.5	0.9570	4.75	0.8360		
1.75	0.9486	5	0.8264		
2	0.9400	5.25	0.8167		
2.25	0.9310	5.5	0.8071		
2.5	0.9219	5.75	0.7974		
2.75	0.9126	6	0.7877		
3	0.9031	6.25	0.7780		
3.25	0.8936	6.5	0.7684		

（3）求得期初远期利率。运用远期利率与零息债券价格的关系式，将零息债券价格转化为远期利率，期初远期利率计算结果如下：

$$F_i(0) = \frac{1}{\tau_i} \left(\frac{P(0, T_{i-1})}{P(0, T_i)} - 1 \right), \quad i = 1, 2, \cdots \qquad (5-17)$$

表 5 – 5　　　　　　　　　　期初各到期日远期利率

到期日	期初远期利率	到期日	期初远期利率	到期日	期初远期利率
0.5	0.0292	3.75	0.0439	7	0.0512
0.75	0.0302	4	0.0444	7.25	0.0515
1	0.0318	4.25	0.0449		
1.25	0.0249	4.5	0.0455		
1.5	0.0337	4.75	0.0460		
1.75	0.0353	5	0.0466		
2	0.0369	5.25	0.0473		
2.25	0.0384	5.5	0.0479		
2.5	0.0397	5.75	0.0486		
2.75	0.0408	6	0.0492		
3	0.0418	6.25	0.0498		
3.25	0.0426	6.5	0.0503		
3.5	0.0433	6.75	0.0508		

2. 局部波动率校正

根据前文分析可知，我们需要利用市场提供的 Cap 报价来求出 Caplet 的隐含波动率，再利用 Caplet 来校正远期利率的瞬间波动率。

（1）建立完整的 Cap 波动率报价。本章研究 2008 年 8 月 20 日发行、2010 年 8 月 20 日到期的 CMS 价差区间型商品。以发行日 3 个月前的 2008 年 5 月 20 日作为观察日，通过 Bloomberg ICAU 报价系统得到以 3 月期美元 LIBOR 利率作为标的资产 Cap 各期的平价报价。

表 5 – 6　　　　　　　　　　各到期日 Cap 报价

到期日	1	2	3	4	5	6	7	8	9	10
Cap 波动率(%)	37.12	36.44	33.33	30.44	28.29	26.51	25.01	23.81	22.8	21.9

资料来源：Bloomberg ICAU 报价系统（2008 – 05 – 20）。

由于 Cap 包含的都是以 3 个月 LIBOR 利率计息一次、3 个月到期的 Caplet，所以需要得到以 3 个月的倍数为到期日的 Cap 报价。但是根据表 5 - 6，只能得到 Cap 年度报价。因此需要通过曲线拟合方式求得其他到期日的 Cap 报价。假设市场波动率期间结构符合实证资料中的驼峰状形式，函数表示形式如下：$V_{T_{i-cap}}(t) = [a(T_{i-1} - t) + d] \times e^{-b(T_{i-1} - t)} + c$。利用 MATLAB 得到的参数如下：a = 0.1083，b = 0.4587，c = 0.2081，d = 0.1505。计算各期的波动率如图 5 - 2 所示。

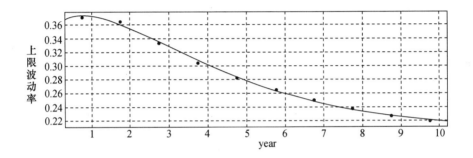

图 5 - 2　各到期日 Cap 拟合曲线

（2）推导出市场 Caplet 隐含波动率。一个 Cap 可以拆解为多个 Caplet，每个 Cap 中所有 Caplet 都共享同一波动率报价，即 $V_{T_{i-cap}}$，因此不同到期日的 Cap 会有不同的平均波动度，但是每个不同到期日的 Cap 都包含相同的利率参考日、交割日及履约价格的 Caplet，其应该具有相同的利率波动度，也因此要有相同的 Cap 波动度，所以由 Cap 通过 Black 模型所求的价格与市场价格相同，反推导出每一个 Caplet 波动度，即：

$$\sum_{i=1}^{n} \tau_i \times P(0, T_i) \times Bl(K_{ATM}, F_i(0), \sqrt{T_{i-1}} V_{T_n - Cap})$$

$$= \sum_{i=1}^{n} \tau_i \times P(0, T_i) \times Bl(K_{ATM}, F_i(0), \sqrt{T_{i-1}} V_{T_{i-1} - Caplet}) \qquad (5 - 18)$$

一个一年期的 Cap 包含三个 Caplet，其利率重设日（Reset date）为 0.25 年、0.5 年、0.75 年，其交割日为 0.5 年、0.75 年、1 年，而两年期的 Cap 则有 7 个 Caplet，利率重设日为 0.25 年、0.5 年、0.75 年、1 年、1.25 年、1.5 年、1.75 年，交割日为 0.5 年、0.75 年、1 年、1.25 年、1.5 年、1.75 年、2 年。一年期的 Cap 表示法如下：

$$0.25 \times p(0, 0.5) \times B1(K, F_{0.5}(0), \sqrt{0.25}V_{0.25-\text{Caplet}}) + 0.25$$
$$\times p(0, 0.75) \times B1(K, F_{0.75}(0), \sqrt{0.5}V_{0.5-\text{Caplet}} + 0.25 \times p(0,$$
$$1)$$

$$\times B1(K, F_1(0), \sqrt{0.75}V_{0.75-\text{Caplet}}) = 0.25 \times p(0, 0.5)$$
$$\times B1(K, F_{0.5}(0), \sqrt{0.25}V_{1-\text{Cap}}) + 0.25 \times p(0, 0.75)$$
$$\times B1(K, F_{0.75}(0), \sqrt{0.5}V_{1-\text{Cap}}) + 0.25 \times p(0, 1)$$
$$\times B1(K, F_1(0), \sqrt{0.75}V_{1-cap}) \tag{5-19}$$

两年期的 Cap 表示法如下：

$$0.25 \times P(0, 0.5) \times B1(K, F_{0.5}(0), \sqrt{0.25}V_{0.25-\text{Caplet}}) + 0.25$$
$$\times p(0, 0.75) \times B1(K, F_{0.75}(0), \sqrt{0.5}V_{0.5-\text{Caplet}}) + 0.25$$
$$\times p(0, 1) \times B1(K, F_1(0), \sqrt{0.75}V_{0.75-\text{Caplet}}) + 0.25$$
$$\times p(0, 1.25) \times B1(K, F_{1.25}(0), \sqrt{1}V_{1-\text{Caplet}}) + 0.25$$
$$\times p(0, 1.5) \times B1(K, F_{1.5}(0), \sqrt{1.25}V_{1.25-\text{Caplet}}) + 0.25$$
$$\times p(0, 1.75) \times B1(K, F_{1.75}(0), \sqrt{1.5}V_{1.5-\text{Caplet}}) + 0.25$$
$$\times p(0, 2) \times B1(K, F_2(0), \sqrt{1.75}V_{1.75-\text{Caplet}}) = 0.25$$
$$\times p(0, 0.5) \times B1(K, F_{0.5}(0), \sqrt{0.25}V_{0.25-\text{Cap}}) + 0.25$$
$$\times p(0, 0.75) \times B1(K, F_{0.75}(0), \sqrt{0.5}V_{2-\text{Cap}}) + 0.25$$
$$\times p(0, 1) \times B1(K, F_1(0), \sqrt{0.75}V_{2-\text{Cap}}) + 0.25$$
$$\times p(0, 1.25) \times B1(K, F_{1.25}(0), \sqrt{1}V_{2-\text{Cap}}) + 0.25$$
$$\times p(0, 1.5) \times B1(K, F_{1.5}(0), \sqrt{1.25}V_{2-\text{Cap}}) + 0.25$$
$$\times p(0, 1.75) \times B1(K, F_{1.75}(0), \sqrt{1.5}V_{2-\text{Cap}}) + 0.25$$
$$\times p(0, 2) \times B1(K, F_2(0)V_{0.25-\text{Caplet}}, \sqrt{1.75}V_{2-\text{Cap}}) \tag{5-20}$$

0.5 年期的 Cap 只包含一个 0.25 年期计息，而 0.5 年到期的 Caplet，因此 $V_{0.5-\text{Cap}} = V_{0.25-\text{Caplet}}$。接着将 $V_{0.75-\text{Cap}}$ 与平价条件下执行价格的 0.75 年到期 3 个月交换一次的互换利率代入 Black 公式，求出 0.75 年到期的 Cap 价格，此价格等于到期日为 0.5 年与到期日为 0.75 年的 Caplet 价格相加之和，通过 Black 公式逆推可以得到 0.75 年到期的 Caplet 波动率。同样利用 1 年到期的 Cap 价格与 1 年到期 3 个月交换一次的互换利率代入 Black 公式，求出 1 年期的 Cap 价格，此价格等于到期日为 0.5 年、0.75

年与一年的 Caplet 价格相加之和。然后通过 Black 公式逆推可以得到 1 年到期的 Caplet 波动率。如此反复可得到各个到期日下的 Caplet 市场波动率。

表 5 - 7　　　　　　　　　　　Caplet 各期隐含波动率

[3M, 6M]	[6M, 9M]	[9M, 1Y]	[1Y, 1.25Y]	[1.25Y, 1.5Y]	[1.5Y, 1.75Y]
0.3664	0.3748	0.3592	0.3935	0.3630	0.3457
[1.75Y, 2Y]	[2Y, 2.25Y]	[2.25Y, 2.5Y]	[2.5Y, 2.75Y]	[2.75Y, 3Y]	[3Y, 3.25Y]
0.3383	0.3530	0.3111	0.2811	0.2976	0.2867
[3.25Y, 3.5Y]	[3.5Y, 3.75Y]	[3.75Y, 4Y]	[4Y, 4.25Y]	[4.25Y, 4.5Y]	[4.5Y, 4.75Y]
0.2680	0.2669	0.2479	0.2405	0.2360	0.2390
[4.75Y, 5Y]	[5Y, 5.25Y]	[5.25Y, 5.5Y]	[5.5Y, 5.75Y]	[5.75Y, 6Y]	[6Y, 6.25Y]
0.1916	0.2231	0.1999	0.1983	0.2021	0.2013
[6.25Y, 6.5Y]	[6.5Y, 6.75Y]	[6.75Y, 7Y]	[7Y, 7.25Y]		
0.1989	0.1965	0.1952	0.1958		

（3）校正远期利率局部波动率。我们采用利率瞬间波动率的分段固定假设，根据式（5 - 3），可以得到各期远期利率局部波动率，如表 5 - 8 所示。

表 5 - 8　　各区间未来远期利率局部波动率（以产品持续期 2 年为例）

区间	(0,3M)	(3M,6M)	(6M,9M)	(9M,1Y)	(1Y,1.25Y)	(1.25Y,1.5Y)	(1.5Y,1.75Y)	(1.75Y,2Y)
$F_1(t)$	0.3664							
$F_2(t)$	0.3830	0.3664						
$F_3(t)$	0.3258	0.3830	0.3664					
$F_4(t)$	0.4820	0.3258	0.3830	0.3664				
$F_5(t)$	0.1990	0.4820	0.3258	0.3830	0.3664			
$F_6(t)$	0.2409	0.1990	0.4820	0.3258	0.3830	0.3664		
$F_7(t)$	0.2900	0.2409	0.1990	0.4820	0.3258	0.3830	0.3664	
$F_8(t)$	0.4424	0.2900	0.2409	0.1990	0.4820	0.3258	0.3830	0.3664

3. MCMC 方法及参数估计

需要利用相应区间历史数据，运用 MCMC 方法对该随机波动率过程进行参数估计。以观察日 2008 年 5 月 20 日为分界点，记为 S 时刻，（S，S + 90）区间的随机波动率过程的参数估计主要由（S – 720，S – 630）区间内的数据利用 MCMC 方法求得，以此类推。

由式（5 – 1），运用伊藤引理对上述随机过程进行对数化和离散化处理，得到如下方程：

$$
\begin{cases}
\begin{aligned}
log(F_i(t + \Delta)) - log(F_i(t)) = {}& V(t + \Delta)\sigma_i(t) \\
& \times \sum_{j=k+1}^{i} \frac{\tau_j\sigma_j(t)F_j(t)}{1 + \sigma_j(t)}\Delta \\
& - 0.5V(t + \Delta)\sigma_i^2(t)\Delta \\
& + \sqrt{V(t + \Delta)\Delta}\sigma_i(t)Z_i^k(t)
\end{aligned} \\
V(t + \Delta) - V(t) = \tau\sqrt{V(t)\Delta}w
\end{cases}
$$

$$(5 - 21)$$

当 i 固定时，上述随机过程 $F_i(t)$ 推导到 $F_i(t + \Delta)$ 从而利用 MCMC 方法估计每个区间（3 个月）内随机波动率的各个参数。本章以 $F_1(t)$ 在（0，3M）下基于 SABR 随机波动率的 LIBOR 市场模型进行参数估计为例。

（1）MCMC 数据选取。以 $F_1(t)$，假设 $\Delta t = 1/360$，t = 0，MCMC 方法所需要的数据为（0，3M）上观测得到的（3M，6M）下远期利率数据，数据为：$F_1(0)$，$F_1(0 + \Delta)$，$F_1(0 + 2\Delta)$，…，$F_1(0 + 90\Delta)$，其中 $F_1(0 + 90\Delta) = F_1(T_0)$，即 T_0 时刻开始为期 3 个月直到 T_1 时刻结束的即期利率。

在零时刻，$F(0, T_{i-1}, T_i) = \dfrac{P(0, T_{i-1}) - p(0, T_i)}{\tau_i P(0, T_i)}$

经过一个单位时间区间 Δ，$F(\Delta, T_{i-1}, T_i, T_i) = \dfrac{P(\Delta, T_{i-1}) - P(\Delta, T_i)}{\tau_i P(\Delta, T_i)}$

以此类推，经过 90 个时间区间，$F(0 + 90\Delta, T_{i-1}, T_i) = \dfrac{P(0 + 90\Delta, T_{i-1}) - P(0 + 90\Delta, T_i)}{\tau_i P(0 + 90\Delta, T_i)}$

这样即可求得 MCMC 方法所需要的数据 $F_1(0)$，$F_1(0 + \Delta)$，$F_1(0, 2\Delta)$，…，$F_1(0 + 90\Delta)$。由于代入式(5 – 21)中进行 MCMC 估计，因此需要

将这些数据转化为对数收益率 $y_t = x_{t+\Delta} - x_t = \log(F_i(t+\Delta)) - \log(F_i(t))$。

（2）MCMC 数据平稳性检验。首先需要对对数收益率序列进行平稳性检验。时序图见图 5 - 3。

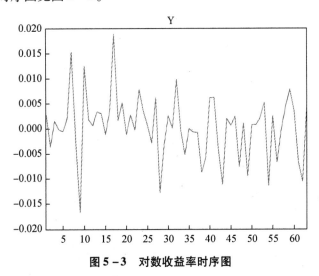

图 5 - 3 对数收益率时序图

对序列进行单位根检验，检验结果如表 5 - 9 所示。

表 5 - 9　　　　　　　　　序列平稳性检验

	T 统计量	伴随概率
ADF 统计量	- 8. 156388	0. 0000
置信水平　1%	- 2. 602794	
2%	- 1. 946161	
3%	- 1. 613396	
AIC = - 7. 242065　SC = - 7. 207756		

ADF 检验的评判标准 AIC 与 SC 的值较小，表明该模型合理。ADF 检验得到的 t 统计量的值为 - 8. 156388，小于显著性水平为 1% 的临界值 - 2. 602794。所以可以在 99% 的置信条件下拒绝原假设，认为序列并不存在单位根。

（3）MCMC 参数估计结果。利用 Winbugs 软件对 SABR - LIBOR 模型进行参数估计，对各参数先验分布假设如下：$1/\tau_k^2 \sim \Gamma(2.5, 0.004)$，$\tau_k = \tau\sqrt{\Delta}$；$\rho \sim U(-1, 1)$；$\Delta = 1/360$，迭代 200000 次。

表 5 – 10 各参数估计量及相关统计指标

Node	Mean	MC error	2. 5%	Median	7. 5%	Start	Sample
Itau2	11. 37	0. 04533	6. 63	11. 04	18. 01	4001	196000
Rho	0. 4732	0. 002141	0. 1242	0. 4848	0. 7559	4001	196000

可以得到 $\tau = \tau \times \sqrt{360} = \sqrt{\dfrac{1}{11.37}} \times \sqrt{360} = 5.6269$，令 x = log（$F_i$（$t$）），

利用伊藤引理，同时在 [0，3M] 内 F_1（t）的局部波动率为 0. 3664，

SABR – LIBOR 模型如下：

$$
\begin{cases}
\begin{aligned}
y_t &= x_{t+\Delta} - x_t \\
&= V(t+\Delta) \times 0.3664 \times \frac{\Delta \times 0.3664 \times F_1(t)}{1 + \Delta \times F_1(t)} \Delta \\
&\quad - 0.5 \times V(t+\Delta) \times 0.3664^2 \times \Delta + \sqrt{V(t+\Delta)} \\
&\quad \times 0.3664 \times (0.4732 \times \sqrt{\Delta}\eta_t + 0.8810 \times \sqrt{\Delta}\zeta_t) V(t+\Delta) \\
&\quad - V(t) = 5.6269 \times \sqrt{V(t)} \times \sqrt{\Delta}\eta_t
\end{aligned} \\
corr(\eta_t,\ \zeta_t) = 0
\end{cases}
\tag{5 – 22}
$$

4. 蒙特卡罗模拟效果比较

（1）LIBOR 利率模拟方法。模拟过程可以表示为：

$$
\begin{cases}
h_t = \log(V(t)) \\
\begin{aligned}
y_t &= x_{t+\Delta} - x_t \\
&= \exp(h_t) \times A + \exp(0.5 \times h_t) \times \sigma_i(t) \times \rho\sqrt{\Delta}\eta_t \\
&\quad + \exp(0.5 \times h_t) \times \sigma_i(t) \times \sqrt{1-\rho^2} \times \sqrt{\Delta}\zeta_t \\
&= \exp(h_t) \times A + \frac{\rho}{\tau}\big[(h_{t+\Delta} - h_t)\exp(h_t) + 0.5\,\tau^2\Delta\big] \\
&\quad \times \sigma_i(t) + \exp\left(\frac{h_t}{2}\right) \times \sigma_i(t) \times \sqrt{1-\rho^2} \times \sqrt{\Delta}\zeta_t, h_{t+\Delta} - h_t = -0.5 \\
&\quad \times \exp(-h_t)\tau^2\Delta +
\end{aligned} \\
\exp(-0.5 \times h_t)\tau\sqrt{\Delta}\eta_t \\
\quad = -0.5 \times \exp(-h_t)\tau^2\Delta + \exp(-0.5 \times h_t)\tau_k\eta_t
\end{cases}
\tag{5 – 23}
$$

只要能够得到 {y_t}，进而得到各个季度末的未来即期美元 LIBOR 利

率，具体步骤如下：

第一，对于随机波动率模型的模拟，首先需要知道期初随机波动率，假设期初随机波动率 $V_0 = 1$，即 $h_0 = 0$。

第二，生成波动率方程 h_t 的正态随机数矩阵为 $\eta_{N \times 720}$，N 表示模拟次数，当 t = 1 时，随机过程以 $\eta_{N \times 1}$ 为正态矩阵由公式 $h_\Delta = h_0 - 0.5 \times \exp(-h_0)\tau^2\Delta + \exp(-0.5 \times h_0)\tau_k\eta_0$ 递推得到 h_Δ，以此类推得到随机波动率方程的序列矩阵 $h_{N \times 720}$。

第三，生成 LIBOR 利率动态过程的正态随机数矩阵 $\xi_{N \times 720}$，结合由波动率序列矩阵推导得到的 $\exp(h_{N \times 720})$ 和 $\exp(h_{N \times 720})$，从而求出对数收益率序列矩阵 $y_{N \times 720}$。

第四，利用 $y_{N \times 720}$ 求出每个路径的远期利率，得到各季度末未来美元 3 个月即期利率。

（2）加入随机波动率 LIBOR 市场模型与标准市场模型模拟效果进行比较。以 $F_1(t)$ 为例分别对 SABR－LIBOR 模型与 Heston－LIBOR 模型和标准 LIBOR 模型进行模拟。由于模型随机游走特性，我们不能以某一条路径与利率曲线进行比较分析，而采用具有统计特性的平均值进行比较。本章选用在 20000 次的基础上得到的平均利率与实际利率进行比较分析。

对于标准 LIBOR 模型的动态方程表示如下：

$$dF_i(t) = \sigma_t(t)F_i(t)\sum_{j=k+1}^{i}\frac{\tau_j F_j(t)\sigma_j}{1+\tau_j F_j(t)} + \sigma_i(t)F_i(t)dZ_i^k(t), k < I, t \leq T$$

$$(5-24)$$

由 Ito's Lemma 得到的随机方程如下：

$$d\ln F_i(t) = \sigma_i(t)\sum_{j=k+1}^{i}\frac{\tau_j F_j(t)\sigma_j(t)}{1+\tau_j F_j(t)}dt - 0.5 \times \sigma_t^2(t)dt + \sigma_i(t)dZ_i^k(t)$$

$$(5-25)$$

进一步采用欧拉离散化，得到：

$$\ln F_i(t+\Delta) - \ln F_i(t) = \sigma_i(t)\sum_{j=k+1}^{i}\frac{\tau_j F_j(t)\sigma_j(t)}{1+\tau_j F_j(t)}\Delta$$
$$- 0.5 \times \sigma_t^2(t)\Delta + \sigma_i(t)\sqrt{\Delta}\zeta_t \qquad (5-26)$$

其中，ζ_t 服从 N—N（0，1）。以模拟出的拟合值与真实值的离差作为拟合误差的衡量，得到加入随机波动率的离差值与未加入随机波动率的离差值，如表 5 - 11 所示。

表 5 - 11　未加入随机波动率模型与加入随机波动率模型的离差比较

时间	加入 SABR 随机波动率的 LIBOR 市场模型	加入 Heston 随机波动率的 LIBOR 市场模型	标准 LIBOR
10	0.001781	0.001853	0.002364
20	0.001761	0.001846	0.002918
30	0.004997	0.005231	0.006546
40	0.004048	0.004638	0.005925
50	0.002792	0.003265	0.004857
60	0.002756	0.003254	0.004951
70	0.003421	0.004231	0.005648
80	0.002852	0.003543	0.004996
90	0.003446	0.004168	0.005384

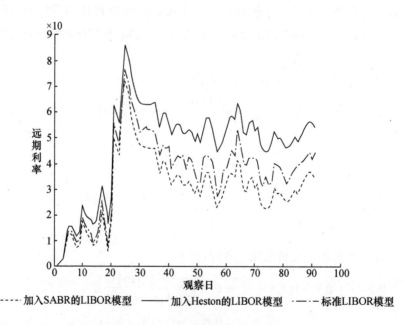

图 5 - 4　不同模型模拟离差比较

如图 5 - 4 所示，在经过 20000 次模拟后，加入 SABR 随机波动项的 LIBOR 模型得到的远期利率与利率真实值的离差比加入 Heston 随机波动项离差以及未加入随机波动项的离差更小。主要原因有两点：其一，加入随机波动项可以将历史信息加入到 LIBOR 利率，在进行未来利率的模拟递推时，可以反映历史的走势，对于利率的预测也更加合理。其二，加入随机波动率符合利率收益率尖峰厚尾的特性，从而能更好地符合波动率微笑特征，与市场实际利率更加相符。

五　结论分析

本节通过 SABR - LIBOR 市场模型，对利率的未来走势进行研究，并对产品持续期的利率进行实证研究，刻画了一些规律，得到如下结论：

（1）构建利率动态模型时，在单因子 LIBOR 市场模型下加入随机波动项过程，可以大大提高模型的估计精度，更加准确地把握利率的走势。

（2）从模拟比较结果来看，加入 SABR 波动项的 LIBOR 市场模型与实际利率的误差比加入 Heston 波动项和未加入波动项的 LIBOR 市场模型与实际利率的误差都要小，从而在一定程度上说明加入 SABR 随机波动项得到的 LIBOR 市场模型更加贴近实际情况。

（3）对未来利率走势的准确预估，对于相应利率衍生品，尤其是 CMS 类产品的定价具有重大的意义，对我国今后金融衍生品市场的发展，具有举足轻重的作用，此模型对于利率衍生品的定价具有指导意义，在准确刻画利率动态过程下，能更精确地得到利率的价格。同时能够更加准确地把握利率变化规律，对于指导衍生品定价、风险管理、推动利率市场化具有重大的实际指导意义。

第三节　CMS 价差区间产品的定价与参数敏感性分析

本节以 CMS 价差作为标的资产，成为每日 CMS 价差区间型债券。这类债券在计算利息时，有两点需要注意：第一点是某一参考利率的利差；第二点是每次付息日之间，指标利率落在特定利率区间有几天，以累积比例来计算应支付的利息倍数，再乘上约定的固定利率，该类型称为每日计息型，落入次数越大，即可得到更多报酬。

一 定价过程的理论分析

本节研究的是 CMS 价差区间型产品，这类产品的报酬取决于长短期 CMS 利差，因此交换利率的走势会影响债券利息的多少。此商品的每日报酬可以拆解为一个零息债券加上一个利差数位买权。就利差数位而言，其标的物为长短交换利率的利差，如果该利差不符合付息条件，那么投资人无法获得任何报酬。反之投资人可以得到一笔固定金额。

数位买权的表达式如下：

$$DC = \begin{cases} 本金 \times \dfrac{收益率}{360} & 符合付息条件 \\ & 不符合付息条件 \end{cases}$$

因此，此商品的每日实际报酬相当于投资一零息债券的报酬加上每日到期的利差数位选择权的报酬。这些报酬的加总在每 3 个月月底进行支付。对于这类商品不易采取数值解法，而应采用数值模拟的算法。

1. 零息债券的价值

对于零息债券定价，一种金融工具的价值等于该工具未来所能给投资者带来的未来收益之和的贴现值。因此该部分的理论价值表现为该产品的面值。但是如何确定贴现率至关重要。根据风险中性原理，一般假定贴现率为国债利率，并假定其保持不变来求解债券的现值，但是这类产品的期限在一年以上，因此假定贴现率不变并不符合实际情况。我们需要用利率模型来选择贴现率的变动，由于我们选择的模型是在即期测度下的模型，所以本节选择的贴现率为即期 LIBOR 利率，在每 3 个月月末进行贴现。零息债券的价值可以表示为：

$$P = \frac{1}{B(T_m)} = \frac{1}{\prod_{i=1}^{m}(1 + \Delta \times F_i(T_{i-1}))} \tag{5-27}$$

其中，$F_i(T_{i-1})$ 表示以 T_{i-1} 作为观察日 $[T_{i-1}, T_i]$ 的远期利率，Δ 为时间区间的长度，即为 T_i 与 T_{i-1} 的差。对于如何确定这一远期利率将在后面进行阐述。

2. 区位利差买权的价值

以下对区位利差买权的定价进行简要的介绍，主要步骤如下：

（1）对于区位买权的价值，我们通过模拟的方法得出各个观察日的远期利率，从而得到各个观察日的 CMS 价差。

（2）将各 CMS 价差与付息条件进行比较，如果满足条件，记为 1，

否则记为 0。然后对每 3 个月中每日区位利差买权进行加总，并将该加总
除以付息期间的总天数，从而得到配息率。

（3）将该配息率乘以每季度收益率得到每季度票面利率，以即期利
率进行贴现，并加总从而得到区位利差买权的价值。

2. 即期测度下模拟出标的变量的有效路径

根据前文的分析，我们选择的利率模型为即期测度下的 SABR－LI-
BOR 模型，以体现尖峰厚尾的实际波动率微笑的特征，即：

$$
\begin{cases}
dF_i(t) = V(t)\sigma_i(t)F_i(t) \times \sum_{j=k+1}^{i} \dfrac{\rho^*_{I,j}\tau_j F_i(t)\sigma_j(t)}{1+\tau_j F_i(t)}dt \\
\qquad + \sqrt{V(t)}\sigma_i(t)F_i(t)dZ_i^k(t),\ k < i, t \leqslant T \qquad (5-28) \\
dV(t) = \tau\sqrt{V(t)}d\omega \\
dZ_i^k(t)d\omega = \rho dt
\end{cases}
$$

用此模型做离散化，取间隔为 1/360，模拟在期初远期利率条件下，
经过 m 个 Δ 之后，利率可能经过路径，然后重复此方法，模拟出几万条
路径，以满足蒙特卡罗模拟定价的需要。

二　定价案例分析

本节选择的产品是两年期 CMS 价差区间型商品，该商品的配息基准
为 5 年美元固定期限交换利率（5Y CMS）减 2 年美元固定期限交换利率
（2Y CMS）。配息计算方式如表 5－12 所示。

表 5－12　　　　　　　　　　配息计算方式

配息基准日	配息条件	票面利息（每季度配息）
第一年	5Y CMS－2Y CMS≥0	4.5% × （1/4）× （n/N）
第二年	5Y CMS－2Y CMS≥0	4.75 × （1/4）× （n/N）

其中 n 为每一配息期间（每季）中配息指标落在配息区间的日历天
数。N 为配息期间的总日历天数。商品从 2008 年 8 月 20 日生效，到期日
为 2010 年 8 月 20 日，面额为 10000 美元。在估算出远期利率的瞬间波动
度及波动率方程的参数估计之后，我们根据 SABR－LIBOR 模型来模拟利
率的动态过程，然后通过远期利率与互换利率的关系式，得到商品的标
的资产：5Y CMS 与 2Y CMS，若每天的 5Y CMS 大于 2YCMS，则增加一

日的计算利息的机会，每季度付息一次，共付息 8 次（商品期限为 2 年），再将每一计息日的报酬折现至观察日，即可以得到该商品的理论价值。首先我们对数位利差买权进行定价。主要步骤如下：

1. 离散化 SABR – LIBOR 动态模型

对该动态模型进行对数化并且进行欧拉离散化得到的方程为：

$$
\begin{cases}
\log(F_i(t+\Delta)) - \log(F_i(t)) = V(t+\Delta)\sigma_i(t) \times \sum_{j=k+1}^{i} \dfrac{\tau_j\sigma_j(t)F_j(t)}{1+\sigma_j(t)}\Delta \\
\qquad\qquad\qquad -0.5V(t+\Delta)\sigma_i^2(t)\Delta \\
\qquad\qquad\qquad +\sqrt{V(t+\Delta)}\Delta\sigma_j(t)Z_i^k(t)V(t+\Delta) - V(t) \\
\qquad\qquad = \tau\sqrt{V(t)\Delta}w
\end{cases}
$$

$$(5-29)$$

我们对 w，Z 进行随机抽样，w，Z 服从均值为 0，方差为 1 的正态过程。由于每 3 个月进行付息，我们对该 7 年的产品（2 年产品有效期加上 5 年 CMS）进行分组，共分为 28 组。

对于第一组 F_1（t），我们通过模拟的方法可以得到：

F（0，90，180），F（1，90，180），F（2，90，180），…，F（90，90，180）

直到远期利率生成即期利率为止，F（90，90，180）即为即期利率，同理，直到最后一组 F（0，2520，2610），F（1，2520，2610），…，F（2520，2520，2610），对于同组内，观察日每向前模拟一天，便抽取不同的随机数。对于第一组 F_1（t），假设模拟 10000 个路径，则 w，Z 为 10000×90 的矩阵。对于最后一组随机数为 10000×2610 矩阵。

2. 计算 CMS 利率

有了利率变动的路径，计算出 5Y CMS 与 2Y CMS。公式如下：

$$
S_{\alpha\beta}(t) = \frac{P(t,T_\alpha) - P(t,T_\beta)}{\sum_{i=\alpha+1}^{\beta} \tau_i P(t,T_i)} = \frac{1 - \prod_{j=\alpha+1}^{\beta}(1+\tau_j F_j(t))^{-1}}{\sum_{i=\alpha+1}^{\beta} \tau_i \prod_{j=\alpha+1}^{\beta}(1+\tau_j F_j(t))^{-1}}
$$

$$(5-30)$$

在计算 5 年 CMS 与 2 年 CMS 时，分别需要 5 年期与 2 年期的远期利率资料。当时间往前模拟一天，则需要从下一个时间点起算的 5 年与 2 年的远期利率资料，评价时以每年 360 天，每月 30 天为基准。例如第一天

5 年交换利率计算时，需要第一天观察得到的 40 个远期利率来进行计算：F（1，90，180），F（1，180，270），F（1，270，360），…，F（1，1800，1890），而两年交换利率需要 8 个远期利率 F（1，90，180），F（1，180，270），…，F（1，720，810）。

3. 计算每期付息日的折现因子

根据即期 LIBOR 测度，折现率使用的是前一季模拟出来的即期利率，也就是说第二季折回到第一季的利率是第一季所模拟出来的 3 个月即期 LIBOR 利率 F（180，180，270），而第一年折回发行日所使用的利率是发行日观察到的即期 LIBOR 利率 F（90，90，180），运用蒙特卡罗模拟得到的 20000 次即期利率平均下来，即为折现率，见表 5 - 13。

表 5 - 13　　　　　　　各付息日折现因子

折现时间点	2008 年 11 月 20 日	2009 年 2 月 20 日	2009 年 5 月 20 日	2009 年 8 月 20 日
LIBOR 利率	F（180，180，270）	F（270，270，350）	F（350，350，440）	F（440，440，530）
折现率	0.0298	0.0274	0.0227	0.0213
折现时间点	2009 年 11 月 20 日	2010 年 2 月 20 日	2010 年 5 月 20 日	2010 年 8 月 20 日
LIBOR 利率	F（530，530，620）	F（620，620，710）	F（710，710，800）	F（800，800，890）
折现率	0.0212	0.0208	0.0198	0.0193

根据式（5 - 34），即可求出零息债券价值：

$$P = \frac{1}{B(T_m)} = \frac{1}{\prod_{i=1}^{m}(1 + \Delta \times F_i(T_{i-1}))} \tag{5 - 31}$$

得到零息债券的价值为 10000 × 0.9558 = 9558 美元。

4. 蒙特卡罗模拟结果

首先计算出每次配息日的折现因子，第一次配息的折现因子为 1/（1 + 0.25 × 0.0298）= 0.9926，第二次配息的折现因子为 1/（1 + 0.25 × 0.0298）×（1 + 0.25 × 0.0274）= 0.9859，以此类推，第八次配息的折现因子为 1/（1 + 0.25 × 0.0298）×（1 + 0.25 × 0.0274）× … ×（1 + 0.25 × 0.0193））= 0.9556。然后通过模拟计算得到的现金流如表 5 - 14 所示。

表 5 - 14　　　　　　2 年期 CMS 价差区间产品现金流

时间	折现因子	各期现金流折现值
第一次配息	0.9926	110.43
第二次配息	0.9859	110.30

续表

时间	折现因子	各期现金流折现值
第三次配息	0.9803	109.82
第四次配息	0.9741	108.65
第五次配息	0.9700	110.52
第六次配息	0.9649	109.74
第七次配息	0.9602	108.53
第八次配息	0.9556	107.84
期末本金支付	0.9556	9556

根据蒙特卡罗 20000 次模拟结果，可以得到在不可赎回条件下 CMS 5Y‒2Y 价差区间产品的理论价格为 10432 美元。需要对模型的稳定性进行检验，采用蒙特卡罗模拟次数的收敛性进行分析，得到模拟次数分别为 2000 次、4000 次、6000 次、8000 次、10000 次、15000 次、20000 次的产品的理论价值。

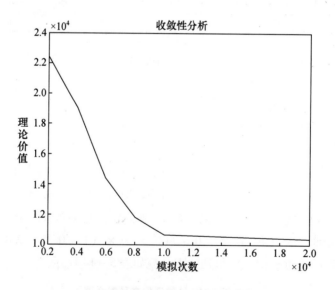

图 5‒5　蒙特卡罗模拟平稳性分析

从图 5‒5 可以看出，在模拟路径次数达到 10000 次之后，理论价格收敛，表明 SABR‒LIBOR 模型具有内在稳定性，可以适用于各类利率衍生品的定价。

三　各参数的敏感度分析

在得到产品的价值后，我们需要对各参数的敏感性进行分析，即各个参数的变化对产品价值的影响。本部分主要研究三个参数的产品价值的影响，分别是期初远期利率的变动对产品价值的影响（即 Delta 参数）；期初远期利率的变化对 Delta 系数的影响（即 Gamma 系数）；局部波动率的变化对于产品价值的影响程度（即 Vega 系数）。这些系数对于产品的风险管理具有重要的借鉴意义。

1. Delta 系数

由马凯尔的债券五大定理可知，殖利率（YTM）上升会对债券的价格造成反向变动。但是本产品标的物交换利率与远期利率相关，而殖利率的上升也会带动远期利率的上升，进而影响该商品的价值。利率对该商品的影响主要有两个方面：一是对折现因子的影响，利率越高，折现因子就越小，现金流的贴现价值就越小，债券的价格就越低；二是对票面利息的影响，殖利率越高使模拟出来的交换利率越高，长短期交换利率的利差为正数的概率就越高，票面利息就越高，因此债券的价格就越高。因此，远期利率对债券价值的影响取决于这两方面因素的综合影响。对于 Delta 系数的定义为远期利率曲线的平移对债券价值变化的影响。公式表示即为：

$$\text{Delta} = \frac{\Delta V}{\Delta F} = \frac{V_2 - V_1}{\Delta F} = \frac{V_2 - V_1}{F_2 - F_1} \tag{5-32}$$

其中，F_1 是根据初始市场数据求得的期初远期利率，V_1 为根据初始远期利率曲线得到的产品价值，V_2 为在其他参数不变的情况下，将远期利率变为 F_2 而得到的产品的价值。因此通过相同的定价方法，得到表5 – 15。

表 5 – 15　　　　　　　　　远期利率曲线平移对产品的影响

ΔF	CMS 价差区间型产品价值	Delta
30%	10359	− 2.43
20%	10403	− 1.45
10%	10549	11.7
0%	10432	0

续表

ΔF	CMS 价差区间型产品价值	Delta
−10%	10368	−6.4
−20%	10332	−5
−30%	10269	−5.43

从表 5 – 15 可以看出利率上涨 10% 商品价值上升 11.7% 。对于远期利率向上平移 10% ，债券价格上升，表明随着远期利率的增加，长期交换利率的增加幅度大于短期交换利率的增加幅度，满足付息条件的概率增加，使得现金流量增加，因而债券价格上升。但在利率上升 20% 和 30% 的情况下，短期交换利率也大幅度增加，虽然长期交换利率也增加，但是增加幅度没有短期交换利率增幅快，因此在增幅等于 20% 和 30% 的情况下，满足付息条件的概率并没有 10% 的情况下多，因而获得的票面利息减少。并且利率的上升使折现率上升，从而导致折现因子下降，债券价格下降。两方面的原因同时导致债券价格下降。进一步，根据 Delta 参数进行避险，对于本商品而言。远期利率上升 10% ，Delta 为 11.7，表明商品的价值上升 11.7% ；当利率下降 10% ，商品价值下降 6.4% ，因此我们可以通过反向头寸的操作进行避险，此时形成的资产组合不会随着远期利率的变动而受到影响。

2. Gamma 系数

Gamma 系数是指远期利率的变动对 Delta 的影响，公式为：

$$\text{Gamma} = \frac{\Delta Delta}{(\Delta F)^2} = \frac{V_2 - 2V_0 + V_1}{(\Delta F)^2} \tag{5 – 33}$$

Gamma 表明债券价格受到利率影响是否具有凸性，若具有凸性，则不能直接通过 Delta 进行套期保值，财务上采用分段避险，就是将殖利率曲线切割成数段，使每段的 Gamma 值保持中性，分段计算 Delta 值进行避险。本商品 V_0 代表原本的价格 10432，V_1 代表远期利率向上平移 10% 的价值 10549，V_2 代表远期利率向下平移 10% 的价值 10368。得到 Gamma 的值。

$$\text{Gamma} = \frac{10368 + 10549 - 2 \times 10432}{10^2} = 0.53$$ ，因此要进行避险，需要采用区间避险方法。

3. Vega 系数

Vega 系数定义为衡量债券价值对标的资产波动率的变化的比率。在 SABR – LIBOR 模型中，用局部波动率来刻画标的资产的波动率。即：

$$\text{Vega} = \frac{\Delta V}{\Delta \sigma} = \frac{V_1 - V_2}{\Delta \sigma} \tag{5-34}$$

通过计算可得，当波动率向上变化 1% 时，Vega 为 52.65 美元，当波动率下降 1% 时，Vega 减少 104.78 美元。对于波动率上升 2% 时，Vega 为 68.45 美元，当波动率下降 2% 时，Vega 减少 132.87 美元。当波动率上升 3%，Vega 为 12.57。当波动率增加超过 3%，Vega 呈现负值。Vega 等于波动率价值的变化对于债券价值的影响在于两方面：一方面就选择权而言，波动率的增加会增加买权或者卖权的价值。而该产品是由一个零息债券加上一个利差数位买权组成，因此波动率区间结构向上平移必然会造成债券价格上升；而另一方面波动率提高也会造成未来利率上涨的可能性增加，从而更有可能导致债券价格下降。

4. 基于敏感性分析的政策建议

通过以上对产品的建模中各个参数进行的敏感性分析，根据结论能够给予投资者以下建议。

首先，就 Delta 系数而言，我们知道期初远期利率的下降，债券价格保持相对稳定的下降趋势，而当期初远期利率上升时，在增幅较小时产品价格上升，然而当增幅过高时，会使产品价格不增反降，会对投资者造成损失。因此投资者在购买产品时，应当判断当前利率在未来的走势及落入区间，由此进行判断产品的价值。而对于避险者而言，可以在使资产组合保持 Gamma 中性的同时，利用 Delta 进行反向头寸的操作，起到套期保值的作用，从而使资产组合不受到期初远期利率平移的影响。

其次，就 Vega 系数而言，在一定范围内，局部波动率越大，产品的理论值越大。对于投资者而言，首先需要判断投资期内的金融市场是处于震荡期还是平稳期，对于只是具有一定波动程度的市场，该产品能够为投资者带来很好的回报，且能有效地对冲风险。然而当出现剧烈波动时，如金融危机的爆发，可能会使长短期互换利率出现逆转，例如欧元区 2008 年 5 月 30 日开始，长短期 CMS 出现持续逆转现象，从而给投资者带来严重的损失。

最后，通过敏感度分析发现，发行机构的风险在于殖利率小幅上升以及波动率的小幅上升，这些都会使发行机构利润减少，因此发行机构通常需要设定回购条款，以免风险过大，发行机构无法承受价值变化。但是总体而言，此类商品设计稳健，殖利率与波动率变化所造成的价格变动能够保持在一定的范围内，因此适合大额的金融避险策略。如果商品的敏感度较高，可以采取以下措施进行补良：付息利率的改变，指标利率落入区间的变动，设置利率最高限额等，将会设计出一套更加稳健的产品。

第四节　研究结论与展望

一　研究结论

本章目的在于寻求一个稳定、科学、准确的定价体系，包括选择正确科学的模型、模型参数确定、产品的价值构成和定价数学方法等。尽管目前该产品并未在我国市场流通，但是对于以后我国如何管理该产品有很好的理论指导意义，对于部分海外企业利用该产品进行套期保值也具有良好的参考价值。研究结论如下：

（1）在利率模型的选择上，本章在标准的 LIBOR 市场模型中加入随机波动率项，能够更好地反映实际情况下波动率微笑的特征，更好地符合实际利率波动的过程。在利率模型的校准过程中，采用一般市场检验结果中远期瞬间波动率符合驼峰状的特点，更加符合市场上利率波动效果。

（2）在估值方面，采用蒙特卡罗技术能够使模型的准确度得到极大的提高，且其估计的标准误差及收敛速度与解决问题的维数独立，可以有效地解决"维数灾难"现象，借助计算机可以模拟出利率衍生品的利率路径图及产品价值，从而对发行机构定价具有指导意义。

（3）在上述定价方法基础上，对模型各参数进行敏感度分析，研究殖利率与波动度对商品价格的影响。发现该商品设计非常稳健，殖利率及波动率的变化对价格的变动都在一定的范围内，且波动率带来的影响要于殖利率带来的影响，且在实际过程中，投资者需要根据投资环境和市场预期的变化而采取不同的投资策略。

二 研究展望

由于本章研究内容的复杂性和综合性，研究领域的相关方法并不是很成熟，对于 SABR – LIBOR 模型以及敏感性分析的文献也比较少，且笔者水平有限，因此本章中存在许多不足之处，对于问题的研究尚处于起步阶段，有很多问题需要进一步探讨。

（1）本章采用的是单因子的 SABR – LIBOR 模型，且假设远期相关系数为 1，即未来远期利率完全相关，这与实际情况不符，因而利率模拟估计的精确性值得商榷，需进一步研究。

（2）对于商品价格的数值计算，本章采用的是正向蒙特卡罗模拟，该数值方法只能计算欧式债券价格，对于带有回购条款的债券并不适用，这是今后需要进一步改进的方面。

（3）对于蒙特卡罗模拟需要十万次才能使价格达到收敛，模拟时间较长，需要在减少模拟的时间方面进行改进。

第六章 SVJD – LIBOR 市场模型及其美式 CMS 价差债券定价

基于随机波动率与跳跃扩散过程双重驱动非标准化 LIBOR 市场模型，利用最小二乘蒙特卡罗模拟（LSM）方法，对具有可提前赎回权的美式 CMS 价差区间型连动债券定价的模拟计算问题进行深入分析与探讨。本章认为，带跳跃扩散项的 LIBOR 市场模型与随机波动率，能够有效刻画出 LIBOR 利率期限结构的动态变化特征。因此，在此尝试将跳跃扩散和随机波动率下的 LIBOR 市场模型引入百慕大性质的 CMS 价差区间型连动债券定价过程中，利用充分考虑市场历史信息的 MCMC 方法，估计 SVJD – LMM 中参数，利用改进后的最小二乘蒙特卡罗方法实现 CMS 价差区间型连动债券的定价过程。

第一节 研究背景、意义及内容框架

一 研究背景

根据表 6 – 1 的数据，可以得出，利率衍生品交易金额为 55 万亿美元，占所有场外交易衍生品交易量的 84% 左右，已经占据全球场外交易衍生品主导地位。随着利率市场化的改革，我国利率衍生品必然会出现较大的发展空间，结合国内实际情况，本章着重研究利率衍生品。

表 6 – 1　　　　　　　　全球场外交易的衍生品

标的资产分类	估计值（亿美元）	占比（%）
利率	553880	83.79
外汇	64698	9.79
股权	6841	1.04

续表

标的资产分类	估计值（亿美元）	占比（%）
大宗商品	3197	0.48
信用违约	32409	4.9
合计	661025	100

资料来源：BIS（2013）。

　　在 2008 年金融危机前，利率衍生品中的结构性金融产品在全世界范围内都是相当热门的，金融机构不断推出种类繁多的利率结构性金融产品，而许多投资者在未了解其风险的情况下争先恐后地购买。2008 年之后，购买利率结构性金融产品的投资者出现大面积亏损，甚至血本无归，导致投资者在这之后许多年内对利率结构性金融产品敬而远之。究其原因，主要在于众多投资者使用的利率结构性金融产品的理论计算模型比较落后。

　　当今利率衍生品市场呈现出了两个重要特征：一是 LIBOR 利率作为国际货币市场的基准利率，其作用越来越明显，以 LIBOR 或者由 LIBOR 引申出的 Swap 为标的的利率衍生品层出不穷；二是这些利率衍生品的复杂多样性增加了市场的波动性和风险性，LIBOR 的动态变化过程也就越来越复杂。传统的标准 LIBOR 市场模型就难以满足定价的需求，非标准的扩展形式的 LIBOR 市场模型就成为首选；比如，CMS 价差区间型金融产品，针对其关键数据——LIBOR 远期利率变化路径的数学建模太简单。次贷危机以来，LIBOR 利率变动剧烈，LIBOR 波动率随机性特征和 LIBOR 远期利率的跳跃特征越来越明显，仅仅使用 LMM 标准型甚至LMM-SV 已经无法满足 CMS 价差区间型金融产品的定价需要。

　　根据普益财富的报道，2013 年 4 月 4 日到 2013 年 4 月 10 日一周内，国内一共发行了 227 款理财产品，其中结构性金融产品有 64 款，占 28.2%。国内结构性金融产品市场正在快速发展。2013 年 7 月 20 日，中国人民银行全面放开对金融机构贷款利率的管制，下一步将加速完善存款利率市场化所需的各项基础条件。这意味着中国利率市场化改革进程接近尾声。利率市场化后，国内利率风险将陡增，这将促进国内利率衍生品的飞速发展，而国内商业银行对于利率结构性金融产品的定价水平与国际先进水平还有很大的差距，况且国内对于利率衍生品的定价研究并不多。综观全球市场，利率互换一般占利率衍生品的79%，而 CMS 类结构性金融产品是与利率互换率变动风险相关的风险管理工具。国内对该产品的研究十分匮乏，本书将充实国内对于 CMS 类结构性金融产品的定价研究。结构性金融产品定价的复杂程度比较高，定价分析时会涉及较多的比较难的方法。本章针对 CMS 价差区间型连动债券进行定价分析，希望能让更多的投资者在购买金融产品前，能用更完善的方法评估该金融产品的收益与风险。

二 研究意义

1. 理论意义

一般的 CMS 价差区间型连动债券价值可拆解为：零息债券价值＋浮动利息债券价值＋可回售权价值－可赎回权价值，其中，零息债券收益与浮动利息债券相结合就是普通固定收益证券，CMS 价差区间型连动债券定价的复杂之处在于对具有百慕大性质的可回售权和可赎回权的计算。在计算折现率和 CMS 时，我们又要运用十分复杂的 LIBOR 市场模型。标准的 LIBOR 市场模型由 Brace、Gaterek 和 Musiela 于 1997 年提出，可是此模型设定利率的波动率为常数，而现实情况的波动率具有微笑或者偏斜的特征。由此引出一个学术研究目标：如何更好地刻画 LIBOR 远期利率的波动率微笑或者偏斜。之后的学者在此模型基础上作出大量的扩展模型。本章采用的模型是在 LIBOR 市场模型中加入跳跃扩散项和波动率随机微分方程，首先应用 Black 逆推参数校正方法以及马尔科夫链蒙特卡罗模拟（MCMC）中的一种改进参数估计方法——Metropolis－Hastings 算法来对随机波动率模型的参数进行估计，利用历史真实数据验证该模型拟合度更高，然后利用 LMM－SV－JD 模型对 CMS 价差区间型债券进行定价分析，最后用蒙特卡罗模拟方法对未来的价格进行模拟。

2. 现实意义

首先，利率市场化改革还在推进，未来央行的货币政策的调控目标从广义货币供应量（M2）转向 SHIBOR 利率，即直接调控转变为间接调控，而 LIBOR 利率作为全世界最为成熟的银行间利率，对 SHIBOR 利率具有指导性意义。其次，商业银行的风险管理的范围扩大到利率风险，研究 SVJD－LMM 模型有助于提高商业银行利率风险管理能力。最后，中国金融衍生品具有极大的发展潜力，以远期利率协议、利率期货、利率期权、利率互换为代表的基础利率衍生产品必将继续发挥重要的作用。

三　研究框架以及创新之处

1. 研究框架

本章以 CMS 价差区间型连动债券为主要研究对象，将其视为多种利率衍生产品的组合。在此基础上，首先分析该产品的价值组成，然后简要介绍 MCMC 方法和 LSM 方法。在标准 LIBOR 市场模型中加入 Heston 随机波动率过程和一般的跳跃扩散过程，用 3 个月 LIBOR 利率为标的变量的 Cap 市场报价和 Swap 报价估计局部波动率，并用 Swaption 报价估计相关性系数。同时选取 2006 年 6 月 15 日起至 2006 年 9 月 15 日的即期 3 个月 LIBOR 利率为估计样本，利用 MCMC 方法，对每一个固定区间（90 天）的 LIBOR 市场模型所加入的随机波动率参数和跳跃扩散项的参数进行估计。并在此 LIBOR 利率的运动路径下，以荷商安智银行的 2 年期美元计价的"威力 55"CMS 价差连动债券——具有提前赎回特征的 CMS 价差区间型债券为例，将用普通最小二乘蒙特卡罗方法进行定价分析。

2. 创新之处

（1）建立了 CMS 价差区间型连动债券的价值表达式。本章利用金融工程的分解复制原理，针对现阶段普遍存在的带有可提前赎回条款的 CMS 价差区间型连动债券进行理论上的价值组成的代数分析。在此主要的工作是对于可提前赎回价值的研究分析。

（2）建立 LMM‑SV‑JD 模型。主要基于 CMS 价差区间型连动债券的定价问题的实际需要，在满足市场的历史信息、当前市场信息和建模者主观判断三大估计条件的要求下，运用 Black 逆推公式和 MCMC 参数估计方法建立了 SVJD‑LMM 模型。

（3）最小二乘蒙特卡罗模拟方法对百慕大式 CMS 价差区间型连动债券的定价方法的研究。根据产品本身内含的可提前赎回特征的百慕大式期权的最优执行策略理论，对荷商安智银行的 2 年期美元计价的"威力 55"CMS 价差连动债券——具有提前赎回特征的 CMS 价差区间型债券进行定价分析。

第二节　CMS 价差类债券定价的基本理论分析

根据 CMS 价差区间型连动债券的合约条款，最一般的价值组成可以表示为：CMS 价差区间型连动债券价值 = 本金 + 固定收益价值 + 浮动收益价值 – 可赎回权。本节主要根据金融工程的分解组合原理，首先分析了影响 CMS 价差区间型连动债券价值的三个基本因素。在此基础之上，提出该债券价值的代数解析公式；最后对该债券各部分的特点进行评述。

一 基本价值构成分析

本节研究与固定期限互换率的价差连动并带有提前赎回权的 CMS 价差区间型连动债券，主要出于以下两个方面考虑：从理论方面来讲，该连动债券具有影响 CMS 价差期间型连动债券定价的三个基本要素，即可提前赎回权确定了债券的连接成分，与固定期限互换率的价差连动确定了该债券的连接标的，区间累积性质确定了该债券的连接方式。所以，我们可以通过完整地分析出影响债券价值组成的各个因素来定价该债券，理论意义重大。从实际方面来讲，为了发行结构性金融产品来创造收益，一些结构比较复杂的连动债券就获得了债券设计者的偏爱。带有可提前赎回权并具有奇异期权特征的连动债券层出不穷也证明了这一点。同时，考虑到 LIBOR 利率是计算 CMS 的基础数据，要计算 CMS 的价差，必须先算出 LIBOR 的远期利率变动路径，对此债券的定价进行分析有助于我国 SHIBOR 远期利率的市场模型，对于以 SHIBOR 利率联动的人民币 CMS 价差区间型连动债券定价的研究也具有重要的实践意义。

假设该 CMS 价差区间型连动债券的存续期为 $[T_0, T_z]$，其中 T_0 为当前日期，也就是该债券计息日，债券到期日则是 T_z。接着，假设一个完备的概率空间 $[\Omega, F, Q]$，其中，非空集合表示成 Ω，代表了所有可能发生的信息和经济事件。F 是 Ω 的子集族，称为 σ^-，其代表了某一时刻得到的所有经济信息，即在离散情况下的信息滤波 $(F_{T_j})_{j=0,\cdots,z}$。Q 代表了相应的概率测度。当债券没有提前赎回权时，债券的价值可以表示为：

$$V^{NC}(T_a) = E\left[\sum_{i=a+1}^{z} \frac{K(T_i)}{B(T_i)} + \frac{1}{B(T_z)} \,\middle|\, F_{T_a}\right] \tag{6-1}$$

其中，$V^{NC}(T_a)$ 代表 T_a 时刻不可提前赎回条件下的 CMS 价差区间型连动债券的理论价值，债券的利息支付时刻表示成 $K(T_i)$。债券内含衍生工具的盈亏收益函数决定债券的利息。例如本节定价的债券，该利息即为区间累积期权在各个区间内相应的利息支付时刻的盈亏收益。同时，

当 $i > z$ 时，$\sum\limits_{i=a+1}^{z} (\cdots) = 0$。因此，$V^{NC}(T_z) = 1/B(T_z)$。

当该债券带有提前赎回权时，即根据合同条款规定，发行机构在任何停时处可以提前终止该债券。目前在国际上发行的该可提前赎回债券都假设发行机构在每期利息支付日可以终止该债券。根据以上分析，在债券期初时刻 T_0，其理论价值可以表示为：

$$
\begin{aligned}
V &= E\Big[\sum_{i=0}^{\xi(\tau_k)} \frac{K(T_j)}{B(T_i)} + \frac{1}{B(\tau_k)} \Big| F_{T_0} \Big] \\
&= E\Big[\sum_{i=0}^{z} \frac{K(T_i)}{B(T_i)} \Big| F_{T_0} \Big] + E\Big[\frac{1}{B(T_z)} \Big| F_{T_0} \Big] \\
&\quad - E\Big[E\Big[\sum_{i=\xi(\tau_k)+1}^{z} \frac{K(T_i)}{B(T_i)} + \frac{1}{B(T_z)} \Big| F_{T_0} \Big] - \frac{1}{B(\tau_k)} \Big| F_{T_0} \Big] \\
&= V_1^{NC}(T_0) + V_2^{NC}(T_0) - C_1(T_0)
\end{aligned}
\tag{6-2}
$$

其中，$\xi(\tau_k)$ 表示该债券各停时的顺序。因此，从上述式子可以看出带有可提前赎回权的 CMS 价差区间型连动债券由三部分组成：区间累积期权所得到的浮动收益、零息债券以及可赎回权。$V_1^{NC}(T_0)$ 表示区间累积期权的价值，$V_2^{NC}(T_0)$ 表示零息债券的价值，$C_1(T_0)$ 表示可提前赎回权的价值。追求利润最大化是发行机构的首要目的，发行机构肯定希望更少的未来现金流出，即 V 越小越好。同时，$V_1^{NC}(T_0) + V_2^{NC}(T_0)$ 可以看作一个普通的附息债券，它的价值是由标的资产未来价格的走势决定。而最值得研究的地方是如何选择最优执行点以达到最小化。可提前赎回权是一种百慕大式看涨期权，由有限个执行点组成，以 τ_k 时刻为起始日的不可提前赎回债券的价值与该债券面值折现到 τ_k 时刻的现值之差是其盈亏函数。此处，$V^{NC}(\tau_k) = V_1^{NC}(\tau_k) + V_2^{NC}(\tau_k)$ 可被看成是付息债券的价格，$1/B(T_{\tau_k})$ 被看作该期权的执行价格。为算出该期权价值，本节把该可提前赎回期权的盈亏收益函数定义为 $Z(T_a)$，即：

$$
Z(T_a) = V^{NC}(T_a) - \frac{1}{B(T_a)}
\tag{6-3}
$$

从上述公式中可得出，若该期权被执行，那么相当于期权买方得到了附息债券的现金流现值，同时支付债券面值的现值。本节引入一个函数 $(U(T_j))_{j=k,\cdots,z}$ 来代替该期权盈亏函数 $(Z(T_j))_{j=k,\cdots,z}$。同时，实际上，开始几期内不许执行该期权的条款经常出现，为了完整地叙述理论，可赎回产品的起始点为 T_j，则 $(U(T_j))_{j=k,\cdots,z}$ 可以表示为：

$$U(T_j) = \begin{cases} \sup\limits_{\tau \in \Gamma_{k,z}} E[Z(\tau) \mid F_{T_j}], & k \leqslant j < z \\ E[U(T_k) \mid F_{T_j}], & j < k \end{cases} \tag{6-4}$$

可以用向后动态规划的方法解决上式的问题——最优停时问题，T_0 时刻可赎回权价值为：

$$C_1(T_0) = E[U(T_k) \mid F_{T_0}] = E[Z(\tau_k) \mid F_{T_0}] \tag{6-5}$$

二　附息债券的定价方法

浮动收益价值与零息债券价值决定了产品价值构成中的附息债券价值，其中，相应期间内区间累计期权的盈亏函数就是各期浮动收益价值。

1. 零息债券价值

该 CMS 价差区间型连动债券中的零息债券部分的定价方法比较普通。任何一种金融衍生品的价值都等于该工具在未来所能够给投资者带来的现金流量的现值之和，即现金流折现法（DCF）。因此，该部分的理论价值就是该债券面值的现值。在面值贴现时，如何确定贴现率是一个十分关键的问题。这在债券定价甚至在整个金融产品定价中是最值得定价者研究的一个命题。假设贴现率为一年期存款利率或者是国债利率，且短期不变。然而，该类债券的期限基本上都在一年以上，而且债券利率依赖于发行期内每日的利率期限结构。所以，假设贴现率为国债利率或者是一年期存款利率并不符合实际情况。所以，需要用某种利率期限结构模型来模拟远期利率变动，然后推出贴现率变动。由于该债券标的变量是 3 个月 LIBOR 远期利率。所以，作为该零息债券的贴现率，本节采用 3 个月 LIBOR 远期利率，其价值为：

$$P = \frac{1}{B(T_j)} = \frac{1}{\prod\limits_{i=1}^{j}(1 + \Delta \times F_i(T_{i-1}))} \tag{6-6}$$

其中，$F_i(T_{i-1})$ 表示在时间区间 $[T_{i-1}, T_i]$ 内，以 T_{i-1} 为远期利率的期初时刻，Δ 为时间区间的以年为单位的跨度。

2. 浮动收益债券价值

该 CMS 价差区间型连动债券的浮动收益债券部分即为区间累积期权的盈亏函数，所以，首先需要对区间累积期权的组成部分——数值期权的价值进行确定。为了算出该产品浮动收益部分的价值，将所有数值期权在一段期限内的价值加总即可。本节假设 LIBOR 远期利率服从基于跳跃扩散过程和随机波动率过程的 LIBOR 市场模型，并且以此对可赎回的证券进行定价，如果从求封闭解的角度上去寻求定价结果，这将会相当复杂，所以我们从数值分析方法对该债券进行定价。

目前，对金融衍生工具进行数值分析的定价方法有两种，分别是：蒙特卡罗模拟方法和网格分析技术。网格分析技术存在诸多的局限性：首先，该方法无法包含区间累积期权的标的资产所服从的特定随机过程，比如，LIBOR 市场模型以及加入随机波动率和跳跃扩散过程的扩展情况。其次，该方法只对于低维或是少量执行点的情况下才有效，但是，该区间累积期权具有较多的可执行点，计算过程会非常复杂。最后，定价模型本身的不足会使该方法不能得出该类期权的准确价格。比如，收敛过程的波动比较大，收敛速度特别缓慢。然而，为了解决网格分析方法的以上缺点，可以使用蒙特卡罗模拟方法，该方法是众多数值分析方法中最为有效的。首先，假定条件设定好以后，模拟出数千条模拟路径，在相应的测度下，各条路径下盈亏函数的平均值就是区间累积期权的价值。相比网格方法和解析方法，这种方法要简单得多。其次，顺利解决网格分析方法中易出现的"维数灾难"问题，因为期权标的资产维数与蒙特卡罗模拟方法是独立的。最后，为了使期权价值收敛，我们应该增加蒙特卡罗模拟次数，这样可以避免网格定价方法得出发散的结果。综上所述，本节将采用蒙特卡罗模拟方法对该 CMS 价差区间型连动债券的区间累积期权进行定价。

三 可赎回权的定价方法

由上述价值组成分析可知，该 CMS 价差区间型连动债券所内含的可提前赎回权可归类为百慕大式看涨期权，且其执行价格会变动。由于蒙特卡罗模拟具有向前模拟的特征，学界一度认为不能将该方法运用到上述百慕大式期权定价中去。随着计算机技术的飞速发展和期权定价研究的不断深入，许多学者提出了多种美式金融衍生工具的定价方法，如策略迭代法、随机网格方法、状态分层方法、随机树方法和基于回归的逆向推导方法。对于策略迭代法，我们在每一次迭代时，需要用更高阶的嵌入式蒙特卡罗模拟来分析执行策略，这意味着计算时间非常长，计算量极大；如果增加状态空间的维度，状态分层方法的复杂性将呈现幂数级增长；如果增加执行时刻的数量，随机树方法的复杂性也将呈现出幂数级增长；这意味着这些方法不能用于多执行时刻和多维度的百慕大式期权定价。基于回归的逆向推导方法是广义上随机网格方法的一种特殊情况，这种方法普遍应用于百慕大式期权定价，与前几种方法相比减少了很多的计算量。所以，本节采用基于回归的逆向推导方法来计算上述嵌入 CMS 价差区间型连动债券中的可赎回权的价值。根据上文分析，该可赎回权的价值迭代表达式是：

$$\begin{cases} U(T_z) = Z(T_z) = 0 \\ U(T_i) = \max\{Z(T_i), \ \Gamma(T_i)\}, \ i = k, \ \cdots, \ z - 1 \end{cases} \quad (6-7)$$

其中，$U(T_i)$ 为 T_i 时刻该期权的价值函数，$Z(T_i)$ 为 T_i 时刻该类权的盈亏函数，即内在价值，Γ_i 为 T_i 时刻该期权的时间价值。上述公式的意思是，T_i 时刻该期权的价值是由在该时刻期权的内在价值和时间价值两者中的最大值来决定的。那么，要对该期权定价，就先要确定时间价值。根据回归计算方法，确定该期权时间价值的公式为：

$$\Gamma(T_i) = E[V_{i+1}(X_{i+1}) \mid X_i = x] = \sum_{\gamma=1}^{Z} \beta_{j\gamma} \Psi_{\gamma}(x) = \beta_i^T \Psi(x) \quad (6-8)$$

其中，$\beta_i^T = (\beta_{i1}, \ \beta_{i2}, \ \cdots, \ \beta_{iZ})$，$\Psi(x) = (\Psi_1(x), \ \Psi_2(x), \ \cdots, \ \Psi_M(x))$，是由基本函数组成多项式。通过回归方法，可以得到系数向量 β_j：

$$\beta_i = (E[\Psi(X_{i+1})\Psi(X_i)])^{-1}E[\Psi(X_{i+1})V_{i+1}(X_{i+1})]) \equiv B_{\Psi}^{-1}B_{\Psi V}$$

其中，B_{Ψ} 表示 $Z \times Z$ 非奇异矩阵，$B_{\Psi V}$ 表示长度为 Z 的向量。X_i 和 X_{i+1} 服从联合概率分布，并有马尔科夫性质。结合本节研究的产品情况，基本函数的有限个数是 z，k 个产品标的价格运动路径 $(X_{1k}, X_{2k}, \cdots, X_{zk})$，且相互独立。并且假设 $V_{i+1}(X_{i+1,k})$ 是一阶矩形式，则 β_k 的最小二乘估计量为：$\hat{\beta}_k = \hat{B}_{\Psi}^{-1}\hat{B}_{\Psi V}$。

其中，$\hat{B}_{\Psi}$ 和 $\hat{B}_{\Psi V}$ 实际上是在 B_{Ψ} 和 $B_{\Psi V}$ 中提取了有限个元素组成的子向量。所以，对于两个连续的点 $(X_{i,k}, X_{i+1,k})$：

$$E[\Psi(X_{i+1})\Psi(X_i)] \approx \hat{B}_{\Psi} = \frac{1}{k}\sum_{j=1}^{k} \Psi_q(X_{ij})\Psi_r(X_{ij})$$

$$E[\Psi(X_i)V_{i+1}(X_{i+1})] \approx \hat{B}_{\Psi V} = \frac{1}{k}\sum_{j=1}^{k} \Psi_r(X_{ij})V_{i+1}(X_{i+1,j})$$

其中，考虑到该方法逆向推导的特征，通过回归方法可算出 $V_{i=1}$ 在有限元素下的估计值 $\hat{V}_{i+1}$。故考虑状态空间 $\mathcal{R}^d$，该百慕大式期权的时间价值的估计量在任意路径中的任意时点可以表示为：$\hat{C}_i(x) = \hat{\beta}_i^T \Psi(x)$。

其中，$\psi(x)$ 表示由基本函数组成的多项式。基于回归的逆向推导方法又可以分为两种：由 Tsitsiklis 等（1996）所提出的价值函数逆向迭代；由 Longstaff 和 Schwartz（2001）所提出的最小二乘蒙特卡罗方法。本章使用最小二乘蒙特卡罗方法。

第三节　SVJD – LIBOR 市场模型的参数估计

在此，首先阐述 LIBOR 市场模型改进的各种方法，其次确定本章所选用的改进方法，即在 LMM – SV 的基础上，加跳跃扩散过程，简称 LMM – SV – JD 模型。然后，从理论上分析了 BS 公式逆推校正局部波动率方法和相关性系数计算方法。接着，阐述如何用 MCMC 参数估计方法估计模型中的其余参数。接着，又对模型中的局部波动率、相关性系数、跳跃扩散过程的参数和随机波动率方程中的参数进行分析确定。最后，利用蒙特卡罗模拟方法分别对 LMM – SV – JD 模型、LMM – SV 模型和 LMM 标准型进行模拟，并与实际数据进行对比分析，得出 LMM – SV – JD 模型更为接近于 LIBOR 利率实际走势。

一　选择 LIBOR 市场模型的改进方法

金融市场数据往往具有两个重要的特点：一是尖峰厚尾现象，二是无法预期的跳跃。Das（2002）认为，跳跃行为广泛存在于各种利率变化之中。金融危机、股市崩盘、货币政策变化等往往引起利率的跳跃变化，这恰恰符合有效市场假说。为了把各种突发事件的影响加入到模型中去，他认为，利率这一随机变量的变化过程可以分解为纯随机跳跃与布朗运动的混合。假设跳跃部分与连续部分是相互独立的，那么复合的跳跃扩散过程能更好地解释利率的随机变化过程。Johannes（2004）认为，过度尖峰现象普遍存在于利率之中，而一般的扩散模型均无法解释，跳跃扩散模型却是这个现象的一个很有效的方法。本章又考虑到模型中已经含有随机波动率 SDE，若再加入复杂的跳跃扩散项则会加大本章模型的计算难度和计算时间。所以本章尝试使用正态跳跃，即跳跃高度服从正态分布，微分项服从泊松跳跃。

综上所述，本章采用 SVJD – LIBOR 模型来表示 LIBOR 远期利率所服从的随机过程。在此基础上，与不含跳跃扩散项的 SV – LIBOR 市场模型和标准化 LIBOR 市场模型进行对比，考察利率模拟路径与实际 LIBOR 利率走势离差大小。基于以上分析，在即期测度下，本章选用的随机微分方程有两个：一是 LIBOR 市场模型，并带有跳跃扩散项；二是随机波动率模型。两式联立组成 SVJD – LIBOR 模型：

$$
\begin{cases}
d[\ln F_i(t)] = \theta(t)\sigma_i(t) \times \sum_{j=k+1}^{i} \dfrac{\rho_{i,j}^* \tau_j \sigma_j(t) F_j(t)}{1 + \tau_j F_j(t)} dt - \dfrac{1}{2}\theta(t)\sigma_i^2(t) dt \\
\qquad\quad + \sqrt{\theta(t)}\sigma_i(t) dZ_1^k(t) + J_t dq_t \\
d\theta(t) = \kappa(\nu - \theta(t)) dt + \tau\sqrt{\theta(t)} dw_t \\
dZ_1^k(t) dw_t = \rho dt
\end{cases}
\tag{6-9}
$$

其中，$k < i$，$t \leqslant T$，$F_i(t)$ 表示为时刻未来 T_{i-1} 到 T_i 之间的远期利率，$\theta(t)$ 为随机波动率矩阵，$J_t \sim N(\psi, r^2)$，q_t 服从频率为 λ^* 的泊松分布，本章所需要估计的参数为局部波动率矩阵 σ、远期利率瞬间相关系数 ρ^* 以及随机波动率 SDE 中的各参数 κ、v、τ 以及相关系数 ρ。

二 模型参数的校准和估计

1. 校准局部波动率 $\sigma_i(t)$

校准局部波动率利用市场上 Cap 隐含波动率报价，该报价市场流动性较好，组成成分 Caplet 的波动率便可计算出来，局部波动率参数可根据 Caplet 定价公式逆推得到，主要步骤如下：

（1）确定远期利率的波动率期限结构。远期利率波动率期限结构包括以下两种形式：

一是参数化形态。瞬时波动率是一个关于时间 t 的函数，基本形式为：

$$
\sigma_i(t) = \Psi(T_{i-1} - t; \ a, \ b, \ c, \ d) = [a(T_{i-1} - t) + d]e^{-b(T_{i-1} - t)} + c
\tag{6-10}
$$

这种假设瞬时波动率是一个以远期利率距各自到期日（$T_{i-1} - t$）的时间函数，其波动率期限结构和市场波动率现象一致，并且瞬间波动率收敛到有限数值 d。

将式（6 – 10）代入 $(v_{T_{i-1}-\text{Caplet}}^{BGM})^2 = \dfrac{1}{T_{i-1} - t}\int_0^{T_{i-1}} \sigma_i(t)^2 dt, i = 1, 2, \cdots, N$，得：

$$
(v_{T_i-\text{Caplet}}^{BGM})^2 = \int_0^{T_{i-1}} \{[a(T_{i-1} - t) + d]e^{-b(T_{i-1}-t)} + c\} dt/(T_{i-1} - t), i = 1,
$$

$$
2, \cdots, N
\tag{6-11}
$$

因此，只要有 Caplet 市场波动率各个期限报价，校准 LIBOR 市场模型中整个波动率期限结构即可。换句话说，求出使得隐含波动率与理论波动率均方差 SSE 最小的 a，b，c，d，如下：

$$\text{SSE}(a,b,c,d) = \min \sqrt{\sum_{i=1}^{m} \left[(v_{T_{i-1}-\text{Caplet}}^{LMM})^2 - (v_{T_{i-1}-\text{Caplet}}^{MKT})^2 \right]^2} \quad (6-12)$$

二是 Rebonato 和 Brigo Mercurio（2006）拟合瞬间远期波动率期限结构，则使用以下函数：

$$\sigma_i(t) = \kappa_i \psi(T_{i-1} - t; \ a, \ b, \ c, \ d) = \kappa_i \{ [a(T_{i-1} - t) + d] e^{-b(T_{i-1} - t)} + c \}$$

根据不同到期日 T_i 的远期利率，参数 κ_i 对 $\psi(T_{i-1} - t; \ a, \ b, \ c, \ d)$ 细微修正，接近于 1 的修正本质上不会破坏其与到期日具有相关性，却增加了 Cap 校准的弹性，提高了精度。一般情况下可用 MATLAB 中的 fminsearch 函数计算 a，b，c，d 的值。

（2）分段固定形态。主要指假设瞬间波动率的参数在一段固定的时间区间内为某个常数。每个时间点在上述参数化形态假设下都有相应的波动率，从而需要计算太多的参数，计算速度受影响。极大地减少了参数估计量，节省了时间。由于随机波动率部分会二次调整波动率期限结构，所以分段固定形态已经能保证参数计算的精度，而且极大地减少了参数估计量，LIBOR 利率的模拟过程得以简化，衍生产品的定价变得更简单，节省了计算时间。此外，Glasserman（2004）认为，波动率其结构是平稳的，因为波动率只由 $T_i - T_{\beta(t)-1}$ 决定。本章使用：

$$\sigma_i(t) = \sigma_{i,\beta(t)} = \eta_{i-[\beta(t)-1]}，\text{其中，} t \in [T_{\beta(t)-1}, \ T_i] \quad (6-13)$$

该分段固定波动率期限结构如表 6-2 所示。

表 6-2 　　　　　　　　　　分段固定波动率期限结构

瞬间波动率	$t \in (0, T_0]$	$(T_0, T_1]$	$(T_1, T_2]$	...	$(T_{N-2}, T_{N-1}]$
$F_1(t)$	η_1	已到期		...	
$F_2(t)$	η_2	η_1	已到期	...	
...	...	...	...	...	已到期
$F_N(t)$	η_N	η_{N-1}	η_{N-2}	...	η_1

其中，"已到期"代表每个远期利率一旦到达到期日变为即期利率后，对后期时间点而言为已知利率，所以波动率为零。

（3）利率看涨期权元（Caplet）波动率与 LIBOR 远期利率的波动率之间

的关系。利用布莱克－斯科尔斯期权定价模型，在标准 LIBOR 市场模型基础上，可推出 Caplet 定价公式：

$$
\begin{cases}
Cpl^{LMM}(t,T_{i-1},T_i,K) = P(t,T_i)\,\tau_i\big[F_i(t)\Phi(d_1(K,F_i(t),\nu_i)) \\
\qquad\qquad\qquad\qquad - K\Phi(d_2(K,F_i(t),\nu_i))\big] \\[2mm]
d_1(K,F_i(t),\nu_i) = \dfrac{\ln\left(\dfrac{F_i(t)}{K}\right)+\dfrac{\nu_i^2}{2}}{\nu_i},\, d_2(K,F_i(t),\nu_i) \\[4mm]
\qquad\qquad\quad = \dfrac{\ln\left(\dfrac{F_i(t)}{K}\right)-\dfrac{\nu_i^2}{2}}{\nu_i} \\[4mm]
\nu_i^2 = (T_{i-1}-t)\nu_{T_{i-1}-\text{Caplet}}^2 \\[2mm]
\nu_{T_{i-1}-\text{Caplet}}^2 = \dfrac{1}{T_{i-1}-t}\displaystyle\int_t^{T_{i-1}}|\sigma_i(s)|^2 ds = \dfrac{1}{T_{i-1}-t}(\eta_{\beta(t)-1}^2\Delta + \cdots + \eta_{T_{i-1}}^2\Delta)
\end{cases}
$$

$$(6-14)$$

$\nu_{T_{i-1}-\text{Caplet}}^2$ 是以 T_{i-1} 为确定收益的日子，支付日是 T_i。在 $T_{i-1}-t$ 区间内 LIBOR 远期利率波动率的平均值等于 Caplet 波动率。所以，为了运用自适应(bootstraping)方法得到以 t 为远期利率初始时刻的整个波动率期限结构 $\eta_{\beta(t)-1}^2\cdots\eta_{T_{i-1}}^2$，$i\in[1,\ N-1]$，只要知道各期 Caplet 报价，就可得到各期 Caplet 的隐含波动率。

（4）利率上限期权（Cap）的市场报价。尽管利用 LIBOR 波动率与 Caplet 之间的计算公式可以校正远期利率瞬间波动率，然而我们从市场上只能得到各期 Cap 波动率的报价。因为 Caplet 价值之和就是 Cap 的价值，所以，我们计算出 Caplet 的波动率报价可以利用 Cap 的波动率报价。我们首先需要知道 Cap 报价规则。Cap 的执行价格由 Cap 到期日相同的标准的利率互换率 $S_{\alpha,\beta}(t)$ 决定，这个价格就是平值报价，即：

$$
K = K_{ATM} = S_{\alpha,\beta}(t) = \frac{P(t,T_\alpha)-P(t,T_\beta)}{\displaystyle\sum_{i=\alpha+1}^{\beta} P(t,T_i)\Delta} \tag{6-15}
$$

以式(6-15)的 Black 形式下的 Cap 价格隐含波动率来表示 Cap 的报价；并且，全部通过平值(ATM)报价。其中，K_{ATM} 为平值时的 Cap 执行价值，$S_{\alpha,\beta}(t)$ 为对应的互换利率。α 为互换初始日，β 为到期日。由于 Cap 价值为 Caplet 价值之和，根据式(6-15)可以得到 Cap 的市场价格为：

$$Cap(t) = \sum_{i=1}^{n} \tau_i P(t, T_i) Bl(K, F_i(0), \sqrt{T_{i-1}} \nu_{T_{n-cap}}) \qquad (6-16)$$

（5）Cap 波动率和 Caplet 波动率之间的关系。虽然一系列 Caplet 组成 Cap，每个 Cap 包含了数个 Caplet，但是在报价的时候，对于每个 Cap 中所有的 Caplet 来说，都是相等的。即 $\nu_{T_{n-cap}}$，因此不同的平均波动率对应不同到期日的 Cap。但是，我们不能精确定价 Caplet，对于不同到期日的 Cap 中所包含的相同交割日、利率参考日以及执行价格的 Caplet，有不同的 Caplet 波动率与之相对应。所以，式（6 - 16）又可以表示成：

$$Cap(t) = \sum_{i=1}^{n} \tau_i P(t, T_i) Bl(K, F_i(0), \sqrt{T_{i-1}} \nu_{T_{n-cap}})$$

$$= \sum_{i=1}^{n} \tau_i P(t, T_i) Bl(K, F_i(0), \sqrt{T_{i-1}} \nu_{T_{i-1-Caplet}}) \qquad (6-17)$$

因此，在已知 Cap 市场报价的情况下，我们可利用式（6 - 12）、式（6 - 15）中 Cap 和 Caplet 的封闭解，反推 Caplet 的隐含波动率，然后推导出各期 LIBOR 远期利率瞬间波动率期限结构，可在分段固定假设条件下利用式（6 - 17）。

2. 校准 LIBOR 远期利率相关系数矩阵 ρ^*

目前计算瞬间相关性系数的方法有两大类：一类是在 BS 公式下推导出利率互换期权（Swaption）的隐含波动率，Swaption 的理论波动率可以用 LMM 模型推导，使隐含波动率与理论波动率的均方差 SSE 最小，则可以反推出远期利率瞬间相关系数；另一类则是利用远期利率的历史经验数据，用参数化函数推导各期远期利率之间的瞬间相关系数。

（1）利用 Swaption 波动率校准。首先求 Swaption 波动率。根据 Rebonato（1998）的论述，在现在时刻 t = 0 时，LMM 模型下的 Black Swaption 波动率为以下公式：

$$w_i(0) = \tau_i P(0, T_i) \Big/ \sum_{j=\alpha+1}^{\beta} \tau_i P(0, T_j)$$

$$(\nu_{\alpha,\beta-swaption}^{LMM})^2 = \sum_{i,j=\alpha+1}^{\beta} w_i(0) w_j(0) F_i(0) F_j(0) \rho_{i,j}^* \int_0^{T_\alpha} \sigma_i(t) \sigma_j(t) dt \Big/ S_{\alpha,\beta}(0)^2$$

$$(6-18)$$

其次，校准 LIBOR 瞬时相关性系数。由式（6 - 18）可知，除了瞬时相关性系数外，其余都是已知变量。所以可用市场上不同 Swap 和选择权到期日的 Swaption 波动率进行校准，反推出瞬时相关性系数，求出市场价格与理论价格均分差（SSE）最小的 $\rho_{i,j}^*$，相关算式如下：

$\rho_{i,j}^* = e^{-a\,|\,T_i - T_j\,|}$，$\beta \geq 0$，其中 a 是最小的正数值。

$$\text{SSE}(a) = \min \sqrt{\sum_{i=1}^m \left[\left(\nu_{T_{i-1}-swaption}^{LMM} \right)^2 - \left(\nu_{T_{i-1}-swaption}^{MKT} \right)^2 \right]^2} \qquad (6-19)$$

（2）利用历史经验数据校准。无论瞬间相关系数矩阵怎么参数化，都需要满足以下条件：一是对称性，对于任意 i，j，$\rho_{i,j}^* = \rho_{j,i}^*$；二是有意义，对于任意 i，j，$0 \leq \rho_{i,j}^* \leq 1$；三是对角线为 1；四是半正定矩阵，$\forall x$，$x^T \rho x \geq 0$，满足以上条件的参数函数主要有以下几种形式：

首先，Rebonato（1999）单参数函数：

$\rho_{i,j}^* = e^{-\beta\,|\,T_i - T_j\,|}$，$\beta \geq 0$，其中 β 是最小的正数值。 $\qquad (6-20)$

通过实证分析，我们发现任两个时间差距的远期利率间的相关系数为一个随着到期日增加而递增的函数。因为式（6-20）不能表现出这种特征，所以后来有学者继续扩展其参数函数，以下两个就是典型的例子。

$\rho_{i,j}^* = \exp\left[\log\rho_{1,N}^* \,|\, (i/N - 1)^\alpha - (j/N - 1)^\alpha \,| \right]$，参数为 $\rho_{i,j}^*$，α。

$\rho_{i,j}^* = \rho_{1,N}^* + (1 - \rho_{1,N}^*) \exp\left\{ -\beta\,|\,i-j\,| \exp\left[-\alpha\min(i,\,j) \right] \right\}$，$\rho_{1,N}^*$，$\beta > 0$，$\alpha \in R$

三 SVJD-LIBOR 市场模型的 MCMC 估计方法

本节在当前的模型参数估计中将历史经验信息添加进去。关于跳跃扩散模型和随机波动率模型的参数估计的最新研究，根据仿真模拟和计量经济学等技术的发展，学者们提出了不少可靠的估计手段。我们分析了各种估计方法的特点，将它们分成四种思路。第一种是 EMM，在模型检验中，有效矩估计方法存在过度辨别的问题，况且波动率的平滑和过滤等问题无法解决，对波动率进行预测和估算可能要用另外的方法；第二种是极大似然估计法，似然函数的具体形态很难得到；第三种是矩估计方法，此方法比较简单，只是权重函数很难得到；第四种马尔科夫链蒙特卡罗模拟方法（MCMC）属于贝叶斯学派的参数估计方法。MCMC 方法是一种采用了动态的抽样方法，全部使用计算机模拟，高维、静态的缺陷可以被有效克服，提高了计算的准确度。综上所述，本节根据基于分段固定的局部波动率和基于 Swaption 市场报价的相关性系数，通过 MC-MC 方法，利用过去每 3 个月的远期 LIBOR 利率的对数，对当前时刻开始对应的时间段内两个 SDE 方程中的参数进行估计。

　　为了将历史经验的信息加入 LIBOR 市场模型中波动率参数的过程以及将跳跃扩散加入 LIBOR 远期利率随机过程中去，我们在标准 LIBOR 市场模型的 SDE 上加入跳跃扩散过程，并且联立一个随机波动率 SDE，对该 LIBOR 随机过程和波动率随机过程中的参数则利用历史区间上的数据进行估计。根据式（6 - 1），假设 $\rho = 0$，令 $x_t = \ln(F_t(t))$，$h_t = \ln(\theta_t)$，对上式进行离散化，若 $A = \sigma_i(t) \times \sum_{j=k+1}^{i} \frac{\tau_j \sigma_j(t) F_j(t)}{1 + \tau_j F_j(t)} \Delta - \frac{1}{2} \sigma_i^2(t) \Delta$，$A$ 在每个时间区间内变化极小，本节假设 A 是分段常数，可得以下公式：

$$\begin{cases} x_{t+\Delta} = x_t + \exp(h_t) \times A + \exp(0.5h_t)\sigma_i(t)\xi_t + J_t dq_t \\ h_{t+\Delta} = h_t + [a - \varphi\exp(h_t)]/\exp(h_t) - 0.5 \times \Delta\,\tau^2/\exp(h_t) \\ \qquad\quad + \tau\exp(-0.5h_t)\sqrt{\Delta}\eta_t \end{cases} \quad (6-21)$$

　　上式中，$a = \kappa\nu\Delta$，$\varphi = k\Delta$。波动率状态变量 h_t 的联合后验分布可用以下式子表示：

$$p(h \mid \Theta, x) \propto p(x \mid \Theta, h)p(h \mid \Theta) \propto \prod_{t=1}^{T} p(h_t \mid h_{t-\Delta}, h_{t+\Delta}, \Theta, x), \Theta \text{ 表示}$$

参数集，其中，

$$p(h_t \mid h_{t-\Delta}, h_{t+\Delta}, \Theta, x) = p(x_t \mid h_t, \Theta)p(h_t \mid h_{t-\Delta}, \Theta)p(h_{t+\Delta} \mid h_t, \Theta);$$

$$x_{t+\Delta} \mid x_t, \psi, \gamma^2, \lambda \sim N(x_t + A\exp(h_t) + \lambda\psi, \Delta\sigma_i^2(t)\exp(h_t) + \lambda(1 - \lambda)\psi^2 + \lambda\gamma^2);$$

$$h_t \mid h_{t-\Delta}, a, \varphi, \tau^2 \sim N(h_{t-\Delta} + (a - \varphi\exp(h_{t-\Delta}))\exp(-h_{t-\Delta}) - 0.5\Delta\tau^2\exp(-h_{t-\Delta}), \Delta\tau^2\exp(-h_{t-\Delta}));$$

$$h_{t+\Delta} \mid h_t, a, \varphi, \tau^2 \sim N(h_t + (a - \varphi\exp(h_t))\exp(-h_t) - 0.5\Delta\tau^2\exp(-h_t), \Delta\tau^2\exp(-h_t))$$

　　使用 Metropolis - Hastings 方法进行抽样，可以对满条件分布 $p(h_t \mid h_{t-\Delta}, h_{t+\Delta}, \Theta, x)$，建议分布为 $q(h_t)$，条件密度函数为 $\pi(h_t) = p(h_t \mid h_{t-\Delta}, h_{t+\Delta}, \Theta, x)$。MCMC 算法分解为以下几步：

　　先初始化参数集合 Θ_0 和 h_0；

　　第一步：从 $P(\psi \mid \gamma_0^2, \lambda_0, a_0, \varphi_0, \tau_0^2, h_0, x)$ 中抽取 ψ，令其为 ψ_1；

　　第二步：从 $P(\gamma^2 \mid \psi_1, \lambda_0, a_0, \varphi_0, \tau_0^2, h_0, x)$ 中抽取 γ^2，令其为 γ_1^2；

　　第三步：从 $P(\lambda \mid \psi_1, \gamma_1^2, a_0, \varphi_0, \tau_0^2, h_0, x)$ 中抽取 λ，令其为 λ_1；

第四步：从 $P(a, \varphi \mid \psi_1, \gamma_1^2, \lambda_1, \tau_0^2, h_0, x)$ 中抽取 a，Φ，令其为 a_1，Φ_1；

第五步：从 $P(\tau^2 \mid \psi_1, \gamma_1^2, \lambda_1, a_1, \varphi_1, h_0, x)$ 中抽取 τ^2，令其为 τ_1^2；

第六步：利用 Metropolis – Hastings 算法从 $p(h_t \mid h_{t-\Delta}, h_{t+\Delta}, \Theta, x)$ 中抽取 h_t。

此步又可分为以下几步：

(1) 给定 h 一个初始值 h_0，令 $t = 0$；

(2) 设建议分布为 $N(M_{t-\Delta}, h_t)$，通过随机移动 M – H 算法产生一条长度为 k 的 MC 链；

(3) 计算第 2 小步产生的 MC 链接受新状态的比率 q_t；

(4) 如果 $q_t \in [b - \varepsilon, b + \varepsilon]$，则 $h = h_t$，退出，如果 $q_t \notin [b - \varepsilon, b + \varepsilon]$，转入第 5 小步；

(5) 如果 $n > 2$，且 $|h_n - b| < |h_{n-\Delta} - b|$，置 $h_t = h_{t-\Delta}$；

(6) 从 $N(h_t, h)$ 中产生一个随机数，即 $h_{t+\Delta}$，置 $t = t + \Delta$，转入第 2 小步。

然后，利用新的产生作为初始值，反复迭代，得到更新的参数，迭代 m 次，计算出一系列的随机数，当 m 趋向于无穷大时，波动率潜在变量 h_t 的模拟轨迹收敛，$(\psi_m, \gamma_m^2, \lambda_m, a_m, \varphi_m, \tau_m^2, h_m)$ 就是参数的估计值。

四 实证分析

根据真实数据，对 SVJD – LMM 和 SV – LMM 各参数进行校准与估计。

(一) 校准局部波动率

根据本章上述分析，以下我们去求 Caplet 的波动率主要是利用市场上提供的 Cap 隐含波动率报价，然后用来校准模型中的瞬时波动率。

1. 建立期初远期利率曲线

第一步：建立期初完整的 Swap 利率，即 Cap 计算中的 K 参数。

本章采用 Swap 利率来自 Bloomberg ICAU 报价系统，采用市场上流动性最好的 Swap 年限，利用 MATLAB 中的 Cubic Spline 函数，内插出以 3 个月为单位的 Swap 利率，即 1.25 年、1.5 年、1.75 年、…、13 年的 Swap 利率。

表6-3				Swap 利率					
到期日(年)	1	2	3	4	5	6	7	10	15
Swap 利率(%)	5.447	5.286	5.23	5.231	5.248	5.268	5.285	5.337	5.404

　　资料来源：Bloomberg ICALL 报价系统(2006 - 09 - 15)。

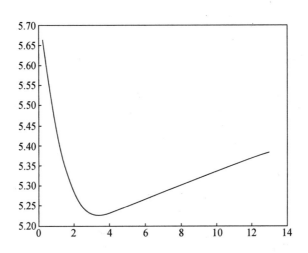

图6-1　2006 年 9 月 15 日 Swap 利率曲线

注：X 轴为到期日(年)，Y 轴为 swap 利率(%)。

　　在模拟 LIBOR 远期利率动态走势之前，必须使用到各种不同到期日的期初零息债券价格，以及期初 LIBOR 远期利率。但市场上没有零息债券与一年以上远期利率的报价，我们需要通过市场 Swap 的报价来计算。本节将选择 2006 年 9 月 15 日为起始时间，模拟 LIBOR 3 个月的远期 LIBOR 利率在未来两年的动态走势，即终止日期为 2008 年 9 月 15 日。

　　第二步：求出期初的零息债券价格。

　　由于市场上只有一年以上 Swap 利率，所以一年以内的债券价格根据一年以内 LIBOR 即期利率报价算出，如表6-4 所示。

表6-4	期初一年内到期的 LIBOR 即期利率			
到期日	三个月	六个月	九个月	一年
LIBOR(%)	5.39	5.43813	5.44	5.43

　　资料来源：BBA(2006 年 9 月 15 日)。

零息债券价格 $P(t, T_k) = 1/(1 + \tau_k F(t, T_k))$，其中，$\tau_k$ 为 LIBOR 即期利率的存续时间。

一年以上的零息债券价格，则用 Swap 利率与零息债券价格的关系式。

$$S_{\alpha,\beta}(t) = [P(t, T_\alpha) - P(t, T_\beta)] / \sum_{i=\alpha+1}^{\beta} \tau_i P(t, T_i), 其中, \alpha = t = 0$$

将一年内零息债券价格与 $\beta = 1.25$ 的 Swap 利率代入上式，可求出 1.25 年零息债券价格；然后将到期日为 0.25 年、0.5 年、0.75 年、1 年、1.25 年零息债券价格与 $\beta = 1.5$ 年的 Swap 利率代入上式，推导出 1.5 年零息债券价格，以此类推，直到 7.25 年零息债券价格。最终结果见表 6 – 5。

表 6 – 5　　　　　　　　　7 年期间零息债券价格

到期日	价格	到期日	价格	到期日	价格
0.25	0.9867	2.75	0.8664	5.25	0.7601
0.5	0.9735	3	0.8554	5.5	0.7500
0.75	0.9608	3.25	0.8445	5.75	0.7400
1	0.9485	3.5	0.8336	6	0.7302
1.25	0.9352	3.75	0.8228	6.25	0.7205
1.5	0.9233	4	0.8121	6.5	0.7109
1.75	0.9116	4.25	0.8015	6.75	0.7014
2	0.9001	4.5	0.7910	7	0.6921
2.25	0.8888	4.75	0.7806	7.25	0.6828
2.5	0.8775	5	0.7703		

第三步：求出期初 LIBOR 远期利率，即 Cap 波动率计算中的 $F_i(0)$ 参数。

根据 LIBOR 远期利率与零息债券价格之间的关系，将表 6 – 5 转换成各到期日的 LIBOR 远期利率。转换公式如下：$F_k(t) = [P(t, T_{k-1})/P(t, T_k) - 1]/\tau_k$。

表 6 – 6　　　　　　　各个到期日下的期初 LIBOR 远期利率

到期日	远期利率	到期日	远期利率	到期日	远期利率
0.25	0.0539	2.75	0.0513	5.25	0.0536

续表

到期日	远期利率	到期日	远期利率	到期日	远期利率
0.5	0.0542	3	0.0516	5.5	0.0538
0.75	0.0529	3.25	0.0519	5.75	0.0539
1	0.0519	3.5	0.0522	6	0.0539
1.25	0.0568	3.75	0.0525	6.25	0.0539
1.5	0.0517	4	0.0528	6.5	0.0539
1.75	0.0513	4.25	0.0529	6.75	0.0540
2	0.0511	4.5	0.0531	7	0.0541
2.25	0.0510	4.75	0.0533	7.25	0.0542
2.5	0.0511	5	0.0534		

2. 建立期初 LIBOR 远期利率瞬时波动率期限结构

第一步：建立期初的 Cap 波动率曲线。

本节将对 CMS 价差区间型债券定价，选择的标的资产是 3 个月交换一次的两个互换率之差，分别是到期日为 5 年的 Swap 利率和到期日为 2 年的 Swap 利率，产品存续时间为两年，所以我们要计算 7.25 年的远期利率波动率期限结构。通过 Bloomberg ICAU 报价系统取得市场上流动性较好的 Cap 的隐含波动率报价，如表 6 - 7 所示。

表 6 - 7　　　　　　　　　　Cap 各期隐含波动率报价

到期日	1	2	3	4	5	7	10
波动率（%）	10.27	13.73	15.15	15.94	16.41	16.77	16.60

资料来源：Bloomberg ICAU 报价系统（2006 - 09 - 15）。

根据式（6 - 11），因为 3 个月 LIOBR 利率计息一次、3 个月到期的 Caplet 组成各期 Cap，所以需要得到到期日以 3 个月为倍数的 Cap 报价。但是，根据表（6 - 1）Cap 的年度报价能够查到，数据并不完整，因此求出其他到期日的 Cap 波动率可以使用曲线拟合（Curve Fitting）的方式。可以假设 Cap 波动率期限结构为式（6 - 2）函数：$V_{T_{i-cap}}(t) = [a(T_{i-1} - t) + d] e^{-b(T_{i-1}-t)} + c$。

利用 MATLAB 自带函数 fminsearch 可以找到最适合参数如下：$a =$

-0.0093，$b = 0.7997$，$c = 0.1670$，$d = -0.1333$。计算得到的 Cap 波动率曲线如图 6 - 2 所示。

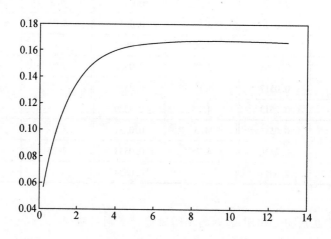

图 6 - 2　Cap 波动率曲线

注：横轴为到期日（年），竖轴为 Cap 波动率。

第二步：计算 Caplet 波动率期限结构。

三个 Caplet 组成一年期的 Cap。Caplet 的交割日分别为 0.5 年、0.75 年和 1 年，对应的开始日期分别为 0.25 年、0.5 年和 0.75 年；1.25 年期的 Cap 包含四个 Caplet，其交割日分别为 0.5 年、0.75 年、1 年和 1.25 年，对应的开始日期分别为 0.25 年、0.5 年、0.75 年、1 年；1.5 年期的 Cap 包含 6 个 Caplet……以此类推。并利用式（6 - 14），求出以 3 个月倍数为到期日的 Cap 波动率，并根据式（6 - 22），求出其他到期日 Cap 波动率：

$$Cap(t) = \sum_{i=1}^{n} \tau_i P(t, T_i) Bl(K, F_i(0), \sqrt{T_{i-1}} \nu_{T_{n-cap}}) = \sum_{i=1}^{n} \tau_i P(t, T_i) Bl(K,$$
$$F_i(0) \sqrt{T_{i-1}} \nu_{T_{i-1-\text{Caplet}}})$$

$$(6 - 22)$$

首先，半年期的 Cap 只有一个季度以后开始计息、半年到期的 Caplet，因此，$v_{0.25 - \text{Caplet}} = v_{0.5 - \text{Caplet}}$。接着，将 $v_{0.75 - \text{Caplet}}$ 平值条件下代表 K 值的 0.75 年到期、3 个月交换的互换率、$F_{0.5}(0)$、$F_{0.75}(0)$ 代入 Black 公式，求出 0.75 年到期的 Cap 价格，而此价格等于 0.5 年到期的 Caplet 与 0.75 年到期的 Caplet 价格相加，如下式：

$$Cap(t) = \sum_{i=1}^{2} \tau_i P(t, T_i) Bl(K, F_i(0) \sqrt{T_{i-1}} \nu_{T_{n-cap}})$$

$$= \sum_{i=1}^{2} \tau_i P(t, T_i) Bl(K, F_i(0), \sqrt{T_{i-1}} v_{T_{i-1-\text{Caplet}}})$$

其中，0.5 年到期的 Caplet 价格可以由 0.75 年到期、3 个月交换一次的互换率与已知的 $v_{0.25-\text{Caplet}}$ 代入 Black 封闭解求得。因此，0.75 年到期的 Caplet 价格可以相减得到，利用 Black 封闭解可以反推导出 0.75 年到期的 Caplet 隐含波动率 $v_{0.5-\text{Caplet}}$。同样，利用已知的 $v_{1-\text{Cap}}$、$v_{0.5-\text{Caplet}}$、$v_{0.25-\text{Caplet}}$ 与一年到期、三个月交换一次的互换率，根据 Black 封闭解，可以反推出 $v_{0.75-\text{Caplet}}$。以此类推，通过运算得到各到期日下的 Caplet 市场波动率，如表 6-8 所示。

表 6-8 期初 Caplet 波动率报价

到期日	Vcaplet	到期日	Vcaplet	到期日	Vcaplet
0.25	0.074549082	2.75	0.173811	5.25	0.172278
0.5	0.099607244	3	0.174556	5.5	0.16984
0.75	0.121103741	3.25	0.17409	5.75	0.172163
1	0.138751937	3.5	0.174484	6	0.169204
1.25	0.146890161	3.75	0.175255	6.25	0.171523
1.5	0.156372236	4	0.174377	6.5	0.168021
1.75	0.162655999	4.25	0.172723	6.75	0.170347
2	0.167408192	4.5	0.174342	7	0.168515
2.25	0.170310905	4.75	0.171676	7.25	0.168701
2.5	0.172501625	5	0.172771		

第三步：算出 LIBOR 远期利率的瞬间波动率期限结构。

根据式（6-10）和分段固定远期利率瞬间波动率，算出各区间远期利率局部波动率，见表 6-9。

表 6-9 各区间未来远期利率局部波动率

时间区间（年）	0, 0.25	0.25, 0.5	0.5, 0.75	0.75, 1	1, 1.25	1.25, 1.5	1.5, 1.75	1.75, 2
F1	0.0745							
F3	0.1554	0.1195	0.0745					
F4	0.1817	0.1554	0.1195	0.0745				

续表

时间区间 （年）	0, 0.25	0.25, 0.5	0.5, 0.75	0.75, 1	1, 1.25	1.25, 1.5	1.5, 1.75	1.75, 2
F2	0.1195	0.074						
F5	0.1757	0.1817	0.1554	0.1195	0.0745			
F6	0.1971	0.1757	0.1817	0.1554	0.1195	0.0745		
F7	0.1962	0.1971	0.1757	0.1817	0.1554	0.1195	0.0745	
F8	0.1975	0.1962	0.1971	0.1757	0.1817	0.1554	0.1195	0.0745

（二）校准 LIBOR 远期利率的相关系数

Swaption 波动率报价如表 6 - 10 所示，利用 MATLAB 的 fminsearch 函数，可以得出 a = 0.08303125。所以我们可以得出表 6 - 11，由于相关性系数矩阵是对称的，本章只显示一半。

表 6 - 10　　　　　　　　　　Swaption 波动率报价　　　　　　　　单位：%

α（年）＼β（年）	1	2	3	4	5
1	15.90	15.90	15.40	15.40	15.20
2	17.00	17.10	16.80	16.50	16.30
3	17.50	17.40	17.10	16.90	16.60
4	17.50	17.20	17.00	16.80	16.60
5	17.20	17.10	16.90	16.60	16.40

资料来源：Bloomberg ICAU 报价系统（2006 - 09 - 15）。

表 6 - 11　　　　　　　　LIBOR 远期利率相关性系数矩阵（8 × 8）

相关性系数	F1	F2	F3	F4	F5	F6	F7	F8
F1	1.0000							
F2	0.9794	1.0000						
F3	0.9593	0.9794	1.0000					
F4	0.9395	0.9593	0.9794	1.0000				
F5	0.9202	0.9395	0.9593	0.9794	1.0000			
F6	0.9012	0.9202	0.9395	0.9593	0.9794	1.0000		

续表

相关性系数	F1	F2	F3	F4	F5	F6	F7	F8
F7	0.8827	0.9012	0.9202	0.9395	0.9593	0.9794	1.0000	
F8	0.8645	0.8827	0.9012	0.9202	0.9395	0.9593	0.9794	1.0000

（三）MCMC 方法参数估计

以 2006 年 9 月 15 日为两年期 CMS 价差区间型债券的时间起点，记为 L 时刻，通过拟合（L–720，L–630）区间内的 3 个月远期利率计算出 $F_1(t)$ 模型的各个参数；通过拟合（L–630，L–540）区间内的 3 个月远期利率计算 $F_2(t)$ 模型的各个参数，以此类推，直至求出 $F_8(t)$ 模型的各个参数。当 i 固定时，从 $F_i(t)$ 迭代一次就到 $F_i(t+\Delta)$，我们利用 MCMC 方法在局部波动率分段固定的假设下，估计每个区间（3M）中模型的 SVJD–LMM–和 SV–LMM 的各个参数。本节的研究对象是以 $F_1(t)$ 在（0，3M）所服从随机过程的 LIBOR 市场模型。

1. MCMC 方法数据选择及检验

以 $F_1(t)$ 为例，假设，$\Delta = \dfrac{1}{360}$，$t = 0$，根据式（6–12），$F_1(0)$，$F_1(0+\Delta)$，$F_1(0+2\Delta)$，…，$F_1(0+90\Delta)$就是进行 MCMC 方法所需要的数据。以 $F_1(t)$ 为例，根据式（6–22），其中 $x_t = \ln(F_1(t))$，$A = -0.0000074$。

在零时刻，$F(0, T_{i-1}, T_i) = \dfrac{P(0, T_{i-1}) - P(0, T_i)}{(T_i - T_{i-1}) P(0, T_i)}$

经过一个单位的时间区间 Δ，

$$F(\Delta, T_{i-1}, T_i) = \dfrac{P(\Delta, T_{i-1}) - P(\Delta, T_i)}{(T_i - T_{i-1}) P(\Delta, T_i)}$$

其中，P 为各期零息债券价格，由三阶样条插值（spline）获得各时点远期利率和互换利率。上述过程类推，即可得到 MCMC 方法所需数据：$F_1(0)$，$F_1(0+\Delta)$，$F_1(0+2\Delta)$，…，$F_1(0+90\Delta)$。

2. MCMC 数据的平稳性检验

利用 spline 插值求出休假日期远期利率，从 2006 年 6 月 15 日到 2006 年 9 月 15 日一共 91 个数据，利用所得到的 $F_1(0)$，$F_1(0+\Delta)$，$F_1(0+2\Delta)$，…，$F_1(0+90\Delta)$ 的远期利率对数化过程，共 91 个数据。远

期利率时序如图 6 - 3 所示。数据序列的 ADF 检验如图 6 - 4 所示。由图 6 - 4可知，在 99% 的置信水平上拒绝单位根假设，远期利率序列不存在单位根，可作为后面分析的数据。

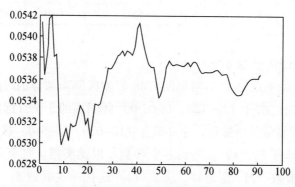

图 6 - 3　远期利率时间序列

零假设：D 的单位根
外生：常数
滞后长度：0 （最大滞后 = 11）

	t – Statistic	Prob. *
ADF 检验统计量	– 9. 124712	0. 0000
检验临界值：1% level	– 3. 506484	
5% level	– 2. 894716	
10% level	– 2. 584529	

* MacKinnon （1996） one – sided p – values.

ADF 检验方程
因变量：D （SER01，2）
日期：07/23/14 时间：16：07
样本 （可调整）：390
Included observations：08 after adjustments

Variable	Coefficient	Std. Error	t – Statistic	Prob.
D(SER01(–1))	– 0. 887481	0. 097261	– 9. 124712	0. 0000
C	3. 54E – 07	1. 23E – 05	0. 028818	0. 9771
R – squared	0. 491907	Mean dependent var		5. 66E – 06
Adjusted R – squared	0. 485999	S. D. dependent var		0. 000161
S. E. of regression	0. 000115	Akaike info criterion		– 15. 27915
Sum squared resid	1. 14E – 06	Schwarz criterion		– 15. 22284
Log likelihood	674. 2825	F – statistic		83. 26037
Durbin – Watson stat	1. 719485	Prob （F – statistic）		0. 000000

图 6 - 4　ADF 检验

3. MCMC 参数估计结果

首先，先验分布设定如下：$1/\tau^2 \propto \Gamma(0.4, 1.3)$；$\varphi \propto \beta(2.5, 150)$；其中 $\varphi = k\Delta$，$a = kv\Delta$，$a \sim \beta(2, 1000)$；$\Psi \sim N(0, 0.0025)$，$\lambda \sim \beta(2, 100)$，$1/\gamma^2 \sim \Gamma(5, 1.5)$；$\Delta = 1/360$，$A = -0.0000075048$。然后迭代 200000 次，舍弃前 20000 次。各参数估计期望值及相关统计数据如表 6 – 12 所示。各个参数剔除前 20000 次后，180000 次模拟，结果如表 6 – 12 所示。

表 6 – 12　　　　模型各参数估计的期望值及相关统计数据

参数	均值	标准差	MC 误差	2.5% 置信水平	中位数	97.5% 置信水平	样本数量
a	0.001854	0.001099	2.24E – 05	3.12E – 04	0.001657	0.004504	180000
Ψ	– 9.92E – 04	0.5093	4.32E – 03	– 0.953	7.83E – 04	0.9564	180000
γ	0.2729	0.1295	4.78E – 04	0.1209	0.2430	0.6013	180000
$1/\tau^2$	0.7186	0.4191	0.01472	0.2454	0.6147	1.8100	180000
λ	5.29E – 07	4.86E – 07	6.83E – 09	3.17E – 08	3.94E – 07	1.81E – 06	180000
Φ	0.0333	0.0135	2.65E – 04	9.20E – 03	0.0328	0.0611	180000

计算可得：

$\Psi = -0.0009924$；$\tau = 1.1797$；$\lambda^* = 1.9044 \times 10^{-4}$，$\nu = 0.05563$，$\kappa = 11.9988$，$\gamma^2 = 0.2729$，模型可以表示为：

$$\begin{cases} dx_t = \theta(t) \times 0.0745 \times \sum_{j=k+1}^{i} \dfrac{0.0745 \times \rho_{ij}^* \tau_j F_j(t)}{1 + \tau_j F_j(t)} dt - \dfrac{1}{2} \times 0.0745^2 \\ \qquad \times \theta(t) dt + 0.0745 \times \sqrt{\theta(t)} dZ_1^k(t) + J_t dq_t, k < i, t \leqslant T \\ d\theta(t) = 11.9988 \times (0.05563 - \theta(t)) dt + 1.1797 \sqrt{\theta(t)} dw_t \\ dZ_1^k(t) dw_t = 0 \end{cases}$$

其中，$J_t \sim N(-0.0009924, 0.2729)$，$q_t \sim P(1.9044 \times 10^{-4})$。

其次，先验分布设定如下：$1/\tau^2 \sim \Gamma(1, 0.2)$，$\varphi \sim \beta(10, 1.5)$，其中 $\varphi = k\Delta$；$a = \kappa\nu\Delta$，$a \sim \beta(2, 10)$；$\Delta = 1/360$，$A = -0.0000075048$。然后迭代 200000 次，舍弃前 20000 次。各参数估计期望值及相关统计数据如表 6 – 13 所示。

表 6 – 13 模型各参数估计的期望值及相关统计数据

参数	均值	标准差	MC 误差	2.5% 置信水平	中位数	97.5% 置信水平	样本数量
a	0.01986	0.01138	0.00034	0.005313	0.01752	0.04854	180000
$1/\tau^2$	0.1213	0.08638	0.002881	0.03464	0.09819	0.3535	180000
Φ	0.2147	0.07786	0.002229	0.1025	0.2022	0.4017	180000

计算可得：$\tau = 5.1966$；$\nu = 0.11226977$；$\kappa = 259.956$。模型可以表示为：

$$
\begin{cases}
dx_t = \theta(t) \times 0.0745 \times \sum_{j=k+1}^{i} \dfrac{0.0745 \times \rho_{ij}^{*} \ \tau_j F_j(t)}{1 + \tau_j F_j(t)} dt - \dfrac{1}{2} \times 0.0745^2 \\
\qquad \times \theta(t)dt + 0.0745 \times \sqrt{\theta(t)} dZ_1^k(t)) t dp(t), k < i, t \leq T \\
d\theta(t) = 259.956 \times (0.11226979 - \theta(t)) dt + 5.1966\sqrt{\theta t} dw_t \\
dZ_1^k(t) dw_t = 0
\end{cases}
$$

（四）模型的蒙特卡罗模拟及效果比较

1. LIBOR 利率模拟

为了得到 $\{F_1(t)\}$，可以利用以下步骤：

第一步：假设期初随机波动率 $\theta_0 = 1$；

第二步：正态随机数矩阵 $\eta_{N \times 720}$ 一次生成，代表时刻 t_i 的随机数项是其中列向量 $\eta_{N \times i}$；

第三步：对数远期 LIBOR 利率过程的正态随机数矩阵 $\zeta_{N \times 720}$ 一次性生成，然后结合波动率序列矩阵，求出对应于以 $t = 1$ 为初始时刻的对数 LIBOR 远期利率序列矩阵 $x_{N \times 720}$，其中 N 代表每一时刻的模拟次数，720 代表每条模拟路径的步数。

第四步：在 $x_{N \times 720}$ 的基础上算出每步路径点上的远期利率，然后算出未来 3 个月美元 LIBOR 即期利率 F_0（1，1，91），F_1（91，91，181），…，F_8（631，631，712）。

2. SVJD – LMM – 模型、SV – LMM 模型和 LMM 标准型的模拟效果比较

以模拟 F_1（91，91，181）为例，从 2006 年 9 月 16 日开始至 2006

年 12 月 15 日共 90 天，本节模拟 5000 次，对模拟路径取平均值，计算每步的平均利率与实际利率的差的平方，然后求出每步平方差的均值，计算公式如下：

第一步：LIBOR 远期利率的模拟均值 $b_k = (l_{k1} + l_{k2} + \cdots + l_{kn})/n$，其中 k 表示第 k 日，l_{ki} 表示第 i 次模拟出第 k 日的值，n 表示有效模拟次数。

第二步：LIBOR 远期利率模拟离差 $c_k = (b_k - F_k)^2$，F_k 为第 k 日真实利率，结果如表 6 – 14 所示。

第三步：LIBOR 远期利率的离差平均值 $p = (c_1 + c_2 + \cdots + c_k)/k$。

由图 6 – 5 可知，LMM 每步方差的均值在 0.0001352 附近波动，SV – LMM 每步方差的均值在 0.0001081 附近波动，SVJD – LMM 每步方差的均值在 0.00008877 附近波动，证明 SVJD – LMM 模型比 LMM 和 SV – LMM 更精确。对 LIBOR 远期利率模拟误差比较敏感的利率衍生品，如与 CMS 挂钩的利率衍生品则更应使用本章的模型，即 SVJD – LMM，模拟远期利率。主要原因是：利率变动确实有跳跃特征。此外，在加入跳跃情况下，利率对数值的尖峰厚尾性质更能从 SVJD – LMM 模型中体现出来，波动率微笑的特征体现得更明显，与实际情况更为吻合，所以在进行利率模拟时与现实的误差就更小。

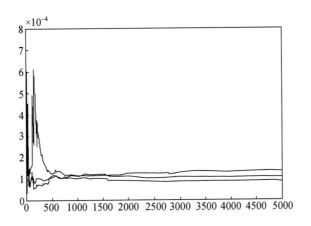

图 6 – 5 三个模型拟合离差比较

表 6－14　90 天的模拟离差值

k	LMM－SV－JD	LMM	LMM－SV	k	LMM－SV－JD	LMM	LMM－SV	k	LMM－SV－JD	LMM	LMM－SV
1	7.31E－05	1.07E－04	1.33E－04	31	2.32E－05	3.29E－05	2.07E－05	61	3.08E－05	5.62E－05	1.22E－06
2	3.05E－05	4.52E－05	5.66E－05	32	2.19E－05	2.96E－05	1.99E－05	62	2.52E－05	4.55E－05	7.48E－06
3	3.32E－07	3.87E－07	5.08E－07	33	1.63E－05	2.16E－05	9.01E－06	63	2.50E－05	4.52E－05	8.55E－06
4	1.29E－06	1.73E－06	2.09E－06	34	2.31E－05	3.19E－05	1.38E－05	64	3.33E－05	5.70E－05	3.45E－06
5	2.98E－05	4.50E－05	5.60E－05	35	1.67E－05	2.35E－05	7.70E－06	65	4.26E－05	7.21E－05	1.99E－06
6	2.67E－05	4.11E－05	5.07E－05	36	1.74E－05	2.62E－05	7.56E－06	66	4.80E－05	8.00E－05	4.65E－07
7	0.00024267	0.000363	0.000452	37	2.12E－05	3.12E－05	3.61E－06	67	4.88E－05	7.83E－05	3.19E－07
8	0.0003951	0.000592	0.000739	38	1.15E－05	1.73E－05	1.00E－06	68	4.92E－05	7.95E－05	7.32E－07
9	0.00032881	0.000489	0.000611	39	1.30E－08	1.45E－07	1.23E－05	69	4.91E－05	7.99E－05	6.47E－07
10	0.00029345	0.000436	0.000544	40	5.40E－07	3.90E－07	2.71E－05	70	4.85E－05	8.20E－05	2.18E－08
11	0.00037493	0.000546	0.000687	41	3.00E－06	5.44E－06	5.89E－06	71	4.46E－05	7.84E－05	5.32E－07
12	0.00027187	0.000395	0.000499	42	1.23E－05	2.00E－05	1.95E－09	72	4.31E－05	7.51E－05	3.19E－06
13	0.00028661	0.000415	0.000529	43	2.54E－05	3.98E－05	1.00E－06	73	4.58E－05	8.07E－05	2.26E－07
14	0.0002799	0.00041	0.000527	44	3.88E－05	5.98E－05	3.50E－06	74	5.54E－05	9.59E－05	1.48E－07
15	0.00022612	0.000328	0.000424	45	4.12E－05	6.32E－05	3.53E－06	75	5.45E－05	9.40E－05	7.08E－07

续表

k	LMM-SV-JD	LMM	LMM-SV	k	LMM-SV-JD	LMM	LMM-SV	k	LMM-SV-JD	LMM	LMM-SV
16	0.000184	0.000267	0.000349	46	4.01E-05	6.07E-05	1.70E-06	76	5.41E-05	9.05E-05	1.10E-06
17	0.00020422	0.000294	0.000373	47	9.1878E-05	0.00014	2.80E-05	77	6.82E-05	1.13E-04	8.61E-07
18	0.00027338	0.000395	0.000497	48	0.0001258	0.000191	5.61E-05	78	8.6804E-05	0.000146	5.84E-06
19	0.00024142	0.000347	0.000433	49	0.00010517	0.000159	3.17E-05	79	0.00010264	0.000172	1.34E-05
20	0.00034828	0.000503	0.000615	50	6.29E-05	1.01E-04	9.14E-06	80	0.00011301	0.000184	1.26E-05
21	0.00022569	0.000326	0.000402	51	3.41E-05	5.59E-05	3.89E-07	81	0.00012109	0.000191	7.39E-06
22	0.00016785	0.000242	0.000279	52	2.47E-05	4.19E-05	2.16E-06	82	0.00011405	0.000184	3.31E-06
23	0.00017363	0.000249	0.000282	53	3.08E-05	5.04E-05	9.36E-07	83	9.5223E-05	0.000156	4.79E-07
24	0.00016897	0.000241	0.000279	54	3.29E-05	5.49E-05	9.26E-07	84	8.10E-05	0.000135	2.38E-07
25	0.00012128	0.000172	0.000207	55	3.10E-05	5.24E-05	2.01E-06	85	6.74E-05	1.17E-04	2.05E-06
26	8.9056E-05	1.24E-04	1.56E-04	56	3.17E-05	5.31E-05	4.63E-06	86	6.10E-05	1.09E-04	6.02E-06
27	4.88E-05	6.85E-05	7.29E-05	57	3.42E-05	5.71E-05	2.15E-06	87	6.08E-05	1.08E-04	1.08E-05
28	4.89E-05	6.90E-05	6.99E-05	58	3.45E-05	5.82E-05	6.68E-07	88	6.18E-05	1.08E-04	1.19E-05
29	4.33E-05	6.19E-05	5.44E-05	59	3.06E-05	5.12E-05	2.47E-06	89	5.96E-05	1.07E-04	1.19E-05
30	3.04E-05	4.31E-05	3.10E-05	60	2.56E-05	4.55E-05	4.49E-06	90	4.89E-05	9.12E-05	2.20E-05

五 结论分析

本节研究得出以下基本结论：

（1）在构建 LIBOR 利率动态模型时，若在单因子 LIBOR 利率市场模型基础上引入跳跃扩散过程，并且联立波动率的随机微分方程，则可极大地提高利率模型的解释力。

（2）从模拟的结果来看，加入随机波动率和跳跃扩散过程与实际利率的误差更小，从而在一定程度上说明加入跳跃扩散过程的 LIBOR 市场模型所得到的远期利率更接近现实情况。

（3）从我国利率衍生品市场的建立和发展的角度看，本节对随机波动率 LIBOR 市场模型的扩展研究具有现实意义，更具前瞻性。

第四节 CMS 价差区间型债券定价分析

近年来，随着我国金融工程技术研究的不断深化以及我国银行利率衍生品的蓬勃发展，国内有一些学者追寻世界新兴金融衍生品的研究，比如 CMS 价差区间型债券的定价问题。廖容晨（2008）利用 LMM 标准型，并假设波动率期限结构是分段常数，然后用最小二乘蒙特卡罗模拟计算 3 年期的可赎回 CMS 价差（10 年 CMS－2 年 CMS）区间型债券的价格。陈曦（2012）利用互换市场模型（SMM）对 CMS 挂钩型金融产品定价。在使用 SMM 时，要先测度变换，然后时间调整，最后用泰勒展开式估计上述两个部分，即凸性调整部分的估计值。蔡昱宏（2013）利用 LMM（标准型）推导出 LIBOR 远期利率，然后转化为存续期 50 年 CMS 和 10 年 CMS，最后计算 12 年期的可赎回 CMS 价差（50 年 CMS－10 年 CMS）区间型债券的价格，得出该债券的价值很低，由于发行机构可赎回该债券，所以投资者购买该债券并不合算。故本节首先从理论上分析 CMS 价差区间型理财产品的整个定价过程和步骤；然后选取对荷商安智银行 2 年期美元计价的"威力 55" CMS 价差连动债券——具有提前赎回特征的 CMS 价差区间型债券进行定价分析。

一 定价过程与步骤

可赎回 CMS 价差区间型债券价值分解为零息债券价值、浮动收益债券的价值和可提前赎回权。我们采用普通蒙特卡罗模拟方法对零息债券部分和浮动收益债券部分进行定价，同时采取回归逆向推导的最小二乘蒙特卡罗模拟方法对可提前赎回权进行定价，主要过程如下：

1. 在即期测度下模拟出标的变量在有效期内的样本路径

$$
\begin{cases}
d[\ln F_i(t)] = \theta(t)\sigma_i(t) \times \sum_{j=k+1}^{i} \dfrac{\rho_{i,j}^* \tau_j \sigma_j(t) F_j(t)}{1+\tau_j F_j(t)} dt - \dfrac{1}{2}\theta(t)\sigma_i^2(t) dt \\
\qquad\qquad + \sqrt{\theta(t)}\sigma_i(t) dZ_1^k(t) + J_t dq_t \\
d\theta(t) = \kappa(\nu - \theta(t)) dt + \tau\sqrt{\theta(t)} dw_t \\
dZ_1^k(t) dw_t = \rho dt
\end{cases}
$$

在前文的分析基础之上，在标准 LIBOR 市场模型基础之加入 Heston 随机波动率和跳跃扩散过程，以体现 LIBOR 利率收益率的波动聚集性和尖峰厚尾特点，使实际市场产品波动率体现波动率微笑或者偏斜特征。用此模型进行离散化，取间隔 $\Delta = 1/360$，模拟在期初远期利率条件下，经过 m 个 Δ 之后，利率可能经过的路径。

2. 产品价值构成分析及理论定价分析

由本章第二节中价值构成分析可知，该债券价值主要由浮动利息债券价值 $V_1^{NC}(0)$、零息债券价值 $V_2^{NC}(0)$ 和可赎回权价值 $E\left[V^{NC}(\tau_k) - \dfrac{1}{B(\tau_k)} \mid F_0\right]$ 组成。

（1）浮动收益债券定价。利用 SVJD–LMM 模型，对 $F_i(t)$ 各自模拟 1000 次，得到未来每天 3 个月即期 LIBOR 利率的所有路径，然后剔除一些无效模拟后取平均值。通过式（6–23）计算每天的 5 年期互换率和 2 年期互换率：

$$
S_{\alpha,\beta}(t) = \left[1 - \prod_{j=\alpha+1}^{\beta}(1+\tau_i F_j(t))^{-1}\right] / \sum_{i=\alpha+1}^{\beta}\tau_i \prod_{j=\alpha+1}^{\beta}(1+\tau_i F_j(t))^{-1} \qquad (6-23)
$$

（2）零息债券部分定价。基于上文对 LMM–SV–JD 模型进行模拟，选取以 3 个月为区间的未来即期 3 个月 LIBOR 利率，就可以得到 LIBOR 货币账户资产的价值为：

$$
B(T_i) = 1 + \Delta \times F(T_{i-1}, T_{i-1}, T_i), \quad T_0 = 0, \quad i = 1, 2, \cdots, m
$$

所以，以此计算零息债券的贴现资产价值，从而得到零息债券价值 $V_2^{NC}(0)$ 为：

$$V_2^{NC}(0) = \frac{1}{\sum_{i=1}^{m} B(T_i)} = \frac{1}{\sum_{i=1}^{m} (1 + \Delta F(T_{i-1}, T_{i-1}, T_i))}, T_0 = 0, i = 1, 2, \cdots, m$$

$$(6-24)$$

（3）可赎回权价值定价。CMS 价差区间型债券的可赎回权为百慕大式期权。考虑到计算要尽量简单，方法应用应该比较普遍，我们采取基于回归的逆向推导方法来计算该百慕大式衍生证券。逆向推导方法可以分为最小二乘蒙特卡罗方法和价值函数逆向迭代方法。本节采取最小二乘蒙特卡罗方法求出 CMS 价差区间型债券可提前赎回部分的价值。

百慕大期权价值等于所有可能现金流量折现值的最大值，并且由 F 来决定所有最优执行时点。$C(e, s; t, T)$ 是资产价格路径上期权产生现金流，此期权从初始时点 t 持有至最优执行时点 s，其中 $t \leqslant s \leqslant T$。LSM 主要目的是通过提供模拟方法，近似得出百慕大期权最优执行策略，最后算出百慕大期权的价值。假设此百慕大期权只能够在 M 个执行时点上执行，也就是将 T 分成 M 期，为 $0 \leqslant t_1 \leqslant t_2 \leqslant \cdots \leqslant t_M = T$，考虑每个执行点上的最优执行策略。

在期权到期日，期权买方会考虑执行实值期权。在执行时点 t_M 到期权到期日，期权买方可以选择是否立刻执行期权，等到下一个执行点重新决定是否执行。只要内在价值大于或等于继续持有的时间价值，期权投资者就会选择行权。在时点 t_M，已知期权买方执行期权所能获得的现金流量，但无法获得时点 t_M 投资者选择继续持有的现金流量。根据风险中性定价理论，继续持有期权的时间价值等于此期权在时点 t_M 不执行的 $C(e, s; t, T)$ 的折现值。若蒙特卡罗模拟的路径数是 e，对于路径 e，在时点 t_M 期权的时间价值 $F(e, t_M)$ 可表示为：

$$F(e, t_M) = E_Q \Big[\sum_{j=1}^{m} \exp - \int_{t_M}^{t_j} r(e, s) ds C(e, t_j; t_M, T) \mid F_M \Big] \qquad (6-25)$$

其中，$r(e, s)$ 是无风险利率的函数，并假设具有随机性。LSM 法是使用最小二乘回归近似得出时点 t_{M-1} 至时点 t_M 的条件期望函数。Longstaff 与 schwartz（2001）使用 Laguerre 多项式为基本函数，这样可以消除变量间的相关性，使变量之间相互正交。设 A 为标的资产价格，且 A 为马尔科夫过程。其基本函数模型假设为：

$$L_0(A) = \exp(-A/2)$$
$$L_1(A) = \exp(-A/2)(1-A)$$
$$L_2(A) = \exp(-A/2)(1-2A+A^2/2)$$
$$\dots$$
$$L_n(A) = \exp(-A/2)e^A d^n (A^n e^{-A})/(n! \, dA^n)$$

对于路径 e,用 $L_i(i=1,2,3,\cdots,n)$ 来逼近 $F(e,t_{M-1})$,其形式为:$F(e,$

$$t_{M-1}) = \sum_{j=0}^{\infty} a_j L_j(A)$$

其中系数 a_j 为常数。综上所述,使用 LSM 法对百慕大期权进行定价有以下九个步骤:

步骤一:模拟出 e 个资产价格路径;

步骤二:计算每条路径上,该期权在到期日 T 所能获得的现金流 C;

步骤三:选择 T 时刻期权内在价值大于零的路径,将此时的现金流 C 向前折现到前一个执行时点 T-1,以此得到路径上的期权的时间价值;

步骤四:对以上算出的执行时刻和时间价值作最小二乘回归,得到条件期望函数的估计函数;

步骤五:根据条件期望函数的估计函数,计算期权的时间价值;

步骤六:对期权时间价值和内在价值进行比较,得出期权价值;

步骤七:对于每条价格路径,对期权价值以无风险利率贴现至当期时点 T-1;

步骤八:逆推到更早一个时点,依次重复执行步骤三到七,直至初始时点 t=0;

步骤九:在初始时点 t=0,求得所有路径上贴现现金流的平均值,即为所求期权在初始时点的价格。$B_{put} = \sum_{i=1}^{e} \exp\left(-\int_0^{t_i^*} r(e,s)ds\right) \max$ $[X - S(t_i^*), 0]$。其中,t_i^* 为第 i 条路径的最佳执行时点,$S(t_i^*)$ 为该最佳执行时点的资产价格。

3. LSM 方法在本节中应用的大致框架

首先,我们选用基于随机波动率和跳跃扩散过程的 LIBOR 市场模型,即:

$$
\begin{cases}
d[\ln F_i(t)] = \theta(t)\sigma_i(t) \times \sum_{j=k+1}^{i} \dfrac{\rho_{i,j}^* \tau_j \sigma_j(t) F_j(t)}{1 + \tau_j F_j(t)} dt - \dfrac{1}{2}\theta(t)\sigma_i^2(t)dt \\
\qquad\qquad + \sqrt{\theta(t)}\sigma_i(t)dZ_1^k(t) + J_t dq_t \\
d\theta(t) = \kappa(\nu - \theta(t))dt + \tau\sqrt{\theta(t)}dw_t \\
dZ_1^k(t)dw_t = \rho dt
\end{cases}
$$

然后利用以上公式，模拟出 N 条独立的资产价格变动路径 $\{CMS_{1j}$，CMS_{2j}，…，$CMS_{kj}\}$，路径数表示为 $j = 1, 2\cdots, N$，k 是该百慕大式衍生证券在相应路径所执行的时间点。计算最后执行点的可赎回期权的价值函数。由于最后一期该产品必定执行，所以，该时间点的期权时间价值为零，那么，它的内在价值就等于可赎回期权的价值函数，即：

$$
\hat{V}_{kj} = Z_k(X_{kj}) = V^{NC}(T_{kj}) - \dfrac{1}{B(T_{kj})} = 0, \quad j = 1, 2, \cdots, N
$$

此方法与采用实值路径的最小二乘蒙特卡罗模拟方法不同的是，考虑所有路径 N，已知时刻 $i + 1$ 的价值函数假设是 $C_1(T_{(i+1)j})$，$j = 1$，2，…，N，以此数值在 i 时刻的贴现值利用 SVD 回归方法计算回归系数，即：$\beta_i^* = \arg\min\limits_{\beta_i \in \mathcal{R}^d} \sum\limits_{i=1}^{N} (C_1(T_{(i+1)j}) - \hat{\beta}_i^* \Psi^d(X_{ij}))^2$。其中，$\Psi^d(X_{ij})$ 为对应该时点实值路径处的多项式。

再用上述计算出来的系数求出持有价值，比较该时刻的执行价值的大小，其最大值就是该处时间点的期权的价值。该动态迭代过程可写成以下公式：

$$
C_i(X_{ij}) = \max\left[Z_i(X_{ij}), E\left[\dfrac{C_{i+1}(X_{ij})}{1 + \Delta F(T_i, T_{i+1}, T_{i+1})} \mid F_i\right]\right], \quad j = 1, 2, \cdots, N
$$

最后，在每一条路径上，都从 $m - 1$ 一直逆推到第一个可执行点，然后加总求平均各条路径的最后值，即可得到该衍生证券的理论价值：

$$
C_1(0) = \left(\sum_{j=1}^{N} \dfrac{C_1(X_{0j})}{1 + \Delta F(0, 0, T_{0j})}\right) \big/ N
$$

4. 基本函数的确定

收敛逼近准则由 Longstaff 和 Schwartz（2001）提出：路径数量越大，该方法计算的所得结果将越逼近于真实值，即：$\lim\limits_{N \to \infty} \Pr\left[\mid V(X) - \dfrac{1}{N}\sum\limits_{i=1}^{N} \mathrm{LSM}(D,\right.$

$X)| > \varepsilon \bigg] = 0$。其中，$\varepsilon$ 表示任意正数，D 表示有限个基本函数的数量。我们需要确定最为合适的基本函数类型和数量，基本函数组成的多项式有十种，其中，$f_n(x)$ 表示基本函数名称，其基本形式为：

$$f_n(x) = d_n \sum_{k=0}^{N} c_k g_k(x), n \geq 0$$

不同的基本函数各部分是不同的，本节使用 $W_n(x)$，$P_n(x)$，$L_n(x)$，$H_{en}(x)$，$T_n(x)$。考虑一定数量的基本函数，选择使可赎回权达到最大值的基本函数（多项式）。

二 实证分析

1. 债券基本情况

本部分选取的金融产品为荷商安智银行 2006 年 9 月 15 日发行的"威力 55"两年期 CMS 价差区间型连动债券，其条款主要如下：

Ⅰ. 存款币种：美元；Ⅱ 投资期限：2 年；Ⅲ. 单位金额：10000 美元；Ⅳ. 起息日：2006 年 9 月 15 日；Ⅴ. 到期日：2008 年 9 月 15 日；Ⅵ. 收益情况：保本浮动收益；Ⅶ. 计息区间：每个季度；Ⅷ. 第一年收益率为 6.25% × 1/4 × n/N（在一个计息区间中，n 为 5 年 CMS – 2 年 CMS 大于零的天数，N 为投资天数）；Ⅸ. 第二年收益率为 6.7% × 1/4 × n/N（在一个计息区间中，n 为 5 年 CMS – 2 年 CMS 大于零的天数，N 为投资天数）；Ⅹ. 赎回情况：债券发行机构有权在任一付息日以发行面额全部回售，且支付利息，并于执行赎回前五日通知债券购买人。

2. 计算过程

根据上述合同条款以及本章第二节的价值构成分析，该产品可以分为零息债券部分、浮动收益债券部分以及可提前赎回权。根据前面估计出来的各远期利率的各阶段参数，模拟得出未来 2 年各付息点的 3 个月美元 LIBOR 即期利率，然后根据上述即期利率算出单利贴现率，然后根据 7.25 年间各期的 3 个月 LIBOR 即期利率的路径变化，得出 5 年 CMS 和 2 年 CMS，计算出每天的价差，然后得到上述各部分的贴现价值。最后，将各条路径下的价值求平均即可得到该 CMS 价差区间型连动债券的价格。

利用蒙特卡罗模拟方法定价 CMS 价差区间型连动债券的步骤如下：

第一步：利率路径的模拟。

根据上述参数校正和估计方法，我们可以得到各个远期利率在各区间的局部波动率和随机波动率过程中的参数，以 [0, 90] 区间为例，通过远期利率 F（0，T_0，T_1）得到 T_0 处的即期利率为例 F（T_0，T_0，T_1）为例，根据式（6-1），即：

$$\begin{cases} dx_t = \theta(t) \times 0.0745 \times \sum_{j=k+1}^{i} \dfrac{0.0745 \times \rho_{ij}^* \, \tau_j F_j(t)}{1 + \tau_j F_j(t)} dt - \dfrac{1}{2} 0.0745^2 \times \theta(t) dt \\ \qquad + 0.0745 \times \sqrt{\theta(t)} dZ_1^k(t) + J_t dq_t, k < i, t \leq T \\ d\theta(t) = 11.9988 \times (0.05563 - \theta(t)) dt + 1.1797 \sqrt{\theta(t)} dw_t \\ dZ_1^k(t) dw_t = 0 \end{cases}$$

其中，$J_t \propto N$（-0.0009924，0.2729）；$q_t \propto P$（1.9044×10^{-4}）

根据以上式子，Δ 以日为单位，即 1/360。我们可以根据表 6-6 中的期初远期利率，利用各个固定区间内远期利率所服从的模型对 LIBOR 利率进行模拟，然后求各个路径的均值。图 6-6 即为我们得到的各区间点的未来即期 LIBOR 利率路径的平均值。

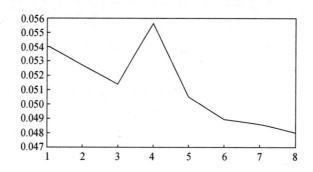

图 6-6 两年间美元 3 个月 LIBOR 即期利率的模拟路径

第二步：零息债券的价值。

根据式（6-2），零息债券为到期日的贴现值，其中贴现率为上述模拟得到的各区间点处的美元 3 个月 LIBOR 即期利率，利用蒙特卡罗模拟方法，对各条路径上所得的值求平均即为其价值。由蒙特卡罗模拟性质可知，随着模拟次数的增加，可以达到更高的准确度。张强（2010）指出通过蒙特卡罗模拟发现，零息债券部分在模拟前期波动较大，在模拟2000 次之后时已达到稳定，我们模拟 10000 次后，取其平均值为 9019.1

美元。

第三步：浮动收益债券价值。

①求出 5 年期 CMS 和 2 年期的 CMS，有了远期利率变动的模拟路径，我们可以根据式（6－1）计算 5 年期 CMS 和 2 年期 CMS。例如第一天的 5 年互换利率计算时，需要以下 20 个远期利率：F（1，1，91）、F（1，91，181）、…、F（1，1701，1801）；2 年互换率计算则需要以下 8 个远期利率 F（1，1，91）、F（1，91，181）、…、F（1，631，721）。最终得出的结果如图 6－7 所示。

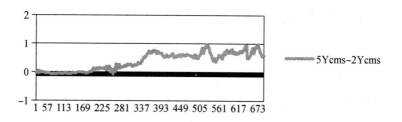

图 6－7 模拟的 5 年固定期限互换率与 2 年固定期限互换率之差

②浮动收益计算

表 6－15 浮动收益部分的价值构成

时间	现金流	折现因子	折现值
1	5. 208	0.98670416	5. 13908417
2	17. 36	0.97355367	16. 9008916
3	152. 78	0.9608909	146. 804912
4	156. 25	0.94870231	148. 234735
5	167. 5	0.93569392	156. 728731
6	167. 5	0.92403173	154. 775315
7	167. 5	0.9128622	152. 904419
8	167. 5	0.90191231	151. 070312
总计			932. 558401

3. 可赎回权计算

先确定模拟次数，以一阶 Power 多项式的 LSM 模拟为例，大约经过 3000 次模拟后，结果稳定，稳定性分析结果如表 6－16 所示。

表 6 - 16　　　　　　　　　　蒙特卡罗模拟收敛性分析

500 次	1000 次	2000 次	3000 次
2456. 1	1651. 8	1674. 6	1673. 4

LSM 方法得出估计值一般低于真实值，在不同阶数情况下求出各个不同基本函数下的可提前赎回权价值中的最大值，选择最优基本函数，模拟路径数选取 3000 次，如表 6 - 17 所示。

表 6 - 17　　　　　　　　　　LSM 方法计算结果

阶数	Power	Legendre	Laguerre	Hermite B	Chebyshev A
1	1673. 4	1672. 3	1672. 1	1672. 3	1671. 3
2	1673. 3	1673. 7	1672. 1	1672. 7	1672. 2
3	1672. 6	1672. 4	1672. 2	1672. 3	1672. 9
4	1672. 8	1672. 3	1672. 2	1672. 4	1673. 4
5	1672. 4	1674. 6	1672. 5	1673. 8	1673. 8
6	1672. 1	1672. 4	1674. 9	1672. 1	1672. 7
7	1671. 9	1673. 7	1672. 2	1672. 2	1672. 9
8	1672. 8	1672. 7	1672. 4	1672. 2	1672. 8
9	1672. 8	1672. 3	1673. 4	1672. 5	1672. 7
10	1672. 7	1672. 4	1673. 7	1672. 7	1672. 7

从表 6 - 17 可以看出，基本函数类型和数量比较稳定，即上述计算结果值都在 1671. 3 至 1674. 9 之间，波动幅度比较小。所以，原则上可以选择较为简单的指数形式基本函数来进行计算。另外，基于最小二乘蒙特卡罗方法低偏性，根据 Longstaff 和 Schwartz（2001）提出的收敛逼近准则，需要选择使该提前赎回权价值最大的基本函数类型和数量。根据表 6 - 17，以 Laguerre 六阶多项式的期权价值结果最大值为 1674. 9。

4. 产品模拟价格分析

根据金融工程的组合分解定价原理，该 CMS 价差区间型连动债券的价值为上述各部分价值之和，即该产品的产品价值 = 零息债券价值 + 浮动收益债券的价值 - 可赎回价值 = 9019. 1 + 932. 56 - 1674. 9 = 8276. 76。

三　结论

本节主要基于随机波动率和跳跃扩散过程的 LIBOR 市场模型的变化路径，依据期权的贴现和定价公式，在蒙特卡罗模拟的基础上，利用最小二乘蒙特卡罗模拟对一款具有可提前赎回权的 CMS 价差区间型连动债券进行定价，可以得出以下结论：

（1）根据上文分析，上述 CMS 价差区间型连动债券定价的理论价值低于实际发行价格，这其中的价差就是发行机构的利润。

（2）可提前赎回权是校正利率预测错误的及时补救措施。如本节所定价的荷商安智银行所发行的 CMS 价差区间型连动债券。由于当时利率过高，Swap 有大幅下跌的可能。所以 LIBOR 利率一直在高位徘徊，而且随着次贷危机的爆发，荷商安智银行对于该债券采取了第一付息日立即执行，从而避免了未来利差大部分落入计息区间而导致的大幅损失。

第五节　结论与展望

一　研究结论

本章选取以荷商安智银行 2 年期美元计价的"威力 55"CMS 价差连动债券——具有提前赎回特征的 CMS 价差区间型债券为研究对象，深入探讨了该类结构性债券的蒙特卡罗定价方法。主要得出以下几个结论：

（1）本章以解析解的形式得出了该类 CMS 结构性金融产品的价值主要由零息债券价值、浮动收益债券价值、可提前赎回价值组成，与以往文献缺乏解析基础不同，本章具体求出各部分解析解能够有利于投资者直观清楚地了解和分析该产品的内在价值构成以及相关影响因素，同时有助于发行者提高在国外市场上套期保值的能力和水平。

（2）在 CMS 价差区间型连动债券价值分析的基础上，本章选取带有随机波动率过程和跳跃扩散过程的 LIBOR 市场模型作为研究对象，利用 Black 公式以及 MCMC 方法对其进行参数估计。之后，比较加入 LMM-SV-JD 与 LMM-SV 和 LMM 标准模型的误差，得出了 LMM-SV-JD 模型拟合现实数据的能力最强，对利率衍生产品定价的实践更具合理性。

（3）在基于随机波动率过程和跳跃扩散过程的 LIBOR 市场模型的基础之上，本章在蒙特卡罗模拟框架下对该产品中零息债券部分和浮动收益债券部分进行定价，同时，利用最小二乘蒙特卡罗方法确定产品所含的可提前赎回权的价值，最后将三部分加总得到该债券的整体价值。通过比较真实价值与实际售价，证明了投资者若购买此产品，则意味着亏损。

二　研究展望

由于本章研究的内容非常复杂，同时比较综合，而且研究的领域也比较新颖，CMS 价差区间型连动债券定价理论并不成熟，有些观点与国内外学者还未达成一致，所以给本章的研究带来一定的困难。另外笔者自身能力有限，所以本章在对 CMS 价差区间型连动债券的应用研究中存在众多不足，还处于起步阶段，有很多问题有待进一步研究和探讨。

（1）本章所选取的 LIBOR 模型为单因子模型，所以在计算中假设其方程中两个随机过程的相关系数为 0，这意味着未来远期利率与随机波动率的随机过程完全不相关，这与实际情况非常不符，故在利率模拟的精确性方面可能还有欠缺，在此方面需进一步研究。

（2）为了与 LIBOR 市场模型模拟周期一致，本章在定价过程中假设该产品都以 90 天为付息周期，实际上产品各个相邻支付日内天数是不同的，所以按照本章假设定价，其结果与真实价值会存在一定差异。这是以后研究要进一步完善的地方。

（3）在该 CMS 价差区间型连动债券的定价中，本章未考虑产品如若提前终止的其他成本，如时间成本以及机会成本等，对该产品的实际价值会产生一定的影响。

第七章 SRSV – LIBOR 市场模型及其 CMS 价差期权定价

本章主要分析了市场中利率衍生产品的隐含波动率存在的随机性以及机制转换的特性，推导出了具有随机波动率和机制转换性质的 LIBOR 市场模型以及互换利率市场模型（SRSV – LMM 和 SRSV – SMM），并对运用 Black 逆推公式和 MCMC 方法对模型进行有效市场校准估计。在此基础上，利用费曼—卡茨定理求解出了 CMS 价差期权中标的远期互换利率的特征函数，并运用傅立叶逆变换方法最终求解出了 CMS 价差期权的定价公式。实证结果表明，对远期 LIBOR 利率生成路径的蒙特卡罗模拟效果来说，具有随机波动率和机制转换特性的 LIBOR 市场模型显然较标准的 LIBOR 市场模型具有更优越的拟合效果。

第一节 背景、意义及内容框架

一 研究背景及意义

1. 研究背景

LIBOR 利率作为国际金融市场上的一种重要基准利率，对其所服从的随机过程建模准确与否也就成为以 LIBOR 利率为标的的衍生产品尤其是奇异衍生产品定价正确与否的前提。现有文献对于 LIBOR 利率随机过程的建模大多主要运用的是 Llack 市场模型。由于标准 LIBOR 市场模型存在诸如不能体现波动率偏斜以及波动率微笑等特征，因此现有文献对于标准 LIBOR 市场模型进行了各种扩展。主要有局部波动率 LIBOR 市场模型、跳跃扩散 LIBOR 市场模型、随机波动率 LIBOR 市场模型等。但是现有文献对于 LIBOR 市场模型的扩展又存在其各自的局限性，如局部波动率模型的缺陷在于虽然波动率具有单调偏斜性质，但是并不能产生波动率微笑特征。跳跃扩散模型的局限性在于为了产生波动率偏斜或者微笑，远期 LIBOR 利率需要产生较大的跳跃幅度，即远期利率的大幅下降，而这种情况对于利率而言并不现实。随机波动率模型需要解决的问题在于为了引入偏斜特征，从而使得驱动远期 LIBOR 利率和随机波动率的随机微分方程具有相关性。因此本章在现有文献的基础上，拟增加具有随机波动率以及机制转换性质的 LIBOR 市场模型，从而进一步对其扩展以期更有效地对 LIBOR 利率所服从的随机过程进行建模。

2. 实践意义

随着利率市场化的发展和金融体系的自由化，以 LIBOR 利率为标的的利率衍生产品在国内金融市场上将变得越来越盛行。因此对 LIBOR 利率所服从的随机过程进行有效建模成为一项值得研究的课题。同时，SHIBOR 利率的报价机制同 LIBOR 利率的报价机制存在着很大的相似性，因此对于国内自主定价的 SHIBOR 利率所服从的随机过程进行建模同样具有一定的借鉴意义。目前国内发行的 CMS 价差类期权产品寥寥无几，但随着金融市场的自由化这些国外流行的利率衍生产品必然在国内也会盛行。因此对 CMS 价差期权的有效定价对于今后 CMS 价差类期权的发行和定价都具有积极的实践意义。

二 研究框架及创新

1. 研究框架

为了进一步体现市场中的波动率偏斜或者微笑特征，本章拟在标准 LIBOR 市场模型和互换利率市场的基础上，加入具有随机波动率及机制转换性质的隐含波动率，形成随机波动率机制转换 LIBOR 市场模型、随机波动率机制转换互换利率市场模型，以期更好地拟合 LIBOR 利率及互换利率的走势。同时本章拟运用具有随机波动率及机制转换性质的随机微分方程，通过傅立叶变换方法对 CMS 价差期权进行有效的定价。

本章的总体框架是，首先对标准的 LIBOR 市场模型进行介绍，并分析了市场中利率衍生产品的隐含波动率存在的随机性以及机制转换的特性，指出该模型存在的缺陷。在此基础上我们分别推导出了具有随机波动率和机制转换性质的 LIBOR 市场模型以及互换利率市场模型。其次，我们利用市场上可观测到的利率上限及利率互换期权的市场报价，运用 Balck 逆推公式以及分段固定的参数化方法对模型中的局部波动率以及瞬时波动率参数进行了校准。同时，我们利用马尔科夫链蒙特卡罗模拟的方法对模型中随机波动率和机制转换方程的参数进行了估计。再次，我们在随机波动率机制转换特性的假设下，利用费曼—卡茨定理求解出了 CMS 价差期权中标的远期互换利率的特征函数，并运用傅立叶逆变换的方法最终求解出了 CMS 价差期权的定价公式。最后为本章实证，在这部分对前述的理论推导的结果进行了市场数据的检验，模拟效果比较以及对 CMS 价差期权的理论价格进行了求解。

2. 创新之处

（1）在标准 LIBOR 市场模型的基础上引入具有随机波动率和机制转换性质的 LIBOR 市场模型。该模型由随机波动率和机制转换双重因子驱动，因此其能更好拟合远期 LIBOR 利率的走势。实证分析的结果也证明了这一点。

（2）马尔科夫链蒙特卡罗模拟方法参数估计。采用马尔科夫链蒙特卡罗模拟的参数估计方法估计随机波动率机制转换随机微分方程中的参数问题，反映了隐含波动率的历史信息。

（3）以傅立叶变换为基础的利率衍生产品定价问题求解。本章运用傅立叶变换及傅立叶逆变换方法对具有随机波动率机制转换互换利率市场模型假设下的利率衍生产品定价问题进行了求解。同时运用费曼—卡茨定理求解出该假设下的远期互换利率的特征函数。

第二节　模型的选择与建立

对十以 LIBOR 为标的的利率衍生产品仍以 LIBOR 市场模型为基础建立其随机微分方程，对于以互换利率为标的利率衍生产品则以互换利率市场模型为基础建立其随机微分方程。此外，在考虑到远期 LIBOR 利率与远期互换利率所具有的随机波动率以及机制转换性质后，分别推导出了 SV‒LMM、SRSV‒LMM 和 SRSV‒SMM。

一　LIBOR 市场模型的建立

1. 远期 LIBOR 市场模型

令 $t = 0$ 代表当前时刻。考虑集合 $T = \{T_0, T_1, \cdots, T_M\}$，$\{T_{i-1}, T_i\}$ 为一组远期利率的终止—到期日。定义 $\tau = \{\tau_0, \tau_1, \cdots, \tau_M\}$ 为其相关年化时间间隔，即对任一的 $i > 0$，τ_i 表示终止—到期日 $\{T_{i-1}, T_i\}$ 的年化时间间隔，并且 τ_0 表示从零时刻至 T_0 时刻的年化时间间隔。T_i 通常表示

为从零时刻开始的年化时间间隔。并且令 $T_{-1} = 0$。考虑一般的远期利率；$F_k(t) = F\{t; T_{k-1}, T_k\}$，$k = 1, 2, \cdots, M$，其终止于时间 T_{k-1}，并在时间 T_{k-1} 与简单复利下的即期利率相一致，即 $F_k(T_{k-1}) = L(T_{k-1}, T_k)$。一般的，$L(S, T)$ 表示时间 S 至到期日 T 之间的简单复利下的即期利率。考虑概率测度 Q^k 及其计价单位 $P(\cdot, T_k)$，通常 Q^k 被称为到期日为 T_k 的远期测度。在简单复利下有：

$$F_k(t)P(t, T_k) = [P(t, T_{k-1}) - P(t, T_k)]/\tau_k \tag{7-1}$$

因此，$F_k(t)P(t, T_k)$ 为一可交易资产（名义价值为 $1/\tau_k$ 的两零息债券价格之差）的价格。则当其价格以计价单位 $P(\cdot, T_k)$ 表示时，其在 Q^k 测度下为一鞅。但是可交易资产的价格 $F_k(t)P(t, T_k)$ 除以其计价单位即简单地表示为 $F_k(t)$。因此 $F_k(t)$ 在 Q^k 远期测度下为一鞅，如果 $F_k(t)$ 定义为一扩散过程，则其在 Q^k 远期测度下无漂移项。在 Q^k 远期测度下，$F_k(t)$ 服从：

$$dF_k(t) = \sigma_k(t)F_k(t)dZ^k(t), \ t \leqslant T_{k-1} \tag{7-2}$$

其中，$Z^k(t)$ 为在 Q^k 远期测度下的 M 维列向量的布朗运动，满足：$dZ^k(t)dZ^k(t)' = \rho dt$。

$\rho = (\rho_{ij})_{i,j=1,2,\cdots,M}$ 为其瞬时相关系数。$\sigma_k(t)$ 为 M 维行向量的远期利率 $F_k(t)$ 的波动率系数。除非另有规定，从现在起我们假设：$\sigma_k(t) = [0 \ 0 \cdots \sigma_k(t) \cdots 0 \ 0]$。唯一非零项 $\sigma_k(t)$ 位于向量 $\sigma_k(t)$ 的第 k 个位置上。故上述 $F_k(t)$ 的方程可改写为：$dF_k(t) = \sigma_k(t)F_k(t)dZ_k^k(t)$，$t \leqslant T_{k-1}$。其中，$Z_k^k(t)$ 为向量布朗运动 $Z^k(t)$ 的第 k 个组成部分，因此为标准布朗运动。下标表示所考虑向量的组成部分，而上标表示我们所采用的概率测度。当情景清楚的时候，上标通常可以被忽略，因此我们又有下式：$dF_k(t) = \sigma_k(t)F_k(t)dZ_k(t)$，$t \leqslant T_{k-1}$。

有了以上标量标识，$\sigma_k(t)$ 就可以解释为在时间 t，远期 LIBOR 利率 $F_k(t)$ 的瞬时波动率。注意到 σ 为一有界参数，则在几何布朗运动假设下，上述微分方程具有解析解。直接运用伊藤—德布林公式，即可得以下表达式：$d\ln F_k(t) = -\dfrac{\sigma_k^2(t)}{2}dt + \sigma_k(t)dZ_k(t)$，$t \leqslant T_{k-1}$。对其在 0 到 T 的区间上积分即得：

$$\ln F_k(T) = \ln F_k(0) - \int_0^T \frac{\sigma_k^2(t)}{2}dt + \int_0^T \sigma_k(t)dZ_k(t) \tag{7-3}$$

2. 互换利率市场模型

与 LIBOR 市场模型相对应的有互换利率市场模式。由远期互换利率公式（7－4）可看出：存在一项可交易资产使等式成立：

$$S_{\alpha,\beta}(t) \sum_{i=\alpha+1}^{\beta} \tau_i P(t,T_i) = P(t,T_\alpha) - P(t,T_\beta)$$

$$S_{\alpha,\beta}(t) = \frac{P(t,T_\alpha) - P(t,T_\beta)}{\sum_{i=\alpha+1}^{\beta} \tau_i P(t,T_i)} \qquad (7-4)$$

现令计价单位表示为 $\sum_{i=\alpha+1}^{\beta} \tau_i P(t,T_i)$，则远期互换利率 $S_{\alpha,\beta}(t)$ 在此计价单位下为鞅。称在该计价单位下测度为远期互换测度，表示为 $Q^{\alpha,\beta}$。同样，假设远期互换利率在此测度下为对数正态分布，则有以下随机微分方程：$dS_{\alpha,\beta}(t) = \sigma_{\alpha,\beta}(t) S_{\alpha,\beta}(t) dZ^{\alpha,\beta}(t)$。其中，$\sigma_{\alpha,\beta}(t)$ 为远期互换利率的局部波动率，$Z^{\alpha,\beta}(t)$ 为在远期互换测度 $Q^{\alpha,\beta}$ 下的标准布朗运动。对其直接运用伊藤—德布林公式，即可得到以下表达式：$d\ln S_{\alpha,\beta}(t) = -\frac{\sigma_{\alpha,\beta}^2(t)}{2} dt + \sigma_{\alpha,\beta}(t) dZ^{\alpha,\beta}(t)$。对其在 0 到 T 的区间上积分即得：$\ln S_{\alpha,\beta}(T) = \ln S_{\alpha,\beta}(0) - \int_0^T \frac{\sigma_{\alpha,\beta}^2(t)}{2} dt + \int_0^T \sigma_{\alpha,\beta}(t) dZ^{\alpha,\beta}(t)$。

3. 远期 LIBOR 市场模型与互换利率市场模型之间的不一致

远期互换利率如公式（7－5）所示，可以看出，当假设远期 LIBOR 利率 $F_i(t)$ 在某一远期测度 $P(t, T_\alpha)$ 下为对数正态分布时，很难推出其远期互换利率 $S_{\alpha,\beta}(t)$ 也服从对数正态分布。

$$S_{\alpha,\beta}(t) = \frac{1 - \prod_{j=\alpha+1}^{\beta} \frac{1}{1+\tau_j F_j(t)}}{\sum_{i=\alpha+1}^{\beta} \tau_i \prod_{j=\alpha+1}^{i} \frac{1}{1+\tau_j F_j(t)}} \qquad (7-5)$$

事实上，在远期测度 $P(t, T_\alpha)$ 下可以得到以下远期互换利率 $S_{\alpha,\beta}(t)$ 的随机微分方程：

$$dS_{\alpha,\beta}(t) = \mu_{\alpha,\beta}(t) S_{\alpha,\beta}(t) dt + \sigma_{\alpha,\beta}(t) S_{\alpha,\beta}(t) dZ^\alpha(t)$$

$$\mu_{\alpha,\beta}(t) = \frac{\sum_{j,k=\alpha+1}^{\beta} \delta_{j,k}(t) \tau_j \tau_k \rho_{j,k} \sigma_j \sigma_k F_j(t) F_k(t) \frac{P(t,T_j)}{P(t,T_\alpha)} \frac{P(t,T_k)}{P(t,T_\alpha)}}{1 - \frac{P(t,T_\beta)}{P(t,T_\alpha)}}$$

$$\delta_{j,k}(t) = \frac{\left(\dfrac{P(t,T_\beta)}{P(t,T_\alpha)} \sum\limits_{i=\alpha+1}^{j-1} \tau_i \dfrac{P(t,T_i)}{P(t,T_\alpha)} + \sum\limits_{i=j}^{\beta} \tau_i \dfrac{P(t,T_i)}{P(t,T_\alpha)} \right) \sum\limits_{i=k}^{\beta} \tau_i \dfrac{P(t,T_i)}{P(t,T_\alpha)}}{\left(\sum\limits_{i=\alpha+1}^{\beta} \tau_i \dfrac{P(t,T_i)}{P(t,T_\alpha)} \right)^2}$$

$$(7-6)$$

因此从理论上看，在 LIBOR 市场模型对数正态分布假设下，远期测度 $P(t, T_\alpha)$ 下的远期互换利率 $S_{\alpha,\beta}(t)$ 并不是对数正态分布的。但是从实际操作的角度来看，远期互换利率 $S_{\alpha,\beta}(t)$ 几乎是对数正态分布的。因此对于以远期 LIBOR 利率为标的资产的利率衍生产品仍以 LIBOR 市场模型为基础，对于以远期互换利率为标的资产的利率衍生产品以互换市场模型为基础。

二 随机波动率 LIBOR 市场模型的建立

具有简单对数正态假设的 LIBOR 或互换利率随机微分方程并不能完全有效解释利率期权的隐含波动率。这一点可从图 7-1 和图 7-2 中观测得到。图 7-1 描述了六种从 2001 年 6 月 4 日至 2014 年 6 月 4 日间的不同到期日的利率上限隐含波动率平值报价。图 7-2 描述了五种从 2001 年 6 月 4 日至 2014 年 6 月 4 日间不同到期日利率互换期权隐含波动率平值报价。

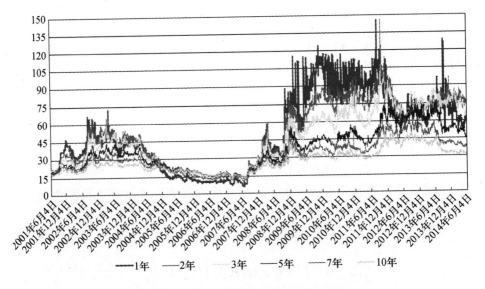

图 7-1　利率上限隐含波动率的平值报价

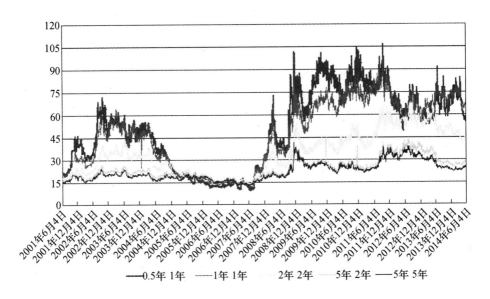

图 7 – 2　利率互换期权隐含波动率的平值报价

可观测到利率上限的隐含波动率在某个时间内比其他时间更具有波动性。因此，对数正态的 LIBOR 随机微分方程对于上图形态中发生的随机性和机制变换仅能提供有限的解释力。由于标准 LIBOR 市场模型存在的问题，因此我们需要将其进行扩展，以进一步拟合利率收益率曲线。从上图可观测到的隐含波动率具有的随机性和机制转换的性质，从而考虑建立随机波动率 LIBOR 市场模型和随机波动率机制转换 LIBOR 市场模型。

1. 随机波动率 LIBOR 市场模型的建立

对于标的资产为远期 LIBOR 利率的利率衍生产品，假设远期 LIBOR 利率 $F_k(t)$ 在其远期测度 Q^k 下的随机波动率方程是具有 CIR 形式的随机微分方程，则有如下随机微分方程：

$$dF_k(t) = \sigma_k(t) F_k(t) \sqrt{V(t)} dZ_k(t)，\ t \leqslant T_{k-1}$$
$$dV(t) = \kappa(\theta - V(t)) dt + \xi \sqrt{V(t)} dW(t) \qquad (7-7)$$

其中，$\sigma_k(t)$ 表示一维局部波动率函数，$Z_k(t)$ 为 M 维向量布朗运动 $Z^k(t)$ 在 Q^k 测度下的第 k 个组成部分，满足：$dZ^k(t) dZ^k(t)' = \rho^* dt$，$\rho^* = (\rho_{ij}^*)_{i,j=1,2,\cdots,M}$ 为其瞬时相关系数。θ 为随机波动率 V 的长期均值，κ

为均值恢复速度，ξ 为随机波动率的波动率。一维布朗运动 W 在 Q^k 测度下与 $Z_k(t)$ 具有相关性，并有：$dZ_k(t)dW(t) = \rho dt$。ρ 为其瞬时相关系数。

2. 随机波动率互换利率市场模型的建立

同样对于标的资产为远期互换利率的衍生产品，假设远期互换利率 $S_{\alpha,\beta}(t)$ 在其远期测度 $Q^{\alpha,\beta}$ 下的随机波动率方程同样是具有 CIR 形式的随机微分方程，则有如下随机微分方程：

$$dS_{\alpha,\beta}(t) = \sigma_{\alpha,\beta}(t)S_{\alpha,\beta}(t)\sqrt{V(t)}dZ^{\alpha,\beta}(t)$$

$$dV(t) = \kappa(\theta - V(t))dt + \xi\sqrt{V(t)}dW(t)$$

其中，$\sigma_{\alpha,\beta}(t)$ 表示一维局部波动率函数，$Z^{\alpha,\beta}(t)$ 为 M 维向量布朗运动。θ 为随机波动率 V 的长期均值参数，κ 为随机波动率的均值恢复速度参数，ξ 为随机波动率的波动率。一维布朗运动 $W(t)$ 在 $Q^{\alpha,\beta}$ 测度下与 $Z^{\alpha,\beta}(t)$ 具有相关性，并有：$dZ^{\alpha,\beta}(t)dW(t) = \rho dt$。$\rho$ 为其瞬时相关系数。在远期测度 $P(t, T_\alpha)$ 可得远期互换利率 $S_{\alpha,\beta}(t)$ 微分方程(7-8)。

三 随机波动率机制转换 LIBOR 市场模型的建立

正如图 7-1 和图 7-2 中观测到的，利率上限和利率互换期权的隐含波动率随机，并且在某一段时刻相比于其他时刻更具有波动性。因此我们可以在假设远期 LIBOR 利率的瞬时波动率具有随机特性的基础上，引入具有马尔科夫机制转换性质的瞬时波动率随机微分方程。

$$dS_{\alpha,\beta}(t) = \mu_{\alpha,\beta}(t)S_{\alpha,\beta}(t)V(t)dt + \sigma_{\alpha,\beta}(t)S_{\alpha,\beta}(t)\sqrt{V(t)}dZ^\alpha(t)$$

$$dV(t) = \kappa(\theta - V(t))dt + \xi\sqrt{V(t)}dW(t)$$

$$\mu_{\alpha,\beta}(t) = \frac{\sum_{j,k=\alpha+1}^{\beta}\delta_{j,k}(t)\tau_j\tau_k\rho_{j,k}\sigma_j\sigma_k F_j(t)F_k(t)\dfrac{P(t,T_j)}{P(t,T_\alpha)}\dfrac{P(t,T_k)}{P(t,T_\alpha)}}{1 - \dfrac{P(t,T_\beta)}{P(t,T_\alpha)}}$$

$$\delta_{j,k}(t) = \frac{\left(\dfrac{P(t,T_\beta)}{P(t,T_\alpha)}\sum_{i=\alpha+1}^{j-1}\tau_i\dfrac{P(t,T_i)}{P(t,T_\alpha)} + \sum_{i=j}^{\beta}\tau_i\dfrac{P(t,T_i)}{P(t,T_\alpha)}\right)\sum_{i=k}^{\beta}\tau_i\dfrac{P(t,T_i)}{P(t,T_\alpha)}}{\left(\sum_{i=\alpha+1}^{\beta}\tau_i\dfrac{P(t,T_i)}{P(t,T_\alpha)}\right)^2}$$

$$(7-8)$$

1. 随机波动率机制转换 LIBOR 市场模型的建立

假设在远期概率测度 Q^k 下，引入有限状态空间 $S = \{s_1, s_2, \cdots, s_N\}$ 的连续时间可观测的马尔科夫链 $X = \{X_t\}_{t \in T}$，以表示通常所具有的市场趋势和（或）其他影响标的资产的经济因素。不失一般性，状态空间亦可表示成单位向量 $e = \{e_1, e_2, \cdots, e_N\}$ 的集合，其中 $e_i = \{0, 0, \cdots, 1, \cdots, 0, 0\}$。马尔科夫链所服从的随机过程由 $N \times N$ 维马尔科夫状态转移概率矩阵 $\Pi = \{X_{ij}\}_{i,j=1,2,\cdots,N}$ 产生。对于 $i \neq j$，π_{ij} 是马尔科夫链 X 在一段极小的时间间隔内，从状态 e_i 转移至状态 e_j 的转移强度。对于任意的 i，$j = 1, 2, \cdots, N$ 及 $i \neq j$ 满足：$\pi_{ij} \geq 0$，并且有等式：$\sum_1^N \sum \pi_{ij} = 0$。

因此，假设在远期概率测度 Q^k 下，马尔科夫链 X 具有如下半鞅过程：

$$X(t) = X(0) + \int_0^t \Pi X(s) ds + M(t)$$

其中，M 为在 F^X 流域下的鞅。同样，假设远期 $F_k(t)$ 在远期测度 Q^k 下随机方程为：

$$dF_k(t) = \sigma_k(t) F_k(t) \sqrt{V(t)} dZ_k(t), \quad t \leq T_{k-1}$$

$$dV(t) = \kappa(t)(\theta(t) - V(t)) dt + \xi(t) \sqrt{V(t)} dW(t)$$

其中，$\sigma_k(t)$ 表示一维局部波动率函数，$Z_k(t)$ 为 M 维向量布朗运动 $Z^k(t)$ 在 Q^k 测度下的第 k 个组成部分，并且满足：$dZ^k(t) dZ^k(t)' = \rho^* dt$，$\rho^* = (\rho_{ij}^*)_{i,j=1,2,\cdots,M}$ 为其瞬时相关系数。θ 为随机波动率 V 的长期均值，κ 为随机波动率的均值恢复速度，ξ 为随机波动率的波动率。一维布朗运动 W 在 Q^k 测度下与 $Z_k(t)$ 具有相关性，并有：$dZ_k(t) dW(t) = \rho dt$。但是与随机波动率模型不同的是，在具有马尔科夫机制转换性质下的随机波动率模型中远期 LIBOR 利率受市场趋势和其他经济因素影响。假设随机波动率方程中随机波动率 V 的长期均值参数 θ，依赖于状态过程 $X(t)$。也就是其具有以下表达式：$\theta(t) = \langle \theta, X(t) \rangle$。其中 N 维向量 $\theta = (\theta_1, \theta_2, \cdots, \theta_N)$，并且对于任意的 $i = 1, 2, \cdots, N$，有 $\theta_i > 0$。$\langle \cdot, \cdot \rangle$ 表示为两向量的内积。

2. 随机波动率机制转换互换利率市场模型建立

对于标的资产为远期互换利率的利率产品，假设远期互换利率服从以下随机微分方程：

$$dS_{\alpha,\beta}(t) = \sigma_{\alpha,\beta}(t)S_{\alpha,\beta}(t)\sqrt{V(t)}dZ^{\alpha,\beta}(t)$$

$$dV(t) = \kappa(\theta(t) - V(t))dt + \xi\sqrt{V(t)}dW(t)$$

$$dX(t) = \Pi X(t)dt + dM(t)$$

其中, $dZ^{\alpha,\beta}(t)dW(t) = \rho dt$, $\theta(t) = \langle \theta, X(t) \rangle$。可得, 在远期测度 $P(t, T_\alpha)$ 下可得到以下远期互换利率 $S_{\alpha,\beta}(t)$ 随机微分方程, 其中, $dZ^{\alpha,\beta}(t)dW(t) = \rho dt$, $\theta(t) = \langle \theta, X(t) \rangle$。

$$dS_{\alpha,\beta}(t) = \mu_{\alpha,\beta}(t)S_{\alpha,\beta}(t)V(t)dt + \sigma_{\alpha,\beta}(t)S_{\alpha,\beta}(t)\sqrt{V(t)}dZ^{\alpha}(t)$$

$$dV(t) = \kappa(\theta(t) - V(t))dt + \xi\sqrt{V(t)}dW(t)$$

$$dX(t) = \Pi X(t)dt + dM(t)$$

$$\mu_{\alpha,\beta}(t) = \frac{\displaystyle\sum_{j,k=\alpha+1}^{\beta} \delta_{j,k}(t)\,\tau_j\,\tau_k\rho_{j,k}\sigma_j\sigma_k F_j(t)F_k(t)\frac{P(t,T_j)}{P(t,T_\alpha)}\frac{P(t,T_k)}{P(t,T_\alpha)}}{1 - \dfrac{P(t,T_\beta)}{P(t,T_\alpha)}}$$

$$\delta_{j,k}(t) = \frac{\left(\dfrac{P(t,T_\beta)}{P(t,T_\alpha)}\displaystyle\sum_{i=\alpha+1}^{j-1}\tau_i\frac{P(t,T_i)}{P(t,T_\alpha)} + \sum_{i=j}^{\beta}\tau_i\frac{P(t,T_i)}{P(t,T_\alpha)}\right)\displaystyle\sum_{i=k}^{\beta}\tau_i\frac{P(t,T_i)}{P(t,T_\alpha)}}{\left(\displaystyle\sum_{i=\alpha+1}^{\beta}\tau_i\frac{P(t,T_i)}{P(t,T_\alpha)}\right)^2}$$

$$(7-9)$$

第三节　模型的参数校准

首先利用与所需要校准模型参数相关的利率上限及利率互换期权的市场报价对模型中的局部波动率和瞬时相关系数的校准进行讨论。其次, 将讨论如何运用马尔科夫链蒙特卡罗模拟方法分别对随机波动率微分方程和机制转换微分方程中的参数进行估计。

一　局部波动率与瞬时相关系数的校准

本节将解决如何通过利率上限及利率互换期权的市场报价来校准所推导出模型参数的问题。为了计算的简便性, 我们通常考虑具有分段固定的瞬时波动率结构, 即:

$$\sigma_k(t) = \sigma_{k,\beta(t)}, \quad t > T_{-1} = 0 \qquad\qquad (7-10)$$

其中, $\beta(t) = k$, 如果 $T_{k-2} < t \leqslant T_{k-1}$, $k \geqslant 1$, 故有: $t \in (T_{\beta(t)-2},$

$T_{\beta(t)-1}$]。对于 $t = T_{-1} = 0$ 的特殊情况，定义 $\sigma_k(0) = \sigma_{k,1}$，可以注意到 $\beta(t)$ 表示的是在时间 t 第一个未终止的远期利率 $F_{\beta(t)}(t)$，所有的在 $F_{\beta(t)}(t)$ 之前的利率，如 $F_{\beta(t)-1}(t)$，$F_{\beta(t)-2}(t)$ 在时间 t 均已终止。对于前述关于 $dZ(t)$ 的假设可知，不同远期利率中的一维随机布朗运动具有以下瞬时相关性：

$$dZ_i(t)dZ_j(t) = d\langle Z_i(t),\ Z_j(t)\rangle = \rho_{i,j}dt$$

因此，为了求解远期 LIBOR 利率的随机微分方程我们就需要知道方程中的参数 $\sigma(t)$ 和 ρ。接下来的部分就将讨论参数 $\sigma(t)$ 和 ρ 的结构问题。

（一）远期 LIBOR 利率局部波动率的校准

1. 利率上限及其市场报价规则

第一步：利率上限的定义及其定价公式。

令 $T = \{T_\alpha, \cdots, T_\beta\}$，其中 $T_{\alpha+1}, \cdots, T_\beta$ 为支付日，$T_\alpha, \cdots, T_{\beta-1}$ 为重置日，$\tau = \{\tau_{\alpha+1}, \cdots, \tau_\beta\}$ 为年化时间间隔。令 N 表示利率上限名义价值，K 为固定利率。则一份利率上限合约可看作当每次互换收益均为正值时才执行的支付型利率互换协议。因此在时间 t 贴现的利率上限收益为：

$$Cap(t, T, \tau, N, K) = \sum_{i=\alpha+1}^{\beta} D(t, T_i)N\tau_i[L(T_{i-1}, T_i) - K]^+ \qquad (7-11)$$

累加形式利率上限定价可被单独分解为利率上限元，具有以下形式贴现：

$$Caplet(t,\ T_i,\ \tau_i,\ N,\ K) = D(t,\ T_i)N\tau_i[L(T_{i-1},\ T_i) - K]^+ \quad (7-12)$$

现在即可求解在标准 LIBOR 市场模型假设下时刻 t 的价值。为了求解利率上限定价公式，可以首先求解每一个利率上限元定价公式，然后通过累次之和便得到了最终利率上限定价公式。如果选择每一利率上限元各自的远期测度为基础，以使远期 LIBOR 利率为对数正态随机变量，则可以得到当已知 t 时刻信息时，在任意时刻 T_i 远期 LIBOR 利率 $F_i(T_i)$ 表达式：

$$\ln F_i(T_i) = \ln F_i(t) - \int_t^{T_i}\frac{\sigma_i^2(s)}{2}ds + \int_t^{T_i}\sigma_i(s)dZ_i(s)$$

故在时刻 T_i，$F_k(T_i)$ 是具有以下正态分布形式的随机变量：$F_i(T_i) \sim N\left(\ln F_i(t) - \dfrac{\nu_i^2}{2},\ \nu_i^2\right)$。其中，$\nu_i^2 = \displaystyle\int_t^T\sigma_i^2(s)ds$。因此，对于时刻，则利率上限

元在时间 t 的价格为:

$$Caplet^{LMM}(t,T_i,\tau_i,N,K)$$

$$= E[D(t,T_i)N\tau_i(F_i(T_{i-1}) - K)^+ \mid F_t^F]$$

$$= NP(t,T_i)\tau_i E^i[(e^{\ln F_i(T_{i-1})} - K)^+ \mid F_t^F]$$

$$= NP(t,T_i)\tau_i\int_{-\infty}^{+\infty}(e^x - K)^+ \frac{1}{\sqrt{2\pi}\nu_i}e^{-\frac{(x-(\ln F_i(t)-\nu_i^2/2))^2}{2\nu_i^2}}dx$$

$$= NP(t,T_i)\tau_i\Big(\frac{F_i(t)}{\sqrt{2\pi}}\int_{-\infty}^{\frac{\ln F_i(t)/K-\nu_i^2/2}{\nu_i}}e^{-V_i}dy$$

$$- K\Phi\Big(\frac{\ln F_i(t)/K - \nu_i^2/2}{\nu_i}\Big)\Big)$$

$$= NP(t,T_i)\tau_i\Big(F_i(t)\Phi\Big(\frac{\ln(F_i(t)/K) + \nu_i^2/2}{\nu_i}\Big)$$

$$- K\Phi\Big(\frac{\ln(F_i(t)/K) - \nu_i^2/2}{\nu_i}\Big)\Big) \qquad (7-13)$$

其中，Φ 为标准正态分布下的累积分布函数。令:

$$d_1(K,\ F_i(t),\ \nu_i) = d_2(K,\ F_i(t),\ \nu_i) + \nu_i = \frac{\ln F_i(t)/K + \nu_i^2/2}{\nu_i},$$

则有定价公式: $Caplet(t,\ T_i,\ \tau_i,\ N,\ K) = NP(t,\ T_i)\tau_i(F_i(t)\Phi(d_1) - K\Phi(d_2))$。在时间 t 到 T 内对利率上限元的价格进行累次相加，得到了利率上限的定价公式:

$$Cap(t,T,\tau,N,K) = N\sum_{i=\alpha+1}^{\beta}P(t,T_i)\tau_i(F_i(t)\Phi(d_1) - K\Phi(d_2))$$

第二步: 利率上限的市场报价规则。

在零时刻，市场上对于利率上限的价格由以下 Black 公式得出:

$$Cap^{Black}(0,T,\tau,N,K,\nu_{T_{\beta-cap}}) = N\sum_{i=\alpha+1}^{\beta}P(0,T_i)\tau_i Bl(K,F(0;T_{i-1},T_i),\nu_i)$$

定义 Φ 为标准正态分布累次分布函数，则有:

$$Bl(K,\ F_i(0),\ \nu_i) = F\Phi(d_1(K,F_i(0),\nu_i)) - K\Phi(d_2(K,F_i(0),\ \nu_i))$$

$$d_1(K,\ F_i(0),\ \nu_i) = \frac{\ln(F_i(0)/K) + \nu_i^2/2}{\nu_i}$$

$$d_2(K,\ F_i(0),\ \nu_i) = \frac{\ln(F_i(0)/K) - \nu_i^2/2}{\nu_i}$$

$$\nu_i = \sqrt{T_{i-1}}\nu_{T_{\beta-cap}} \qquad (7-14)$$

其中，$v_{T_{\beta - cap}}$ 被称为利率上限的单一波动率。市场上，利率上限报价中的单一波动率通常由具有平值报价的利率上限所给出。而为了使利率上限具有平值报价，则执行价格 K 不应因履约价格的水平而有差别，故此时的价格等于其具有相同初始日、相同到期的远期互换利率。即在零时刻，具有平值报价的利率上限期权的执行价格为：

$$K_{ATM} = S_{\alpha,\beta}(0) = \frac{P(0,T_\alpha) - P(0,T_\beta)}{\sum_{i=\alpha+1}^{\beta} \tau_i P(0,T_i)} \qquad (7-15)$$

当 $K < K_{ATM}$ 时称为价内期权，当 $K > K_{ATM}$ 时称为价外期权。由本节上一部分我们所推导出的利率上限在 t 时刻的定价公式：

$$Cap^{LMM}(t,T,\tau,N,K) = N \sum_{i=\alpha+1}^{\beta} P(t,T_i)\, \tau_i(F_i(t)\Phi(d_1) - K\Phi(d_2))$$

其中，Φ 为标准正态分布下的累次分布函数。令：

$$d_1(K,F_i(t),\nu_i) = d_2(K,F_i(t),\nu_i) + \nu_i = \frac{\ln(F_i(t)/K) + v_i^2/2}{\nu_i}$$

$$\nu_i^2 = \int_t^T \sigma_i^2(s)\,ds$$

定义 $\nu_{T_{i-1} - caplet}$ 为利率上限元的即期波动率，且为远期利率波动率的平均，即：

$$\nu_{T_{i-1} - caplet}^2 = \frac{1}{T_{i-1} - t}\nu_i^2 = \frac{1}{T_{i-1} - t}\int_t^T \sigma_i^2(s)\,ds \qquad (7-16)$$

于是，在求解远期利率 $F_i(t)$ 的瞬时波动率参数 $\sigma_i(t)$ 时就必须知道每一利率上限元的即期波动率 $\nu_{T_{i-1} - caplet}$。故比较所推导利率上限定价公式和市场上给出的利率上限定价公式，可以得出：$\nu_{T_{\beta - cap}} = \nu_{T_{i-1} - caplet}$。因此，可以考虑以下表达式成立：

$$\sum_{i=\alpha+1}^{\beta} P(0,T_i)\, \tau_i Bl(K_{ATM}, F_i(0), \sqrt{T_{i-1}}\nu_{T_{\beta - cap}}) = \sum_{i=\alpha+1}^{\beta} P(0,T_i)\, \tau_i Bl(K_{ATM},$$

$$F_i(0), \sqrt{T_{i-1}}\nu_{T_{i-1} - caplet})$$

由此，便建立了市场利率上限报价与远期 LIBOR 利率瞬时波动率之间的联系。

2. 远期 LIBOR 利率局部波动率的结构

首先，假设远期 LIBOR 利率 $F_k(t)$ 具有分段固定的瞬时随机波动率 $\sigma_k(t)$。即在时间区间 $T_{k-2} < t \leqslant T_{k-1}$，$k \geqslant 1$ 内，远期 LIBOR 利率 $F_k(t)$

具有分段固定的瞬时随机波动率 $\sigma_k(t)$ 存在，并且是一个常数。在此假设下，将各期的瞬时随机波动率 $\sigma_k(t)$ 以表 7-1 所示矩阵来表示。

表 7-1　　　　　　远期 LIBOR 利率局部波动率结构

远期利率区间	$t \in (0, T_0]$	$(T_0, T_1]$	$(T_1, T_2]$	$\cdots$	$(T_{M-2}, T_{M-1}]$
$F_1(t)$	$\sigma_{1,1}$	终止	终止	$\cdots$	终止
$F_2(t)$	$\sigma_{2,1}$	$\sigma_{2,2}$	终止	$\cdots$	终止
$\vdots$	$\vdots$	$\vdots$	$\vdots$	$\vdots$	终止
$F_M(t)$	$\sigma_{M,1}$	$\sigma_{M,2}$	$\sigma_{M,3}$	$\cdots$	$\sigma_{M,M}$

通过进一步假设，可以使表 7-1 项中的远期利率瞬时波动率参数个数再次减少。假设一，波动率仅依赖于当前日至到期日的时间间隔 $T_k - T_{\beta(t)-1}$，而并不依赖于时间 t 和到期日 T_k。因此有式（7-17），表 7-1 所示波动率矩阵在此假设下变为表 7-2。

$$\sigma_k(t) = \sigma_{k,\beta(t)} = \eta_{k-(\beta(t)-1)} \tag{7-17}$$

表 7-2　　　　　　远期 LIBOR 利率局部波动率结构 1

远期利率区间	$t \in (0, T_0]$	$(T_0, T_1]$	$(T_1, T_2]$	$\cdots$	$(T_{M-2}, T_{M-1}]$
$F_1(t)$	η_1	终止	终止	$\cdots$	终止
$F_2(t)$	η_2	η_1	终止	$\cdots$	终止
$\vdots$	$\vdots$	$\vdots$	$\vdots$	$\vdots$	终止
$F_M(t)$	η_M	η_{M-1}	η_{M-2}	$\cdots$	η_1

假设二，对于任意的 t，波动率具有以下形式：$\sigma_k(t) = \sigma_{k,\beta(t)} = S_k$，即远期利率 $F_k(t)$ 的瞬时波动率 $\sigma_k(t)$ 拥有与时间 t 无关的常数波动率 s_k。故波动率矩阵变为表 7-3。

表 7-3　　　　　　远期 LIBOR 利率局部波动率结构 2

远期利率区间	$t \in (0, T_0]$	$(T_0, T_1]$	$(T_1, T_2]$	$\cdots$	$(T_{M-2}, T_{M-1}]$
$F_1(t)$	S_1	终止	终止	$\cdots$	终止
$F_2(t)$	S_2	S_2	终止	$\cdots$	终止
$\vdots$	$\vdots$	$\vdots$	$\vdots$	$\vdots$	终止
$F_M(t)$	S_M	S_M	s_M	$\cdots$	S_M

假设三，对于任意的 t，波动率具有以下形式：$\sigma_k(t) = \sigma_{k,\beta(t)} = \Phi_k \Psi_{\beta(t)}$。故前述波动率矩阵在此假设下变为表 7 – 4。

表 7 – 4　　　　　　　远期 LIBOR 利率局部波动率结构 3

远期利率区间	$t \in (0, T_0]$	$(T_0, T_1]$	$(T_1, T_2]$	$\cdots$	$(T_{M-2}, T_{M-1}]$
$F_1(t)$	$\Phi_1 \Psi_1$	终止	终止	$\cdots$	终止
$F_2(t)$	$\Phi_2 \Psi_1$	$\Phi_2 \Psi_2$	终止	$\cdots$	终止
$\vdots$	$\vdots$	$\vdots$	$\vdots$	$\vdots$	终止
$F_M(t)$	$\Phi_M \Psi_1$	$\Phi_M \Psi_2$	$\Phi_M \Psi_3$	$\cdots$	$\Phi_M \Psi_M$

此公式一个特例为 $\sigma_k(t) = \sigma_{k,\beta(t)} = s_k$，其中可以令 $\Psi_{\beta(t)} = 1$，$\Phi_k = s_k$，而得到。

假设四，对于任意的 t，波动率具有以下形式：$\sigma_k(t) = \sigma_{k,\beta(t)} = \Phi_k \Psi_{k-(\beta(t)-1)}$。故前述波动率矩阵在此假设下变为表 7 – 5。

表 7 – 5　　　　　　　远期 LIBOR 利率局部波动率结构 4

远期利率区间	$t \in (0, T_0]$	$(T_0, T_1]$	$(T_1, T_2]$	$\cdots$	$(T_{M-2}, T_{M-1}]$
$F_1(t)$	$\Phi_1 \Psi_1$	终止	终止	$\cdots$	终止
$F_2(t)$	$\Phi_2 \Psi_2$	$\Phi_2 \Psi_1$	终止	$\cdots$	终止
$\vdots$	$\vdots$	$\vdots$	$\vdots$	$\vdots$	终止
$F_M(t)$	$\Phi_M \Psi_M$	$\Phi_M \Psi_{M-1}$	$\Phi_M \Psi_{M-2}$	$\cdots$	$\Phi_M \Psi_1$

此公式特例即为 $\sigma_k(t) = \sigma_{k,\beta(t)} = \eta_{k-(\beta(t)-1)}$，其中可以令 $\Phi_k = 1$，$\Psi_{k-(\beta(t)-1)} = \eta_{k-(\beta(t)-1)}$ 而得到。

以上五张表格总结了远期利率瞬时波动率为分段固定的模型。接下来将以参数化的形式将这些波动率结构表示出来。一种可能的参数化形式如下：

$$\sigma_k(t) = \Psi(T_{k-1} - t; a, b, c, d) = [a(T_{k-1} - t) + d]e^{-b(T_{k-1}-t)} + c$$

$$(7 – 18)$$

此形式下远期利率 $F_k(t)$ 的瞬时波动率具有以时间至到期日为函数自变量的驼峰形状，即 $T_{k-1} - t$ 的映射为 $\sigma_k(t)$。以上参数化公式可以进一步扩展为更具参数化的形式，即：

$$\sigma_k(t) = \Phi_k \Psi(T_{k-1} - t; \ a, \ b, \ c, \ d)$$
$$= \Phi_k \{ [a(T_{k-1} - t) + d] e^{-b(T_{k-1} - t)} + c \}$$

此参数化公式的特例即式（7-18），其中可以令 $\Phi_k = 1$ 得到。

（二）远期 LIBOR 利率瞬时相关系数的校准

为了校准远期 LIBOR 利率瞬时相关系数，必须从利率衍生产品的市场报价中获取其相关信息，然而市场并没有直接给出远期 LIBOR 利率的瞬时相关系数。因此，就必须从市场给出的远期 LIBOR 利率的局部波动率中间接求出其瞬时相关系数。

1. 利率互换期权及其市场报价规则

第一步：利率互换期权的定义与定价公式。

利率互换期权分为支付型和收入型。支付型利率互换期权是指给予期权持有方在未来约定的某一时刻，即此利率互换期权的到期日以进入支付型利率互换协议的权利。利率互换期权到期日与标的利率互换协议的第一个重置日相同。利率互换协议的时间长度为 $T_\beta - T_\alpha$，被称为利率互换期权的时间间隔。考虑标的资产为支付型利率互换协议在第一个重置日 T_α 时的贴现收益。其在时间 T_α 的价值为：

$$PIRS(T_\alpha, T, \tau, N, K) = \sum_{i=\alpha+1}^{\beta} P(T_\alpha, T_i) N \tau_i (F(T_\alpha; T_{i-1}, T_i) - K)$$

利率互换期权只有在其价值为正时才执行，因此到期日为 T_α 的支付型利率互换期权价值为：$Swaption^{SMM}(t, T_\alpha, T, \ \tau, N, K) = ND(t, T_\alpha) \left(\sum_{i=\alpha+1}^{\beta} P(T_\alpha, T_i) \tau_i (F(T_\alpha; T_{i-1}, T_i) - K) \right)$。进一步，由远期互换利率公式：

$$S_{\alpha,\beta}(t) = \sum_{i=\alpha+1}^{\beta} \frac{\tau_i P(t, T_i)}{\sum_{i=\alpha+1}^{\beta} \tau_j P(t, T_j)} F_i t$$

代入上述支付型利率互换期权的价格公式中，即可得到以下公式：

$$Swaption^{SMM}(t, T_\alpha, T, \tau, N, K) = ND(t, T_\alpha) \left(\sum_{i=\alpha+1}^{\beta} \tau_i P(T_\alpha, T_i) (S_{\alpha,\beta}(T_\alpha) - K) \right)$$
$$= ND(t, T_\alpha)(S_{\alpha,\beta}(T_\alpha) - K)^+ \sum_{i=\alpha+1}^{\beta} \tau_i P(T_\alpha, T_i)$$

因此，得到当已知 t 时刻的信息时，则在任意时刻 T_i 远期互换利率具有如下表达式：

$$\ln S_{\alpha,\beta}(T) = \ln S_{\alpha,\beta}(t) - \int_t^T \frac{\sigma^2_{\alpha,\beta}(s)}{2}dt + \int_t^T \sigma_{\alpha,\beta}(s)dZ^{\alpha,\beta}(s)$$

在时刻 T_α，$S_{\alpha,\beta}(T_\alpha)$ 是具有正态分布形式的随机变量：$S_{\alpha,\beta}(T_\alpha) \sim$ $N\left(\ln S_{\alpha,\beta}(t) - \dfrac{\nu^2_{\alpha,\beta}}{2}, \ \nu^2_{\alpha,\beta}\right)$。

其中，$\nu^2_{\alpha,\beta} = \int_t^T \sigma^2_{\alpha,\beta}(s)ds$。因此，对于时刻 T_α，已知布朗运动 $Z^{\alpha,\beta}(t)$ 产生的域流 F_t^F，支付型利率互换期权在时间 t 的价格为式（7-19）。其中 Φ 为标准正态分布累积分布函数。且有：

$$
\begin{aligned}
d_1(K, S_{\alpha,\beta}(t), \nu_{\alpha,\beta}) &= d_2(K, S_{\alpha,\beta}(t), \nu_{\alpha,\beta}) + \nu_{\alpha,\beta} \\
&= \frac{\ln(S_{\alpha,\beta}(t)/K) + \nu^2_{\alpha,\beta}/2}{\nu_{\alpha,\beta}} Swaption^{SMM}(t, T_\alpha, T, \tau, N, K) \\
&= E\left[ND(t, T_\alpha)(S_{\alpha,\beta}(T_\alpha) - K)^+ \sum_{i=\alpha+1}^{\beta} \tau_i P(T_\alpha, T_i) \mid F_t^F \right] \\
&= NE^{Q^{\alpha,\beta}}\left[\frac{\displaystyle\sum_{i=\alpha+1}^{\beta} \tau_i P(t, T_i)}{\displaystyle\sum_{i=\alpha+1}^{\beta} \tau_i P(T_\alpha, T_i)}(S_{\alpha,\beta}(T_\alpha) - K)^+ \right. \\
&\qquad\qquad \left. \sum_{i=\alpha+1}^{\beta} \tau_i P(T_\alpha, T_i) \mid F_t^F \right] \\
&= N \sum_{i=\alpha+1}^{\beta} \tau_i P(t, T_i) E^{Q^{\alpha,\beta}}\left[(S_{\alpha,\beta}(T_\alpha) - K)^+ \mid F_t^F \right] \\
&= N(S_{\alpha,\beta}(t)\Phi(d_1(K, S_{\alpha,\beta}(t), \nu_{\alpha,\beta})) \\
&\qquad - K\Phi(d_2(K, S_{\alpha,\beta}(t), \nu_{\alpha,\beta}))) \sum_{i=\alpha+1}^{\beta} \tau_i P(t, T_i)
\end{aligned}
$$

$$(7-19)$$

第二步：利率互换期权的市场报价规则。

在零时刻，市场上对于利率互换期权的价格由以下 Black 公式得出：

$$Swaption^{Black}(0, T_\alpha, T, \tau, N, K, \sigma_{\alpha,\beta}) = NBl(K, S_{\alpha,\beta}(0), \sigma_{\alpha,\beta}\sqrt{T_\alpha}) \sum_{i=\alpha+1}^{\beta} \tau_i P(0, T_i)$$

定义 Φ 为标准正态分布的累积分布函数，则：

$$Bl(K, S_{\alpha,\beta}(0), \sigma_{\alpha,\beta}\sqrt{T_\alpha}) = S_{\alpha,\beta}(t)\Phi(d_1(K, S_{\alpha,\beta}(t), \sigma_{\alpha,\beta}\sqrt{T_\alpha}))$$
$$-K\Phi(d_2(K, S_{\alpha,\beta}(t), \sigma_{\alpha,\beta}\sqrt{T_\alpha}))$$

$$d_1(K, S_{\alpha,\beta}(t), \sigma_{\alpha,\beta}\sqrt{T_\alpha}) = \frac{\ln(S_{\alpha,\beta}(t)/K) + \sigma_{\alpha,\beta}^2 T_\alpha/2}{\sigma_{\alpha,\beta}\sqrt{T_\alpha}}$$

$$d_2(K, S_{\alpha,\beta}(t), \sigma_{\alpha,\beta}\sqrt{T_\alpha}) = \frac{\ln(S_{\alpha,\beta}(t)/K) - \sigma_{\alpha,\beta}^2 T_\alpha/2}{\sigma_{\alpha,\beta}\sqrt{T_\alpha}}$$

$\sigma_{\alpha,\beta}$ 为互换期权波动率报价。在零时刻，具有平值报价的利率互换期权的执行价格为：

$$K_{ATM} = S_{\alpha,\beta}(0) = \frac{P(0,T_\alpha) - P(0,T_\beta)}{\sum_{i=\alpha+1}^{\beta} \tau_i P(0,T_i)} \qquad (7-20)$$

当 $K < K_{ATM}$ 时称为价内期权，当 $K > K_{ATM}$ 时称为价外期权。由本节上一部分我们所推导出的利率互换期权在 t 时刻的定价公式：

$$Swaption^{SMM}(t,T_\alpha,T,\tau,N,K) = N(S_{\alpha,\beta}(t)\Phi(d_1(K,S_{\alpha,\beta}(t),\nu_{\alpha,\beta})) -$$

$$K\Phi(d_2(K,S_{\alpha,\beta}(t),\nu_{\alpha,\beta}))) \sum_{i=\alpha+1}^{\beta} \tau_i P(t,T_i)$$

其中，Φ 为标准正态分布下的累积分布函数。且有：

$$d_1(K, S_{\alpha,\beta}(t), \nu_{\alpha,\beta}) = d_2(K, S_{\alpha,\beta}(t), \nu_{\alpha,\beta}) + \nu_{\alpha,\beta}$$
$$= \frac{\ln(S_{\alpha,\beta}(t)/K) + \nu_{\alpha,\beta}^2/2}{\nu_{\alpha,\beta}}$$

比较利率互换期权定价公式和市场上给出的利率互换期权定价公式，可以得出市场波动率报价 $\sigma_{\alpha,\beta}$ 和互换市场模型波动率 $\nu_{\alpha,\beta}$ 之间的关系，即：$\nu_{\alpha,\beta} = \sigma_{\alpha,\beta}\sqrt{T_\alpha}$。又已知远期互换利率可以表示成以下公式：$S_{\alpha,\beta}(t) = \sum_{i=\alpha+1}^{\beta} w_i(t)F_i(t)$。其中，$w_i(t) = \frac{\tau_i P(t,T_i)}{\sum_{j=\alpha+1}^{\beta} \tau_j P(t,T_j)}$。故当零时刻的信息已知时，互换利率可近似表示为：$S_{\alpha,\beta}(t) \approx \sum_{i=\alpha+1}^{\beta} w_i(0)F_i(t)$。则在某一远期测度 Q^k 下，对其求微分我们可以得到以下远期互换利率随机微分方程：

$$dS_{\alpha,\beta}(t) \approx \sum_{i=\alpha+1}^{\beta} w_i(0)dF_i(t) = \mu^{Q^k}(t)dt + \sum_{i=\alpha+1}^{\beta} w_i(0)\sigma_i(t)F_i(t)dZ_i^{Q^k}(t)$$

根据 Rebonato（2009），得到以下校准公式：

$$\nu_{\alpha,\beta}^2(T_\alpha) = \int_0^{T_\alpha} \nu_{\alpha,\beta}^2(t) dt$$

$$= \int_0^{T_\alpha} (d\ln S_{\alpha,\beta}(t))(d\ln S_{\alpha,\beta}(t)) dt$$

$$= \int_0^{T_\alpha} \sum_{i,j=\alpha+1}^{\beta} \frac{w_i(0)w_j(0)\sigma_i(t)\sigma_j(t)F_i(0)F_j(0)\rho_{i,j}}{S_{\alpha,\beta}^2(0)} dt \Rightarrow \nu_{\alpha,\beta}^2(T_\alpha)$$

$$= \sum_{i,j=\alpha+1}^{\beta} \frac{w_i(0)w_j(0)F_i(0)F_j(0)\rho_{i,j}}{S_{\alpha,\beta}^2(0)} \int_0^{T_\alpha} \sigma_i(t)\sigma_j(t) dt$$

$$(7-21)$$

由此，便建立了市场利率互换期权报价与远期 LIBOR 利率瞬时相关系数之间的联系。

2. 参数化的瞬时相关系数结构

同远期 LIBOR 利率局部波动率一样，首先要考虑瞬时相关系数矩阵应该具有何种性质以拟合市场观测数据。事实上，相关系数矩阵理想的性质应该有：

①对于任意的 $i \geqslant j$，映射 $i \mapsto \rho_{i,j}$ 是 i 的减函数；

②对于 $k \in (0, 1, \cdots, M-i)$，映射 $i \mapsto \rho_{i+k,i}$ 是 i 的增函数；

③相关系数矩阵为正定实对称矩阵，并且对于所有的 $i = 1, 2, \cdots,$ M 有 $\rho_{i,i} = 1$。

当有 M 个远期 LIBOR 利率时，满秩相关系数矩阵则由 $M(M-1)/2$ 个元素组成。因此当校准时，希望用参数化方法以较少的参数来表示其相关系数矩阵。假设相关系数具有时间齐次性质，即：$\rho_{i,j} = \rho(T_i - t, T_j - t)$。令 $i = T_i - t$，$j = T_j - t$，则可选如下参数化公式：

①一参数化形式：$\rho_{i,j} = e^{-\beta|i-j|}$，$\beta \geqslant 0$。此参数化形式意味着有以下长期相关系数：

$$\lim_{j \to \infty} \rho_{1,j} = 0$$

如果希望长期相关系数处于某一水平，则经过调整，可得出以下两参数化形式：

②两参数化形式：$\rho_{i,j} = \rho_\infty + (1-\rho_\infty)e^{-\beta|i-j|}$，$\beta \geqslant 0$，$-1 \leqslant \rho_\infty \leqslant 1$。具有一参数化和两参数化相关矩阵是正定实对称矩阵，但是并不满足性质 2。因此进一步参数化形式有：

③Rebonato 三参数化形式：

$$\rho_{i,j} = \rho_\infty + (1 - \rho_\infty) e^{-(\beta + \alpha \max(i-j)) |i-j|}$$

$$\beta \geqslant 0, \quad -1 \leqslant \rho_\infty \leqslant 1, \quad 0 \leqslant \alpha \leqslant \frac{\beta}{M-1}$$

④Schoenmakers – Coffey 两参数化形式：

$$\rho_{i,j} = \rho_\infty + (1 - \rho_\infty) e^{-\left|\frac{i-j}{M-1}\right| \left(-\ln\rho_\infty + \eta \frac{i^2 + j^2 - 3Mi - 3Mj + 3i + 3j + 2M^2 - M - 4}{(m-2)(M-3)} \right)}$$

$$0 < \rho_\infty \leqslant 1, \quad 0 \leqslant \eta \leqslant -\ln\rho_\infty$$

⑤Lutz 五参数化形式：

$$\rho_{i,j} = \rho_\infty + (1 - \rho_\infty) \left[e^{-\beta(i^\alpha + j^\alpha)} + \frac{\vartheta_{i,j}}{\sqrt{\vartheta_{i,i}\vartheta_{j,j}}} \sqrt{(1 - e^{-2\beta i^\alpha})(1 - e^{-2\beta j^\alpha})} \right]$$

$$\vartheta_{i,j} = \begin{cases} 1, & \min(i,j) = 0 \\ \min(i,j), & \min(i,j) > 0, \ \xi_i\xi_j = 1 \\ \dfrac{(\xi_i\xi_j)^{\min(i,j)} - 1}{1 - 1/(\xi_i\xi_j)}, & \min(i,j) > 0, \ \xi_i\xi_j \neq 1 \end{cases}$$

$$\xi_i = e^{\left(-\frac{1}{i}\left(\frac{i-1}{N-2}\gamma + \frac{N-1-i}{N-2}\delta \right) \right)}, \quad 0 < \rho_\infty \leqslant 1, \quad \alpha, \ \beta > 0 \qquad (7-22)$$

二　模型的离散化

以下将讨论在对数欧拉方法下如何对随机波动率方程和机制转换方程进行离散化的问题。

1. 随机波动率 LIBOR 市场模型的离散化

采用对数欧拉离散化方法时，可将随机波动率 LIBOR 市场模型对数化和离散化为：

$$\begin{cases} y(t) = \dfrac{\rho}{\xi}\sigma_k(t) e^{\frac{1}{2}(v(t+\Delta) - v(t))} \left(v(t+\Delta) - v(t) - e^{-v(t)}\left(\kappa(\theta - e^{-v(t)}) - \dfrac{1}{2}\xi^2 \right)\Delta \right) \\ \qquad - \dfrac{1}{2}\sigma_k^2(t) e^{v(t+\Delta)}\Delta \\ \qquad + \sigma_k(t) e^{\frac{1}{2}v(t+\Delta)}\sqrt{1 - \rho^2}\sqrt{\Delta}\varepsilon \\ v(t+\Delta) = v(t) + e^{-v(t)}\left(\kappa(\theta - e^{-v(t)}) - \dfrac{1}{2}\xi^2 \right)\Delta + \xi e^{\frac{1}{2}v(t)}\sqrt{\Delta}\eta \end{cases}$$

$$(7-23)$$

因此，可以得到在已知参数 κ，θ，ξ 和 ρ 时，$y(t)$ 和 $y(t+\Delta)$ 的条件分布为：

$$
\begin{cases}
f(y(t) \mid \kappa,\ \theta,\ \xi,\ \rho) \sim N(\mu,\ \sigma_k^2(t) e^{v(t+\Delta)}(1-\rho^2)\Delta) \\[4pt]
\mu = -\dfrac{1}{2}\sigma_k^2(t) e^{v(t+\Delta)}\Delta + \dfrac{\rho}{\xi}\sigma_k(t) e^{\frac{1}{2}(v(t+\Delta)-v(t))}\Big(v(t+\Delta)-v(t) \\[4pt]
\qquad -e^{-v(t)}\Big(\kappa(\theta - e^{-v(t)}) - \dfrac{1}{2}\xi^2\Big)\Delta\Big) \\[4pt]
f(\nu(t+\Delta) \mid \kappa,\ \theta,\ \xi,\ \rho) \sim N\Big(v(t) + e^{-v(t)}\Big(\kappa(\theta - e^{-v(t)}) - \dfrac{1}{2}\xi^2\Big)\Delta, \\[4pt]
\qquad \xi^2 e^{v(t)}\Delta\Big)
\end{cases}
\tag{7-24}
$$

2. 随机波动率机制转换 LIBOR 市场模型的离散化

采用对数欧拉离散化方法，可以将随机波动率机制转换 LIBOR 市场模型表示为：

$$
\begin{cases}
y(t) = \dfrac{\rho}{\xi}\sigma_k(t) e^{\frac{1}{2}(v(t+\Delta)-v(t))}\Big(v(t+\Delta)-v(t) \\[4pt]
\qquad -e^{-v(t)}\Big(\kappa(\theta(t+\Delta) - e^{v(t)}) - \dfrac{1}{2}\xi^2\Big)\Delta\Big) \\[4pt]
\qquad -\dfrac{1}{2}\sigma_k^2(t) e^{v(t+\Delta)}\Delta + \sigma_k(t) e^{\frac{1}{2}v(t+\Delta)}\sqrt{1-\rho^2}\sqrt{\Delta}\varepsilon \\[4pt]
v(t+\Delta) = v(t) + e^{-v(t)}\Big(\kappa(\theta(T+\Delta) - e^{v(t)}) - \dfrac{1}{2}\xi^2\Big)\Delta + \xi e^{\frac{1}{2}v(t)}\sqrt{\Delta}\eta \\[4pt]
X(t+\Delta) = X(t) + \Pi X(t)\Delta + \sqrt{\Delta}\omega,\ \theta(t+\Delta) = \langle \theta,\ X(t+\Delta)\rangle
\end{cases}
\tag{7-25}
$$

因此，可以得到在已知参数 $\kappa,\ \theta,\ \xi,\ \rho$ 和 Π 时，$y(t)$ 和 $v(t+\Delta)$ 的条件分布为：

$$
\begin{cases}
f(y(t) \mid \kappa,\ \theta,\ \xi,\ \rho,\ \Pi) \sim N(\mu,\ \sigma_k^2(t) e^{v(t+\Delta)}(1-\rho^2)\Delta) \\[4pt]
\mu = -\dfrac{1}{2}\sigma_k^2(t) e^{v(t+\Delta)}\Delta + \dfrac{\rho}{\xi}\sigma_k(t) e^{\frac{1}{2}(v(t+\Delta)-v(t))}\Big(v(t+\Delta) \\[4pt]
\qquad -v(t) - e^{-v(t)}\Big(\kappa(\theta(t+\Delta) - e^{v(t)}) - \dfrac{1}{2}\xi^2\Big)\Delta\Big) \\[4pt]
f(\nu(t+\Delta) \mid \kappa,\ \theta,\ \xi,\ \rho,\ \Pi) \sim N\Big(v(t) + e^{-v(t)}\Big(\kappa(\theta(t+\Delta) \\[4pt]
\qquad -e^{v(t)}) - \dfrac{1}{2}\xi^2\Big)\Delta,\ \xi^2 e^{v(t)}\Delta\Big) \\[4pt]
X(t+\Delta) = X(t) + \Pi X(t)\Delta + \sqrt{\Delta}\omega,\ \theta(t+\Delta) = \langle \theta,\ X(t+\Delta)\rangle
\end{cases}
\tag{7-26}
$$

三 马尔科夫链蒙特卡罗模拟参数估计过程

本部分讨论如何运用 MCMC 方法对随机波动率方程和机制转换方程中参数进行估计。无论我们选择何种形式的建议分布 q，Metroplis – Hastings 算法都将收敛于其均衡分布上。但是在实际操作中，建议分布 q 的选择将会影响后验分布收敛于其均衡分布的速度。以下我们将介绍如何选择建议分布 q 以有效地使后验分布收敛于其均衡分布上来。

（1）随机波动率机制转换 LIBOR 市场模型参数的先验分布。定义随机波动率 LIBOR 市场模型的参数集为 $\Theta = \{\kappa, \theta, \xi, \rho\}$，则我们可以分别假设其参数具有如下先验分布：

$$\kappa \sim N(\mu, \sigma^2), \ \theta \sim N(\mu, \sigma^2), \ \xi^2 \sim IG(a, b), \ \rho \sim U(a, b)$$

其中，N 为正态分布，IG 为逆伽马分布，U 为均匀分布。

（2）随机波动率机制转换 LIBOR 市场模型参数的先验分布。定义随机波动率机制转换 LIBOR 市场模型的参数集为 $\Theta = \{\kappa, \theta, \xi, \rho, \Pi\}$，分别假设其参数具有如下先验分布：

$$\kappa \sim N(\mu, \sigma^2), \ \theta \sim N(\mu, \sigma^2), \ \xi^2 \sim IG(a, b), \ \rho \sim U(a, b),$$
$$\Pi \sim G(a, b)$$

其中，N 为正态分布，IG 为逆伽马分布，U 为均匀分布，G 为伽马分布。

第四节　CMS 价差期权定价的理论方法

本节首先分别给出了 CMS 和 CMS 价差期权定义。其次，以前述互换利率市场模型为基础推导出了在同一远期测度下的互换利率市场模型。最后，采用傅立叶变换方法分别对标准互换利率市场模型和随机波动率互换利率市场模型以及随机波动率机制转换互换利率市场模型假设下的 CMS 价差期权的定价问题进行了讨论，并给出了其定价公式的解析解。

一 CMS 及 CMS 价差期权

根据前述 CMS 定义可以将 CMS 价差期权定义为一份合约的持有者拥有收入两种不同到期年限的互换利率之差的权利。通常 CMS 价差期权中的互换利率一般为长期互换利率（如五年、十年）与短期互换利率（如一年、两年）之差。CMS 价差期权中两种互换利率的重置日均为 T_α，而

支付日则为 T_α 或者 $T_{\alpha+1}$。T_β 表示短期互换利率的最后支付日，T_γ 表示长期互换利率的最后支付日，并有 $0 = T_{-1} \leqslant T_\alpha < T_\beta < T_\gamma$。令 N 表示 CMS 价差期权名义价值，$K$ 为固定利率。则在支付日为 T_α，t 时 CMS 价差期权的价值可以表示为：

$$CMSSO(t, T_\alpha, \beta, \gamma, N, K) = D(t, T) \times N \times [S_{\alpha,\beta}(T_\alpha) - S_{\alpha,\beta}(T_\beta) - K]^+$$

二　标准互换利率市场模型下的定价公式

在本部分将对标准互换利率市场模型假设下的 CMS 价差期权定价问题进行研究。由本章第节章远期互换利率 $S_{\alpha,\beta}(t)$ 和 $S_{\alpha,\gamma}(t)$ 分别在其远期互换测度 $Q^{\alpha,\beta}$ 和 $Q^{\alpha,\gamma}$ 下为对数正态分布。即在远期互换测度 $Q^{\alpha,\beta}$ 下有：$dS_{\alpha,\beta}(t) = \sigma_{\alpha,\beta}(t)S_{\alpha,\beta}(t)dZ^{\alpha,\beta}(t)$。在远期互换测度 $Q^{\alpha,\gamma}$ 下我们有：

$$dS_{\alpha,\gamma}(t) = \sigma_{\alpha,\gamma}(t)S_{\alpha,\gamma}(t)dZ^{\alpha,\gamma}(t)$$

然而在求解 CMS 价差期权定价公式时，同时运用不同远期互换测度下的远期互换利率随机微分方程时便变得十分困难。因此希望获取在同一个测度 Q^α 下，远期互换利率 $S_{\alpha,\beta}(t)$ 和 $S_{\alpha,\gamma}(t)$ 的随机微分方程，并最终对 CMS 价差期权求解其定价公式。由 CMS 价差期权的定义，可以知道其标的远期互换利率 $S_{\alpha,\beta}(t)$ 和 $S_{\alpha,\gamma}(t)$ 均起始于同一重置日 T_α。因此最直接的，可以选取计价单位为 $P(t, T_\alpha)$ 时的远期测度 Q^α 作为其同一测度单位。故在远期测度 Q^α 下，远期互换利率 $S_{\alpha,\beta}(t)$ 和 $S_{\alpha,\gamma}(t)$ 所服从的随机微分方程具有如下表达式：

$$dS_{\alpha,x}(t) - \mu_{\alpha,x}(t)S_{\alpha,x}(t)dt + \sigma_{\alpha,x}(t)S_{\alpha,x}(t)dZ_x^\alpha(x)$$

$$\mu_{\alpha,x}(t) = \frac{\sum_{j,k=\alpha+1}^{x} \delta_{j,k}(t)\,\tau_j\,\tau_k\rho_{j,k}\sigma_j\sigma_k F_j(t)F_k(t)\dfrac{P(t,T_j)}{P(t,T_\alpha)}\dfrac{P(t,T_k)}{P(t,T_\alpha)}}{1 - \dfrac{P(t,T_x)}{P(t,T_\alpha)}}$$

$$\delta_{j,k}(t) = \frac{\left(\dfrac{P(t,T_x)}{P(t,T_\alpha)}\displaystyle\sum_{i=\alpha+1}^{j-1}\tau_i\dfrac{P(t,T_i)}{P(t,T_\alpha)} + \displaystyle\sum_{i=j}^{x}\tau_i\dfrac{P(t,T_i)}{P(t,T_\alpha)}\right)\displaystyle\sum_{i=k}^{x}\tau_i\dfrac{P(t,T_i)}{P(t,T_\alpha)}}{\left(\displaystyle\sum_{i=\alpha+1}^{\beta}\tau_i\dfrac{P(t,T_i)}{P(t,T_\alpha)}\right)^2}$$

$$(7-27)$$

其中，$x = \{\beta, \gamma\}$ 并且有 $dZ_\beta^\alpha(t)dZ_\gamma^\alpha(t) = \rho_{\beta,\gamma}dt$。其具有复杂性使得难以对 CMS 价差期权进行定价。因此需要进行一些近似操作使得其具有

较简便表达。正如通常所考虑到的，令 $\mu_{\alpha,x}(0) \approx \mu_{\alpha,x}(t)$，我们可以得到如下简化后的远期互换利率 $S_{\alpha,\beta}(t)$ 和 $S_{\alpha,\gamma}(t)$ 的随机微分方程：

$$dS_{\alpha,x}(t) \approx \mu_{\alpha,x}(0) S_{\alpha,x}(t) dt + \sigma_{\alpha,x}(t) S_{\alpha,x}(t) dZ_x^{\alpha}(x)$$

$$\mu_{\alpha,x}(0) = \frac{\sum_{j,k=\alpha+1}^{x} \delta_{j,k}(0) \, \tau_j \, \tau_k \rho_{j,k}\sigma_j\sigma_k F_j(0) F_k(0) \frac{P(0,T_j)}{P(0,T_\alpha)} \frac{P(0,T_k)}{P(0,T_\alpha)}}{1 - \frac{P(0,T_x)}{P(0,T_\alpha)}}$$

$$\delta_{j,k}(0) = \frac{\left(\frac{P(0,T_x)}{P(0,T_\alpha)} \sum_{i=\alpha+1}^{j-1} \tau_i \frac{P(0,T_i)}{P(0,T_\alpha)} + \sum_{i=j}^{x} \tau_i \frac{P(0,T_i)}{P(0,T_\alpha)} \right) \sum_{i=k}^{x} \tau_i \frac{P(0,T_i)}{P(0,T_\alpha)}}{\left(\sum_{i=\alpha+1}^{x} \tau_i \frac{P(0,T_i)}{P(0,T_\alpha)} \right)^2}$$

其中，$x = \{\beta, \gamma\}$ 并且有 $dZ_\beta^{\alpha}(t) dZ_\gamma^{\alpha}(t) = \rho_{\beta,\gamma} dt$。对数化上述随机微分方程，并运用伊藤—德布林公式，我们可以得到如下远期互换利率 $S_{\alpha,\beta}(t)$ 和 $S_{\alpha,\gamma}(t)$ 的随机微分方程：

$$d\ln S_{\alpha,x}(t) \approx \left(\mu_{\alpha,x}(0) - \frac{1}{2}\sigma_{\alpha,x}^2(t) \right) dt + \sigma_{\alpha,x}(t) dZ_x^{\alpha}(t)$$

$$\mu_{\alpha,x}(0) = \frac{\sum_{j,k=\alpha+1}^{x} \delta_{j,k}(0) \, \tau_j \, \tau_k \rho_{j,k}\sigma_j\sigma_k F_j(0) F_k(0) \frac{P(0,T_j)}{P(0,T_\alpha)} \frac{P(0,T_k)}{P(0,T_\alpha)}}{1 - \frac{P(0,T_x)}{P(0,T_\alpha)}}$$

$$\delta_{j,k}(0) = \frac{\left(\frac{P(0,T_x)}{P(0,T_\alpha)} \sum_{i=\alpha+1}^{j-1} \tau_i \frac{P(0,T_i)}{P(0,T_\alpha)} + \sum_{i=j}^{x} \tau_i \frac{P(0,T_i)}{P(0,T_\alpha)} \right) \sum_{i=k}^{x} \tau_i \frac{P(0,T_i)}{P(0,T_\alpha)}}{\left(\sum_{i=\alpha+1}^{x} \tau_i \frac{P(0,T_i)}{P(0,T_\alpha)} \right)^2}$$

$$(7-28)$$

其中，$x = \{\beta, \gamma\}$ 并且有 $dZ_\beta^{\alpha}(t) dZ_\gamma^{\alpha}(t) = \rho_{\beta,\gamma} dt$。分别令：$X = \ln\frac{S_{\alpha,\gamma}(T_\alpha)}{S_{\alpha,\gamma}(t)}$，$Y = \ln\frac{S_{\alpha,\beta}(T_\alpha)}{S_{\alpha,\beta}(t)}$，则可以看出在时间 T_α 时，二维随机变量 $Z = (X, Y)$ 为二维正态分布，即其联合密度函数为：

$$f_{X,Y}(x, y) = \frac{1}{2\pi \sigma_{\alpha,\gamma}\sigma_{\alpha,\beta}\sqrt{1-\rho_{\beta,\gamma}^2}} e^{-\left[\left(\frac{x-\mu_{\alpha,\gamma}}{\sigma_{\alpha,\gamma}}\right)^2 - 2\rho_{\beta,\gamma}\frac{x-\mu_{\alpha,\gamma}}{\sigma_{\alpha,\gamma}}\frac{y-\mu_{\alpha,\beta}}{\sigma_{\alpha,\beta}} + \left(\frac{y-\mu_{\alpha,\beta}}{\sigma_{\alpha,\beta}}\right)^2 \right] / [2(1-\rho_{\beta,\gamma}^2)]}$$

其中令 $x = \{\beta, \gamma\}$ 且有：$\mu_{\alpha,x} = \int_t^{T_\alpha} \left(\mu_{\alpha,x}(0) - \frac{1}{2}\sigma_{\alpha,x}^2(s) \right) ds,$

$$\sigma_{\alpha,x}^2 = \int_t^{T_\alpha} \sigma_{\alpha,x}^2(s)\,ds。$$

从二维随机变量 $Z = (X, Y)$ 联合密度函数中可得 X 的条件分布和 Y 的边缘分布分别为：

$$f_{X\mid Y}(x,\ y) = \frac{1}{\sqrt{2\pi}\sigma_{\alpha,\gamma}\sqrt{1-\rho_{\beta,\gamma}^2}} e^{-\left(\frac{x-\mu_{\alpha,\gamma}}{\sigma_{\alpha,\gamma}} - \rho_{\beta,\gamma}\frac{y-\mu_{\alpha,\beta}}{\sigma_{\alpha,\beta}}\right)^2 / [2(-\rho_{\beta,\gamma}^2)]},\ f_{X,Y}(x,\ y)$$

$$= \frac{1}{\sqrt{2\pi}\sigma_{\alpha,\beta}} e^{-\left(\frac{y-\mu_{\alpha,\beta}}{\sigma_{\alpha,\beta}}\right)^2/2}$$

则在远期测度 Q^α 以及由布朗运动 Z_x^α 产生的域流 F_t^S 下 CMS 价差期权在 t 时刻价格为：

$$
\begin{aligned}
CMSSO(t,T_\alpha,\beta,\gamma,N,K) &= E\{D(t,T_\alpha)N[(S_{\alpha,\gamma}(T_\alpha) \\
&\quad - S_{\alpha,\beta}(T_\alpha)) - K]^+ \mid F_t^S\} \\
&= P(t,T_\alpha)NE^{Q^\alpha}\{[(S_{\alpha,\gamma}(T_\alpha) \\
&\quad - S_{\alpha,\beta}(T_\alpha)) - K]^+ \mid F_t^S\} \\
&= P(t,T_\alpha)N\int_{-\infty}^{+\infty}\int_{-\infty}^{+\infty}[(S_{\alpha,\gamma}(t)e^x \\
&\quad - S_{\alpha,\beta}(t)e^y) - K]^+ f_{X,Y}(x,y)\,dxdy \\
&= P(t,T_\alpha)N\int_{-\infty}^{+\infty}\int_{-\infty}^{+\infty}[(S_{\alpha,\gamma}(t)e^x \\
&\quad - S_{\alpha,\beta}(t)e^y) - K]^+ f_{X\mid Y}(x,y)f_Y(y)\,dxdy \\
&= P(t,T_\alpha)N\int_{-\infty}^{+\infty}\int_{-\infty}^{+\infty}[(S_{\alpha,\gamma}(t)e^x \\
&\quad - S_{\alpha,\beta}(t)e^y) - K]^+ f_{X\mid Y}(x,y)\,dxf_Y(y)\,dy \\
&= P(t,T_\alpha)N\int_{-\infty}^{+\infty}g(y)f_Y(y)\,dy
\end{aligned}
$$

$$(7-29)$$

综上所述，将以上推导结果进行如下总结：令 $\nu = \dfrac{y-\mu_{\alpha,\beta}}{\sigma_{\alpha,\beta}}$，则假定期权支付日为 T_α 时，在时间 t，有以下形式的 CMS 价差期权的定价公式：

$$CMSSO(t,T_\alpha,\beta,\gamma,N,K) = P(t,T_\alpha)N\int_{-\infty}^{+\infty}\frac{1}{\sqrt{2\pi}}e^{-\frac{1}{2}\nu}f(\nu)\,d\nu \quad (7-30)$$

并有：

$$f(v) = S_{\alpha,\gamma}(t) e^{\mu_{\alpha,\gamma}(0) - \frac{1}{2} v \rho_{\beta,\gamma}^2 \sigma_{\beta,\gamma}^2 + \rho_{\beta,\gamma} \sigma_{\beta,\gamma} \sqrt{\tau} v}$$

$$\cdot \Phi\left(\frac{\ln \dfrac{S_{\alpha,\gamma}(t)}{g(v)} + \left(\mu_{\alpha,\gamma}(0) + \left(\dfrac{1}{2} - \rho_{\beta,\gamma}^2\right)\sigma_{\alpha,\gamma}^2\right)\tau + \rho_{\beta,\gamma}\sigma_{\beta\alpha\gamma}\sqrt{\tau} v}{\sigma_{\alpha,\gamma}\sqrt{\tau}\sqrt{1 - \rho_{\beta,\gamma}^2}} \right)$$

$$- g(v)\Phi\left(\frac{\ln \dfrac{S_{\alpha,\gamma}(t)}{g(v)} + \left(\mu_{\alpha,\gamma}(0) - \dfrac{1}{2}\sigma_{\alpha,\gamma}^2\right)\tau + \rho_{\beta,\gamma}\sigma_{\alpha,\gamma}\sqrt{\tau} v}{\sigma_{\alpha,\gamma}\sqrt{\tau}\sqrt{1 - \rho_{\beta,\gamma}^2}} \right)$$

$$(7-31)$$

$$g(v) = K + S_{\alpha,\beta}(t) e^{\tau\left(\mu_{\alpha,\beta}(0) - \frac{1}{2}\sigma_{\alpha,\beta}^2\right) + \sigma_{\alpha,\beta}\sqrt{\tau} v}$$

以及有：

$$\mu_{\alpha,x}(0) = \frac{\displaystyle\sum_{j,k=\alpha+1}^{x} \delta_{j,k}(0)\ \tau_j\,\tau_k\rho_{j,k}\sigma_j\sigma_k F_j(0) F_k(0)\ \frac{P(0,T_j)}{P(0,T_\alpha)}\ \frac{P(0,T_k)}{P(0,T_\alpha)}}{1 - \dfrac{P(0,T_x)}{P(0,T_\alpha)}}$$

$$\delta_{j,k}(0) = \frac{\left(\dfrac{P(0,T_x)}{P(0,T_\alpha)}\displaystyle\sum_{i=\alpha+1}^{j-1}\tau_i\frac{P(0,T_i)}{P(0,T_\alpha)} + \displaystyle\sum_{i=j}^{x}\tau_i\frac{P(0,T_i)}{P(0,T_\alpha)}\right)\displaystyle\sum_{i=k}^{x}\tau_i\frac{P(0,T_i)}{P(0,T_\alpha)}}{\left(\displaystyle\sum_{i=\alpha+1}^{x}\tau_i\frac{P(0,T_i)}{P(0,T_\alpha)}\right)^2}$$

$$(7-32)$$

$$x = \{\beta,\gamma\}, \sigma_{\alpha,x}^2 = \frac{1}{\tau}\int_t^{T_\alpha}\sigma_{\alpha,x}^2(s)\,ds, \tau = T_\alpha - t$$

三 随机波动率互换利率市场模型下的定价公式

本部分将对随机波动率互换利率市场模型假设下的 CMS 价差期权的定价问题进行讨论。我们假设远期互换利率 $S_{\alpha,x}(t)$ 在其远期互换测度 $Q^{\alpha,x}$ 下的随机波动率方程是具有 CIR 形式的随机微分方程。则在其远期互换测度 $Q^{\alpha,x}$ 下有：

$$dS_{\alpha,x}(t) = \sigma_{\alpha,x}(t)S_{\alpha,x}(t)dZ^{\alpha,x}(t)$$

$$dV(t) = \kappa(\theta - V(t))dt + \xi\sqrt{V(t)}dW(t) \qquad (7-33)$$

其中，$x = \{\beta,\ \gamma\}$ 并且有 $dZ^{\alpha,\beta}(t)dZ^{\alpha,\gamma}(t) = \rho_{\beta,\gamma}dt$ 以及 $dZ_x^{\alpha}(t)dW(t) = \rho_{\alpha,x}dt$。

同样将选取计价单位为 $P(t,\ T_\alpha)$ 时的远期测度 Q^α 作为其远期互换利率 $S_{\alpha,x}(t)$ 的同一测度单位。因此在远期测度 Q^α 下，远期互换利率

$S_{\alpha,\beta}(t)$ 和 $S_{\alpha,\gamma}(t)$ 所服从的随机微分方程如式（7 – 35）所示。其中，$x = \{\beta,\ \gamma\}$ 并且有 $dZ^{\alpha,\beta}(t)dZ^{\alpha,\gamma}(t) = \rho_{\beta,\gamma}dt$ 以及 $dZ_x^{\alpha}(t)dW(t) = \rho_{\alpha,x}dt$。随机微分方程具有的复杂性使得难以对 CMS 价差期权进行定价。因此需要进行一些近似操作使得其更为简便。令 $\mu_{\alpha,x}(0) \approx \mu_{\alpha,x}(t)$，运用伊藤—德布林公式将上述随机微分方程对数化。则可以得到如下简化后的远期互换利率 $S_{\alpha,\beta}(t)$ 和 $S_{\alpha,\gamma}(t)$ 的随机微分方程：

$$dS_{\alpha,x}(t) = \mu_{\alpha,x}(t)S_{\alpha,x}(t)V(t)dt + \sigma_{\alpha,x}(t)S_{\alpha,x}(t)\sqrt{V(t)}dZ_x^{\alpha}(x)$$

$$dV(t) = \kappa(\theta - V(t))dt + \xi\sqrt{V(t)}dW(t)$$

$$\mu_{\alpha,x}(t) = \frac{\displaystyle\sum_{j,k=\alpha+1}^{x}\delta_{j,k}(t)\,\tau_j\,\tau_k\rho_{j,k}\sigma_j\sigma_k F_j(t)F_k(t)\frac{P(t,T_j)}{P(t,T_\alpha)}\frac{P(t,T_k)}{P(t,T_\alpha)}}{1 - \dfrac{P(t,T_x)}{P(t,T_\alpha)}}$$

$$\delta_{j,k}(t) = \frac{\left(\dfrac{P(t,T_x)}{P(t,T_\alpha)}\displaystyle\sum_{i=\alpha+1}^{j-1}\tau_i\frac{P(t,T_i)}{P(t,T_\alpha)} + \displaystyle\sum_{i=j}^{x}\tau_i\frac{P(t,T_i)}{P(t,T_\alpha)}\right)\displaystyle\sum_{i=k}^{x}\tau_i\frac{P(t,T_i)}{P(t,T_\alpha)}}{\left(\displaystyle\sum_{i=\alpha+1}^{x}\tau_i\frac{P(t,T_i)}{P(t,T_\alpha)}\right)^2}$$

$$(7 - 34)$$

$$d\ln S_{\alpha,x}(t) \approx \left(\mu_{\alpha,x}(0) - \frac{1}{2}\sigma_{\alpha,x}^2(t)\right)V(t)dt + \sigma_{\alpha,x}(t)\sqrt{V(t)}dZ_x^{\alpha}(t)$$

$$dV(t) = \kappa(\theta - V(t))dt + \xi\sqrt{V(t)}dW(t)$$

$$\mu_{\alpha,x}(0) = \frac{\displaystyle\sum_{j,k=\alpha+1}^{x}\delta_{j,k}(0)\,\tau_j\,\tau_k\rho_{j,k}\sigma_j\sigma_k F_j(0)F_k(0)\frac{P(0,T_j)}{P(0,T_\alpha)}\frac{P(0,T_k)}{P(0,T_\alpha)}}{1 - \dfrac{P(0,T_x)}{P(0,T_\alpha)}}$$

$$\delta_{j,k}(0) = \frac{\left(\dfrac{P(0,T_x)}{P(0,T_\alpha)}\displaystyle\sum_{i=\alpha+1}^{j-1}\tau_i\frac{P(0,T_i)}{P(0,T_\alpha)} + \displaystyle\sum_{i=j}^{x}\tau_i\frac{P(0,T_i)}{P(0,T_\alpha)}\right)\displaystyle\sum_{i=k}^{x}\tau_i\frac{P(0,T_i)}{P(0,T_\alpha)}}{\left(\displaystyle\sum_{i=\alpha+1}^{x}\tau_i\frac{P(0,T_i)}{P(0,T_\alpha)}\right)^2}$$

$$(7 - 35)$$

其中，$x = \{\beta,\ \gamma\}$ 并且有 $dZ^{\alpha,\beta}(t)dZ^{\alpha,\gamma}(t) = \rho_{\beta,\gamma}dt$ 以及 $dZ_x^{\alpha}(t)dW(t) = \rho_{\alpha,x}dt$。由前述内容我们已知，令 $X(T) = \ln S_{\alpha,\gamma}(T)$ 以及 $Y(T) = \ln S_{\alpha,\beta}(T)$，则在远期测度 Q^{α} 以及分别由布朗运动 Z_x^{α} 和 W 产生的域流 F_t^S 和 F_t^V 下，支付日为 T 的 CMS 价差期权在 t 时刻的价格为：

$$CMSSO(t,T,\beta,\gamma,N,K) = E\{D(t,T)N[(S_{\alpha,\gamma}(T) - S_{\alpha,\beta}(T)) - K]^+$$
$$| F_t^S \vee F_t^V\} = P(t,T_\alpha)NE^{Q^\alpha}\{[(S_{\alpha,\gamma}(T) - S_{\alpha,\beta}(T)) - K]^+ | F_t^S \vee F_t^V\} =$$
$$P(t,T)N\int_{-\infty}^{+\infty}\int_{-\infty}^{+\infty}[(e^x - e^y) - K]^+ f_{X,Y}(x,y)dxdy$$

其中，$f_{X,Y}(x, y)$ 为二维随机变量 $Z = (X, Y)$ 的联合密度函数。故要求解 CMS 价差期权的定价公式，就需要知道二维随机变量 $Z = (X, Y)$ 的联合密度函数。而为了获取上述联合密度函数，相当于求解其联合密度函数的特征方程。

假设存在 $X(T) = \ln S_{\alpha,\gamma}(T)$ 和 $Y(T) = \ln S_{\alpha,\beta}(T)$，并满足上述随机微分方程。我们定义 $f(u, v; t, X(t), Y(t), V(t))$ 为随机变量 $X(T)$ 以及 $Y(T)$ 的特征函数，即 $X(T)$ 和 $Y(T)$ 联合概率密度函数的傅立叶变换。则根据费曼—卡茨定理，存在 $f(u; t, X(t), Y(t), V(t))$ 使得下式成立：

$$f(u, v; t, X(t), Y(t), V(t)) = E^{Q^\alpha}[e^{iu(X(T) + vY(T))} | F_t^S \vee F_t^V]$$

$$(7-36)$$

对 $f(u, v; t, X(t), Y(t), V(t))$ 求全微分 [忽略部分上下标及 (t) 后]，令上述全微分方程的 dt 项为零，则可以得到以下偏微分方程：

$$\frac{\partial f}{\partial t} + \left(\mu_{\alpha,\gamma} - \frac{1}{2}\sigma_{\alpha,\gamma}^2\right)V\frac{\partial f}{\partial X} + \left(\mu_{\alpha,\beta} - \frac{1}{2}\sigma_{\alpha,\beta}^2\right)V\frac{\partial f}{\partial Y} + \kappa(\theta - V)\frac{\partial f}{\partial V} + \frac{1}{2}\sigma_{\alpha,\gamma}^2 V$$

$$\frac{\partial^2 f}{\partial X^2} + \frac{1}{2}\sigma_{\alpha,\beta}^2 V\frac{\partial^2 f}{\partial Y^2} + \frac{1}{2}\xi^2 V\frac{\partial^2 f}{\partial V^2} + \sigma_{\alpha,\gamma}\sigma_{\alpha,\beta}V\rho_{\beta,\gamma}\frac{\partial^2 f}{\partial X\partial Y} + \sigma_{\alpha,\beta}\xi V\rho_{\alpha,\beta}\frac{\partial^2 f}{\partial Y\partial V} + \sigma_{\alpha,\gamma}$$

$$\xi V\rho_{\alpha,\gamma}\frac{\partial^2 f}{\partial Y\partial X} = 0$$

并且其满足以下终值条件：
$$f(u, v; T, X(T), Y(T), V(T)) = e^{i(uX(T) + vY(T))}。$$

假设上述微分方程具有如下形式解：
$$f(u, v; t, X(T), Y(T), V(T)) = e^{C(u,v;t) + D(u,v;t)V(t) + iuX(T) + ivY(T)}$$

其中 $C(u, t)$，$D(u, t)$ 均为只依赖于时间 t 的函数，并且满足以下终值条件：

$$C(u, v, T) = 0, \quad D(u, v, T) = 0$$

将函数 $f(u; t, X(t), Y(t), V(t))$ 代入上述偏微分方程，整理后得：

$$\left(\frac{\partial C}{\partial t} + V\frac{\partial D}{\partial t}\right)f + \left(\mu_{\alpha,\gamma} - \frac{1}{2}\sigma_{\alpha,\gamma}^2\right)Viuf + \left(\mu_{\alpha,\beta} - \frac{1}{2}\sigma_{\alpha,\beta}^2\right)Vivf + \kappa(\theta - V)Df -$$

$$\frac{1}{2}\sigma_{\alpha,\gamma}^2 Vu^2 f - \frac{1}{2}\sigma_{\alpha,\beta}^2 Vv^2 f + \frac{1}{2}\xi^2 VD^2 f - \sigma_{\alpha,\gamma}\sigma_{\alpha,\beta}V\rho_{\beta,\gamma}uvf + \sigma_{\alpha,\beta}\xi V\rho_{\alpha,\beta}ivdf + \sigma_{\alpha,\gamma}$$

$$\xi V\rho_{\alpha,\gamma}iuDf$$

$$\frac{\partial C}{\partial t} + V\frac{\partial D}{\partial t} = -\kappa\theta D + \left[\frac{1}{2}iu(\sigma_{\alpha,\gamma}^2 - 2\mu_{\alpha,\gamma}) + \frac{1}{2}iv(\sigma_{\alpha,\beta}^2 - 2\mu_{\alpha,\beta})\right.$$

$$+ \frac{1}{2}u^2\sigma_{\alpha,\gamma}^2 + uv\rho_{\beta,\gamma}\sigma_{\alpha,\gamma}\sigma_{\alpha,\beta} + \frac{1}{2}v^2\sigma_{\alpha,\beta}^2 + (\kappa - iu\rho_{\alpha,\gamma}\sigma_{\alpha,\gamma}\xi$$

$$\left. - iv\rho_{\alpha}\beta\sigma_{\alpha,\beta}\xi)D - \frac{1}{2}\xi^2 D^2\right]V$$

比较上述方程两边的系数可以解得：

$$\begin{cases} \frac{\partial C}{\partial t} = -\kappa\theta D \\ \frac{\partial D}{\partial t} = \frac{1}{2}iu(\sigma_{\alpha,\gamma}^2 - 2\mu_{\alpha,\gamma}) + \frac{1}{2}iv(\sigma_{\alpha,\beta}^2 - 2\mu_{\alpha,\beta}) + \frac{1}{2}u^2\sigma_{\alpha,\gamma}^2 + uv\rho_{\beta,\gamma}\sigma_{\alpha,\gamma}\sigma_{\alpha,\beta} \\ \qquad + \frac{1}{2}v^2\sigma_{\alpha,\beta}^2 + (\kappa - iu\rho_{\alpha,\gamma}\sigma_{\alpha,\gamma}\xi - iv\rho_{\alpha}\beta\sigma_{\alpha,\beta}\xi)D - \frac{1}{2}\xi^2 D^2 \end{cases}$$

其终值条件为：$C(u, v, T) = 0$，$D(u, v, T) = 0$。

分别令：

$$a = \kappa - (iu\rho_{\alpha,\gamma}\sigma_{\alpha,\gamma}\xi + iv\rho_{\alpha,\beta}\sigma_{\alpha,\beta}\xi),$$

$$b = \sqrt{a^2 + (i[u(\sigma_{\alpha,\gamma}^2 - 2\mu_{\alpha,\gamma}) + v(\sigma_{\alpha,\beta}^2 - 2\mu_{\alpha,\beta})] + u^2\sigma_{\alpha,\gamma}^2 + 2uv\rho_{\beta,\gamma}\sigma_{\alpha,\gamma}\sigma_{\alpha,\beta} + v^2\sigma_{\alpha,\beta}^2)\xi^2}$$

则上式可以写为：

$$\frac{\partial D}{\partial t} = \frac{b^2 - a^2}{2\xi^2} + aD - \frac{1}{2}\xi^2 D^2$$

$$\Rightarrow \frac{dD}{dt} = \frac{b^2 - a^2 + 2a\xi^2 D - \xi^4 D^2}{2\xi^2} \Rightarrow \frac{dD}{\dfrac{b^2 - a^2}{2\xi^4} + \dfrac{2aD}{\xi^2} - D^2} = \frac{1}{2}\xi^2 dt$$

$$\Rightarrow \frac{dD}{\dfrac{b^2}{\xi^4} + \left(\dfrac{a}{\xi^2} - D\right)^2} = \frac{1}{2}\xi^2 dt \Rightarrow \frac{dD}{\dfrac{b-a}{\xi^2} + D} + \frac{dD}{\dfrac{b+a}{\xi^2} - D} = bdt$$

分别对等式两边求时间 t 到 T 的积分可得：

$$\left(\ln\left|\frac{b-a}{\xi^2}+D\right|-\ln\left|\frac{b+a}{\xi^2}-D\right|\right)\Bigg|_t^T=b(T-t)\Rightarrow\left|\frac{\frac{b-a}{\xi^2}+D}{\frac{b+a}{\xi^2}-D}\right|$$

$$=\left|\frac{b-a}{b+a}\right|e^{-b(T-t)}$$

$$\frac{\frac{b-a}{\xi^2}+D}{\frac{b+a}{\xi^2}-D}=\frac{b-a}{b+a}e^{-b(T-t)}$$

最后由上式可以解出 $D(u,\ v;\ t)$ 的表达式为：$D(u,\ v;\ t)=$
$$\frac{(b^2-a^2)\left[e^{-b(T-t)}-1\right]}{\xi^2((b+a)+(b-a)e^{-b(T-t)})}$$

由 $D(u,\ v;\ t)$ 表达式代入 $C(u,\ v;\ t)$ 的微分方程：$dC=-\kappa\theta D dt$，并分别对等式两边求时间 t 到 T 的积，可以解出 $D(u,\ v;\ t)$ 的表达式为：

$$C(u,\ v;\ t)=-\frac{\kappa\theta}{\xi^2}\left(2\ln\left(\frac{(b+a)+(b-a)e^{-b(T-t)}}{2b}\right)+(b-a)(T-t)\right)$$

四 随机波动率机制转换互换利率市场模型下的定价公式

本部分将对随机波动率机制转换互换利率市场模型假设下的 CMS 价差期权的定价问题进行讨论。我们假设具有随机波动率机制转换性质的远期互换利率 $S_{\alpha,x}(t)$ 在其远期互换测度 $Q^{\alpha,x}$ 下服从以下随机微分方程：

$$dS_{\alpha,x}(t)=\sigma_{\alpha,x}(t)S_{\alpha,x}(t)\sqrt{V(t)}dZ^{\alpha,x}(t)$$

$$dV(t)=\kappa(\theta-V(t))dt+\xi\sqrt{V(t)}dW(t)$$

$$dX(t)=\Pi X(t)dt+dM(t)$$

$$\theta(t)=\langle\theta,\ X(t)\rangle \tag{7-37}$$

其中，$x=\{\beta,\ \gamma\}$ 并且有 $dZ^{\alpha,\beta}(t)dz^{\alpha,\gamma}(t)=\rho_{\beta,\gamma}dt$ 以及 $dZ_x^\alpha(t)\cdot dW(t)=\rho_{\alpha,x}dt$。

同样需要求解 CMS 价差期权的定价公式时，将选取计价单位为 $P(t,\ T_\alpha)$ 时的远期测度 Q^α 作为其远期互换利率 $S_{\alpha,x}(t)$ 的同一测度单位。因此在远期测度 Q^α 下，远期互换利率 $S_{\alpha,\beta}(t)$ 和 $S_{\alpha,\gamma}(t)$ 所服从的随机微分方程为式 (7-37)。其中，$x=\{\beta,\ \gamma\}$ 并且有 $dZ^{\alpha,\beta}(t)dZ^{\alpha,\gamma}(t)=\rho_{\beta,\gamma}dt$ 以及 $dZ_x^\alpha(t)dW(t)=\rho_{\alpha,\gamma}dt$。随机微分方程具有的复杂性使得难以对

CMS 价差期权进行定价。因此需要进行一些近似操作使得更为简便。令 $\mu_{\alpha,x}(0) \approx \mu_{\alpha,x}(t)$，并且运用伊藤—德布林公式可以得到微分方程式（7－38）：

$$d\ln S_{\alpha,x}(t) \approx \left(\mu_{\alpha,x}(0) - \frac{1}{2}\sigma^2_{\alpha,x}(t)\right)V(t)dt + \sigma_{\alpha,x}(t)\sqrt{V(t)}dZ^{\alpha}_x(t)$$

$$dV(t) = \kappa(\theta(t) - V(t))dt + \xi\sqrt{V(t)}dW(t)$$

$$dX(t) = \Pi X(t)dt + dM(t)$$

$$\theta(t) = \langle\theta, X(t)\rangle$$

$$\mu_{\alpha,x}(0) = \frac{\sum\limits_{j,k=\alpha+1}^{x} \delta_{j,k}(0)\,\tau_j\,\tau_k\rho_{j,k}\sigma_j\sigma_k F_j(0)F_k(0)\dfrac{P(0,T_j)}{P(0,T_\alpha)}\dfrac{P(0,T_k)}{P(0,T_\alpha)}}{1 - \dfrac{P(0,T_x)}{P(0,T_\alpha)}}$$

$$\delta_{j,k}(0) = \frac{\left(\dfrac{P(0,T_x)}{P(0,T_\alpha)}\sum\limits_{i=\alpha+1}^{j-1}\tau_i\dfrac{P(0,T_i)}{P(0,T_\alpha)} + \sum\limits_{i=j}^{x}\tau_i\dfrac{P(0,T_i)}{P(0,T_\alpha)}\right)\sum\limits_{i=k}^{x}\tau_i\dfrac{P(0,T_i)}{P(0,T_\alpha)}}{\left(\sum\limits_{i=\alpha+1}^{x}\tau_i\dfrac{P(0,T_i)}{P(0,T_\alpha)}\right)^2}$$

$$(7-38)$$

令 $X(T) = \ln S_{\alpha,\gamma}(T)$ 以及 $Y(T) = \ln S_{\alpha,\beta}(T)$，则在远期测度 Q^{α} 以及分别由布朗运动 Z^{α}_x 和 W 以及机制转换的马尔科夫链 X 所产生的域流 F^S_t，F^V_t 和 F^X_t 下，支付日为 T 的 CMS 价差期权在 t 时刻的价格为：

$$CMSSO(t,T,\beta,\gamma,N,K) = E\{D(t,T)N[(S_{\alpha,\gamma}(T) - S_{\alpha,\beta}(T)) - K]^+$$
$$| F^S_t \vee F^V_t \vee F^X_t\} = P(t,T)NE^{Q^\alpha}\{[(S_{\alpha,\gamma}(T) - S_{\alpha,\beta}(T)) - K]^+ | F^S_t \vee$$
$$F^V_t \vee F^X_t\} = P(t,T)N\int_{-\infty}^{+\infty}\int_{-\infty}^{+\infty}[(e^x - e^y) - K]^+ f_{X,Y}(x,y)dxdy$$

其中，$f_{X,Y}(x, y)$ 为二维随机变量 $Z = (X, Y)$ 的联合密度函数。为了求解该积分方程，我们则需要获取以上述互换利率市场模型为随机微分方程的联合密度函数，相当于我们需求解其联合密度函数的特征方程。故假设存在 $X(T) = \ln S_{\alpha,\gamma}(T)$ 和 $Y(T) = \ln S_{\alpha,\beta}(T)$，并满足上述随机微分方程。我们定义 $f(u, v; t, X(t), Y(t), V(t))$ 为随机变量 $X(T)$ 以及 $Y(T)$ 的特征函数，即 $X(T)$ 和 $Y(T)$ 联合概率密度函数的傅立叶变换。则根据费曼—卡茨定理，存在 $f(u, v; t, X(t), Y(t), V(t))$ 使得下式成立：

$$f(u, v; t, X(t), Y(t), V(t)) = E^{Q\alpha}\left[e^{i(uX(T)+vY(T))} \mid F_t^S \vee F_t^V \vee F_t^X\right]$$

当机制转换的马尔科夫链 $X(t)$ 已知，即域流 F_T^X 已知时上式便转化为：

$$f(u, v; t, X(t), Y(t), V(t)) = E^{Q\alpha}\left[e^{i(uX(T)+vY(T))} \mid F_t^S \vee F_t^V\right]$$

其解析式可由本节上一部分的推导结果给出，即：

$$f(u, v; t, X(T), Y(T), V(T)) = e^{C(u,v;t)+D(u,v;t V(t)+iuX(T)+ivY(T)}$$

$$(7-39)$$

其中，

$$C(u, v; t) = -\frac{\kappa\theta}{\xi^2}\left(2\ln\left(\frac{(b+a)+(b-a)e^{-b(T-t)}}{2b}\right)+(b-a)(T-t)\right)$$

$$D(u, v; t) = \frac{(b^2-a^2)\left[e^{-b(T-t)}-1\right]}{\xi^2\left((b+a)+(b-a)e^{-b(T-t)}\right)}$$

$$a = \kappa - iu\rho_{\alpha,\gamma}\sigma_{\alpha,\gamma}\xi - iv\rho_{\alpha,\beta}\sigma_{\alpha,\beta}\xi$$

$$b = \sqrt{a^2+(i[u(\sigma_{\alpha,\gamma}^2-2\mu_{\alpha,\gamma})+v(\sigma_{\alpha,\beta}^2-2\mu_{\alpha,\beta})]+u^2\sigma_{\alpha,\gamma}^2+2uv\rho_{\beta,\gamma}\sigma_{\alpha,\gamma}\sigma_{\alpha,\beta}+v^2\sigma_{\alpha,\beta}^2)\xi^2}$$

并且满足如下终值条件：$f(u, v; X(T), Y(T), V(T)) = e^{iuX(T)+ivY(T)}$。

域流 F_T^X 未知情况时，由累次条件期望可知，$f(u, v; X(T), Y(T),$ $V(T))$ 可表示成：

$$f(u, v; t, X(t), Y(t), V(t)) = E^{Qk}\left[e^{iu(X(T)+vY(T))} \mid F_t^S \vee F_t^V \vee F_t^X\right]$$

$$= E^{Qk}\left[E^{Qk}\left[e^{iu(X(T)+vY(T))} \mid F_t^F \vee F_t^V \vee F_T^X\right] \mid \right.$$

$$\left. F_t^S \vee F_t^V \vee F_t^X\right]$$

$$= E^{Qk}\left[e^{C(u,v;t)+D(u,v;t)V(t)+iuX(t)+ivY(t)} \mid \right.$$

$$\left. F_t^S \vee F_t^V \vee F_t^X\right]$$

$$= e^{D(u,v;t)V(t)+iuX(t)+ivY(t)}E^{Qk}\left[e^{C(u,v;t)} \mid \right.$$

$$\left. F_t^S \vee F_t^V \vee F_t^X\right]$$

则剩下问题是求解 $E^{Qk}\left[e^{C(u,v;t)} \mid F_t^X\right]$ 表达式。令 $g(T) = X(T)$ $e^{C(u,v,t)}$，对其求微分则有：

$$dg(T) = dX(T)e^{C(u,v,t)} + X(T)de^{C(u,v,t)}$$

$$= (\Pi X(T)dT + dM(T))e^{\int_t^T\langle\kappa\theta D(u,v,s),X(s)\rangle ds}$$

$$+ X(T)(\langle\kappa\theta D(u,T),X(s)\rangle)e^{\int_t^T\langle\kappa\theta D(u,v,s),X(s)\rangle ds}dT$$

$$= dM(T)e^{\int_t^T\langle\kappa\theta D(u,v,s),X(s)\rangle ds} + X(T)e^{\int_t^T\langle\kappa\theta D(u,v,s),X(s)\rangle ds}(\Pi)dT$$

假设方程 $\Psi(T) = E^{Q^k}\left[g(T) \mid F_t^X\right]$ 满足：$\Psi(T) = X(t) + \int_t^T \Pi(s)\,ds$。

以及 $N \times N$ 维矩阵 $\varphi(s)$ 是以下常微分方程的解：$\dfrac{d\varphi(s)}{ds} = \Pi\varphi(s)$，$\varphi(s) = diag(I)$。

其中，N 维向量 $I = (1, 1, \cdots, 1)$。即：$\varphi(T) = e^{\int_t^T \Pi ds}$。因此，我们可以得到：$\psi(T) = \varphi(T)X(t)$。进而有：$E^{Q^k}\left[e^{C(u,v;t)} \mid F_t^X\right] = \langle e^{\int_t^T \Pi ds} X(t), I \rangle$。设 $x = \{\beta, \gamma\}$ 并且有 $dZ_\beta^\alpha(t)\,dZ_\gamma^\alpha(t) = \rho_{\beta,\lambda}dt$，$dZ_x^\alpha(t)\,dW(t) = \rho_{\alpha,x}dt$。则在时间 T 时，分别由布朗运动 Z^α 和 W 以及机制转换的马尔科夫链 X 所产生的域流 F_t^S，F_t^V 和 F_t^X 下，随机变量 $X(T)$，以及 $Y(T)$ 的特征函数为：

$$f(u, v; t, X(t), Y(t), V(t)) = E^{Q^\alpha}\left[e^{iu(X(T)+vY(T))} \mid F_t^S \vee F_t^V \vee F_t^X\right]$$

具有如下形式的表达式：

$$f(u,v;t,X(t),Y(t),V(t)) = \left\langle e^{\int_t^T \Pi ds} X(t), I \right\rangle e^{D(u,v;t)V(t)+iuX(T)+ivY(T)}$$

其中，

$$D(u, v, t) = \frac{(b^2 - a^2)\left[e^{-b(T-t)} - 1\right]}{\xi^2\left((b+a) + (b-a)e^{-b(T-t)}\right)}$$

$$a = \kappa - iu\rho_{\alpha,\gamma}\sigma_{\alpha,\gamma}\xi - iv\rho_\alpha\beta\sigma_{\alpha,\beta}\xi$$

$$b = \sqrt{a^2 + (i[u(\sigma_{\alpha,\gamma}^2 - 2\mu_{\alpha,\gamma}) + v(\sigma_{\alpha,\beta}^2 - 2\mu_{\alpha,\beta})] + u^2\sigma_{\alpha,\gamma}^2 + 2uv\rho_{\beta,\gamma}\sigma_{\alpha,\gamma}\sigma_{\alpha,\beta} + v^2\sigma_{\alpha,\beta}^2)\xi^2}$$

$$I = (1, 1, \cdots, 1)$$

并且满足如下终值条件：$f(u,v;T,X(T),Y(T),V(T)) = e^{iuX(T)+ivY(T)}$。

第五节　实证分析

本节首先求解在 2006 年 9 月 15 日发行的标的资产分别为一年期的十年期互换利率与两年期互换利率的 CMS 价差期权价格。其次，对求解 CMS 价差期权定价问题时需要用到的 LIBOR 市场模型中的参数进行了校准并分别对各假设下的 LIBOR 市场模型进行了 LIBOR 利率拟合效果的比较。再次，我们将校准的 LIBOR 市场模型中的参数运用于互换利率市场模型的参数校准中，并对互换利率市场模型中的剩余参数进行了校准。最后，我们根据校准后的互换利率市场模型分别以各假设下的模型对

CMS 价差期权进行了价格求解并进行了相关的比较。

一 LIBOR 市场模型参数的估计

在本部分，我们首先运用已有的市场数据分别对标准 LIBOR 市场模型、随机波动率 LIBOR 市场模型以及随机波动率机制转换 LIBOR 市场模型中的各参数进行了校准。其次，我们根据校准后的模型运用蒙特卡罗模拟的方法对各假设下模型的实证效果进行了比较。

（一）标准 LIBOR 市场模型下的参数估计

1. 构建期初远期 LIBOR 利率

第一步：求解期初零息债券价格。

一年以内的零息债券价格可由 LIBOR 利率公式 $P(t, T) = \dfrac{1}{1 + \tau(t, T)L(t, T)}$ 和表 7 - 6 中的 LIBOR 利率数据求得。而一年以上的零息债券价格则可由远期互换利率公式（7 - 40）和表 7 - 7 中每 3 个月互换一次的远期互换利率数据通过非线性内插法求得，如图 7 - 3 所示。

表 7 - 6　　　　　　　　　**期初 LIBOR 利率**

到期日 （年）	0.25	0.5	0.75	1
LIBOR 利率 （%）	5.36781	5.37	5.34	5.29

$$P(t, T_\beta) = \frac{P(t, T_\alpha) - S_{\alpha,\beta}(t) \sum_{i=\alpha+1}^{\beta-1} \tau_i P(t, T_i)}{1 + \tau_\beta S_{\alpha,\beta}(t)} \qquad (7-40)$$

表 7 - 7　　　　　　　　　**期初远期互换利率**

到期日 （年）	1	2	3	4	5	6	7	8	9	10
互换利率 （%）	5.415	5.235	5.175	5.18	5.2	5.22	5.24	5.26	5.275	5.295

因利用上述方法可求得 10 年期每 3 个月为到期日零息债券价格，如表 7 - 8 及图 7 - 4 所示。

第二步：求解期初远期 LIBOR 利率。

有了各到期日下的零息债券价格，利用远期 LIBOR 利率公式：

即可求出如表 7 - 9 和图 7 - 3 所示的期初远期 LIBOR 利率。

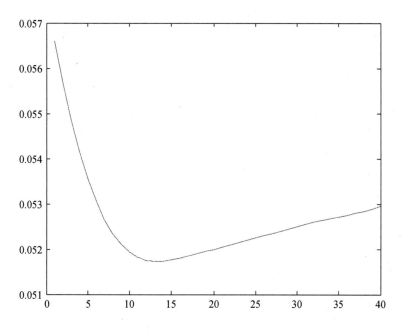

图7-3　期初远期互换利率曲线

表7-8　　　　　　　　　　期初各到期日的零息债券价格

到期日	零息债价格	到期日	零息债价格	到期日	零息债价格	到期日	零息债价格
0.25	0.9867	2.75	0.8681	5.25	0.7622	7.75	0.6668
0.5	0.9735	3	0.8572	5.5	0.7522	8	0.6579
0.75	0.9608	3.25	0.8463	5.75	0.7423	8.25	0.6490
1	0.9485	3.5	0.8355	6	0.7325	8.5	0.6404
1.25	0.9357	3.75	0.8247	6.25	0.7228	8.75	0.6318
1.5	0.9240	4	0.8141	6.5	0.7132	9	0.6233
1.75	0.9126	4.25	0.8035	6.75	0.7037	9.25	0.6149
2	0.9013	4.5	0.7930	7	0.6943	9.5	0.6066
2.25	0.8901	4.75	0.7826	7.25	0.6850	9.75	0.5983
2.5	0.8791	5	0.7724	7.5	0.6759	10	0.5900

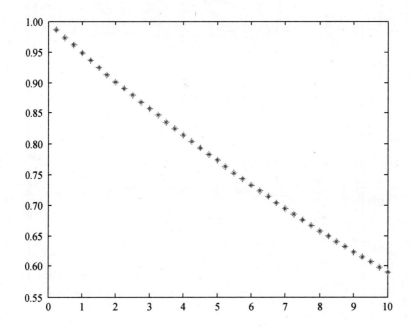

图7－4　10年期内每3个月为到期日的零息债券价格曲线

$$F(t;\ T,\ S) = \frac{1}{\tau(T,\ S)}\left[\frac{P(t,\ T)}{P(t,\ S)} - 1\right]$$

表7－9　　　　　　　　　　　　期初远期 LIBOR 利率

到期日	远期 LIBOR 利率	到期日	远期 LIBOR 利率	到期日	远期 LIBOR 利率	到期日	远期 LIBOR 利率
0. 25	0. 0539	2. 75	0. 0506	5. 25	0. 0532	7. 75	0. 0544
0. 5	0. 0541	3	0. 0510	5. 5	0. 0533	8	0. 0544
0. 75	0. 0530	3. 25	0. 0514	5. 75	0. 0534	8. 25	0. 0543
1	0. 0519	3. 5	0. 0518	6	0. 0535	8. 5	0. 0542
1. 25	0. 0549	3. 75	0. 0522	6. 25	0. 0536	8. 75	0. 0543
1. 5	0. 0505	4	0. 0525	6. 5	0. 0538	9	0. 0544
1. 75	0. 0502	4. 25	0. 0527	6. 75	0. 0539	9. 25	0. 0546
2	0. 0500	4. 5	0. 0529	7	0. 0541	9. 5	0. 0550
2. 25	0. 0501	4. 75	0. 0530	7. 25	0. 0542	9. 75	0. 0555
2. 5	0. 0503	5	0. 0531	7. 5	0. 0544	10	0. 0562

2. 远期 LIBOR 利率瞬时波动率的校准

远期 LIBOR 利率瞬时波动率的校准是通过市场上已有的利率上限单一隐含波动率报价推求出利率上限元的即期隐含波动率。然后根据利率上限元的即期隐含波动率与远期 LIBOR 利率瞬时波动率的关系式校准出远期 LIBOR 利率瞬时波动率。

第一步：构建利率上限波动率曲线。

市场上只提供有限年限的利率上限单一隐含波动率报价，如表 7 - 10 所示。

表 7 - 10　　　　　　　　　　利率上限波动率报价

到期日(年)	1	2	3	4	5	6	7	8	9	10
波动率(%)	10.39	14.28	15.84	16.54	16.90	17.08	17.12	17.11	17.05	16.97

首先根据利率上限单一隐含波动率对其进行曲线拟合以求出各到期日的利率上限单一隐含波动率。现有实证资料证实，利率上限单一隐含波动率具有以下驼峰状的形式：$V_{T_{i-1}-cap}(t) = [a(T_{i-1} - t) + d]e^{-b(T_{i-1}-t)} + c$。利用 Matlab 中非线性最小二乘拟合，并采用 Levenberg - Marquardt 算法时，可得如下拟合参数：$a = 0.0211$，$b = 0.6747$，$c = 0.170$，$d = -0.1517$。以 3 个月 LIBOR 利率计息，每 3 个月为到期日的利率上限单一隐含波动率曲线。

第二步：求解市场利率上限元即期隐含波动率。

已知一个利率上限叫以分解为多个利率上限元之和，每个利率上限中所有的利率上限元均拥有同一个利率上限单一隐含波动率报价。但是，每个不同到期日的利率上限均含有相同标的 LIBOR 利率，相同交割日以及相同执行价格的利率上限元，其也应该有相同的利率上限元即期隐含波动率。因此在零时刻，通过市场上所采用利率上限定价的 Black 公式，我们即可以得到利率上限单一隐含波动率和利率上限元即期隐含波动率的以下等式：

$$\sum_{i=\alpha+1}^{\beta} P(0, T_i) \tau_i Bl(K_{ATM}, F_i(0), \sqrt{T_{i-1}}\nu_{T_{\beta}-cap}) = \sum_{i=\alpha+1}^{\beta} P(0, T_i) \tau_i Bl(K_{ATM},$$
$$F_i(0), \sqrt{T_{i-1}}\nu_{T_{i-1}-caplet})$$

其中 K_{ATM} 为利率上限的平值报价，并且满足：

$$K_{ATM} = S_{\alpha,\beta}(0) = \frac{P(0,T_\alpha) - P(0,T_\beta)}{\sum_{i=\alpha+1}^{\beta} \tau_i P(0,T_i)} \tag{7-41}$$

通过以上利率上限单一隐含波动率和利率上限元即期隐含波动率的等式，我们可以得到各到期日下的利率上限元即期隐含波动率，如表 7 – 11 和图 7 – 5 所示。

表 7 – 11　　　　　　　　　利率上限元即期隐含波动率

到期日	波动率	到期日	波动率	到期日	波动率	到期日	波动率
0.25	0	2.75	0.1783	5.25	0.1754	7.75	0.1714
0.5	0.0698	3	0.1794	5.5	0.1747	8	0.1712
0.75	0.10	3.25	0.1798	5.75	0.1741	8.25	0.1711
1	0.1274	3.5	0.1799	6	0.1736	8.5	0.1709
1.25	0.1413	3.75	0.1796	6.25	0.1731	8.75	0.1708
1.5	0.1563	4	0.1790	6.5	0.1727	9	0.1708
1.75	0.1638	4.25	0.1783	6.75	0.1724	9.25	0.1707
2	0.1694	4.5	0.1776	7	0.1721	9.5	0.1707
2.25	0.1736	4.75	0.1768	7.25	0.1718	9.75	0.1707
2.5	0.1764	5	0.1761	7.5	0.1716	10	0.1707

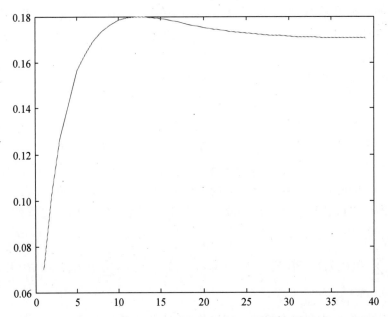

图 7 – 5　3 个月计息每 3 个月为到期日的利率上限元即期隐含波动率曲线

第三步：求解远期 LIBOR 利率瞬时波动率。

假设远期 LIBOR 利率具有如表 7 - 12 所示的分段固定结构。

表 7 - 12　　　　　　　远期 LIBOR 利率瞬时波动率结构

远期利率区间	$t \in (0, T_0]$	$(T_0, T_1]$	$(T_1, T_2]$	$\cdots$	$(T_{M-2}, T_{M-1}]$
$F_1(t)$	$\Phi_1\psi_1$	终止	终止	$\cdots$	终止
$F_2(t)$	$\Phi_2\psi_2$	$\Phi_2\psi_1$	终止	$\cdots$	终止
$\vdots$	$\vdots$	$\vdots$	$\vdots$	$\vdots$	终止
$F_M(t)$	$\Phi_M\psi_M$	$\Phi_M\psi_{M-1}$	$\Phi_M\psi_{M-2}$	$\cdots$	$\Phi_M\psi_1$

并有如下驼峰状的参数化形式：

$$\sigma_i(t) = \Phi_i \Psi(T_{i-1} - t; a, b, c, d) = \Phi_i[a(T_{i-1} - t) + d]e^{-b(T_{i-1}-t)} + c$$

则根据远期 LIBOR 利率瞬时波动率与利率上限元即期隐含波动率间的关系式：

$$\nu_{T_{i-1}-cap}^2 = \frac{1}{T_{i-1} - t}\int_t^T \sigma_i^2(s)ds$$

将上述参数化形式的远期 LIBOR 利率瞬时波动率公式代入上式中，以及根据分段固定的假设我们便得到了以下远期 LIBOR 利率瞬时波动率与利率上限元即期隐含波动率间的关系式：

$$\nu_{T_{i-1}-cap}^2 = \frac{1}{T_{i-1} - t}\int_t^T \{\Phi_i[a(T_{i-1} - g) + d]e^{-b(T_{i-1}-g)} + c\}^2 ds$$

$$= \frac{1}{T_{i-1} - t}\Phi_i^2 \sum_{s=t}^T \{[a(T_{i-1} - g) + d]e^{-b(T_{i-1}-g)} + c\}^2 \tau_s \quad (7-42)$$

利用 Matlab 中非线性最小二乘拟合，并采用 Levenberg - Marquardt 算法时，我们可以得到如下拟合参数：$a = 0.2602$，$b = 1.0943$，$c = 0.1610$，$d = -0.1866$。不同到期日的远期 LIBOR 利率参数的估计值如表 7 - 13 所示。

表 7 - 13　　　　不同到期日的远期 LIBOR 利率参数 Φ_i 的估计值

到期日	Φ_i	到期日	Φ_i	到期日	Φ_i	到期日	Φ_i
0.25	—	2.75	1.0035	5.25	0.9962	7.75	0.9982
0.5	1.0187	3	1.0046	5.5	0.9954	8	0.9991

续表

到期日	Φ_i	到期日	Φ_i	到期日	Φ_i	到期日	Φ_i
0.75	1.00	3.25	1.0050	5.75	0.9949	8.25	0.9999
1	1.0041	3.5	1.0048	6	0.9947	8.5	1.0009
1.25	0.9821	3.75	1.0040	6.25	0.9947	8.75	1.0020
1.5	1.0035	4	1.0028	6.5	0.9949	9	1.0031
1.75	0.9982	4.25	1.0013	6.75	0.9953	9.25	1.0043
2	0.9980	4.5	0.9997	7	0.9959	9.5	1.0056
2.25	0.9997	4.75	0.9984	7.25	0.9966	9.75	1.0068
2.5	1.0018	5	0.9972	7.5	0.9974	10	1.0081

由式（7-42）可求解出各分段固定远期 LIBOR 利率瞬时波动率，如表 7-14 和图 7-6 所示。

$$\sigma_i(t) = \Phi_i \psi(T_{i-1} - t;\ a,\ b,\ c,\ d) = \Phi_i \big[a(T_{i-1} - t) + d \big] e^{-b(T_{i-1}-t)} + c \tag{7-43}$$

表 7-14   远期 LIBOR 利率瞬时波动率

远期利率区间	(0, 0.25]	(0.25, 0.5]	(0.5, 0.75]	⋯	(9.75, 10]
$F_1(t)$	0.0689	终止	终止	⋯	终止
$F_2(t)$	0.1289	0.0688	终止	⋯	终止
⋮	⋮	⋮	⋮	⋮	终止
$F_{39}(t)$	0.1623	0.1624	0.1624	⋯	0.0691

3. 远期 LIBOR 利率瞬时相关系数的校准

为了远期 LIBOR 利率瞬时相关系数校准的简便性与有效性，本节采用具有以下五参数化形式的远期 LIBOR 利率瞬时相关系数。

$$\rho_{ij} = \rho_\infty + (1 - \rho_\infty)\left[e^{-\beta(i^\alpha + j^\alpha)} + \frac{\vartheta_{i,j}}{\sqrt{\vartheta_{i,i}\vartheta_{j,j}}}\sqrt{(1 - e^{-2\beta i^\alpha})(1 - e^{-2\beta j^\alpha})} \right]$$

$$\vartheta_{i,j} = \begin{cases} 1 & \min(i,\ j) = 0 \\ \min(i,\ j) & \min(i,\ j) > 0,\ \xi_i \xi_j = 1 \\ \dfrac{(\xi_i \xi_j)^{\min(i,j)} - 1}{1 - 1/(\xi_i \xi_j)}, & \min(i,\ j) > 0,\ \xi_i \xi_j \neq 1 \end{cases} \tag{7-44}$$

$$\xi_i = e^{\left(-\frac{1}{i}\left(\frac{i-1}{N-2}\gamma + \frac{N-1-i}{N-2}\delta \right) \right)}$$

$$0 < \rho_\infty \leqslant 1,\ \alpha,\ \beta > 0$$

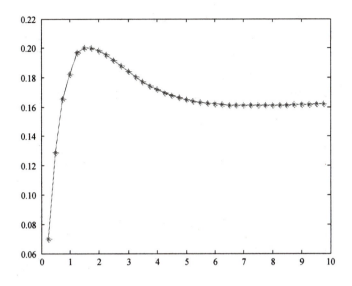

图 7 – 6　期初远期 LIBOR 利率瞬时波动率曲线

　　将上式代入式（7 – 43）求远期 LIBOR 利率瞬时相关系数。市场隐含波动率报价如表 7 – 15 所示。

$$\nu_{\alpha,\beta}^2(T_\alpha) = \sum_{i,j=\alpha+1}^{\beta} \frac{w_i(0)w_j(0)F_i(0)F_j(0)\rho_{i,j}}{S_{\alpha,\beta}^2(0)} \int_0^{T_\alpha} \sigma_i(t)\sigma_i(t)\,dt \quad (7-45)$$

表 7 – 15　　　　　　　　市场利率互换期权隐含波动率

互换利率期权区间	1	2	3	4	5
1	15.90	17.30	17.50	17.50	17.20
2	15.90	17.10	17.40	17.20	17.10
3	15.70	16.80	17.10	17.00	16.90
4	15.40	16.50	16.90	16.80	16.60
5	15.20	16.30	16.60	16.60	16.40

　　利用 Matlab 中非线性最小二乘拟合，并采用 Levenberg – Marquardt 算法时，我们可以得到如下拟合参数：$\rho_\infty = 0.7484$，$\alpha = 1.4599$，$\beta = 1.4599$，$\gamma = 10.6739$，$\delta = -13.2655$。

　　不同到期日的远期 LIBOR 利率瞬时相关系数如表 7 – 16 所示。

表 7 – 16   远期 LIBOR 利率瞬时相关系数

远期利率	$F_1(t)$	$F_2(t)$	$\cdots$	$F_{38}(t)$	$F_{39}(t)$
$F_1(t)$	1	0.7521	$\cdots$	0.8575	0.8612
$F_2(t)$	0.7521	1	$\cdots$	0.8508	0.8533
$\vdots$	$\vdots$	$\vdots$	$\vdots$	$\vdots$	$\vdots$
$F_{38}(t)$	0.8575	0.8508	$\cdots$	1	0.9998
$F_{39}(t)$	0.8612	0.8533	$\cdots$	0.9998	1

（二）随机波动率 LIBOR 市场模型下的参数估计

以下我们以估计远期 LIBOR 利率的参数为例，来讨论模型的校准问题。远期 LIBOR 利率的终止日为 0.25 年，因此我们需要估计区间内的模型参数。区间内的局部波动率和瞬时相关系数可由本节上一部分给出。因此我们现在需要估计区间内随机波动率方程中的参数值。此时我们需要区间（-0.25，0] 内的远期 LIBOR 利率 $F_1(t)$ 的数据。由远期 LI-BOR 利率与零息债券之间的等式：

$$F(t;\ T,\ S) = \frac{1}{\tau(T,\ S)}\Big[\frac{P(t,\ T)}{P(t,\ S)} - 1\Big]$$

要求解区间内的远期 LIBOR 利率相当于需要求解区间内零息债券。因此其计算过程同本章第一节第一部分一样。在计算出区间（-0.25，0] 内的远期 LIBOR 利率 $F_1(t)$ 后，就可以运用 MCMC 方法对随机波动率参数进行估计。总共迭代 100000 次并且舍去前 5000 次的迭代后，可得如表 7 – 17 所示的参数集 $\Theta = \{\kappa,\ \theta,\ \xi,\ \rho\}$ 估计值。

表 7 – 17   随机波动率 LIBOR 市场模型参数估计结果

参数	均值	标准差	MC 误差	2.5%	中位数	97.5%	起始点	样本数
kappa	0.611	3.099	0.0236	-5.311	0.5503	6.874	5001	95000
rho	-0.898	0.04479	0.002176	-0.9636	-0.904	-0.7943	5001	95000
theta	0.4061	3.266	0.01879	-6.053	0.4276	6.74	5001	95000
zeta2	0.0097	0.005497	2.70E$-$04	0.002586	0.008483	0.02326	5001	95000

因此，可以得到随机波动率 LIBOR 市场模型的如下参数估计值：

$\kappa = 0.611$，$\rho = -0.898$，$\theta = 0.4061$，$\xi^2 = 0.0097$。

（三）随机波动率机制转换 LIBOR 市场模型下的参数估计

同样，以估计远期 LIBOR 利率 $F_1(t)$ 的参数为例，来讨论模型校准问题。区间（0，0.25]内的局部波动率和瞬时相关系数可由本节第一部分给出。区间（0，0.25]内的远期 LIBOR 利率的数据可由上节计算区间内零息债券方法求得。因此在计算出区间（0，0.25]内的远期 LIBOR 利率 $F_1(t)$ 后，就可再次运用 MCMC 方法对随机波动率和机制转换方程中的参数进行估计。参数估计我们以具有两状态机制转换模型为例，其分别表示市场的强弱或者经济的繁荣和衰退。总共迭代 100000 次并且舍去前 5000 次的迭代后，我们可以得到如表7-18 所示的参数集 $\Theta = \{\kappa, \theta, \xi, \rho, \Pi\}$ 的估计值。

表7-18　　　随机波动率机制转换 LIBOR 市场模型参数估计结果

参数	均值	标准差	MC 误差	2.5%	中位数	97.5%	起始点	样本数
kappa	0.3074	1.802	0.04746	-3.465	0.1357	4.352	5001	95000
pi1	103.2	63.44	1.062	18.48	90.55	259.8	5001	95000
pi2	103.2	62.29	1.01	18.7	91.27	255.3	5001	95000
rho	-0.9028	0.07358	0.003878	-0.976	-0.929	-0.7077	5001	95000
theta1	0.08117	2.535	0.04791	-5.044	0.1155	5.108	5001	95000
theta2	-0.05232	2.517	0.04627	-4.975	-0.08802	5.031	5001	95000
zeta2	0.007975	0.006506	3.42E-04	0.001739	0.005652	0.02588	5001	95000

因此，我们可以得到随机波动率 LIBOR 市场模型的如下参数估计值：$\kappa = 0.3074$，$\rho = -0.9028$，$\theta = (0.08117, -0.05232)$，$\xi^2 = 0.007975$，

$$\Pi = \begin{bmatrix} -103.2 & 103.2 \\ 103.2 & -103.2 \end{bmatrix}。$$

（四）不同模型假设下的远期 LIBOR 利率蒙特卡罗模拟效果比较

图7-7 分别显示了标准 LIBOR 市场模型和分别具有随机波动率和机制转换性质的 LIBOR 市场模型在蒙特卡罗模拟方法下 3 个月后的远期 LIBOR 利率的模拟路径。从图中我们可以观测到当模拟次数为 5000 次时，远期 LIBOR 利率的生成路径基本已经收敛。故我们选取模拟 5000 次时的第 3 个月远期 LIBOR 利率作为基准对不同假设下模型的拟合程度进行比较。此时，第 3 个月远期 LIBOR 利率即为 3 个月后 3 个月期的 LIBOR 利率。

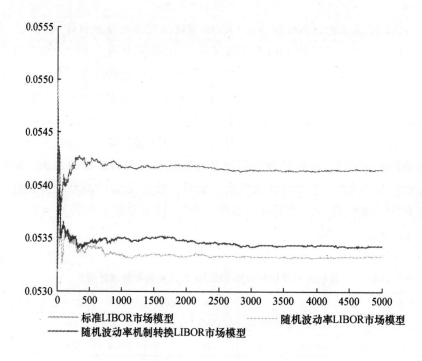

图 7-7 远期 LIBOR 利率的蒙特卡罗模拟结果

已知在 3 个月后 3 个月期的 LIBOR 利率为 0. 0536063。则根据上述远期 LIBOR 利率生成路径的蒙特卡罗模拟效果我们可以得到如图 7-8 所示的远期 LIBOR 利率绝对离差值生成路径的蒙特卡罗模拟结果。从图 7-8 中我们可以看出，在随机波动率机制转换 LIBOR 市场模型假设下的远期 LIBOR 利率绝对离差值生成路径的蒙特卡罗模拟效果最好，其具有最小的绝对误差和相对误差值。各假设下模型的蒙特卡罗模拟绝对误差和相对误差如表 7-19 所示。

表 7-19   远期 LIBOR 利率离差的蒙特卡罗模拟结果

模型误差	LMM	SV – LMM	SVRS – LMM
绝对误差	0. 0005428	0. 0002727	0. 0001780
相对误差	1. 0126%	0. 5081%	0. 3321%

其中 LMM、SV – LMM、SVRS – LMM 分别指标准 LIBOR 市场模型、随机波动率 LIBOR 市场模型以及随机波动率机制转换 LIBOR 市场模型。

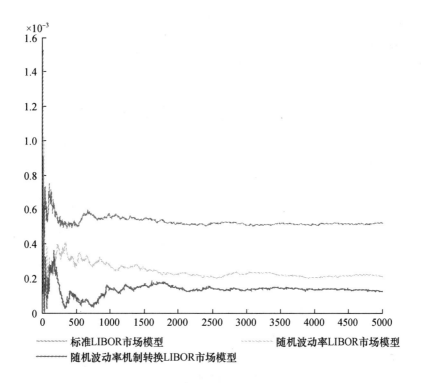

图 7 - 8　远期 LIBOR 利率绝对离差值的蒙特卡罗模拟结果

二　互换利率市场模型参数的估计

（一）标准互换利率市场模型下的参数估计

1. 随机微分方程漂移项 $\mu_{\alpha,x}(0)$ 的校准

标准 LIBOR 市场模型参数校准的结果可得：

$\mu_{\alpha,\beta}(0) = 0.0009566$，$\mu_{\alpha,\lambda}(0) = 0.00400$

因此，接下来我们就需要校准模型中远期互换利率 $S_{\alpha,\beta}(t)$ 和 $S_{\alpha,\gamma}(t)$ 的瞬时波动率 $\sigma_{\alpha,\beta}(t)$ 和 $\sigma_{\alpha,\gamma}(t)$ 以及瞬时相关系数 $\rho_{\beta,\gamma}$。

2. 远期互换利率瞬时波动率的校准

由利率互换期权市场报价规则可知，利率互换期权市场 $\sigma_{\alpha,\lambda}$ 的报价与远期互换利率瞬时波动率间的关系式为：$(\sigma_{\alpha,\lambda}\ \sqrt{T_\alpha})^2 = \int_t^{T_\alpha} \sigma_{\alpha,x}^2(s)\,ds$。因此，若我们继续假设远期互换利率的瞬时波动率与其到期日间具有如下分段固定的参数化形式：

$$\sigma_{\alpha,x}(t) = \Phi_{\alpha,x}\Psi(T_{x-1}-t;\ a,\ b,\ c,\ d) = \Phi_{\alpha,x}[a(T_{x-1}-t)+d]e^{-a(T_{x-1}-t)}+c$$

则可求出远期互换利率瞬时波动率。利用 Matlab 中非线性最小二乘拟合，可以得到如下拟合参数：$a = 0.0302$，$b = 0.5543$，$c = 0.1611$，$d = 0.0198$。不同起始日与到期日的远期互换利率参数 Φ_i 的估计值如表 7 - 20 所示。

表 7 - 20   不同起始日到期日的远期互换利率参数 Φ_i 的估计值

互换利率区间	1	2	3	4	5
1	0.9210	0.9092	0.9068	0.9039	0.9059
2	0.9956	0.9827	0.9781	0.9758	0.9774
3	1.0084	1.0069	1.0032	1.0061	1.0005
4	1.0129	1.0025	1.0042	1.0057	1.0046
5	1.0013	1.0034	1.0043	0.9983	0.9959

于是有如表 7 - 21 所示的起始日为一年，到期日分别为两年、十年的分段固定互换利率瞬时波动率结构。

表 7 - 21   远期互换利率瞬时波动率

互换利率区间	$(0, 0.25]$	$(0.25, 0.5]$	$(0.5, 0.75]$	$(9.75, 10]$
$S_{1,2}(t)$	0.1607	0.1599	0.1586	0.1567
$S_{1,10}(t)$	0.1438	0.1439	0.1441	0.1442

3. 远期互换利率瞬时相关系数的校准

对于远期互换利率的瞬时相关系数我们有以下公式：

$$\rho_{\beta,\gamma} = \frac{\rho_{\beta,\gamma}^* \int_t^{T_\alpha} \sigma_{\alpha,\beta}(s)\sigma_{\alpha,\gamma}(s)\,ds}{\sqrt{\int_t^{T_\alpha} \sigma_{\alpha,\beta}^2(s)\,ds}\sqrt{\int_t^{T_\alpha} \sigma_{\alpha,\gamma}^2(s)\,ds}} \qquad (7-46)$$

其中，$\rho_{\beta,\gamma}^*$ 为远期 LIBOR 利率的瞬时相关系数。代入上述分段固定的远期互换利率瞬时波动率校准过的数据，即可得出：

$$\rho_{\beta,\gamma}(t) = \frac{\rho_{\beta,\gamma}^* \sum_{s=0}^{T_\alpha} \sigma_{\alpha,\beta}(s)\sigma_{\alpha,\gamma}(s)\Delta}{\sqrt{\sum_{s=0}^{T_\alpha} \sigma_{\alpha,\beta}^2(s)\Delta}\sqrt{\sum_{s=0}^{T_\alpha} \sigma_{\alpha,\gamma}^2(s)\Delta}} = 0.8214$$

（二）随机波动率互换利率市场模型下的参数估计

远期互换利率随机微分方程中的漂移项 $\mu_{\alpha,\gamma}(0)$ 和局部波动率 $\sigma_{\alpha,\beta}(t)$ 与 $\sigma_{\alpha,\gamma}(t)$ 以及瞬时相关系数 $\rho_{\beta,\gamma}$ 校准均和本节上一部分相同。因此接下来我们需要对随机波动率方程中的参数进行校准。由于我们将要定价的 CMS 价差期权的持有期为一年。因此我们需要估计区间 (0，1] 内模型的各参数。其中区间 (0，1] 内的局部波动率和瞬时相关系数可由本节第一部分给出。区间 (0，1] 内参数集为 $\Theta = \{\kappa, \theta, \xi, \rho_{\alpha,x}\}$ 的估计，我们则需要区间 (0，1] 内的远期互换利率 $S_{\alpha,\beta}(t)$ 和 $S_{\alpha,\gamma}(t)$ 数据。由远期互换利率与零息债券之间的关系式可以知道，要求解区间 (-1，0] 内的远期互换利率 $S_{\alpha,x}(t)$ 就需要知道区间 (-1，0] 内的各到期日的零息债券价格。因此其计算过程可由本章第一节第一部分得出。因此在计算出区间 (0，1] 内的远期互换利率 $S_{\alpha,\beta}(t)$ 和 $S_{\alpha,\gamma}(t)$ 后，就可以运用 MCMC 方法对随机波动率方程和机制转换方程中的参数进行估计了。总共迭代 100000 次并且舍去前 5000 次的迭代后，我们可以得到如表 7 - 22 所示的参数集 $\Theta = \{\kappa, \theta, \xi, \rho_{\alpha,x}\}$ 的估计值。

表 7 - 22　　　　随机波动率互换利率市场模型参数估计结果

参数	均值	标准差	MC 误差	2.5%	中位数	97.5%	起始点	样本数
kappa	-1.387	0.5503	0.02198	-2.691	-1.287	-0.5941	5001	95000
rho1	-0.9457	0.007669	3.09E-04	-0.9595	-0.9462	-0.9294	5001	95000
rho2	-0.9769	0.007617	3.91E-04	-0.99	-0.9771	-0.9614	5001	95000
theta	-2.664	1.606	0.05932	-6.574	-2.334	-0.4995	5001	95000
zeta2	1.162	0.2529	0.01408	0.7455	1.138	1.691	5001	95000

因此，可以得到随机波动率互换利率市场模型的如下参数估计值：
$\kappa = -1.387$，$\rho_{\alpha,\beta} = -0.9457$，$\rho_{\alpha,\gamma} = -0.9769$，$\theta = -2.664$，$\xi^2 = 1.162$。

（三）随机波动率机制转换互换利率市场模型下的参数估计

远期互换利率随机微分方程中的漂移项 $\mu_{\alpha,x}(0)$ 和局部波动率 $\sigma_{\alpha,\beta}(t)$ 与 $\sigma_{\alpha,\gamma}(t)$ 以及瞬时相关系数 $\rho_{\beta,\gamma}$ 校准均和本节第一部分相同。因此接下来我们需要对随机波动率方程和机制转换方程中的参数进行校准。同本节上一部分一样，在计算出区间 (0，1] 内的远期互换利率 $S_{\alpha,\beta}(t)$ 和 $S_{\alpha,\gamma}(t)$ 后，我们就可以运用马尔科夫链蒙特卡罗模拟方法对随机波动率方程和机制转换方程中的参数进行估计了。参数估计我们以具有两状态机制转换模型为例，其分别表示市场的强弱或者经济的繁荣和衰退。总共迭代 100000 次并且舍去前 5000 次的迭代后，我们可以得到如表 7 – 23 所示的参数集 $\Theta = \{\kappa, \theta, \xi, \rho_{\alpha,x}, \Pi\}$ 的估计值。

表 7 – 23　　随机波动率机制转换互换利率市场模型参数估计结果

参数	均值	标准差	MC 误差	2.5%	中位数	97.5%	起始点	样本数
kappa	0.6471	0.1042	0.005801	0.4581	0.6518	0.8364	5001	95000
pi1	117.5	54.92	2.869	34.93	108.5	258.1	5001	95000
pi2	127.5	47.83	2.433	32.4	130.5	218.2	5001	95000
rho1	– 0.9705	0.002796	2.35E – 05	– 0.9756	– 0.9707	– 0.9646	5001	95000
rho2	– 0.9712	0.002772	2.31E – 05	– 0.9762	– 0.9713	– 0.9653	5001	95000
theta1	3.134	0.3114	0.01758	2.528	3.136	3.801	5001	95000
theta2	– 2.885	0.2932	0.01654	– 3.464	– 2.89	– 2.299	5001	95000
zeta2	29.14	32.94	1.852	0.9262	8.541	103.2	5001	95000

因此，我们可以得到随机波动率机制转换互换利率市场模型的如下参数估计值：

$\kappa = 0.6471$，$\rho_{\alpha,\beta} = -0.9705$，$\rho_{\alpha,\gamma} = -0.9712$，$\theta = (3.134, -2.885)$，$\xi^2 = 29.14$。

$$\Pi = \begin{bmatrix} -117.5 & 117.5 \\ 127.5 & -127.5 \end{bmatrix}。$$

三　CMS 价差期权的定价

1. 标准互换利率市场模型下的定价公式

由本章第四节第二部分可知，在标准互换利率市场模型的假设下，有如下 CMS 价差期权的定价公式：$CSSSO(t,T_\alpha,\beta,\gamma,N,K) = P(t,T_\alpha)N\int_{-\infty}^{+\infty} \frac{1}{\sqrt{2\pi}} e^{-\frac{1}{2}v} f(v) dv$。其中，有：

$$f(v) = S_{\alpha,\gamma}(t) e^{\tau\mu_{\alpha,\gamma}(0) - \frac{1}{2}\rho_{\beta,\gamma}^2 \sigma_{\beta,\gamma}^2 + \rho_{\beta,\gamma}\sigma_{\beta,\gamma}\sqrt{\tau}v}$$

$$\cdot \Phi\left(\frac{\ln \dfrac{S_{\alpha,\gamma}(t)}{g(v)} + \left(\mu_{\alpha,\gamma}(0) + \left(\dfrac{1}{2} - \rho_{\beta,\gamma}^2\right)\sigma_{\alpha,\gamma}^2\right)\tau + \rho_{\beta,\gamma}\sigma_{\alpha,\gamma}\sqrt{\tau}v}{\sigma_{\alpha,\gamma}\sqrt{\tau}\sqrt{1 - \rho_{\beta,\gamma}^2}} \right)$$

$$- g(v)\Phi\left(\frac{\ln \dfrac{S_{\alpha,\gamma}(t)}{g(v)} + \left(\mu_{\alpha,\gamma}(0) - \dfrac{1}{2}\sigma_{\alpha,\gamma}^2\right)\tau + \rho_{\beta,\gamma}\sigma_{\alpha,\gamma}\sqrt{\tau}v}{\sigma_{\alpha,\gamma}\sqrt{\tau}\sqrt{1 - \rho_{\beta,\gamma}^2}}\right)$$

$$g(v) = K + S_{\alpha,\beta}(t)e^{\tau\left(\mu_{\alpha,\gamma}(0) - \frac{1}{2}\sigma_{\alpha,\beta}^2\right) + \sigma_{\alpha,\beta}\sqrt{\tau}v}$$

以及，$\sigma_{\alpha,x}^2 = \dfrac{1}{\tau}\displaystyle\int_t^{T_\alpha}\sigma_{\alpha,x}^2(s)ds, \tau = T_\alpha - t$。

因此，根据上一节第一部分我们所校准出模型的各参数：

$\mu_{\alpha,\beta}(0) = 0.0009566$，$\mu_{\alpha,\gamma}(0) = 0.004000$，$\sigma_{\alpha,\beta} = 0.1590$，

$\sigma_{\alpha,\gamma} = 0.1440$，$\rho_{\beta,\gamma} = 0.8214$。

即可求解出其在不同执行价格 K 下的期权价格。具体数值结果如表 7–24所示。

2. 随机波动率互换利率市场模型下的定价公式

在随机波动率互换利率市场模型的假设下，有如下 CMS 价差期权的定价公式：

$$CMSSO(t,T,\beta,\gamma,N,K) = P(t,T)\int_{-\infty}^{+\infty}\int_{-\infty}^{+\infty}\left[(e^x - e^y) - K\right]^+ f_{X,Y}(x,y)dxdy$$

其中，$f_{X,Y}(x, y)$ 的特征函数：

$$f(u, v; t, X(t), Y(t), V(t)) = E^{Q^\alpha}\left[e^{iu(X(T) + vY(T))} \mid F_t^S \bigvee F_t^V\right]$$

上节所校准出模型的各参数为：

$\mu_{\alpha,\beta}(0) = 0.0009566$，$\mu_{\alpha,\gamma}(0) = 0.004000$，$\sigma_{\alpha,\beta} = 0.1590$，$\sigma_{\alpha,\gamma} = 0.1440$，

$\rho_{\beta,\gamma} = 0.8214$，$\gamma = -1.387$，$\rho_{\alpha,\beta} = -0.9457$，$\rho_{\alpha,\gamma} = -0.9769$，$\theta = -2.664$，

$\xi^2 = 1.162$。通过傅立叶逆变换即可求解出其在不同执行价格 K 下的期权价格。具体数值结果见表 7–24。

3. 随机波动率机制转换互换利率市场模型下的定价公式

在随机波动率机制转换互换利率市场模型的假设下，我们有如下 CMS 价差期权的定价公式：

$$CMSSO(t,T,\beta,\gamma,N,K) = P(t,T)\int_{-\infty}^{+\infty}\int_{-\infty}^{+\infty}\left[(e^x - e^y) - K\right]^+ f_{X,Y}(x,y)dxdy$$

其中 $f_{X,Y}(x,y)$ 的特征函数：

$$f(u,v;t,X(t),Y(t),V(t)) = E^{Q^\alpha}\left[e^{iu(X(T) + vY(T))} \mid F_t^S \bigvee F_t^V \bigvee F_t^X\right]$$

具有如下形式的表达式：

$$f(u,v;t,X(t),Y(t),V(t)) = \left\langle e^{\int_t^{T_\alpha}\Pi ds}X(t), I\right\rangle e^{D(u,v,t)V(t) + iu(X(t) + ivY(t)}$$

因此，根据本章第四节第三部分所校准出模型的各参数为：

$\mu_{\alpha,\beta}(0) = 0.0009566, \mu_{\alpha,\gamma}(0) = 0.004000,$

$\sigma_{\alpha,\beta} = 0.1590, \sigma_{\alpha,\gamma} = 0.1440, \rho_{\beta,\gamma} = 0.8214,$

$\kappa = 0.6471, \rho_{\alpha,\beta} = -0.9705, \rho_{\alpha,\gamma} = -0.9712, \theta = (3.134, -2.885),$

$\xi^2 = 29.147$。

$$\Pi = \begin{bmatrix} -117.5 & 117.5 \\ 127.5 & -127.5 \end{bmatrix}。$$

通过傅立叶逆变换即可求解出其在不同执行价格 K 下的期权价格。具体数值结果见表 7-24。

4. 各模型下 CMS 价差期权理论价格的比较

已知一年后的两年期 CMS 利率 $S_{\alpha,\beta}(t)$ 和十年期 *CMS* 利率 $S_{\alpha,\gamma}(t)$：

$S_{\alpha,\beta}(t) = 0.04576, S_{\alpha,\gamma}(t) = 0.04950$

则在名义本金为 1000000 时，其不同执行价格 K 下的期权价格与实际价格如表 7-24 所示。

表 7-24　不同执行价格 K 下的 CMS 价差期权理论价格与实际价格

执行价格	0	0.001	0.002	0.003	0.005
实际价格	3547.38	2598.88	1650.38	669.67	0
SMM	2804.86	2303.62	1816.90	1344.31	0
SV – SMM	3208.55	2625.23	2059.64	1395.09	0
SVRS – SMM	3295.61	2592.44	1954.65	1322.10	0

其中 SMM、SV – SMM、SVRS – SMM 分别指标准互换利率市场模型、随机波动率互换利率市场模型以及随机波动率机制转换互换利率市场模型。因此，从表 7-24 我们可以看出，具有随机波动率机制转换特性的互换利率市场模型对于 CMS 价差期权的定价具有明显的优势。

第六节　结论与展望

一　研究结论

本章选取了 LIBOR 市场模型以及市场上流行的以两年期与十年期互

换利率为标的资产的 CMS 价差期权作为研究对象，深入讨论了其所服从的随机微分方程的参数估计方法的问题，以及期权价值的理论定价公式问题。理论与实证的分析得出了以下一些结论：

（1）通过对市场上可观测到的利率期权隐含波动率的时间序列进行研究发现，其存在着随机波动率与机制转换的特性。因此引入了具有随机波动率和机制转换性质的 LIBOR 市场模型和互换利率市场模型。实证表明，随机波动率和机制转换特性的 LIBOR 市场模型显然较标准的 LI-BOR 市场模型具有更优越的拟合效果。

（2）运用 Black 逆推公式及分段固定的参数化方法对模型中的局部波动率以及瞬时波动率参数进行了校准。同时，利用马尔科夫链蒙特卡罗模拟的方法对模型中随机波动率和机制转换方程的参数进行了估计。实证结果也证明，该方法对标的资产生成路径具有良好的拟合效果。

（3）利用费曼—卡茨定理求解出了 CMS 价差期权中标的远期互换利率的特征函数，并运用傅立叶逆变换的方法最终求解出了 CMS 价差期权的定价公式。与蒙特卡罗模拟方法相比较，求解期权解析式的方法在期权理论价格计算的时间上有着明显的优势。实证结果表明，该 CMS 价差期权的定价公式所计算出的期权理论价格有着良好的实证效果。

二　研究展望

通过研究发现，对于 CMS 价差期权的定价以及其标的资产所服从的随机微分方程等问题有着进一步研究的可能性。因此，可以从以下几个方面对其进行更深入的研究：

（1）出于期权标的资产特征函数求解的简便性考虑，我们对于随机波动率参数只考虑了长期波动率参数具有机制转换性质。因此对于未来的研究，我们可以考虑将具有随机波动率机制转换的随机微分方程进一步扩展，使随机波动率方程中的各个参数都具有机制转换的更一般情形。

（2）我们可以考虑在具有 Esscher 测度变换的情形下，推导期权标的资产所服从的随机微分方程，并利用新的随机微分方程进行期权价格的推导。

（3）在蒙特卡罗模拟和期权定价的有效性上，我们可以考虑其他优化算法以便降低蒙特卡罗模拟的时间，并提高模拟效果。

第八章　随机波动率 Levy – LIBOR 市场模型的参数校准与估计

　　本章主要基于远期 LIBOR 利率的随机波动与无限跳跃特征，针对标准化 LIBOR 市场模型（LMM）和随机波动率 LIBOR 市场模型（SVLMM）应用局限，进一步引入 Levy 无限跳跃过程，建立多因子非标准化 Levy 跳跃随机波动率 LIBOR 市场模型（LEVY – SVLMM）。在此基础上，基于非参数化相关矩阵假设，运用互换期权（Swaption）、利率上限（Cap）等主要市场校准工具和蒙特卡罗模拟技术，对模型局部波动率和瞬间相关系数等模型基本参数进行有效的市场校准；应用自适应马尔科夫链蒙特卡罗模拟方法对模型的 Levy 跳跃与随机波动过程主要参数进行有效理论估计。实证研究结论认为，对远期利率不同时点的波动率校准，分段固定波动率结构较为符合市场实际情况；对远期利率间的相关系数矩阵的校准，蒙特卡罗模拟下的非参数化相关系数矩阵具有最小的估计误差和最佳的市场适应性；具有随机波动率 Levy 跳跃特性的 LIBOR 市场模型能够最好地拟合远期 LIBOR 利率。对远期利率不同时点的波动率的校准，分段固定的波动率结构较为符合市场实际情况；对远期利率间的相关系数矩阵的校准，蒙特卡罗模拟下的非参数化相关系数矩阵具有最小的估计误差和最佳的市场适应性。

第一节　背景、意义及内容框架

一　研究背景

　　本章主要基于三个方面的研究背景：一是国际金融衍生品市场发展与基于 LIBOR 利率衍生品的发展与应用；二是我国利率市场化进程加快和 SHIBOR/LIBOR 利率衍生品的发展及应用；三是 LIBOR 利率的随机波

动与跳跃变化特征。

1. 基于 LIBOR 利率衍生品的发展与广泛应用

新一轮金融危机爆发以来，市场上多数投资者都偏向投资高流动性、低风险性的债券类产品。出于套期保值和风险管理等需要，以相应基准利率如 LIBOR 为标的的利率衍生品备受青睐。根据不同的信用风险等级，衍生品可形成多层次的利率期限结构。目前发达国家的基准利率曲线包括国债市场利率曲线和利率衍生品市场利率曲线。根据国际清算银行（BIS）的统计，衍生品市场虽经历金融危机，但经过一段时间恢复调整，至 2013 年 6 月末再创新高，达到 790.4 万亿美元，其中利率类衍生品规模为 553.88 万亿美元，占比高达 70%，利率衍生品市场逐渐成为了占全球衍生品市场份额最大的衍生品市场。

2. 我国利率市场化进程加快

近年来，随着我国金融市场的不断开拓，利率衍生品市场得到了快速发展。利率市场化意味着利率定价权的改革，中央银行将逐步放松和取消对利率的直接管制。对市场参与者而言，市场化的利率波动将更为频繁和剧烈。在此情况下，参与者必然需要有一个能将超出自身承受能力的利率风险转移出去的利率衍生品市场。因此作为可对冲和管理利率风险的利率衍生品必将随市场化进程的深入而在国内获得高速发展。可以预见，随着我国利率市场化的不断深入和人民币国际化战略的继续推进，利率衍生品的创新和丰富将在未来几年内蓬勃发展。为保证金融市场的独立性，中国人民银行尝试在货币市场上构建一整套市场化基准利率，即在 2007 年 1 月 4 日在银行间同业拆借市场正式推出 SHIBOR。经过多年的建设培育，SHIBOR 已基本确立了我国货币市场基准利率地位。目前，SHIBOR 与货币市场已形成了良性发展格局，并在市场化产品定价中得到广泛运用。自 2011 年以来的国内金融交易中，75% 以上的货币市场交易报价、全部的固息企业债、35% 以上的固息短融和 50% 左右的衍生品交易以 SHIBOR 为基准定价，同业存款、票据业务和理财产品定价也广泛参照 SHIBOR。

3. LIBOR 利率的随机跳跃特征愈加明显

LIBOR 利率的波动有两个特征，一是波动率随时间序列小范围随机变动；二是在特定较短期限内发生大规模剧烈变化，这一般由较严重的不可预测事件引起，例如 2008 年的全球金融危机等，这种特征被称为跳跃行为。目前大部分学者都通过构建不同 LIBOR 动态模型研究不同期限下的 LIBOR 的波动和跳跃特征，以此来预测远期 LIBOR 的变化趋势，从而为利率衍生品的定价和风险管理或央行货币政策的有效性检验提供重要参考。

二　研究意义

1. 理论意义

随着 LIBOR 作为国际货币市场基础利率体系的作用愈加凸显，以 LIBOR 为标的变量的各种利率衍生产品得以大量产生，因此基于 LIBOR 市场模型假设的利率衍生证券定价或风险对冲问题也就引起更多学者和市场从业人员的广泛关注。在实践中，由于金融市场不确定性程度不断增加，标准化 LIBOR 市场模型表现出很多应用局限，如设定利率的波动率为常数，无法体现市场中波动率微笑特征等。当使用不能体现波动率偏斜或微笑特征的标准 LIBOR 市场模型对奇异衍生品如 CMS 期权等定价时，可能会导致严重的定价误差，造成投资者的严重损失，如中信泰富集团因奇异期权合约亏损超 24 亿美元等。

而且在使用 LIBOR 市场模型时首先需要对两个结构进行测定：各期远期利率的瞬时波动率与相关系数矩阵，这个过程称为校准。这两个结构可用于解释收益率曲线的变化情况，直接影响复杂衍生品定价和套期保值。在 LIBOR 市场模型框架下，复杂衍生品定价和套期保值问题可简单归结为，选择适当的校准方法重现预期的利率动态特征，并以此为标的用相应的定价公式或对冲方法实现目标。LIBOR 市场模型校准的困难之处在于如何构建适合各期远期利率的瞬时波动率表达式从而实现各期利率间的去相关性。此外校准的鲁棒性也是需要考虑的问题，即当市场利率发生小幅变化时，应确保校准参数的变化波动幅度并不剧烈。

另外，当使用非标准化扩展 LIBOR 市场模型进行计算时，往往很难利用传统数值分析技术（例如快速傅立叶变换方法）得到封闭解。而且一些扩展过程如 Levy 跳跃过程等很难推导出概率密度函数的封闭解或其高阶矩并不存在。这些情况也导致矩估计或似然估计方法等传统参数估计方法的不适用。

2. 现实意义

目前我国正在努力发展以 SHIBOR 利率作为中国货币市场的基准利率，大力发展以 SHIBOR 利率作为标的资产的衍生品，而 SHIBOR 利率与

LIBOR 利率具有内在的相似性，对于 LIBOR 产品的定价和风险管理研究将会对今后我国 SHIBOR 衍生品的发展起到推动作用。同样在国际方面，由 LIBOR 利率主导的衍生品占据主要方面，这些衍生产品对我国金融市场造成了一定的影响，了解这些产品的定价和风险管理过程有助于我国更好地适应国际形势，在面对国外的利率波动时能更加从容应对。因此如何对 LIBOR 利率所服从的随机过程进行有效建模成为一项值得研究的课题，这也对 SHIBOR 利率所服从的随机过程建模具有一定的借鉴意义。

三　研究局限及研究框架

1. 研究局限

（1）现有文献对于 LIBOR 市场模型的扩展存在各种局限性。诸如：局部波动率模型虽然使波动率具有单调偏斜特征，但无法体现波动率微笑特征。跳跃扩散模型的局限性在于为产生波动率偏斜或者微笑，远期 LIBOR 利率需要经常产生较大的跳跃幅度，而这与市场实际情况不符（实际利率市场波动大多为小幅跳跃）。而且文献中引入的过程多为泊松跳跃过程，导致跳跃幅度固定。但目前对具有更大灵活性和能产生随机跳跃的 Levy 过程的研究并不深入。随机波动率模型的主要问题在于为刻画波动偏斜特征，强制使代表远期 LIBOR 利率和随机波动率的微分方程分量具有相关性。

（2）校准方法研究的不完全。在对利率衍生品进行定价或套期保值前，必须对模型的参数进行市场校准，得到 LIBOR 模型最重要的参数：远期利率波动率和远期利率的相关系数。现有文献大多直接利用某一校准方法而没有对校准方法做总结概括。本章拟对目前 LIBOR 模型常用校准方法进行回顾总结。

（3）传统参数估计方法的局限性。文献对参数估计方法做了大量的研究和应用。但由于复杂衍生品涉及标的资产的超高维联合概率分布，而且一些 LIBOR 模型的扩展过程如 Levy 跳跃过程等很难推导出概率密度函数的封闭解或它的高阶矩并不存在。这些情况都导致了矩估计或似然估计方法的不适用。因此传统的参数估计很难运用到非标准 LIBOR 市场模型中去。因此拟采用改进的 MCMC 方法估计扩展 LIBOR 模型中的参数。

2. 研究框架

本章在现有文献的基础上，考虑加入跳跃扩散项和波动率随机微分方程以便更好地反映市场实际情况。在对目前 LIBOR 模型校准方法回顾总结的基础上，提出一种新的 LIBOR 模型校准法——非参数化相关矩阵的蒙特卡罗模拟，该方法不仅能很好地同时拟合观测到的利率上限市场和互换期市场的数据而且具有鲁棒性。然后运用马尔科夫链蒙特卡罗模拟方法对随机波动项和 Levy 随机微分方程进行参数估计。在运用马尔科夫链蒙特卡罗模拟方法进行参数估计时，考虑到传统马尔科夫链蒙特卡罗模拟模拟方法存在计算效率低的缺陷，尝试通过改进马尔科夫链蒙特卡罗模拟方法等，提高模拟方法的收敛效率。

本章的总体思路：首先，介绍了标准 LIBOR 市场模型，分析了市场中利率衍生产品的隐含波动率存在的随机性以及跳跃扩散特性，并在此基础上推导出具有随机波动率和跳跃性质的 LIBOR 市场模型。其次，利用市场上可观察的利率上限及利率互换期权的市场报价，运用 Black 逆推公式以及三种市场校准方法：一是分段固定的参数化方法；二是参数化相关矩阵的蒙特卡罗模拟方法；三是非参数化相关矩阵的蒙特卡罗模拟方法分别对模型中的波动率瞬时相关系数等参数进行校准。再次，利用并行化的自适应马尔科夫链蒙特卡罗模拟的方法对模型中随机波动率和 Levy 跳跃过程的参数进行了估计。最后，对估计后的模型运用蒙特卡罗模拟的方法对远期 LIBOR 利率的生成路径进行了模拟和比较分析。

3. 创新点

（1）在标准 LIBOR 市场模型基础上构建由随机波动率和 Levy 跳跃过程双重因子驱动的 LIBOR 市场模型。该模型因此能更好拟合远期 LIBOR 利率走势。

（2）LIBOR 市场模型的校准方法。本章利用传统参数化方法和新的非参数化蒙特卡罗模拟方法分别对模型的瞬时相关系数进行校准，实证结果表明该方法具有较高的校准精度。

（3）自适应马尔科夫链蒙特卡罗模拟方法的参数估计。采用并行化自适应马尔科夫链蒙特卡罗模拟参数估计方法解决随机波动率 Levy – LI-BOR 市场模型的参数估计问题。

第二节　随机波动率 Levy – LIBOR 市场模型的选择确定

本节主要通过对 LIBOR 利率衍生品的一些历史数据加以分析，强调了 LIBOR 利率的随机波动性和跳跃特征。首先，给出了一些诸如零息债券、LIBOR 利率、远期利率等固定收益证券产品的定义及表示方法。这些产品是贯穿于本章及后续章节中的基本研究对象，是远期 LIBOR 利率模型构建及利率衍生产品定价的基础。其次，根据远期 LIBOR 利率定义，推导出了标准 LIBOR 市场模型。然后结合研究文献，选择 Heston 随机波动率模型，构建随机波动率 LIBOR 市场模型，并对该模型应用局限进行了分析。最后，在考虑到远期 LIBOR 利率所具有的随机波动性以及跳跃特征后，推导出了四种随机波动率 Levy – LIBOR 市场模型。

一　基础利率产品的概念内涵

以下将首先介绍一些基础利率产品的定义，它们是构建 LIBOR 市场模型的前提。

1. 零息债券

零息债券是固定收益产品中应用最广泛的产品之一。它是一种以贴现方式发行，不附息票，在到期日按票面价值支付的债券。假设 $r(t, y)$ 代表在时间 t 观察到的连续复利远期利率，在 $t+y$ 生效，止于 $t+y+dy$（有效期为 dy）。零息债券价格的过程可定义为：

$$P(t,T) = \exp\left(-\int_0^{T-t} r(t,u)\,du \right) \tag{8-1}$$

复利远期利率随机过程的表示形式如下：

$$dr(t, y) = \frac{\partial}{\partial y}\left[\left(r(t, y) + \frac{1}{2}|\sigma(t, y)^2| \right)dt + \sigma(t, y) \cdot d\omega(t) \right], y \geq 0 \tag{8-2}$$

其中，$\sigma(t, y) = \{\sigma_1(t, y), \sigma_2(t, y), \cdots, \sigma_d(t, y); t \geq 0\}$ 为远期利率波动率过程向量，$\sigma(t, y) \cdot d\omega(t)$ 为内积，$\omega(t)$ 为布朗运动。利用式（8-1）和式（8-2）可证明零息债券的随机过程为：

$$dP(t, T)/P(t, T) = r(t, 0)dt - \sigma(t, T-t) \cdot d\omega(t) \tag{8-3}$$

2. 远期利率协议

远期利率协议是指交易双方约定在未来某个特定日期将约定的利率应用于具体本金，到期日交易双方不需要交割本金，只需依协议约定清算利息差额即可。所以一般需要 3 个时间点来定义远期利率协议，即远期利率观测日 t，生效日 T 和到期日 S，满足 $t \leqslant T \leqslant S$。固定利率收入方在到期日 S 获得协议确定利率 K，支付以重置日为 T，到日期为 S 的浮动利率 $L(T, S)$。所以假定合约约定本金为 N，对固定利率收入方，合约价值为：

$$FRA(T, S, \tau, N, K) = N\tau(T, S)[K - L(T, S)], \quad t \leqslant T \leqslant S \quad (8-4)$$

其中，$\tau(t, T)$ 为采用适合日期惯例下的以年为单位的时间差。

3. 利率互换协议

利率互换协议中，双方约定在有效期内按期交换利息，直至合约终止。对支付固定利息方，其利率互换合约在时间 t 的价值为：

$$PIRS(t, T_n, K) = \sum_{i=1}^{n} P(t, T_i) \tau_i (L_i(t) - K) = \sum_{i=1}^{n} FRA(t, T_{i-1}, T_i, K)$$

$$(8-5)$$

其中，$t < T_0 < T_1 < \cdots < T_n$（到期日）；$T_k (k = 0, 1, \cdots, n)$ 是利率互换日；$L_i(t) = L(t; T_{i-1}, T_i)$ 是在时点 t 观察，从 T_{i-1} 生效的单期远期利率，止于 T_i 并在 T_i 互换的利率。

4. 远期互换利率

在利率互换期初成立时，首先会选定能使利率互换合约价值等于零的固定利率 K，该利率被定义为远期互换利率。根据定义，对式（8-5）求解 K 就是互换率 $S(t)$：

$$\sum_{i=1}^{n} P(t, T_i) \tau_i (L_i(t) - K) = 0 \quad (8-6)$$

$$\therefore S(t) = \frac{\sum_{i=1}^{n} P(t, T_i) \tau_i L_i(t)}{\sum_{i=1}^{n} P(t, T_i) \tau_i} = \frac{P(t, T_0) - P(t, T_n)}{\sum_{i=1}^{n} P(t, T_i) \tau_i}$$

$$= \frac{1 - P(t, T_n)/P(t, T_0)}{\sum_{i=1}^{n} P(t, T_i) \tau_i/P(t, T_0)} \quad (8-7)$$

其中，$\dfrac{P(t,T_0)}{P(t,T_n)} = \dfrac{P(t,T_0)}{P(t,T_1)}\dfrac{P(t,T_1)}{P(t,T_2)}\cdots\dfrac{P(t,T_{n-1})}{P(t,T_n)} = \displaystyle\prod_{i=1}^{n}\dfrac{P(t,T_{i-1})}{P(t,T_i)} =$

$\displaystyle\prod_{i=1}^{n}(1 + \tau_k L_k(t))$，则互换利率表示为：

$$S(t) = \frac{1 - \displaystyle\prod_{i=1}^{n}\dfrac{1}{1+\tau_i L_i(t)}}{\displaystyle\sum_{i=1}^{n}\tau_i\prod_{j=1}^{k}\dfrac{1}{1+\tau_j L_j(t)}} \qquad (8-8)$$

可知，互换利率 $S(t)$ 完全由现在利率期限结构决定，为远期利率 $L_k(t)$ 的非线性函数。

二　随机波动率 LIBOR 市场模型构建及应用局限

1. 远期测度下标准 LIBOR 市场模型

远期 LIBOR 利率 $L(t, y)$ 与连续复利远期利率 $r(t, u)$ 之间的关系为：

$$1 + \delta L(t,y) = \exp\left(\int_{y}^{y+\delta} r(t,u)du\right), y \geqslant 0, t \geqslant 0 \qquad (8-9)$$

其中，$L(t, y)$ 代表在时间 t 观察从时点 y 生效，止于 $y+\delta$ 的单期远期 LIBOR 利率（或称 δ 期远期 LIBOR 利率）。式（8-9）也可用零息债券价格表示，经简化得：

$$\Rightarrow L(t, y) = \frac{1}{\delta}\left[\frac{P(t, y)}{P(t, y+\delta)} - 1\right] \qquad (8-10)$$

因为 $r(t, y)$ 是正态分布，可知 $L(t, y)$ 随机过程是对数正态，所以可以表示为：

$$dL(t, y) = \mu_L(t, y)dt + L(t, y)\sigma(t, y) \cdot d\omega(t) \qquad (8-11)$$

其中，波动率结构 $\sigma(t, y)$ 是随时间变化的非随机波动率，是时间的分段连续函数。

令 $T_0 < T_1 < \cdots < T_n$ 为远期 LIBOR 利率的起始期及终止期，$L(t; T_{k-1}, T_k)$ 是在时间 t 观察的远期利率，于 T_{k-1} 期生效，止于 T_k。则：

（1）以 $P(t, T_k)$ 为计价，$L_k(t)$ 是 Q^k – 鞅。在测度 Q^k 之下，可以假设其随机过程为：

$$dL_k(t) = L_k(t)\sigma_k(t)d\omega_k(t)$$

其中，$\sigma_k(t)$ 是远期 $L_k(t)$ 利率的波动率；$\omega_k(t)$ 代表 d 维标准布朗运动。

（2）以 $P(t, T_j)$，$T_j < T_k$ 为计价，则在测度 Q^j 之下（$t < T_j < T_k$），$L_k(t)$ 的随机过程为：

$$dL_k(t) = L_k(t)\sigma_k(t)\sum_{i=j+1}^{k}\frac{\delta_i\rho_{k,i}\sigma_i(t)L_i(t)}{1+\delta_iL_k(t)}dt + L_k(t)\sigma_k(t)d\omega_k(t)$$

$$(8-12)$$

（3）以 $P(t, T_j)$（$T_j > T_k$）为计价，则在测度 Q^j 之下，（$t < T_{k-1} < T_k < T_j$），$L_k(t)$ 过程为：

$$dL_k(t) = -L_k(t)\sigma_k(t)\sum_{i=k+1}^{j}\frac{\delta_i\rho_{k,i}\sigma_i(t)L_i(t)}{1+\delta_iL_i(t)}dt + L_k(t)\sigma_k(t)d\omega_k(t)$$

$$(8-13)$$

几何布朗运动的优点在于定价时，定价公式为 Black 定价模型的形式，为业界常用的模型，因为在几何布朗运动下标的远期利率 $L_k(t)$（或标的资产价格）是对数正态分布。

2. 远期测度下随机波动率 LIBOR 市场模型

最著名的随机波动率模型主要有 Hull – White 模型、Heston 模型、SABR 模型等。考虑到随机波动应该具备的均值回复特征、可在一定时期内保持平稳波动、能解释波动率偏斜等基本特征。本节采用了常见的 Heston 随机波动率模型对 LIBOR 标准市场模型进行扩展。对于标的物为远期 LIBOR 利率的利率衍生品，假设远期 LIBOR 利率 $L_k(t)$ 在不同远期测度下的随机波动率方程满足 CIR 形式的随机微分方程，即：

（1）在远期测度 Q^k 下：

$$dL_k(t) = L_k(t)\gamma_k(t)\sqrt{V(t)}d\omega_k(t)，\ t \leqslant T_{k-1}$$

$$dV(t) = \kappa(\theta - V(t))dt + \xi\sqrt{V(t)}dW(t)$$

$$d\omega_k(t)dW(t) = \rho dt$$

$$(8-14)$$

（2）在远期测度 Q^j（$T_j < T_k$）下：

$$dL_k(t) = V(t)L_k(t)\gamma_k(t)\sum_{i=k+1}^{j}\frac{\delta_i\rho_{j,i}\gamma_i(t)L_i(t)}{1+\delta_iL_i(t)}dt + \sqrt{V(t)}L_k(t)\gamma_k(t)$$

$$d\omega_k(t)，t \leqslant T_{k-1}$$

$$dV(t) = \kappa(\theta - V(t))dt + \xi\sqrt{V(t)}dW(t)$$

$$d\omega_k(t)dW(t) = \rho dt$$

$$(8-15)$$

（3）在远期测度 Q^j（$T_j < T_k$）下：

$$dL_k(t) = -V(t)L_k(t)\gamma_k(t)\sum_{i=k+1}^{j}\frac{\delta_i\rho_{j,i}\gamma_i(t)L_i(t)}{1+\delta_iL_i(t)}dt + \sqrt{V(t)}L_k(t)\gamma_k(t)$$

$$d\omega_k(t), t \leqslant T_{k-1}$$

$$dV(t) = \kappa(\theta - V(t))dt + \xi\sqrt{V(t)}dW(t)$$

$$d\omega_k(t)dW(t) = \rho dt \tag{8-16}$$

其中，$\gamma_k(t)$ 是局部波动率函数，θ 为随机波动率 V 的长期平均期望值，κ 为随机波动率的均值回归速率，ξ 为随机波动率的波动率（vol of vol），ρ 为布朗运动的瞬时相关系数。

3. 应用局限分析

Heston 随机波动率模型下的欧式期权可导出显式解析解，而且该模型假设收益方差服从 CIR 过程，使其可在某些情况下很好地解释波动率集聚、长记忆性和隐含波动率的偏斜效应等。这些优点使得 Heston 模型相比其他 SV 模型得到了更广泛的应用。但 Heston 模型不能生成跳跃过程，LMM – Heston 模型无法对短期内标的资产的剧烈波动提供很好的解释。而且 Rebonato 和 White（2009）认为当标的资产的存续期较长时，LMM – Heston 模型无法重现波动率微笑特征。由于单纯的 Levy 过程和随机波动率模型都存在相应缺陷，学者们开始研究将几类模型混合，使得资产价格变化过程更加符合实际。在此类模型中，随机波动率可用于刻画长期波动率水平，跳跃过程则主要反映短期内的波动特征。

三　随机波动率 Levy – LIBOR 市场模型

1. 随机波动率 Levy – LIBOR 市场模型的建立

跳跃行为广泛存在于利率变化过程中，各种突发事件都会引起利率的跳跃性变化。Rebonato 等（2009）实证表明，在衍生品期限较长时，SV – LMM 模型无法提供对波动率微笑的有效解释。故本章考虑在随机波动率 LIBOR 模型基础上再加入 Levy 跳跃过程，能很好地解释利率波动中的突变现象和波动率微笑现象。有限跳跃过程和无限活性跳跃都可归属于 Levy 框架下跳跃。前者为有限活性跳跃，其特征为基础资产在有限时间内只能产生有限次跳跃。后者共同特点是标的物在有限时间内可产生无限次跳跃。本章在 CIR 随机波动率 LIBOR 模型中加入四种跳跃过程：Merton 跳跃扩散模型、Kou 跳跃扩散模型、正态逆高斯过程（NIG）和方差伽马过程（VG），构成 4 种 Levy 跳跃随机波动率 LIBOR 模型。

（1）在远期测度 Q^k 下，随机波动率 Levy－LIBOR 市场模型为：

$$L_k(t) = L_k(t)\gamma_k(t)\sqrt{V(t)}d\omega_k(t) + dJ_t^{\kappa}, \quad t \leqslant T_{k-1}$$

$$dV(t) = \kappa(\theta - V(t))dt + \xi\sqrt{V(t)}dW(t) + dJ_t^e$$

$$d\omega_k(t)dW(t) = \rho dt \tag{8-17}$$

其中，J_t 分别代表四种跳跃过程。

（2）在远期测度 $Q^j(T_j < T_k)$ 下，随机波动率 Levy－LIBOR 市场模型为：

$$L_k(t) = V(t)L_k(t)\gamma_k(t)\sum_{i=k+1}^{j}\frac{\delta_i\rho_{j,i}\gamma_i(t)L_i(t)}{1 + \delta_iL_i(t)}dt + \sqrt{V(t)}L_k(t)\gamma_k(t)$$

$$\qquad d\omega_k(t) + dJ_t^{\kappa}, t \leqslant T_{k-1}$$

$$dV(t) = \kappa(\theta - V(t))dt + \xi\sqrt{V(t)}dW(t) + dJ_t^{\tau} \tag{8-18}$$

$$d\omega_k(t)dW(t) = \rho dt$$

其中，J_t 分别代表四种跳跃过程。

（3）在远期测度 $Q^j(T_j < T_k)$ 下，随机波动率 Levy－LIBOR 市场模型为：

$$L_k(t) = -V(t)L_k(t)\gamma_k(t)\sum_{i=k+1}^{j}\frac{\delta_i\rho_{j,i}\gamma_i(t)L_i(t)}{1 + \delta_iL_i(t)}dt + \sqrt{V(t)}L_k(t)\gamma_k(t)$$

$$\qquad d\omega_k(t) + dJ_t^{\kappa}, t \leqslant T_{k-1}$$

$$dV(t) = \kappa(\theta - V(t))dt + \xi\sqrt{V(t)}dW(t) + d_t^{\tau}$$

$$d\omega_k(t)dW(t) = \rho dt \tag{8-19}$$

其中，J_t 分别代表三种跳跃过程。

2. 随机波动率 Levy－LIBOR 模型的基本类型

根据 Levy－Ito 分解定理，每个 Levy 过程可被称为：常数漂移＋布朗运动＋复合 Poisson 过程＋纯跳鞅。所以对于四种 Levy 跳跃过程在远期测度 $Q^j(T_j < T_k)$ 下可分别被表示为：

（1）SVMJ－LMM 模型。Merton 模型下的 Levy 分解为：$X_t = \mu t + \sigma W_t + \sum_{k=1}^{N_i}Y_i$。

其中，W_t 为标准的维纳过程，N_t 是跳跃强度参数为 λ 的独立泊松过程，跳跃幅度 $Y_i \sim N(\alpha, \delta^2)$，所以跳跃幅度的密度函数为：

$$f_j(x) = \frac{1}{\delta\sqrt{2\pi}}\exp\left[-\frac{(x-\alpha)^2}{2\delta^2}\right]。$$

所以，Levy 密度函数为：$\nu(x) = \lambda f(x) = \dfrac{\lambda}{\delta\sqrt{2\pi}}\exp\left[-\dfrac{(x-\alpha)^2}{2\delta^2}\right]$。

由上可得，Merton 模型拥有 4 个参数：σ 为扩散波动率，λ 为跳跃强度，α 为平均跳跃幅度，δ 表示跳跃幅度的标准差。Levy 三元组为（μ，σ^2，λf），而其一、二阶矩分别为：

$$E[X_t] = t(\mu + \lambda\delta) \quad Var[X_t] = t(\sigma^2 + \lambda\alpha^2 + \lambda\delta^2)$$

故可推导得 SVMJ – LMM 模型为：

$$L_k(t) = V(t)L_k(t)\gamma_k(t)\sum_{i=k+1}^{j}\frac{\delta_i\rho_{k,i}\gamma_i(t)L_i(t)}{1+\delta_i L_i(t)}dt + \sqrt{V(t)}L_k(t)\gamma_k(t)$$

$$d\omega_k(t) + (\mu+\lambda\delta)dt, t \leqslant T_{k-1}$$

$$dV(t) = \kappa(\theta - V(t))dt + \xi\sqrt{V(t)}dW(t) + dJ_t^\tau$$

$$d\omega_k(t)dW(t) = \rho dt \qquad\qquad (8-20)$$

（2）SVKJ – LMM 模型。Kou 模型的跳跃幅度服从双指数分布，Levy 分解为：

$$X_t = \mu t + \sigma W_t + \sum_{k=1}^{N_t}Y_i$$

$Y_i \sim DbExpo(p, \eta_1, \eta_2)$ 即跳跃幅度服从 Laplace 双指数分布，其跳跃幅度的密度函数为：

$$f(x) = p\eta_1 e^{-\eta_1 x}I_{x<0} + (1-p)\eta_2 e^{-\eta_2|x|}I_{x>0}$$

所以 Levy 密度函数可为：$v(x) = \lambda f(x) = p\lambda\eta_1 e^{-\eta_1 x}I_{x<0} + (1-p)\lambda\eta_2 e^{-\eta_2|x|}I_{x>0}$。

故 Kou 模型有 5 个参数：σ 为扩散波动率，λ 为跳跃强度，p 为向上跳跃的概率，两个指数分布的均值分别为 $\dfrac{1}{\eta_1}$ 和 $\dfrac{1}{\eta_2}$。而其一、二阶矩分别为：

$$E[X_t] = t\left(\mu + \frac{\lambda p}{\eta_1} - \frac{\lambda(1-p)}{\eta_2}\right) \quad Var[X_t] = t\left(\sigma^2 + \frac{\lambda p}{\eta_1^2} - \frac{\lambda(1-p)}{\eta_2^2}\right)$$

故可推导得 SVKJ – LMM 模型为：

$$L_k(t) = V(t)L_k(t)\gamma_k(t)\sum_{i=k+1}^{j}\frac{\delta_i\rho_{k,i}\gamma_i(t)L_i(t)}{1+\delta_i L_i(t)}dt + \sqrt{V(t)}L_k(t)\gamma_k(t)d\omega_k$$

$$(t) + \left(\mu + \frac{\lambda p}{\eta_1} - \frac{\lambda(1-p)}{\eta_2}\right)dt, t \leqslant T_{k-1}$$

$$dV(t) = \kappa(\theta - V(t))dt + \xi\sqrt{V(t)}dW(t) + dJ_t^\tau$$

$$dw_k(t)dW(t) = \rho dt \qquad (8-21)$$

（3）SVVG – LMM 模型。Gamma 分布的密度函数为：

$$f_G(x) = \frac{b^a}{\Gamma(a)}x^{a-1}e^{-xb}, \ b > 0, \ x > 0$$

而其特征函数为：$\Phi_{Gamma}(u; \ a, \ b) = \left(1 - \frac{iu}{b}\right)^{-a}$。Gamma 分布拥有均值 a/b 和方差 a/b^2 且属于 Levy 过程。定义 VG 过程 $X^{(VG)} = \{X_t^{(VG)}, \ t \geq 0\}$，初值为 0，$X_{s+t}^{(VG)} - X_s^{(VG)}$ 为独立平稳分布，且在 $[s, \ s+t]$ 上服从 VG $(\sigma\sqrt{t}, \ \nu/t, \ t\theta)$ 分布率，VG 过程的特征函数为：

$$E[\exp(iuX_t^{(VG)})] = \Phi_{VG}(u; \ \sigma\sqrt{t}, \ \nu/t, \ t\theta) = \Phi_{VG}(u, \ \sigma, \ \nu, \ \theta)^t$$
$$= \left(1 - iu\theta + \frac{1}{2}\sigma^2\nu u^2\right)^{-t/\nu}$$

Madan 和 Seneta 证明 Variance Gamma 过程能被表示为两个独立的代表 Levy 过程 L_t 向上和向下运动的 Gamma 过程之差。这个特点允许将 VG 过程的特征函数表述为：

$$\Phi_{VG}(u; \ C, \ G, \ M) = \left(\frac{GM}{GM + (M-G)iu + u^2}\right)^C$$

其中，$C = 1/\nu > 0$，$G = \left(\sqrt{\frac{1}{4}\theta^2\nu^2 + \frac{1}{2}\sigma^2\nu} - \frac{1}{2}\theta\nu\right)^{-1} > 0$，$M = \left(\sqrt{\frac{1}{4}\theta^2\nu^2 + \frac{1}{2}\sigma^2\nu} + \frac{1}{2}\theta\nu\right)^{-1} > 0$

根据特征函数，$L_t^{VG} = G_t^{(1)} - G_t^{(2)}$，其中 $G^{(1)} = \{G_t^{(1)}, \ t > 0\}$ 是参数 $a = C$，$b = M$ 的 Gamma 过程。$G^{(2)} = \{G_t^{(2)}, \ t > 0\}$ 是一个独立的参数 $a = C$，$b = G$ 的 Gamma 过程。故 SVVG – LMM 模型为：

$$L_k(t) = V(t)L_k(t)\gamma_k(t)\sum_{i=k+1}^{j}\frac{\delta_i\rho_{k,i}\gamma_i(t)L_i(t)}{1 + \delta_iL_i(t)}dt + \sqrt{V(t)}L_k(t)\gamma_k(t)$$
$$dw_k(t) + \theta dG_t + \sigma dW_{VG}, t \leq T_{k-1}$$
$$dV(t) = \kappa(\theta - V(t))dt + \xi\sqrt{V(t)}dW(t) + dJ_t^r$$
$$dw_k(t)dW(t) = \rho dt \qquad (8-22)$$

（4）SVNIG – LMM 模型。逆高斯（Inverse Gamma process）分布的密度函数为：

$$f_{IG}(x) = \frac{ae^{ab}}{\sqrt{2\pi}}x^{-3/2}\exp\left(-\frac{1}{2}(a^2x^{-1} + b^2x)\right) \quad x > 0$$

由上式可推导得 IG 过程的均值为 a/b，方差为 a/b^3。IG 过程的特征函数为：

$$\Phi_{IG}(u;\ a,\ b) = \exp\{-a(\sqrt{-2iu+b^2}-b)\}$$

所以正态逆高斯分布 $NIG(\alpha,\ \beta,\ \delta)$ 的特征函数为：

$$\Phi_{NIG}(u;\ \alpha,\ \beta,\ \delta) = \exp(-\delta\sqrt{a^2-(\beta+iu)^2}-\sqrt{\alpha^2-\beta^2})$$

其中，$\alpha > 0$，$-\alpha < \beta < \alpha$，$\delta > 0$。因为它是一个无限可分的特征函数，据此可定义 NIG 过程：$X^{(NIG)} = \{X_t^{(NIG)},\ t \geq 0\}$，$X_0^{(NIG)} = 0$。具有独立平稳 NIG 分布增量。SVNIG – LMM 模型为：

$$L_k(t) = V(t)L_k(t)\gamma_k(t)\sum_{i=k+1}^{j}\frac{\delta_i\rho_{k,i}\gamma_i(t)L_i(t)}{1+\delta_iL_i(t)}dt + \sqrt{V(t)}L_k(t)\gamma_k(t)$$

$$d\omega_k(t) + \beta\delta^2dG_t + \delta dW_{IG}, t \leq T_{k-1}$$

$$dV(t) = \kappa(\theta-V(t))dt + \xi\sqrt{V(t)}dW(t) + dJ_t^\tau$$

$$d\omega_k(t)dW(t) = \rho dt \tag{8-23}$$

第三节　随机波动率 Levy – LIBOR 模型的市场校准

本节利用利率上限期权（Cap）和互换期权（Swaption）的市场报价对 LIBOR 市场模型的不同校准方法进行了分析比较。一是针对远期利率不同时点的波动率的校准，应用多种瞬时波动率结构结合 Caplet 市场波动率报价校准出多条波动率期限结构，并证明分段固定的波动率结构较为符合市场实际情况。二是针对远期利率间的相关系数的校准，提出了多种相关系数矩阵的校准方法，包括传统的多因子参数化的 Rebonato 联合校准方法，利用蒙特卡罗模拟校准参数化相关系数矩阵和非参数化相关系数矩阵的蒙特卡罗模拟，并结合市场利率互换期权隐含波动率报价校准出多种相关系数矩阵，并证明蒙特卡罗模拟下的非参数化相关系数矩阵具有最小的估计误差和最佳的市场适应性。

一　模型参数市场校准的思想原理及基本过程

市场校准就是在模型估计参数作为模型的基准参数集基础上，将交易费用、市场不完备性、流动性风险等纳入考虑范围，利用情景生成方法产生大量具有代表性的预测情景元素以模拟未来的不确定性，每个预测情景描绘了一个规划期间内模型金融资产的演变路径，然后通过参数的敏感性分析等方法校准参数。Vassiljev 等（2015）分别在测压情景和水流量压力情景下对供水系统模型进行优化和校准，以提高校准的精确度。我们将校准过程进行抽象，将其总结为市场校准基本过程，如图 8 - 1 所示。在本章中，将重点研究 LIBOR 市场模型（LMM）的不同校准方法。远期 LIBOR 利率的动态过程由两个重要参数决定；利率波动率 $\gamma_k(t)$ 和利率间的相关系数矩阵 $\rho_{k,i}$。波动率 $\gamma_k(t)$ 决定了各个远期利率在不同时点的波动率，$\rho_{k,i}$ 则决定了各个远期利率彼此间的相关系数。因此，LMM 校准的目的就是通过精确估计这两个参数，使模型推导出的利率衍生品价格和市场报价尽可能接近。LMM 校准方法的重心在于如何构建针对 LIBOR 远期利率的波动率结构。

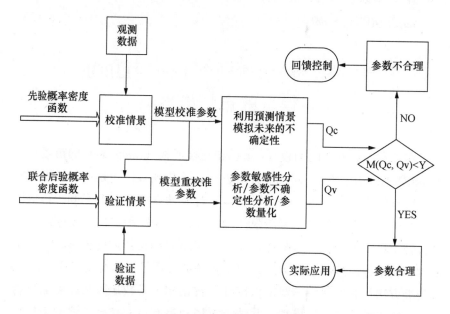

图 8 - 1　市场校准基本过程

二　波动率和相关系数的期限结构

1. 瞬时波动率结构

远期 LIBOR 利率的随机过程中扩散式 $\sigma_i(t)$：$[0, T_{n+1}] \rightarrow R^d$ 为远期

LIBOR 的瞬时波动率。每个波动率结构可被分解为：$\sigma_i(t) = \gamma_i(t) e_i(t)$，$e_i \in R^d$，$e_i$ 为一组单位向量；$\gamma_i: [0, T_{n+1}] \to R_+$，$i = 1, 2, \cdots, M$。只有 γ_i 影响利率上限单元（Caplet）的价格而 e_i 确定相关系数的结构。根据不同的情景假设，利率波动率结构可表示为如下四种形态：

（1）分段常数的瞬时波动率结构。在该假设下，远期利率的波动率会随着所在区间 (T_{i-1}, T_i) 的不同而有所差异，区间内则维持不变。即波动率同时受所处时点以及远期利率到期日的影响，数学表示为 $\sigma_k(t) = \sigma_{k,\eta(t)}$。其中，$\eta(t)$ 是时间 t 之后的第一个利率支付期。则模型中 M 个远期利率的波动率结构可由表 8 – 1 说明，其中列代表 M 个远期利率，行代表所处时点的位置，可知需估计 $M(M+1)/2$ 个参数。

表 8 – 1　　　　远期 LIBOR 利率波动率结构 σ_{k,η_t}

远期利率区间	$t \in (0, T_0]$	$(T_0, T_1]$	$(T_1, T_2]$	$\cdots$	$(T_{M-2}, T_{M-1}]$
$L_1(t)$	$\sigma_{1,1}$	终止	终止	$\cdots$	终止
$L_2(t)$	$\sigma_{2,1}$	$\sigma_{2,2}$	终止	$\cdots$	终止
$\vdots$	$\vdots$	$\vdots$	$\vdots$	$\vdots$	终止
$L_M(t)$	$\sigma_{M,1}$	$\sigma_{M,2}$	$\sigma_{M,3}$	$\cdots$	$\sigma_{M,M}$

（2）到期日依赖的波动率结构。假设远期利率的波动率只受到到期期限的影响，数学表示为 $\sigma_k(t) = \sigma_{k-(\eta(t)-1)}$。其中，$\eta(t)$ 是时间之后的第 一 个利率支付期。表 8 2 说明在此设定下 M 个远期利率的波动率结构总共需要 M 个参数。

表 8 – 2　　　　远期 LIBOR 利率波动率结构 $\sigma_{k-(\eta(t)-1)}$

远期利率区间	$t \in (0, T_0]$	$(T_0, T_1]$	$(T_1, T_0]$	$\cdots$	$(T_{M-2}, T_{M-1}]$
$L_1(t)$	η_1	终止	终止	$\cdots$	终止
$L_2(t)$	η_2	η_1	终止	$\cdots$	终止
$\vdots$	$\vdots$	$\vdots$	$\vdots$	$\vdots$	终止
$L_M(t)$	η_M	η_{M-1}	η_{M-2}	$\cdots$	η_1

（3）常数波动率结构 S_k。假设各个远期利率的波动率不随所处时点

改变而变化，即波动率为与时间 t 无关的常数波动率 S_k，数学表示为 σ_k $(t)=\sigma_{k,\eta(t)}=S_k$，表 8-3 说明在此设定下模型中 M 个远期利率的波动率结构共需 M 个估计参数。

表 8-3　　　　　　　　远期 LIBOR 利率波动率结构 S_k

远期利率区间	$t\in(0,T_0]$	$(T_0,T_1]$	$(T_1,T_2]$	…	$(T_{M-2},T_{M-1}]$
$F_1(t)$	S_1	终止	终止	…	终止
$F_2(t)$	S_2	S_2	终止	…	终止
⋮	⋮	⋮	⋮	⋮	终止
$F_M(t)$	S_M	S_M	S_M	…	S_M

（4）可分离分段固定波动率结构。瞬时波动率被表示为所处时点与到期日依赖因子的乘积，数学表达式为 $\sigma_k(t)=\sigma_{k,\beta(t)}=\Phi_k\Psi_{k-(\beta(t)-1)}$。由表 8-4 可知须估计 $M(M+1)/2$ 个参数。

表 8-4　　　　　　　远期 LIBOR 利率波动率结构 $\Phi_k\Psi_{k-(\beta(t)-1)}$

远期利率区间	$t\in(0,T_0]$	$(T_0,T_1]$	$(T_1,T_0]$	…	$(T_{M-2},T_{M-1}]$
$F_1(t)$	$\Phi_1\Psi_1$	终止	终止	…	终止
$F_2(t)$	$\Phi_2\Psi_2$	$\Phi_2\Psi_1$	终止	…	终止
⋮	⋮	⋮	⋮	⋮	终止
$F_M(t)$	$\Phi_M\Psi_M$	$\Phi_M\Psi_{M-1}$	$\Phi_M\Psi_{M-2}$	…	$\Phi_M\Psi_1$

在 LMM 框架下利用非时齐波动率函数能够精确匹配利率上限单元（Caplet）的价格，而市场观察数据也展示了其所具有的驼峰结构。无论何种波动率结构，Rebonato 的实证研究证实在波动率校准过程中利用球面坐标能提供使波动率和相关系数相互独立且最小化的校准方法。

2. 波动率和相关系数期限结构

Rebonato 提出利用超球面分解方法和以球面坐标表达的瞬时波动率实现波动率和相关系数的独立最小化校准。该方法类似于主成分分析法。以下我们考虑将 Rebonato 的研究成果应用到动态校准过程中。

定义 8.1　设 $(\theta_1,\theta_2,\cdots,\theta_{d-1})\in R^{d-1}$ 为一组夹角，定义映射 f：$R^{d-1}\to S^{d-1}$，其中 $S^{d-1}=\{x\in R^d:\parallel x\parallel=1\}$，而 f 的表达式为：

$$f_j(\theta) = \begin{cases} \cos(\theta_j) \prod\limits_{k=1}^{j-1} \sin(\theta_k) & \text{当 } j = 1, \cdots, d-1 \\ \prod\limits_{k=1}^{d-1} \sin(\theta_k) & \text{当 } j = d \end{cases} \qquad (8-24)$$

定义 8.2 分别定义函数式 $\sum_i : [0, T_i] \to [0, \infty)$ 和 $\theta_i : [0, T_i] \to R^{d-1}$，设瞬时波动率结构的函数式为 $\sigma_i : [0, T_i] \to R^d$，$i = 1, 2, \cdots, N$，而利用球面坐标可表示为：

$$\sigma_{ij}(t) = \sum\nolimits_i(t) f_j(\theta_i(t)), j = 1, \cdots, d; 0 \le t \le T_i, i = 1, 2, \cdots, N \qquad (8-25)$$

$\sum_i$ 为第 i 个远期测度下的波动率结构。通过简单的变换，可得到如下关系式：

$$\sum\nolimits_i^2(t) = \sum\limits_{j=1}^d \sigma_{ij}^2(t), \quad f_j(\theta_i(t)) = \frac{\sigma_{ij}}{\sum_i(t)}, \quad j = 1, \cdots, d, \; 0 \le t \le$$

T_i，$i = 1, 2, \cdots, N$ \qquad (8-26)

由此可知，Caplet 价格仅由 $\sum(\cdot)$ 决定而远期利率间的相关系数依赖于 $\theta(\cdot)$。

由上可知利用球面坐标下的瞬时波动率，可分别对 Caplet 波动率以及远期相关系数单独进行最小化校准。所以可利用不同工具的市场信息去分别确定波动率和相关系数矩阵。具体而言，远期 LIBOR 利率的隐含波动率可通过对上限期权的拟合获得，而隐含相关系数矩阵可通过互换期权获得。应用超球面分解法，相关系数矩阵的校准被简化为确定相应的 $\theta(\cdot)$ 函数式，使得导出的相关系数矩阵与市场隐含相关系数矩阵相匹配。而市场中的瞬时相关系数矩阵可通过历史数据或互换期权的市场报价导出。对于定价，后者更为合适并符合 LIBOR 市场模型的远期风险中性假设。前面提过的 LIBOR 市场模型一个重要贡献在于利用从利率上限期权和互换期权的市价中导出的瞬时波动率和相关系数矩阵，可刻画出波动率的期限结构和远期利率在未来时点的相关系数矩阵。在时点 t_j 的波动率期限结构是一系列点值：

$$\{(t_{j+1}, V(t_j, t_{j+1})), (t_{j+2}, V(t_j, t_{j+2})), \cdots, (t_{M-1}, V(t_j, t_{M-1}))\} \qquad (8-27)$$

随机波动率 LIBOR 市场模型及其利率衍生产品定价

262

其中，$V^2(t_j, t_{h-1}) = \dfrac{1}{t_{h-1} - t_j} \int_{t_j}^{t_{h-1}} \sigma_h^2(t_j) dt_j$，$h > (j+1)$ 不同的 σ_h 表达式意味着不同波动率期限结构的演化过程，而 σ_h 的随机微分方程由 LIBOR 市场模型确定。类似地，利用 LIBOR 市场模型校准后，未来时刻远期利率的相关系数矩阵的解析解可为：

$$Coor(F_i(t_\alpha), F_j(t_\alpha)) = \frac{\exp\left(\int_0^{t_\alpha} \sigma_i(t) \cdot \sigma_j(t) \cdot \rho_{ij} dt\right) - 1}{\sqrt{\exp\left(\int_0^{t_\alpha} \sigma_i^2(t) dt\right) - 1} \cdot \sqrt{\exp\left(\int_0^{t_\alpha} \sigma_j^2(t) dt\right) - 1}} \quad t_\alpha > t$$

$$(8-28)$$

另一种方法是在远期测度 Q^γ 下利用蒙特卡罗方法模拟 LIBOR 市场模型校准后的远期利率 F_i 和 F_j 之间的相关系数的演变路径：

$$Coor^\gamma F_i(t_\alpha), \ F_j(t_\alpha) =$$

$$\frac{E^\gamma\left[(F_i(t_\alpha) - E^\gamma(F_i(t_\alpha))) \cdot (F_j(t_\alpha) - E^\gamma(F_j(t_\alpha)))\right]}{\sqrt{E^\gamma\left[(F_i(t_\alpha) - E^\gamma(F_i(t_\alpha)))^2\right]} \cdot \sqrt{E^\gamma\left[(F_j(t_\alpha) - E^\gamma(F_j(t_\alpha)))\right]^2}}$$

$$(8-29)$$

需要注意的是远期利率之间的终期相关性同时受瞬时相关矩阵和波动率结构影响。

三　校准方法研究

LIBOR 市场模型校准过程主要是利用利率上限期权和互换期权市场报价对各期远期利率瞬时波动率与相关系数矩阵参数进行估计。

1. 预备步骤

由于一些必要的数据在实际市场中无法获取，例如并非所有期限的互换利率都可以在市场上观察出来，所以需要利用非线性插补法等数学方法将缺少的期数补齐。以下是在校准过程前需要执行的预备步骤：

（1）利用远期互换利率数据与非线性插补法获取远期互换利率曲线。

（2）利用拔靴法将利率互换报价或零息债券价格转换为远期 LIBOR 利率。

在市场上获取的 LIBOR 利率都是 1 年以内即期利率，而需要模拟远期 LIBOR 利率且大多为 1 年以上。常见做法是利用当前即期利率和互换利率推导出远期利率。由于并非所有期限的互换利率都能在市场上获取，可以利用非线性插补法将缺少的期数补齐，得到光滑的期初远期互换利率曲线。然后利用式（8 – 6）远期互换利率公式的变形公式得到零息债券的价格公式：

$$P(t, T_\beta) = \frac{P(t, T_\beta) - S_{\alpha,\beta}(t) \sum_{i=\alpha+1}^{\beta-1} \tau_i P(t, T_i)}{1 + \tau_\beta S_{\alpha,\beta}(t)} \qquad (8-30)$$

生成的 LIBOR 零息债券价格曲线可被用于推导出期初远期 LIBOR 利率，在利率市场中常选择 LIBOR 零息债券利率而不是国债利率作为贴现率，因为国债利率不仅受供需关系的影响还需要服从国家监管机构的规定，这会导致国债利率无法正确反映市场实际情况。有了各到期日下的零息债券价格，就可以利用远期 LIBOR 利率公式获得期初远期 LIBOR 利率：

$$L(t; T, S) = \frac{1}{\tau(T, S)} \left[\frac{P(t, T)}{P(t, S)} - 1 \right]$$

2. 远期 LIBOR 利率瞬时波动率的校准

由上分析，Caplet 隐含波动率完全依赖于第 i 期远期 LIBOR 利率瞬时波动率，但是 Caplet 报价无法在市场上直接观察得到，所以可利用市场上价平（ATM）的利率上限期权。市场上的利率上限期权一般为波动率报价，而利率上限期权可视为一组拥有同一利率上限单一隐含波动率报价的欧式 Caplet 的总和。因此在零时刻，利用市场上对利率上限期权（Cap）定价的 Black 公式，即可得到利率上限（Cap）单一隐含波动率和利率上限元（Caplet）即期隐含波动率：

$$\begin{aligned}
Cap^{MKT}(0, T_j, K) &= \sum_{i=1}^{j} \tau_i P(0, T_i) Bl(K_{ATM}, L_i(0), \sqrt{T_{i-1}} \sigma_{T_{i-cap}}) \\
&= \sum_{i=1}^{j} \tau_i P(0, T_i) Bl(K_{ATM}, L_i(0), \sqrt{T_{i-1}} \sigma_{T_{i-1-caplet}})
\end{aligned}$$

$$(8-31)$$

其中，τ_i 是每个 Caplet 时间长度，$P(0, T_{i+})$ 为在时点 0 观察到期日为 T_i 的零息债券价格；$L_i(0)$ 为时点 0 观察到时间 (T_{i-1}, T_i) 的远期利率；$\sigma_{T_{i-cap}}$ 为到期日 T_j 的利率上限期权市场波动率报价 $\sigma_{T_{j-caplet}}$；为到期日 T_j Caplet 隐含波动率。$T_j = [T_0, \cdots, T_j]$ 为一个时间集合，代表不同 Caplet 到期的时点，从时间集合可推算出一个 Cap 共包含几个 Caplet。具体工作步骤如下：

（1）给定利率上限期权（Cap）的市场波动率报价 $\sigma_T^{Market}(t)$，利用

Cap 隐含波动率具有的驼峰状函数结构和非线性插补法得到 Cap 隐含波动率曲线。

（2）利用式（8-40）和 Stripping 方法，可将每一个 Caplet 的波动率推导出来。举例说明，一年期的 Cap 只有一个 Caplet，所以 $\sigma_{T_0-cap} = \sigma_{T_0-caplet}$，用已知的 $\sigma_{T_0-caplet}$ 代入求 2 年 Cap 便可得到 $\sigma_{T_1-coplet}$ 和 $\sigma_{T_{1.5}-coplet}$，依此步骤不断重复便可得到一条 Caplet 隐含波动率曲线。

（3）利用 $\sigma_j^{Black,LMM} = \sqrt{\dfrac{1}{t_j}\int_0^{t_j}\|\sigma_j(s)\|^2 ds}$ 逆推，得到远期 LIBOR 利率瞬时波动率。

3. 远期 LIBOR 利率的瞬时相关系数校准方法

由于多维度和远期 LIBOR 利率不足等问题，相关系数的校准相对于波动率更为复杂。常用方法是利用互换期权隐含波动率报价对远期利率间的相关系数矩阵建模。而且构建的相关系数矩阵必须满足以下特性：一是对称性：$\rho_{ij} = \rho_{ji}$，$\forall i$，j；二是半正定：$x^T\rho x \geqslant 0$，$\forall x \in R^M$；三是主对角线上元素为 1；四是矩阵归一化：$|\rho_{ij}| \leqslant 1$，$\forall i$，j。

除上述特征，相关系数矩阵还需要满足其他的特征，以符合在利率市场上的实证观测结果。第一个特征就是去相关性，即相关性随着远期利率到期日间隔的增加而减弱。矩阵中的表现为当远离主对角线时元素值递减。这与利率市场的观察结果相吻合。另外一个重要的特征是等间隔远期利率之间的相互依赖性随着到期日间隔的增加而增加，矩阵中的表现为沿主对角线方向斜向下元素值递增。这是由于随着到期日间隔的增加，远期利率曲线越来越平滑。由于相关系数矩阵的校准是一个难点，本部分将详细阐述利用多种校准方法和利率互换期权和利率上限元市场信息导出隐含相关系数矩阵。

（1）利用 Rebonato's 逼近法联合校准方法。主要利用 Rebonato 提出的利率互换期权隐含波动率报价和远期 LIBOR 利率瞬时相关系数之间的近似非线性关系式推导相关系数矩阵。

该模型的目标是找寻约束范围内最优参数 Ψ_i 和 θ_i，使如下关系式成立：

$$\underset{\Psi_i}{Min}\sum(\sigma_i^{Market} - \sigma_i^{Market}(t))^2, \underset{\theta_i}{Min}\left(\frac{|\sigma_{\alpha,\beta}^{Market} - \sigma_{\alpha,\beta}^{Market}(t)|}{\sigma_{\alpha,\beta}^{Market}} \times 100\right)$$

$$(8-32)$$

其中，Ψ_i 初始值设为 1，θ_i 初始值设为 $\pi/2$，$\alpha = 1，\cdots，N$，$\beta = i + 1，\cdots，N + 1$，$i，j = 1，\cdots，N$。

$$\sigma_i^{LMM}(t) \equiv \Phi_i \psi_{i-(j(t)-1)}，\Phi_i^2 = \frac{(Caplet_i^{Market})^2}{\sum\limits_{k=1}^{i} \tau_{k-2,k-1} \psi_{i-k-1}^2} \quad (8-33)$$

$$(\sigma_{\alpha i,\beta}^{LMM})^2 = \sum\limits_{i,j=\alpha+1}^{\beta} \psi_{i-j+1}^2 \rho_{ij} \int_0^{T_\alpha} \sigma_i(t) \sigma_j(t) dt，\rho_{ij} = \cos(\theta_i - \theta_j) \quad (8-34)$$

式（8-33）定义了 LIBOR 市场模型下波动率结构并设定了由 Black 公式导出的 Caplet 报价与 LIBOR 市场模型导出的 Caplet 报价之间关系。式（8-34）是 Rebonato 提出的针对 Black 公式下互换期权隐含波动率的近似表达式和针对远期利率相关系数矩阵的两因子参数化表达式。该方法主要应用了两阶段最小化二乘法，在第一阶段获得最优解 Σ_i，而在第二阶段通过一种特殊形式的工具变量法得到最优解 θ_i，从而推导出远期 LIBOR 利率的相关系数矩阵。

（2）利用蒙特卡罗模拟校准参数化相关系数矩阵。在 Rebonato 提出的超球面分解模型的基础上构建了参数化相关系数矩阵，然后利用蒙特卡罗模拟方法针对互换期权隐含波动率报价的仿真试验，最终求解出相关系数矩阵。该方法的算法描述如下所示：

第一步：采用对数米尔斯坦离散化方法，我们可得到远期利率的离散化形式：

$$\ln L_{ij}(t + \Delta t) = \ln L_{ij}(t) + \sigma_j(t) \sum\limits_{k=i+1}^{j} \frac{\rho_{kj} \tau_k \sigma_k(t)}{1 + \tau_k L_{ik}(t)} \Delta t - \frac{\sigma_j^2(t)}{2} \Delta t +$$
$$\sigma_j(t) [Z_j(t + \Delta t) - Z_j(t)] \quad (8-35)$$

利用三角函数恒等式，相关系数矩阵可通过如下函数构建：

$$b_{ik}(t) = \begin{cases} \cos\theta_{ik}(t) \prod\limits_{j=1,k-1} \sin(\theta_{ij}(t)) & for k = 1,\cdots,s-1 \\ \prod\limits_{j=1,k-1} \sin(\theta_{ij}(t)) & for k = s \end{cases} \quad (8-36)$$

其中，s 为参数化相关系数矩阵中因子个数或矩阵的非零特征值个数，$\theta_{ik} \in [0，\pi]$。

第二步：应用式（2-58），可得利率互换期权的模拟报价为：

$$swaption_{\alpha,\beta}^{Simulated} = \left(\sum\limits_{k=\alpha+1}^{\beta} \delta_k (L_{\alpha,\beta}(T_i) - K) \right)^+ \quad (8-37)$$

其中，$\alpha = 1，\cdots，N$，$\beta = i + 1，\cdots，N + 1$。

第三步：利用给定的市场隐含波动率 $\sigma_{\alpha,\beta}^{Market}$，利用 Black 公式下的利率互换期权定价公式获得利率互换期权的市场报价。

$$swaption_{\alpha,\beta}^{Market} = P \sum_{k=\alpha+1}^{\beta} \delta_k B_k(0) \left[S_{\alpha,\beta}(0) N(d_1) - K N(d_2) \right]$$

其中，

$$d_1 = \frac{\log\left(\dfrac{S_{\alpha,\beta}(0)}{K}\right) + \dfrac{1}{2} \displaystyle\int_0^{T_\alpha} \sigma^2(s)\,ds}{\sqrt{\displaystyle\int_0^{T_\alpha} \sigma^2(s)\,ds}},$$

$$d_2 = \frac{\log\left(\dfrac{S_{\alpha,\beta}(0)}{K}\right) - \dfrac{1}{2} \displaystyle\int_0^{T_\alpha} \sigma^2(s)\,ds}{\sqrt{\displaystyle\int_0^{T_\alpha} \sigma^2(s)\,ds}} = d_1 - \sqrt{\int_0^{T_\alpha} \sigma^2(s)\,ds}$$

第四步：求解如下的等式约束最优化问题：

$$\min_{\theta_{ij}} \frac{\left| swaption_{\alpha,\beta}^{Market} - swaption_{\alpha,\beta}^{Simulatied} \right|}{swaption_{\alpha,\beta}^{Market}}。$$

（3）利用蒙特卡罗模拟校准非参数化相关系数矩阵。非参数化相关系数矩阵的构建采取在满足约束条件的基础上非终期相关系数随机从 [0，1] 区间内抽取，而对终期相关系数则结合相应的波动率结构分别导出。由于非参数化直接从观察数据估计概率密度，不依赖任何对分布形式的假设，所以该方法需要大量的观察数据，而难点在于从市场上获得的互换期权信息数量并不足以对非参数相关系数矩阵进行校准。为解决这个问题，在实际操作中我们假设终期相关系数完全取决于该期的瞬时波动率结构。该方法的算法描述如下所示：

第一步，利用对数米尔斯坦离散化方法模拟 N 维远期利率，相关系数矩阵中的非终期相关系数随机从区间（0，1］中抽取，而终期相关系数通过式（8-38）获得：

$$Coor^\gamma(F_i(t_\alpha), F_j(t_\alpha)) =$$

$$\frac{E^\gamma\left[(F_i(t_\alpha) - E^\gamma(F_i(t_\alpha))) \cdot (F_i(t_\alpha) - E^\gamma(F_i(t_\alpha)))\right]}{\sqrt{E^\gamma\left[(F_i(t_\alpha) - E^\gamma(F_i(t_\alpha)))^2\right]} \cdot \sqrt{E^\gamma\left[(F_j(t_\alpha) - E^\gamma(F_j(t_\alpha)))^2\right]}}$$

$$(8-38)$$

第二步，应用式（8-37），可得利率互换期权的模拟报价为：

$$swaption_{\alpha,\beta}^{Simulated} = \left(\sum_{k=\alpha+1}^{\beta} \delta_k (L_{\alpha,\beta}(T_i) - K) \right)^+ \qquad (8-39)$$

其中，$\alpha = 1$，$\cdots$，N，$\beta = i + 1$，$\cdots$，$N + 1$。

第三步，利用给定的市场隐含波动率 $\sigma_{\alpha,\beta}^{Market}$，借助 Black 公式下利率互换期权的获得利率互换期权的市场报价：$swaption_{\alpha,\beta}^{Market} = P \sum\limits_{k=\alpha+1}^{\beta} \delta_k B_k(0) [S_{\alpha,\beta}(0) N(d_1) - K N(d_2)]$。

其中，$d_1 = \dfrac{\log\left(\dfrac{S_{\alpha,\beta}(0)}{K}\right) + \dfrac{1}{2}\int_0^{T_\alpha} \sigma^2(s)\,ds}{\sqrt{\int_0^{T_\alpha} \sigma^2(s)\,ds}}$, $d_2 = \dfrac{\log\left(\dfrac{S_{\alpha,\beta}(0)}{K}\right) - \dfrac{1}{2}\int_0^{T_\alpha} \sigma^2(s)\,ds}{\sqrt{\int_0^{T_\alpha} \sigma^2(s)\,ds}}$

$$= d_1 - \sqrt{\int_0^{T_\alpha} \sigma^2(s)\,ds}$$

第四步，对于非终期相关系数，利用蒙特卡罗模拟方法求解如下的等式约束最优化问题：

$$\underset{\theta_{ij}}{Min} \frac{\left| swaption_{\alpha,\beta}^{Market} - swaption_{\alpha,\beta}^{Simulatied} \right|}{swaption_{\alpha,\beta}^{Market}}$$

第五步，对终期相关系数通过式（8-38）获得相应数值。

四 实证分析

以下将运用获取的市场数据对远期利率的波动率和相关系数的校准方法进行实证分析，使用 Matlab 实现分析。首先将构建期初远期 LIBOR 利率，然后结合 Cap 的隐含波动率报价计算出 Caplet 波动率和远期 LI-BOR 利率瞬时波动率以及相关系数。

1. 期初远期 LIBOR 曲线构建

利用市场上流动性最好的 swap 利率和 LIBOR 利率构建远期 LIBOR 利率曲线。获取的 swap 利率（见表 8-5）来自 Bloomberg ICAU 报价系统，利用非线性插值法，得到以 3 个月为单位的 swap 利率，即 1.25 年，1.5 年，$\cdots$，9.75 年等的互换利率。插值结果如图 8-2 所示。

表 8-5　　　　　　　　　　期初远期互换利率

到期日（年）	1	2	3	4	5	6	7	8	9	10
互换利率（%）	5.415	5.235	5.175	5.18	5.2	5.22	5.24	5.26	5.275	5.295

资料来源：Bloomberg ICAU 报价系统（2006-9-15）。

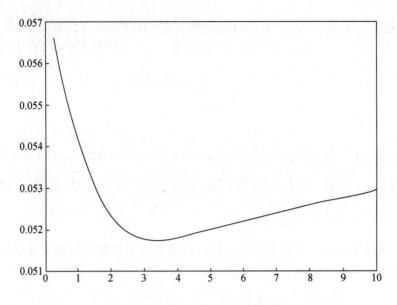

图 8 - 2　期初远期互换利率曲线

期初零息债券价格可由相同期限的 LIBOR 利率求得，即：

$$P(t, T) = \frac{1}{1 + \tau(t, T)L(t, T)} \tag{8-40}$$

但市场上一般只有 1 年以内的 LIBOR 利率报价，表 8 - 6 为相应的 LIBOR 数据。

表 8 - 6　　　　　　　　　　　期初 LIBOR 利率

到期日（年）	0.25	0.5	0.75	1
LIBOR 利率（%）	5.36781	5.37	5.34	5.29

资料来源：Bloomberg ICAU 报价系统（2006 - 9 - 15）。

对一年以上期初债券价格则利用式（8 - 40）。综合上述，可得 10 年期每 3 个月为到期日的零息债券价格，如图 8 - 3 和表 8 - 7 所示，然后利用零息债券和远期利率之间的关系式（8 - 41），求出相应的期初 LIBOR 远期利率，如图 8 - 4 和表 8 - 8 所示。

$$F(t; T, S) = \frac{1}{\tau(t, S)}\left[\frac{P(t, T)}{P(t, S)} - 1\right] \tag{8-41}$$

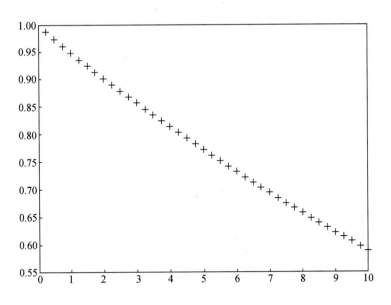

图 8 - 3　10 年期每 3 个月为到期日的零息债券价格曲线

表 8 - 7　　　　　　　　　　　**期初各到期日的零息债券价格**

到期日	零息债券价格	到期日	零息债券价格	到期日	零息债券价格	到期日	零息债券价格
0.25	0.9860	2.75	0.8682	5.25	0.7623	7.75	0.6668
0.5	0.9727	3	0.8572	5.5	0.7522	8	0.6579
0.75	0.9600	3.25	0.8464	5.75	0.7423	8.25	0.6491
1	0.9477	3.5	0.8355	6	0.7325	8.5	0.6404
1.25	0.9357	3.75	0.8248	6.25	0.7228	8.75	0.6318
1.5	0.9240	4	0.8141	6.5	0.7132	9	0.6234
1.75	0.9126	4.25	0.8035	6.75	0.7038	9.25	0.6150
2	0.9013	4.5	0.7930	7	0.6944	9.5	0.6066
2.25	0.8902	4.75	0.7827	7.25	0.6851	9.75	0.5983
2.5	0.8791	5	0.7724	7.5	0.6759	10	0.5900

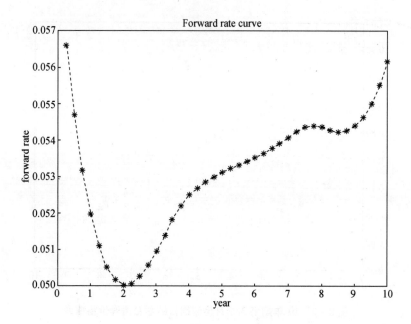

图 8－4　相应的期初 LIBOR 远期利率

表 8－8　　　　　　　　　　期初远期 LIBOR 利率

到期日	远期 LIBOR	到期日	远期 LIBOR	到期日	远期 LIBOR	到期日	远期 LIBOR
0.25	0.0566	2.75	0.0506	5.25	0.0532	7.75	0.0544
0.5	0.0547	3	0.0510	5.5	0.0533	8	0.0544
0.75	0.0532	3.25	0.0514	5.75	0.0534	8.25	0.0543
1	0.0520	3.5	0.0518	6	0.0535	8.5	0.0542
1.25	0.0511	3.75	0.0522	6.25	0.0536	8.75	0.0543
1.5	0.0505	4	0.0525	6.5	0.0538	9	0.0544
1.75	0.0502	4.25	0.0527	6.75	0.0539	9.25	0.0546
2	0.0500	4.5	0.0529	7	0.0541	9.5	0.0550
2.25	0.0501	4.75	0.0530	7.25	0.0542	9.75	0.0555
2.5	0.0503	5	0.0531	7.5	0.0544	10	0.0562

2. 远期 LIBOR 利率瞬时波动率的校准

针对远期 LIBOR 利率波动率校准思路是利用衍生品市场上存在的

Cap 波动率报价求解出 Caplet 市场波动率，再通过 Caplet 和远期 LIBOR 波动率关系式校准出远期 LIBOR 利率瞬时波动率。首先，建立期初 Cap 波动率曲线。市场上提供的是有限年限 Cap 波动率报价，如表 8 – 9 所示。因此需要利用曲线拟合方法得到其他到期日 Cap 报价，可得以 3 个月 LIBOR 利率计息，3 个月到期的 Cap 波动率拟合曲线如图 8 – 5 所示。

表 8 – 9　　　　　　　　　　Cap 波动率报价

到期日（年）	1	2	3	4	5	6	7	8	9	10
波动率（%）	10. 39	14. 28	15. 84	16. 54	16. 90	17. 08	17. 12	17. 11	17. 05	16. 97

资料来源：Bloomberg ICAU 报价系统（2006 – 9 – 15）。

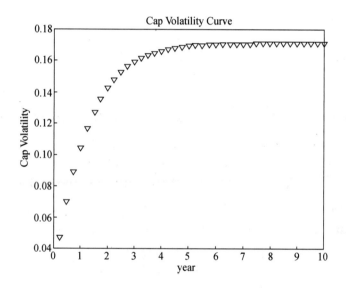

图 8 – 5　Cap 隐含波动率报价拟合曲线

然后求出各到期日的 Caplet 隐含波动率报价，可得：

$$Cap^{MKt}(0,T_j,K) = \sum_{j=1}^{n} \tau_j P(0,T_j) Bl(K,L_j(0),\sqrt{T_{j-1}v_{T_j-cap}})$$

并可得等式关系以计算各远期利率的波动率，即：

$$Cap(t) = \sum_{i=1}^{n} \tau_i P(t,T_i) Bl(K,F_i(0),\sqrt{T_{i-1}v_{T_n-cap}})$$

$$= \sum_{i=1}^{n} \tau_i P(t,T_i) Bl(K,F_i(0),\sqrt{T_{i-1}v_{T_{i-1}-caplet}})$$

然后获取 Caplet 隐含波动率期限结构，如图 8 – 6 所示。

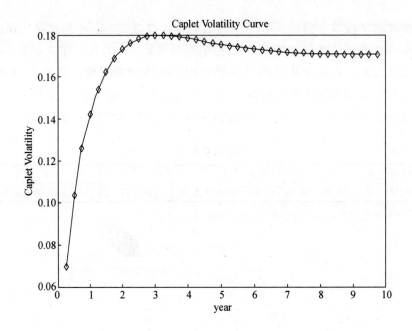

图 8 - 6　3 个月计息每 3 个月为到期日的 Caplet 即期隐含波动率曲线

　　最后利用远期 LIBOR 利率波动率和 Caplet 隐含波动率间关系式和不同瞬时波动率假设可得不同形态的远期 LIBOR 利率瞬时波动率曲线，如图 8 - 7 所示。ForwardVol1 代表分段固定的波动率结构，ForwardVol2 代表到期日依赖的波动率结构，ForwardVol3 代表常数波动率结构。不同的波动率假设代表对远期 LIBOR 变化的不同看法，从而产生了不同的波动率期限结构。实证资料证实，校准结果较好的波动率一般表现为平滑而稳定的波动率期限结构。由表 8 - 10、表 8 - 11、表 8 - 12 和图 8 - 7 可知，分段固定的波动率结构校准结果较好。

表 8 - 10　　　　各分段固定的远期 LIBOR 利率瞬时波动率

远期利率区间	(0, 0.25]	(0.25, 0.5]	(0.5, 0.75]	…	(9.5, 9.75]	(9.75, 10]
$F_1(t)$	0.0684	终止	终止	…	终止	终止
$F_2(t)$	0.1296	0.0691	终止	…	终止	终止
⋮	⋮	⋮	⋮	⋮	终止	终止
$F_{38}(t)$	0.1640	0.1640	0.1640	…	0.0688	终止
$F_{39}(t)$	0.1641	0.1642	0.1642	…	0.1290	0.0688

表 8 – 11　　　　　到期日依赖的远期 LIBOR 利率瞬时波动率

远期利率区间	(0, 0.25]	(0.25, 0.5]	(0.5, 0.75]	…	(9.5, 9.75]	(9.75, 10]
$F_1(t)$	0.0780	终止	终止	…	终止	终止
$F_2(t)$	0.1358	0.0855	终止	…	终止	终止
⋮	⋮	⋮	⋮	⋮	终止	终止
$F_{38}(t)$	0.1758	0.1758	0.1758	…	0.0793	终止
$F_{39}(t)$	0.1757	0.1757	0.1757	…	0.1259	0.0793

表 8 – 12　　　　　常数结构的远期 LIBOR 利率瞬时波动率

远期利率区间	(0, 0.25]	(0.25, 0.5]	(0.5, 0.75]	…	(9.5, 9.75]	(9.75, 10]
$F_1(t)$	0.1050	终止	终止	…	终止	终止
$F_2(t)$	0.1205	0.0868	终止	…	终止	终止
⋮	⋮	⋮	⋮	⋮	终止	终止
$F_{38}(t)$	0.1210	0.1220	0.1231	…	0.0851	终止
$F_{39}(t)$	0.1208	0.1217	0.1227	…	0.1188	0.0856

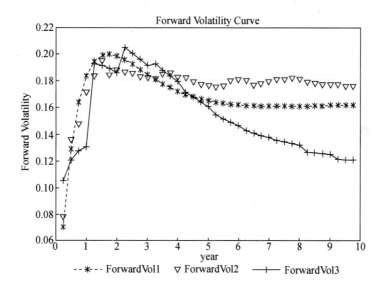

图 8 – 7　期初远期 LIBOR 利率瞬时波动率曲线

3. 远期 LIBOR 利率瞬时相关系数的校准

根据多种相关系数矩阵的校准方法，包括多因子参数化的 Rebonato 联合校准方法，利用蒙特卡罗模拟校准参数化相关系数矩阵和非参数化相关系数矩阵的蒙特卡罗模拟。相关系数矩阵的校准都需要用到市场利率互换期权隐含波动率的市场信息。表 8 – 13 为市场利率互换期权隐含波动率报价。

表 8 – 13　　　　　　　　　市场利率互换期权隐含波动率

互换利率期权区间	1	2	3	4	5
1	15.90	17.30	17.50	17.50	17.20
2	15.90	17.10	17.40	17.20	17.10
3	15.70	16.80	17.10	17.00	16.90
4	15.40	16.50	16.90	16.80	16.60
5	15.20	16.30	16.60	16.60	16.40

资料来源：BloombergICAU 报价系统(2006 – 09 – 15)。

使用校准误差对校准生成的相关系数矩阵进行比较。校准误差由如下方程式计算得出：

$$\varepsilon_{\alpha,\beta} = 100 \times \frac{\left| swaption_{\alpha,\beta}^{Market} - swaption_{\alpha,\beta}^{Simulated} \right|}{swaption_{\alpha,\beta}^{Market}}$$

表 8 – 14、表 8 – 15、表 8 – 16 和图 8 – 8、图 8 – 9、图 8 – 10 分别展示了上述不同校准方法下的远期 LIBOR 利率瞬时相关系数矩阵。图中 x 轴代表未来时刻的节点，y 轴代表远期利率的到期日长度，z 轴代表相关系数值。需要注意的是校准产生的相关系数矩阵中并没有一个相关系数矩阵能完全满足前文提到的充分校准情况下的相关系数矩阵的特征，比如去相关性、半正定等。通过表 8 – 17 可知，方法 1 因为使用了 Rebonato 提出的市场利率互换期权隐含波动率报价与远期 LIBOR 利率瞬时相关系数之间的近似解析关系式，需要的计算时间最短，但其校准结果不尽如人意。方法 2 利用参数化的相关系数矩阵进行校准，需要最长的模拟时间。在不同到期日远期 LIBOR 之间的变化幅度最小。除去部分值，方法 3 基本满足了相关系数矩阵的特征，具有最小的估计误差和最好的市场适应性(需要的参数最少)。

表 8 – 14　　　　　　　Rebonato 联合校准方法下的远期

LIBOR 利率瞬时相关系数

远期利率	$F_1(t)$	$F_2(t)$	...	$F_{38}(t)$	$F_{39}(t)$
$F_1(t)$	1	0.9794	...	0.4631	0.4536
$F_2(t)$	0.9794	1	...	0.4729	0.4632
⋮	⋮	⋮	⋮	...	⋮	⋮

续表

远期利率	$F_1(t)$	$F_2(t)$	...	$F_{38}(t)$	$F_{39}(t)$
$F_{38}(t)$	0.4631	0.4729	...	1	0.9794
$F_{39}(t)$	0.4536	0.4631	...	0.9794	1

表 8 – 15　　　　　参数化相关系数矩阵的蒙特卡罗模拟下的
远期 LIBOR 利率瞬时相关系数

远期利率	$F_1(t)$	$F_2(t)$	...	$F_{38}(t)$	$F_{39}(t)$
$F_1(t)$	1	0.8142	...	0.8142	0.8142
$F_2(t)$	0.8142	1	...	0.8142	0.8142
⋮	⋮	⋮	...	⋮	⋮
$F_{38}(t)$	0.8142	0.8142	...	1	0.9992
$F_{39}(t)$	0.8142	0.8142	...	0.9992	1

表 8 – 16　　　　　非参数化相关系数矩阵的蒙特卡罗模拟下的
远期 LIBOR 利率瞬时相关系数

远期利率	$F_1(t)$	$F_2(t)$	...	$F_{38}(t)$	$F_{39}(t)$
$F_1(t)$	1	0.7471	...	0.8590	0.8629
$F_2(t)$	0.7471	1	...	0.8493	0.8519
⋮	⋮	⋮	...	⋮	⋮
$F_{38}(t)$	0.8590	0.8493	...	1	0.9998
$F_{39}(t)$	0.8629	0.8519	...	0.9998	1

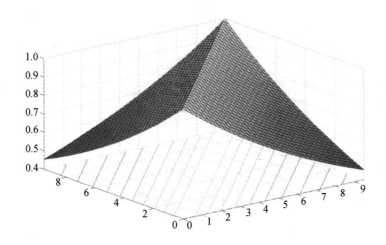

图 8 – 8　Rebonato 联合校准方法下的相关系数矩阵曲面

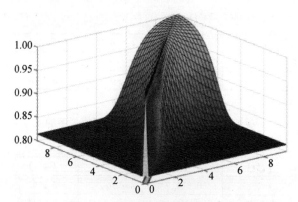

图 8 – 9　蒙特卡罗模拟校准参数化相关系数矩阵曲面

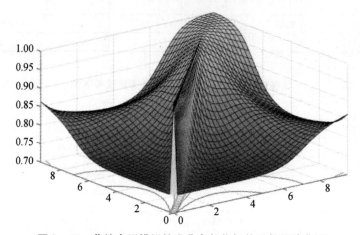

图 8 – 10　蒙特卡罗模拟校准非参数化相关系数矩阵曲面

表 8 – 17　　　　　　　　　　校准方法评价

校准方法	平均校准时间	平均校准误差
Rebonato's 校准法	6min，13sec	18.34%
蒙特卡罗模拟的参数化相关系数矩阵	17min，45sec	3.16%
蒙特卡罗模拟的非参数化相关系数矩阵	15min，32sec	0.732%

第四节　随机波动率 Levy – LIBOR
市场模型的 MCMC 估计

本节首先对 Metropolis – Hastings 抽样算法进行优化设计，提出了自适应的随机游走 M – H 抽样算法，并利用链间自适应方法实现了并行化的蒙特卡罗模拟方法；其次对四种随机波动率 Levy – LIBOR 市场模型进行了离散化处理；最后利用改进后的蒙特卡罗模拟方法对模型进行了参数估计，并对远期 LIBOR 利率的生成路径进行了模拟和分析比较。

一　自适应 MCMC 的基本原理

（1）自适应 Metropolis – Hastings（M – H）算法研究。（M – H）算法是 MCMC 方法中最常用的迭代抽样。假设目标分布为 π，初始值 X_0，从 X_n 到 X_{n+1} 过程步骤如下：从一个建议概率密度转移核 $q(X_n, y)$ 中得到建议抽样分布 y，然后检验能否以如下概率 α 接受建议抽样 y。若建议抽样被接受，则 $X_{n+1} = y$；否则 $X_{n+1} = y$。而 $\alpha(X, y)$ 被称为 Metropolis 比率，它使 M – H 算法得到的抽样序列 $\{X_0, X_1, \cdots, X_n\}$ 服从目标分布。

对称随机游走（symmetric random – walk）Metropolis 算法是最常用到的一种抽样方法，建议分布为对称分布：$y = X_n + Z_n$，$\{Z_n\}$ 选择独立同分布对称分布，所以接受概率 α 可简化为：

$$\alpha(X_n, y) = \min\left\{1, \frac{\pi(y)}{\pi(X_n)}\right\} \tag{8–42}$$

问题变为如何选择合适的建议分布方差。一个好的建议分布的方差我们认为就是能够使得抽样达到稳定分布后抽样序列的自相关系数最小，从而使 Metropolis – Hastings 算法实现更有效的抽样。由于 Metropolis – Hastings 算法在建议分布上的选择有极大的自主性，因此如何找到一个好的建议分布是目前研究改进 Metropolis – Hastings 算法中具有挑战性的课题。Gelman 等（1995）针对多维正态目标分布，提出通过及时调整接受概率 α 和建议分布的范围获得最优目标值。但当不同的参数之间互相关联时，调整分布的形态变得极为困难和耗时。有鉴于此，我们考虑采用自适应抽样算法使得在 Metropolis – Hastings 算法中的建议分布可根据在抽样过程中获得的关于目标分布的特点进行实时更新调整。假设点 X_1，X_2，$\cdots$，X_k 已经抽样得到，候选点 Y 通过建议分布 $q_k(X_1, X_2, \cdots, X_k)$ 抽样得到，这时建议分布依赖过去抽样得到信息适时调整，其具体操作步骤如下：

假设目标分布为 d 维分布，在时点 t 我们已得到至少 n 个抽样点 $\{X_0, \cdots, X_{n-1}\}$。这时的建议分布 q_t 的方差可通过下式进行选择：

$$C_n = \begin{cases} C_0, & n \le n_0 \\ s_d Cov\ (X_0, \cdots, X_{n-1})\ + s_d \varepsilon I_d, & n > n_0 \end{cases}$$

其中，协方差矩阵是利用最新抽样点 X_0, $\cdots$, $X_k \in R^d$ 获得的。

$$Cov(X_0, \cdots, X_k)\ = \frac{1}{k} \Big(\sum_{i=0}^{k} X_i X_i^T - (k+1) \overline{X}_i \overline{X}_i^T \Big) \tag{8-43}$$

其中，$\overline{X}_k = \dfrac{1}{k+1} \sum_{i=0}^{k} X_i, X_i \in R^d$。当 $n > n_0$ 时，协方差矩阵 C_n 满足如下迭代关系式：

$$C_{n+1} = \frac{n-1}{n} C_n + \frac{S_d}{n} (n\, \overline{X}_{n-1} \overline{X}_{n-1}^T - (n+1) \overline{X}_n \overline{X}_n^T + X_n X_n^T + \varepsilon I_d) \tag{8-44}$$

这种自适应算法的遍历性已在实证研究中得到证实。对于 n_0，即最初非自适应模拟阶段的长度选择根据实际情况决定。参数 ε 的作用是确保 C_n 不变成奇异矩阵。而比例因子 s_d 只与维度 d 有关，默认使用 Gelman 等 (1995) 提出的 $s_d = 2.4/\sqrt{d}$。

（2）并行化的自适应 MCMC。由于目前高性能并行化处理系统的兴起，若能实现算法的并行化处理，将极大地提高该算法的运算效率。目前针对自适应 MCMC 算法的并行化研究相对较少。将并行计算与 MCMC 结合本身存在固有的困难，因为 MCMC 是天然的串行算法。Brockwell 和 Kadane (2005) 实现了模拟重现时点问题的 MCMC 并行化算法。Rosenthal (2000) 证实同时并行化运行多条互相独立的马尔科夫链，对找寻目标分布和优化调整建议分布并没有带来时间上的节省和效率上的提高。所以本部分也将重点研究如何利用并行化的自适应抽样链提高混合 MCMC 链的效率。使用了 Craiu 等 (2009) 提出的链间自适应 MCMC 算法实现了并行化处理。利用 MPI（Message Passing Interface）软件包解决了多线程并行计算和线程间通信和数据池共享等问题。

二 随机波动率 Levy – LIBOR 市场模型的 MCMC 参数估计过程

以下将讨论如何离散化处理模型，并运用并行化自适应 MCMC 方法参数进行估计。

1. 模型的离散化过程

设 $x_t = \ln(L_i(t))$，$h(t) = \ln(V(t))$，相关系数 $\rho = 0$，可得：

$$\begin{cases} dx_t = V(t)\gamma_j(t)\sum_{i=k+1}^{j} \dfrac{\delta_i\rho_{j,i}\gamma_i(t)L_i(t)}{1+\delta_iL_i(t)}dt - \dfrac{1}{2}V(t)\gamma_j^2(t)dt \\[2mm] \qquad + \sqrt{V(t)}\gamma_j(t)d\omega_j(t) + J_t dq_t, t \leqslant T_{k-1} \\[2mm] dh(t) = \left(\dfrac{\kappa(\theta - \exp(h(t)))}{\exp h(t)} - \dfrac{0.5\xi^2}{\exp h(t)} \right)dt + \xi \times \exp(-0.5h(t))dW_t \\[2mm] d\omega_k(t)dW(t) = 0 \end{cases}$$

$$(8-45)$$

对上式进行欧拉离散化处理，设 $B = \gamma_j(t) \times \dfrac{\delta_i\rho_{j,i}\gamma_i(t)L_i(t)}{1+\delta_iL_i(t)} - \dfrac{1}{2}\gamma_j^2$ $(t)\Delta$，由于 B 在每个时间间隔内变化极小，为简化计算处理，设 B 为分段常数，则可得到：

$$\begin{cases} x_{t+\Delta} = x_t + \exp(h(t)) \times B + \exp(0.5h(t))\gamma_j(t)\varepsilon_t + J_t dq_t \\[2mm] h(t+\Delta) = h(t) + [a - \varphi\exp(h(t))]/\exp(h(t)) - 0.5\xi^2 \quad (8-46) \\[2mm] \Delta/\exp(h(t)) + \xi\exp(-0.5h(t))\sqrt{\Delta}\eta_t \end{cases}$$

式中，$a = \kappa\theta\Delta$，$\varphi = \kappa\Delta$。J_t 为模型中的 Levy 跳跃过程，根据 Kyprianou 提出的 Levy 过程分解理论，J_t 可分解为：$J_t = J_t^{(1)} + J_t^{(2)} + J_t^{(3)} + J_t^{(4)}$。其中，$J_t^{(1)}$ 是一个常数漂移，$J_t^{(2)}$ 是一个几何布朗运动，$J_t^{(3)}$ 是复合泊松跳跃过程，$J_t^{(4)}$ 是一个纯粹跳跃鞅过程（表示跳跃次数的随机测度）。进一步，可表示为如下形式：

$$J_t = \gamma t + \sigma W_t + \int_0^t\int_{|x|\geqslant 1} x\mu^J(ds,dx) + \left(\int_0^t\int_{|x|<1} x\mu^J(ds,dx) - t\int_{|x|<1} xv(dx) \right)$$

2. 四种随机波动率 Levy – LIBOR 模型的离散化

（1）Merton 跳跃过程。对于 Merton 跳跃过程，其跳跃幅度具有高斯分布，即 $Y_i \sim N(\mu, \delta^2)$，而跳跃幅度分布密度表示为：$f(x) = \dfrac{1}{\delta\sqrt{2\pi}}$ $\exp\left(-\dfrac{(x-\mu^2)}{2\delta^2} \right)$。相离散化形式为：

$$\begin{cases} x_{t+\Delta} = x_t + \exp(h(t)) \times B + \exp(0.5h(t))\gamma_j(t)\varepsilon_t + \tau_t N_t \\[2mm] h(t+\Delta) = h(t) + [a - \varphi\exp(h(t))]/\exp(h(t)) \qquad\qquad (8-47) \\[2mm] \qquad\qquad - 0.5\xi^2\Delta/\exp(h(t)) + \xi\exp(-0.5h(t))\sqrt{\Delta}\eta_t \end{cases}$$

ε_t 和 η_t 是两个独立标准正态变量，$P(N_t = 1) = \lambda\Delta$，$\tau_t$ 服从 $N(\mu,$

δ^2)且与 ε_t，η_t 独立。

（2）Kou 跳跃过程。Kou 跳跃过程的跳跃幅度服从双指数分布，分布密度函数表示为：

$$f(x) = p\eta_1 e^{-n_1 x} I_{x>0} + (1-p)\eta_2 e^{-\eta_2|x|} I_{x<0}, \quad p \geq 0, \quad \eta_1 > 0, \quad \eta_2 > 0$$

其中，p 和 $(1-p)$ 分别表示向上和向下跳跃的概率，η_1 和 η_2 分别表示了正负跳跃幅度分布尾部的衰减速度。模型离散化形式可表示为：

$$\begin{cases} x_{t+\Delta} = x_t + \exp(h(t)) \times B + \exp(0.5h(t))\gamma_j(t)\varepsilon_t + \tau_t N_t \\ h(t+\Delta) = h(t) + [a - \varphi\exp(h(t))]/\exp(h(t)) - 0.5\xi^2 \times \Delta/\exp(h(t)) \\ \qquad\qquad + \xi\exp(-0.5h(t))\sqrt{\Delta}\eta_t \end{cases}$$

其中，$P(N_t = 1) = \lambda\Delta$，$\tau_t$ 服从 $DbExpo(p, \eta_1, \eta_2)$，即有：

$$E(\tau_t) = \frac{p}{\eta_1} - \frac{(1-p)}{\eta_2}, \quad Var(\tau_t) = p(1-p)\left(\frac{1}{\eta_1} + \frac{1}{\eta_2}\right)^2 + \left(\frac{p}{\eta_1^2} + \frac{(1-p)}{\eta_2^2}\right)$$

（3）方差伽马跳跃过程（VG）。方差伽马过程（VG）主要由 Madan、Carr 和 Chang 提出，用于模拟股票等权益性产品收益变化过程，被作为具有无限活动水平但具有有限变差跳跃过程的典型例子。假设 $W(t)$ 是个标准布朗运动过程，是一个具有单位均值回复率和方差比率的独立伽马过程，该过程在时刻的概率分布密度为 $f_G(x) = \dfrac{x^{t/\vartheta - 1}\exp(-x/\vartheta)}{\vartheta^{t/\vartheta}\Gamma(t/\vartheta)}$，其相对应的特征函数为：$\Phi_G(u, t) = E\{\exp[iuG(t)]\} = \left(\dfrac{1}{1 - i\vartheta u}\right)^{t/\vartheta}$。模型离散化形式可表示为：

$$\begin{cases} x_{t+\Delta} = x_t + \exp(h(t)) \times B + \exp(0.5h(t))\gamma_j(t)\varepsilon_t + \theta_{VG} G_t + \sigma_{VG}\sqrt{G_t}W_t \\ h(t+\Delta) = h(t) + [a - \varphi\exp(h(t))]/\exp(h(t)) - 0.5\xi^2\Delta/\exp(h(t)) \\ \qquad\qquad + \xi\exp(-0.5h(t))\sqrt{\Delta}\eta_t \end{cases}$$

$$(8-48)$$

（4）正态逆高斯过程（SVNIG）。正态逆高斯跳跃（NIG）由 Bergdorf - Nielsen 提出，它可以看作是一个特殊的逆高斯时变复合型布朗运动过程，其时间附属变量由逆高斯过程（IG）表示，逆高斯概率分布函数可以表示为：$f_{IG}(x) = \dfrac{ae^{ab}}{\sqrt{2\pi}}x^{-3/2}\exp\left(-\dfrac{1}{2}(a^2 x^{-1} + b^2 x)\right)x > 0$。

上述分布的数学期望和方差分别为 a/b 和 a/b^3，其中 a 和 b 分别表示

布朗运动的首次到达时间和漂移水平参数。IG 特征函数可表示为：Φ_{IG} $(u;\ a,\ b) = \exp\{-a(\sqrt{-2iu+b^2}-b)\}$。因此，正态逆高斯过程 X_{NIG} 能够表示为：$X_{NIG}(t;\ \alpha,\ \beta,\ \delta) = \beta\delta^2 I_t + \delta W(I_t)$。其中，$W_t$ 一个标准布朗运动，$I_t \sim IG(1,\ \delta\sqrt{\alpha^2-\beta^2})$，$0 \leqslant |\beta| < \alpha$，该过程的特征函数则可表示为：

$$E[e^{iuX_{NIG}(t)}] = \Phi_{NIG}(u;\ \alpha,\ \beta,\ \delta t) = \exp\{-\delta t(\sqrt{\alpha^2-(\beta+iu)^2}-\sqrt{\alpha^2-\beta^2})\}$$

模型的离散化形式可表示为：

$$\begin{cases} x_{t+\Delta} = x_t + \exp(h(t)) \times B + \exp(0.5h(t))\gamma_j(t)\varepsilon_t + \beta_{NIG}\delta^2 IG_t + \delta\sqrt{IG_{t+1}}W_t \\ h(t+\Delta) = h(t) + [a-\varphi\exp(h(t))]/\exp(h(t)) \\ \qquad\qquad -0.5\xi^2\Delta/\exp(h(t)) + \xi\exp(-0.5h(t))\sqrt{\Delta}\eta_t \end{cases}$$

$$(8-49)$$

3. 模型的 MCMC 参数估计过程

在此以 SVVG 模型为例加以说明，波动率状态变量 h_t 的联合后验分布可表示为：

$$p(h \mid \Theta, x) \propto p(x \mid \Theta, h)p(h \mid \Theta)\prod_{t}^{n} p(h_t \mid h_{t-\Delta}, h_{t-\Delta}\Theta, x),$$ 其中 Θ 表示参数集，

$$p(h_t \mid h_{t-\Delta},\ h_{t+\Delta},\ \Theta,\ x) \propto p(h_t \mid h_{t-\Delta},\ \Theta))p(h_{t+\Delta} \mid h_t,\ \Theta)p(x_t \mid h_t,\ \Theta)$$

$$x_{t+\Delta} \mid x_t,\ \delta,\ \gamma^2,\ \theta_{VG},\ \sigma_{VG}^2 \sim N(x_t + B\exp(h_t) + \theta_{VG}G_t,\ \Delta\sigma_i^2(t)\exp(h_t) + \sigma_{VG}^2 G_t),\ G_t \sim \Gamma\left(\frac{\Delta}{\nu},\ \nu\right)$$

$$h_t \mid h_{t-\Delta}a,\ \Phi,\ \xi^2 \sim N(h_{t-\Delta} + (a-\Phi\exp(h_{t-\Delta}))\exp(-h_{t-v}) - 0.5\xi^2\exp(-h_t-v),\ \xi^2\exp(-h_{t-\Delta}))$$

$$h_{t+\Delta} \mid h_t,\ a,\ \varphi,\ \xi^2 \sim N(h_t + (a-\varphi\exp(h_t))\exp(-h_t) - 0.5\xi^2\exp(-h_t),\ \xi^2\exp(-h_t))$$

使用自适应 Metropolis – Hastings 方法进行抽样，MCMC 算法步骤如下：

初始化参数集合 Θ_0 和 h_0；

（1）从 $P(\delta \mid \gamma_0^2,\ \theta_0,\ \sigma_0^2,\ a_0,\ \varphi_0,\ \xi_0^2,\ h_0,\ x)$ 中抽取 δ，设为 δ_1。

（2）从 $P(\gamma^2 \mid \delta_1,\ \theta_0,\ \sigma_0^2,\ a_0,\ \varphi_0,\ \xi_0^2,\ h_0,\ x)$ 中抽取 γ^2，设为 γ_1^2。

（3）从 $P(\theta_{VG} \mid \delta_1, \gamma_1^2, \sigma_0^2, a_0, \varphi_0, \xi_0^2, h_0, x)$ 中抽取 θ_{VG}，设为 θ_1。

（4）从 $P(\sigma_{VG}^2 \mid \delta_1, \gamma_1^2, \theta_1, a_0, \varphi_0, \xi_0^2, h_0, x)$ 中抽取 σ_{VG}^2，设为 σ_1^2。

（5）从 $P(a \mid \delta_1, \gamma_1^2, \theta_1, \sigma_1^2, \varphi_0, \xi_0^2, h_0, x)$ 中抽取 a，设为 a_1。

（6）从 $P(\varphi \mid \delta_1, \gamma_1^2, \theta_1, \sigma_1^2, a_1, \xi_0^2, h_0, x)$ 中抽取 φ，设为 φ_1。

（7）从 $P(\xi^2 \mid \delta_1, \gamma_1^2, \theta_1, \sigma_1^2, a_1, \varphi_1, h_0, x)$ 中抽取 ξ^2，设为 ξ_1^2。

（8）利用并行化自适应 Metropolis – Hasting 算法从 $p(h_t \mid h_{t-\Delta}, h_{t+\Delta}, \Theta, x)$ 中抽取 h_t，具体步骤：

第一步，设置 h_t 的初始值 h_0，并设 $t = 0$；

第二步，设建议分布为 $N(h_{t-\Delta}, C_t)$，利用随机游走 M – H 抽样算法（random – walk Metropolis – Hasting algorithm）生成 K 条并行独立的马尔科夫（MC）链（默认为 4 条）；

第三步，分别计算各条 MC 链接受新状态的比例，设为 q_t；

第四步，分别对生成的 q_t 判断，若 q_t 落入一个可接受的范围区间内，如 $[a - \varepsilon, a + \varepsilon]$，则 $h = h_t$，退出。若 $q_t \notin [a - \varepsilon, a + \varepsilon]$，则转入下一步；

第五步，若 $t > 2$ 且 $|q_t - a| < |q_{t-1} - a|$，则置 $h = h_{t-\Delta}$；

第六步，在单独 MC 链上，对建议分布的方差进行调整，利用所有 MC 链的建议分布输出生成新的建议分布，并反馈于独立运行的马尔科夫链。从 $N(h_t, h)$ 产生一个随机数，设为 $h_{t+\Delta}$，置 $t = t + \Delta$，转入第二步。

然后利用新生成值作为初始值，反复迭代得到更新参数，迭代 M 次，当 M 趋向于无穷大时，波动率潜在变量 h_1 模拟轨迹逐渐收敛，$(\delta_m, \gamma_m^2, \theta_m, \sigma_m^2, a_m, \varphi_m, \xi_m^2, h_m)$ 为参数估计值。

三 模型参数估计结果分析

1. 数据选择及检验

利用相应区间的历史数据，运用 MCMC 方法对该随机过程进行参数估计。以观察日 2006 年 9 月 15 日为分界点，假设 $\Delta = 1/360$，$t = 0$，$F_1(0)$，$F_1(0 + \Delta)$，$F_1(0 + 2\Delta)$，$\cdots$，$F_1(0 + 90\Delta)$ 为进行 MCMC 估计需要的数据。

在零时刻，$F(0,\ T_{i-1},\ T_i) = \dfrac{P(0,\ T_{i-1}) - P(0,\ T_i)}{\tau_i P(0,\ T_i)}$

经过一个单位时间 Δ，$F(\Delta,\ T_{i-1},\ T_i) = \dfrac{P(\Delta,\ T_{i-1}) - P(\Delta,\ T_i)}{\tau_i P(\Delta,\ T_i)}\cdots$

经 过 90 个 时 间 区 间，可 得：$F(0 + 90\Delta,\ T_{i-1},\ T_i) = \dfrac{P(0 + 90\Delta,\ T_{i-1}) - P(0 + 90\Delta,\ T_i)}{\tau_i P(0 + 90\Delta,\ T_i)}$

其中，P 为各期零期债券价格，$F_1(t)$ 可通过三阶样条插值法获得各个时点的远期利率，即为 MCMC 方法所需数据，计算过程与第四章第五节第二部分相同。这里获得了从 2006 年 9 月 15 日到 2006 年 12 月 15 日共计 91 个数据：$F_1(0)$，$F_1(0 + \Delta)$，$F_1(0 + 2\Delta)$，$\cdots$，$F_1(0 + 90\Delta)$，如表 8 – 18 所示，远期利率时序如图 8 – 11 所示。

表 8 – 18　　　　　　　各计息日下的远期 LIBOR 利率

折现时点	2006/09/15	2006/09/18	2006/09/19	2006/09/20
LIBOR	$F_1(0;90,180)$	$F_1(1;90,180)$	$F_1(2;90,180)$	$F_1(3;90,180)$
折现率	0.054133	0.053636	0.0538809	0.054162
折现时点	2006/12/12	2006/12/13	2006/12/14	2006/12/15
LIBOR	$F_1(87;90,180)$	$F_1(88;90,180)$	$F_1(89;90,180)$	$F_1(90;90,180)$
折现率	0.053607	0.053607	0.053608	0.05365

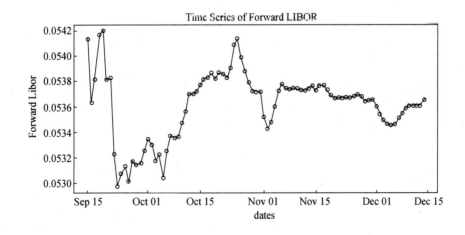

图 8 – 11　远期利率时间序列

金融领域很多事物都具有突变性。现在我们截取了一小段时间内的远期利率作为分析对象，首先我们需要对其进行平稳性的单位根检验；若其为非平稳的，则需要利用差分等方法实现平稳序列。由表 8 – 19 可知，p – value = 0.019 拒绝原假设（原假设认为时间序列是非平稳的），即可认为远期 LIBOR 利率是平稳序列。同样，由表 8 – 20 知其对数远期利率序列也是平稳的。所以可直接作为后面分析的数据。

表 8 – 19   远期利率的 Augmented Dickey – Fuller 检验

数据	Dickey – Fuller	Lag Order	p – value	备择假设
远期利率	– 3.8579	4	0.01964	平稳

表 8 – 20   对数远期利率的 Augmented Dickey – Fuller 检验

数据	Dickey – Fuller	Lag Order	p – value	备择假设
对数远期利率	– 3.8513	4	0.01994	平稳

2. 并行化自适应 MCMC 方法的效率比较

以下分别使用普通 M – H 抽样方法下的 MCMC 方法和并行化自适应随机游走 M – H 抽样方法下的 MCMC 方法对 4 种 LIBOR 扩展模型进行了参数估计，其马尔科夫链迭代 200000 次，舍弃前 20000 次。表 8 – 21 列出了不同 MCMC 方法的计算时间和模拟误差。从 CPU 计算时间和对远期利率的模拟误差上都可以看出并行化自适应 MCMC 方法的优势。

表 8 – 21   不同的 MCMC 方法比较

模型	并行化自适应 MCMC			普通 MCMC		
	绝对误差	相对误差	CPU time	绝对误差	相对误差	CPU time
SVMJ – LMM	0.0003965	0.7396%	7.03sec	0.0006085	1.135%	264sec
SVKJ – LMM	0.0002920	0.5447%	13.42sec	0.0004223	0.787%	687sec
SVVG – LMM	0.00006086	0.1135%	9.12sec	0.0003376	0.629%	275sec
SVNIG – LMM	0.00009632	0.1796%	12.19sec	0.0001947	0.36%	460sec

3. SVMJ 模型的参数估计结果

利用并行化 MCMC 方法对 LMM – SVMJ 模型进行参数估计，先验分布设定如下：其中 Merton 跳跃过程：$\mu \sim N$（0，0.0025）；$1/\delta^2 \sim \Gamma$（5，1.5）；$\lambda \sim \beta$（2.5，150）。

设 $\varphi = k\Delta$；$a = k\theta\Delta$；$\Delta = 1/360$；$\varphi \sim \beta$（2.5，150）；$a \sim \beta$（2，1000）；$1/\tau^2 \sim \Gamma$（0.4，1.3），然后 4 条马尔科夫链并行运行，迭代200000 次。各参数期望值及其相关统计数据如表 8 - 22 所示。

表 8 - 22　　　　　　SVMJ 模型各参数估计值及相关统计数据

参数	均值	标准差	MC 误差	2.5% 置信水平	中位数	97.5% 置信水平	样本数量
α	0.002143	0.001493	5.408E - 06	2.636E - 04	0.001812	0.005889	180000
μ	- 1.675	2.069	0.02922	- 5.253	- 1.696	3.586	180000
$1/\delta^2$	3.293	1.487	0.005073	1.059	3.072	6.779	180000
λ	0.001551	0.001191	2.384E - 04	0.0001372	0.001258	0.00457	180000
Φ	0.01332	0.008101	1.129E - 04	0.002242	0.01179	0.03266	180000
$1/\tau$	0.5725	0.0135	2.65E - 04	9.20E - 03	0.0328	0.0611	180000

计算得：$\xi = 1.3216$；$\kappa = 4.9752$；$\theta = 0.1609$；$\mu = -1.675$；$\delta^2 = 0.3037$；$\lambda^* = 0.001551$。

故 LMM - SVMJ 模型表示为：

$$\begin{cases} dx_t = V(t) \times \gamma_k(t) \times \sum_{i=k+1}^{j} \dfrac{\gamma_i(t) \times \rho_{j,i} \times \tau_i \times L_j(t)}{1 + \tau_j L_j(t)} dt - \dfrac{1}{2} \times \gamma_k^2 \\ \qquad \times V(t) dt + \gamma_k \sqrt{V(t)} d\omega_j(t) + J(t) dq(t), k < j, t \leqslant T \\ dV(t) = 4.7952(0.1609 - V(t)) dt + 1.3216 \sqrt{V(t)} dW(t) \end{cases}$$

其中，$J_t \sim V(-1.675, 0.3037)$；$q_t \sim Poi(0.00155)$。

4. SVKJ 模型的参数估计结果

利用并行化 MCMC 方法对 LMM - SVKJ 模型进行参数估计，先验分布设定如下：Kou 跳跃过程：$p \sim U(0, 1)$；$1/\eta_1 \sim \Gamma$（5，0.05）；$1/\eta_2 \sim \Gamma$（5，0.05）；$\lambda \sim Beta$（2，40）。

设 $\varphi = \kappa\Delta$；$a = \kappa\theta\Delta$；$\Delta = 1/360$；$\varphi \sim \beta$（2.5，150）；$a \sim \beta$（2，1000）；$1/\tau^2 \sim \Gamma$（0.4，1.3），然后 4 条马尔科夫链并行运行，迭代200000 次，舍弃前 20000 次。SVKJ 模型各参数期望值及其相关统计数据如表 8 - 23所示。

表 8 – 23　　　　　　　　SVKJ 模型各参数估计值及相关统计数据

参数	均值	标准差	MC 误差	2.5% 置信水平	中位数	97.5% 置信水平	样本数量
α	0.002146	0.001496	5.002E – 06	2.623E – 04	0.001812	0.005901	180000
p	0.4816	0.3841	0.002845	0.002136	0.4527	0.9968	180000
$1/\eta_1$	60.41	34.87	0.2356	12.79	53.71	145.3	180000
$1/\eta_2$	59.0	35.05	0.2569	10.92	52.37	144.4	180000
λ	5.606E – 05	2.849E – 04	3.412E – 06	2.424E – 06	1.615E – 05	3.123E – 04	180000
$1/\tau^2$	0.53	0.6159	0.01347	0.03017	0.3204	2.267	180000
Φ	0.0133	0.008066	1.019E – 04	0.002349	0.01175	0.03312	180000

计算得：$\xi = 1.3736$；$k = 4.788$；$\theta = 0.1613$；$p = 0.4618$；$\eta_1 = 0.01655$；$\eta_2 = 0.01695$；$\lambda^* = 5.606E – 05$。

故 LMM – SVKJ 模型表示为：

$$\begin{cases} dx_t = V(t) \times \gamma_k(t) \times \sum_{i=k+1}^{j} \dfrac{\gamma_i(t) \times \rho_{j,i} \times \tau_i \times L_i(t)}{1 + \tau_j L_j(t)} dt - \dfrac{1}{2} \times \gamma_k^2 \\ \qquad \times V(t)dt + \gamma_k \sqrt{V(t)} d\omega_j(t) + J(t) dq(t), k < j, t \leqslant T \\ dV(t) = 4.788(0.1613 - V(t))dt + 1.3736\sqrt{V(t)} dW(t) \end{cases}$$

其中，$J_t \sim DbExpo\ (0.4618,\ 0.01695),\ 0.01695)$，$q_t \sim Poi$ $(5.606E – 05)$。

5. SVVG 模型的参数估计结果

利用并行化 MCMC 方法对 LMM – SVVG 模型进行参数估计，先验分布设定如下：VG 跳跃过程：$\theta_{VG} \sim N\ (0,\ 1)$，$1/\sigma_{VG}^2 \sim \Gamma\ (2.5,\ 5)$；$1/\vartheta \sim \Gamma\ (10,\ 0.025)$；设 $\varphi = k\Delta$；$a = k\theta\Delta$；$\Delta = 1/360$；$\varphi \sim \beta\ (2.5,\ 150)$；$a \sim \beta\ (2,\ 1000)$；$1/\tau^2 \sim \Gamma\ (0.4,\ 1.3)$；然后 4 条马尔科夫链并行运行，迭代 200000 次，舍弃前 20000 次。SVVG 模型各参数期望值及其相关统计数据如表 8 – 24 所示。

表 8 – 24　　　　　　　SVVG 模型各参数估计值及相关统计数据

参数	均值	标准差	MC 误差	2.5% 置信水平	中位数	97.5% 置信水平	样本数量
α	0.002037	0.00142	7.064E – 06	2.509E – 04	0.001719	0.005607	180000
σ	6.708	0.9734	0.001202	4.936	6.66	8.75	180000

续表

参数	均值	标准差	MC 误差	2.5% 置信水平	中位数	97.5% 置信水平	样本数量
θ_{VG}	−0.03162	0.04063	9.873E−05	−0.1113	−0.03155	0.04818	180000
$1/\vartheta_{VG}$	400.1	126.5	0.1644	192.0	386.8	683.7	180000
$1/\tau 2$	0.7176	0.6469	0.01428	0.06453	0.5151	2.458	180000
Φ	0.01647	0.009843	1.53E−04	0.002905	0.01459	0.03995	180000

计算得：$\xi = 1.1805$；$k = 5.9292$；$\theta = 0.1237$；$\theta_{VG} = -0.03162$；$\sigma_{VG} = 0.3861$；$\vartheta_{VG} = 0.0025$。

$$\begin{cases} dx_t = V(t) \times \gamma_k(t) \times \sum_{i=k+1}^{j} \dfrac{\gamma_i(t) \times \rho_{j,i} \times \tau_i \times L_j(t)}{1 + \tau_j L_j(t)} dt \\ \quad - \dfrac{1}{2} \times \gamma_k^2 \times V(t) dt + \gamma_k \sqrt{V(t)} d\omega_j(t) - 0.03612 G_t \\ \quad + 0.3861 \sqrt{G_t} W, k < j, t \leq T \\ dV(t) = 5.9292(0.1237 - V(t)) dt + 1.1805 \sqrt{V(t)} dW(t) \end{cases}$$

其中，由 $G_t \sim \Gamma (t/\vartheta_{VG}, 1/\vartheta_{VG})$ 得 $G_t \sim \Gamma (400t, 400)$。

6. SVNIG 模型的参数估计结果

利用并行化 MCMC 方法对 LMM - SVNIG 模型进行参数估计，先验分布设定如下：NIG 跳跃过程：$\alpha_{NIG} \sim \Gamma (1, 10)$，$1/\delta_{NIG}^2 \sim \Gamma (5, 0.5)$；$\beta_{NIG} \sim U (-3, 3)$。

设 $\varphi = k\Delta$；$a = k\theta\Delta$；$\Delta = 1/360$；$\varphi \sim \beta(2.5, 150)$；$a \sim \beta(2, 1000)$；$1/\tau^2 \sim \Gamma(0.4, 1.3)$；然后 4 条马尔科夫链并行运行，迭代 200000 次，舍弃前 20000 次。SVNIG 模型各参数期望值及其相关统计数据如表 8 - 25 所示。

表 8 - 25   SVNIG 模型各参数估计值及相关统计数据

参数	均值	标准差	MC 误差	2.5% 置信水平	中位数	97.5% 置信水平	样本 数量
α	0.002098	0.001464	6.259E−06	2.585E−04	0.001771	0.005779	180000
α_{NIG}	2.116	0.331	4.938E−04	1.529	2.095	2.823	180000
β_{NIG}	−0.07542	0.08106	1.012E−04	−0.2421	−0.07327	0.08066	180000
$1/\delta_{NIG}^2$	31.53	7.274	0.0106	19.04	30.93	47.4	180000
$1/\tau^2$	0.536	0.5379	0.01202	0.04249	0.3565	2.018	180000
Φ	0.01432	0.008779	1.264E−04	0.00243	0.01254	0.03565	180000

根据上述信息，可计算得：

$\xi = 1.3659$；$\kappa = 5.155$；$\theta = 0.1465$；$\alpha_{NIG} = 2.116$；$\beta_{NIG} = -0.07542$；$\delta_{NIG} = 0.1781$；

$$
\begin{cases}
dx_t = V(t) \times \gamma_k(t) \times \displaystyle\sum_{i=k+1}^{j} \frac{\gamma_i(t) \times \rho_{j,i} \times \tau_i \times L_i(t)}{1 + \tau_j L_j(t)} dt \\
\qquad -\frac{1}{2} \times \gamma_k^2 \times V(t) dt + \gamma_k \sqrt{V(t)} d\omega_j(t) - 0.0024 IG_t \\
\qquad + 0.1781 \sqrt{IG_t} W_t, k < j, t \leqslant T \\
dV(t) = 5.155(0.1465 - V(t)) dt + 1.3659 \sqrt{V(t)} dW(t)
\end{cases}
$$

其中，$IG \sim InverseGaussian$（1，$\delta_{NIG}\sqrt{\alpha_{NIG}^2 - \beta_{NIG}^2}$），得 $IG \sim IG$（t，0.3766）。

四　模拟效果比较

1. 不同模型假设下的远期 LIBOR 利率蒙特卡罗模拟效果比较

由于模型的随机游走特性，我们对生成路径模拟 5000 次，对模型生成的模拟路径取均值。我们模拟 3 个月后的远期 LIBOR 利率。此时，3 月后的远期 LIBOR 利率为 3 个月后 3 月期的 LIBOR 利率，其数值为 0.0536063。从图 8-12 中可以看到，当模拟次数为 5000 次时，远期 LIBOR 利率的模拟路径已经基本收敛。

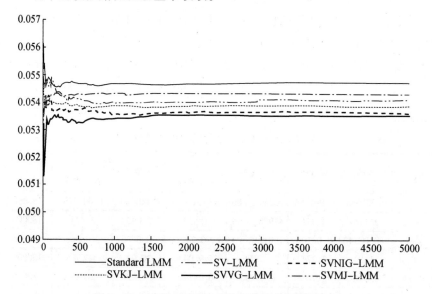

图 8-12　远期 LIBOR 利率的蒙特卡罗模拟结果

为更好地判断蒙特卡罗模拟效果，我们取模拟路径的均值，计算每步的平均利率与实际利率的差的平方，并取均值，计算步骤如下：

（1）LIBOR 远期利率的模拟均值：$h = (F_1 + F_2 + \cdots + F_n) / n$，其中 n 代表模拟次数，$F_{k,n}$ 代表第 i 次的第 k 日模拟值。

（2）LIBOR 远期利率的模拟绝对离差：$c = abs(h - L)$，其中 L 表示真实利率。如图 8 – 13 所示，我们得到远期 LIBOR 利率绝对离差值生成路径的蒙特卡罗模拟。

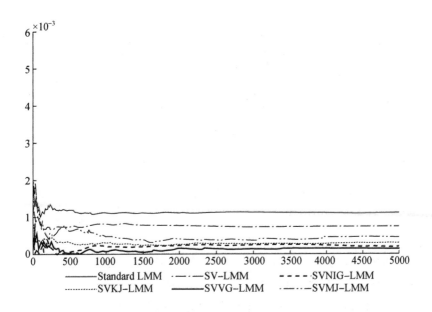

图 8 – 13 远期 LIBOR 利率绝对离差值的蒙特卡罗模拟结果

从图 8 – 13 中可看到，在随机波动率 VG 跳跃过程 LIBOR 市场模型假设下的远期 LIBOR 利率蒙特卡罗模拟生成的绝对离差值的效果最好，具有最小绝对和相对误差。各个 LIBOR 市场模型假设下的蒙特卡罗模拟绝对误差和相对误差如表 8 – 26 所示。实验证明随机波动率跳跃 LIBOR 市场模型比标准 LIBOR 市场模型和随机波动率 LIBOR 市场模型能更精确地描述远期 LIBOR 利率的变化趋势。而且与有限跳跃过程比如复合泊松跳跃过程相比较，具有无限跳跃特征的 Levy 过程能更好地模拟远期 LIBOR 利率的动态变化特征。主要原因是利率变动本身具有跳跃特征；在模型中加入跳跃过程, 利率的尖峰厚尾性质和波动率微笑特征更能从随机波动率 Levy – LIBOR 模型中体现, 所以在进行利率拟合时与现实的误差更小。

表 8 – 26　　　　　远期 LIBOR 利率绝对离差的蒙特卡罗模拟结果

模型误差	绝对误差	相对误差
LMM	0. 0011384	2. 123%
SV – LMM	0. 0007896	1. 473%
SVMJ – LMM	0. 0003965	0. 7396%
SVKJ – LMM	0. 0002920	0. 5447%
SVVG – LMM	0. 00006086	0. 1135%
SVNIG – LMM	0. 00009632	0. 1796%

2. 不同相关系数矩阵下的远期 LIBOR 利率蒙特卡罗模拟效果比较

利用校准出的三种不同的相关系数矩阵, 分别在不同的 LIBOR 模型假设下, 对远期 LIBOR 利率的蒙特卡罗模拟效果进行了比较说明。

由图 8 – 14 和表 8 – 27 可知, 校准方法 3——非参数化相关系数矩阵的蒙特卡罗模拟方法, 在标准 LIBOR 市场模型假设下模拟效果最好, 具有最小的绝对误差和相对误差。在上一小节中, 已实证检验证实随机波动率 VG 跳跃过程 LIBOR 市场模型具有比其他的 LIBOR 市场模型具有更优越的拟合效果。由图 8 – 15 和表 8 – 28 可知, 在 SVVG – LMM 模型假设下, 校准方法 3 仍具有最佳的模拟效果。

表 8 – 27　　　　　三种系数矩阵下的标准 LMM 蒙特卡罗模拟结果

标准 LIBOR 模型	绝对误差	相对误差
Method1	0. 001109	2. 04%
Method2	0. 001101	2. 05%
Method3	0. 001096	2. 06%

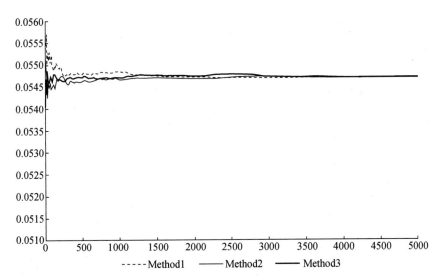

图 8 – 14 三种校准系数矩阵下的标准 LMM 蒙特卡罗模拟结果

表 8 – 28 三种系数矩阵下的 SVVG – LMM 蒙特卡罗模拟结果

SVVG – LMM 模型	绝对误差	相对误差
Method1	0.0001202	0.22%
Method2	0.0000636	0.12%
Method3	0.0000585	0.10%

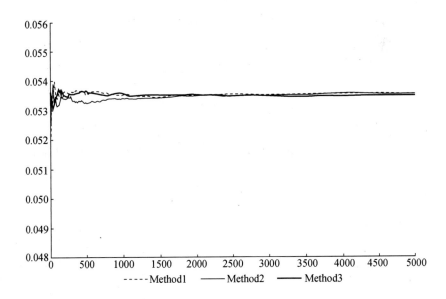

图 8 – 15 三种校准系数矩阵下的 SVVG – LMM 蒙特卡罗模拟结果

第五节 结论与展望

一 研究结论

本章以在利率衍生品的定价和风险管理中广泛使用的 LIBOR 市场模型作为研究对象，深入探讨了模型所服从的随机微分方程应具备的性质的问题；如何对模型中应用到的各期远期利率的瞬时波动率与相关系数矩阵进行校准；以及对随机微分方程的参数估计方法的改进研究。主要得出以下几个结论：

（1）具有无限跳跃特征的 Levy – LIBOR 动态模型具有更优越的拟合效果。实证研究表明，随机波动率 Levy 跳跃 LIBOR 市场模型比标准 LIBOR 市场模型和随机波动率 LIBOR 市场模型能更精确地描述远期 LIBOR 利率的变化趋势。而且与有限跳跃过程比如复合泊松跳跃过程相比，具有无限跳跃特征的 Levy 过程能更好地模拟远期 LIBOR 利率的动态变化特征。

（2）非参数化相关系数矩阵的蒙特卡罗模拟方法具有较好的校准效果。针对远期利率不同时点的波动率的校准，应用多种瞬时波动率结构结合 Caplet 市场波动率报价校准出多种波动率期限结构，并证明分段固定的波动率结构最符合市场实际情况；针对远期利率间的相关系数的校准，应用多种校准方法，包括传统的多因子参数化的 Rebonato 联合校准方法，参数化相关系数矩阵的蒙特卡罗模拟校准法，并提出了一种新的校准方法——非参数化相关系数矩阵的蒙特卡罗模拟。

（3）并行化自适应 MCMC 方法具有更高的收敛效率。对 Metropolis – Hastings 抽样算法进行优化设计，提出了自适应的随机游走 M – H 抽样算法，并利用链间自适应方法实现了并行化的蒙特卡罗模拟方法。实验证明并行化自适应 MCMC 方法具有更高的收敛效率。

二 研究展望

由于本章的研究内容较为复杂，且对于 LIBOR 扩展性模型研究的文献资料也较少，研究工作还存在许多不足，可以在未来的研究中进一步完善。

（1）由于 Levy 跳跃过程模型种类非常广泛，本章仅仅对其中四个经典跳跃模型做了实证研究和分析比较,在扩展性的 Levy – LIBOR 市场模型方面,后续研究仍然存在很大的空间。

(2)为计算简便考虑,在计算中假设模型两个随机过程相关系数为 0,这与利率市场的实际情况有一定偏差,需要做进一步的改善。

(3)为克服"局部陷阱"问题,许多改进的马尔科夫链蒙特卡罗抽样方法先后被人们提出,并在特定情况下有各自不同的优势。但针对抽样方法的改进仍具有较大操作空间和实践意义。

参考文献

[1] Andersen, Leif B. G. , and Vladimir V. Piterbarg, Moment Explosion in Stochastic Volatility Models, Finance Stochastics [J] . 2007, 11: 29 – 50.

[2] Andersen and Brotheton – Ratcliffe, Extended LIBOR Market Models with Stochastic Volatility [J] . The Journal of Computational Finance, 2005, 1 – 40.

[3] Andersen, Andreasen. Volatility skew and extensions of the LIBOR market model [J] . Applied Mathematical Finance, 2000, 7 (1) , 1 – 32.

[4] Mbalawata I S, Särkkä S. , Vihola M. , et al. Adaptive Metropolis algorithm using variational Bayesian adaptive Kalman filter [J] . Computational Statistics & Data Analysis, 2015, 83: 101 – 115.

[5] A. Papapantoleon, J. Schoenmakers, and D. Skovmand. Efficient and accuratelog – Levy approximations to Levy – driven LIBOR models [J] . Comput. Finance, 2012, 15 (4): 3 – 44.

[6] Belomestny D. , Mathew S. , Schoenmakers J. Multiple stochastic volatility extension of the LIBOR market model and its implementation [J] . Monte Carlo Methods and Applications, 2009, 15 (4): 285 – 310.

[7] Belomestny D. , Schoenmakers J. A jump – diffusion LIBOR model and its robust calibration [J] . Quantitative Finance, 2011, 11 (4): 529 – 546.

[8] Brace, A. , D. G_ atarek, and M. Musiela. The market model of interestrate dynamics. Mathematical Finance, 1997, 7, 127 – 155.

[9] Brockwell A. and Kadane J. Identification of regeneration times in MCMC simulation, with application to adaptive schemes [J] . Journal of Computational and Graphical Statistics, 2005, 14 (2): 436 – 458.

［10］ Brigo and F. Mercurio: Interest Rate Models – Theory and Practice. With Smile Inflation and Credit. 2'nd edition. Springer Finance, 2007.

［11］ Brigo D. , Mercurio F. and Moroni M. The LIBOR model dynamics: Approximations, Calibration and Diagnostics ［J］. European Journal of Operational Research, 2004, 163: 30 – 51.

［12］ Cern_ y, A. , S. Denkl, and J. Kallsen (2013). Hedging in L_ evy models and the time step equivalent of Jumps ［J］. Preprint, arXiv: 1309. 7833.

［13］ Chang J. J. , Chen S. N. , Wang C. C. , et al. Barrier Caps and Floors under the LIBOR Market Model with Double Exponential Jumps ［J］. The Journal of Derivatives, 2014, 21 (4): 7 – 24.

［14］ Carr, P. , H. Geman, D. B. Madan, and M. Yor. Self – decomposability and option pricing ［J］. Mathematical Finance 2007, 17 (1): 31 – 57.

［15］ 蔡昱宏:《结构性金融商品之评价与分析——以多资产股权连动债券与 CMS 利差连动债券为例》, 台北国立中央大学, 2013 年。

［16］ Clement E. , D. Lamberton, P. Protter. An analysis of a least squares regression mathod for Amerian option pricing ［J］. Finance and Stochastics, 2002 (6): 449 – 471.

［17］ 陈睿骁:《基于 LMM – SV – JD 模型的 CMS 价差区间型债券定价研究》, 硕士学位论文, 浙江财经大学, 2015 年。

［18］ 陈曦:《基于 Numeraire 变换理论和 SMM 模型的奇异 CMS 利率衍生产品定价》, 硕士学位论文, 山东大学, 2012 年。

［19］ Damiano Brigo, Fabio Mercurio. Interest rate models: theory and practice ［M］. Springer, 2001.

［20］ Comte, F. and Genon – Catalot, V. . Estimation for Levy processes from high frequency data within a long time interval ［J］. Ann. Statist. , 2011, 39 (2): 803 – 837.

［21］ Comte, F. and Lacour, C. (2011). Data – driven density estimation in the presence of additive noise with unknown distribution. J. R. Stat. Soc. Ser. B Stat. Method, 2011, 73 (4): 601 – 627.

［22］ D. Criens, K. Glau, and Z. Grbac. Martingale property of exponential semimartingales: a note on explicit conditions and applications to asset price and LIBOR models. Preprint, arXiv: 1506. 08127, 2015.

[23] Denis Belomestny and John Schoenmakers. A jump – diffusion LIBOR model and its robust calibration. Quantitative Finance, 2011, 11, (4): 529 – 546.

[24] Eberlein, E. , Raible, S. , 1999. Term structure models driven by general Lévy processes. Mathematical Finance , 1999, 9, 31 – 54.

[25] Eberlein E, Özkan F. The Lévy LIBOR Model [J] . Finance and Stochastics, 2005, 9 (3): 327 – 348.

[26] Eberlein, E. and Kluge, W. , Exact Pricing Formulae for Caps and Swaptions in a Levy Term Structure Model [J] . Journal of Computational Finance, 2006, 9 (2): 99 – 125.

[27] Eberlein E. , Koval N. A cross – currency Lévy market model [J] . Quantitative Finance, 2006, 6 (6): 465 – 480.

[28] Ebelrein E. , Grbae Z. Rating based Levy LIBOR model [J] . Mathematieal Finance, 2013, (4): 591 – 626.

[29] Egloff D. Monte Carlo Algorithms for Optimal Sttopping and Statistical Learning [J] . Annuals of Applied Probability, 2005, 15, 1 – 37.

[30] Elliott R. , Valchev S. LIBOR Market Model with Regime – Switching Volatility [R] . Working Paper, 2004.

[31] Ferreiro A. M. , Garcia – Rodriguez J. A. , López – Salas J G, et al. SABR/LIBOR market models: Pricing and calibration for some interest rate derivatives [J] . Applied Mathematics and Computation, 2014, 242: 65 – 89.

[32] Fernando Espinosa, Josep Vives. A volatility – varying and jump diffusion Merton type model of interest rate tisk [J] . Insurance: Mathematics and Economics, 2006, 38 (1): 157 – 166.

[33] Glasserman P. and S. G. Kou. The term structure of simple forward rates with jump risk [J] . Mathematical Finance, 2003, 13 (3): 383 – 410.

[34] Gan J. An almost Markovian LIBOR market model calibrated to caps and swaptions [J] . Quantitative Finance, 2014, 14 (14): 1937 – 1959.

［35］ Glasserman P. , Merener N. Convergence of a discretization scheme for jump – diffusion processes with state – dependent intensities ［J］. Proceedings of the Royal Society of London. Series A: Mathematical, Physical and Engineering Sciences, 2004, 460 (2041): 111 – 127.

［36］ Glasserman P. , B. Yu. . Large sample properties of weighted Monte Carlo estimations ［J］. Operation Research, 2005, 53, 298 – 312.

［37］ Glau. K, Grbac Z. , Papapantoleon A. A unified view of LIBOR models ［J］. 2016. workpaper. arXIV: 1601.01352v1.

［38］ Hazim Nada. A stochastic volatility LIBOR market model with a closed form solution ［D］. Imperial College London, 2008.

［39］ He Hu. Markov chain monte carlo estimation of multi – factor affine term – structure mdel ［D］. University of California, Los Angles, 2005.

［40］ 金瑜:《随机波动率 Levy – LIBOR 动态模型的市场校准和参数估计方法研究》, 硕士学位论文, 浙江财经大学, 2016 年。

［41］ Joshi M. , R. Rebonato. A stochastic – volatility, displaced – diffusion extension of the LIBOR market mdeol ［J］. Quantitative Finance, 2001, 61 (1), 341 – 378.

［42］ Jarrow R. , Li H. , Zhao F. Interest Rate Caps "Smile" Too! But Can the LIBOR Market Models Capture the Smile? ［J］. The Journal of Finance, 2007, 62 (1): 345 – 382.

［43］ Joshi M. S. and R. Rebonato. A displaced – diffusion stochastic volatility LIBOR market model: motivation, definition and implementation ［J］. Quantitative Finance, 2004, 3 (6): 458 – 469.

［44］ Kiesel R. , Lutz M. Efficient pricing of constant maturity swap spread options in a stochastic volatility LIBOR market model ［J］. Journal of Computational Finance, 2011, 14 (4): 37.

［45］ Kim Y. S. , Rachev S. T. , Bianchi M. L. , et al. Financial market models with Lévy processes and time – varying volatility ［J］. Journal of Banking & Finance, 2008, 32 (7): 1363 – 1378.

［46］ Kohatsu – Higa, A. and P. Tankov. Jump – adapted discretization schemes for Levy – driven sdes. Stochastic Processes and their Applications, 2010, 120 (11): 2258 – 2285.

[47] Ladkau M., Schoenmakers J., Zhang J. LIBOR model with expiry – wise stochastic volatility and displacement ［J］. International Journal of Portfolio Analysis and Management, 2013, 1 (3)：224 – 249.

[48] L. B. Andersen and J. Andreasen. Volatility skews and extensions of the LIBOR market model ［J］. Applied Mathematical Finance, 2000, 7 (1)：54 – 58.

[49] Leung K. S., Ng H. Y., Wong H. Y. Stochastic skew in the interest rate cap market ［J］. Journal of Futures Markets, 2014, 34 (12)：1146 – 1169.

[50] Leippold M., Strømberg J. Time – changed Lévy LIBOR market model：Pricing and joint estimation of the cap surface and swaption cube ［J］. Journal of Financial Economics, 2014, 111 (1)：224 – 250.

[51] 李劭郁、张曙光、毕秀春：《用 Homotopy 方法解随机波动率远期 LIBOR 模型中利率衍生品定价问题》，《浙江大学学报》（理学版）2013 年第 5 期。

[52] 李鑫：《一类具有随机波动率的跳跃扩散模型下的期权的定价》，硕士学位论文，河北工业大学，2010 年。

[53] Liu Xiangdong, Yang Fei. The research of parameter estimation under the Levy process based on option pricing ［J］. Journal of Shenzhen University Science and Engineering, 2014, 31 (3)：325 – 330. (in Chinese)

[54] 刘畅：《若干基于 LIBOR 及 SHIBOR 理财产品的数学模型及定价分析》，硕士学位论文，同济大学，2008 年。

[55] 刘凤琴、陈睿骁：《SVJD – LIBOR 随机动态模型的市场校准估计与实证模拟》，《统计研究》2016 年第 1 期。

[56] 刘海龙：《债券定价与债券风险预警方法综述》，《系统管理学报》2016 年第 1 期。

[57] 刘志东、陈晓静：《无限活动纯跳跃 Levy 金融资产价格模型及其 CF – CGMM 参数估计与应用》，《系统管理学报》2010 年第 4 期。

[58] 刘志东、刘雯宇：《Lévy 过程驱动的非高斯 OU 随机波动模型及其贝叶斯参数统计推断方法研究》，《中国管理科学》2015 年第 8 期。

[59] 廖容晨：《LIBOR 市场模型下可赎回 CMS 价差区间型商品之评价与

分析》，台北国立中兴大学，2008 年。

[60] 梁珍凤：《基于样条基对 Levy 密度的非参数估计及实证研究》，硕士学位论文，西南交通大学，2015 年。

[61] Longstaff F. and E. Schwartz. Valuation American Options by Simulation: A Simple Least – Squares Approach [J]. The Review of Financial Studies, 2001: 113 – 147.

[62] M. Rutkowski. Models of forward LIBOR and swap rates [J]. Applied Mathematical Finance, 1999, 6 (1): 29 – 60.

[63] Menasse, C. and P. Tankov (2015). Asymptotic indi_ erence pricing in exponential, Levy models. Preprint, arXiv: 1502. 03359.

[64] Molina G., Han C. H., Fouque J. P.. MCMC estimation of multiscale stochastic volatility models [M] //Handbook of Quantitative Finance and Risk Management. Springer US, 2010: 1109 – 1120.

[65] M. Rutkowski. Models of forward LIBOR and swap rates [J]. Applied Mathematical Finance, 1999, 6 (1): 29 – 60.

[66] 马俊海、张强：《随机波动率 LIBOR 模型及其结构性存款定价：理论估计与蒙特卡罗模拟》，《系统工程理论实践》2013 年第 4 期。

[67] 马俊海、张如竹：《SABR – LIBOR 市场模型的参数校准估计方法与实证模拟》，《统计研究》2016 年第 5 期。

[68] Nawalkha, Sanjay K, Natalia A. et al. Pricing American interest rate options under the jump – extended CIR and CEV short Rate Model [R]. Working Paper, University of Massachusetts, Amherst, 2009.

[69] P. Hagan, D. Kumar. A, S. Lesniewski and D. E. Woodward. Manging Smile Risk [J]. Wilmott, 2002, 84 – 102.

[70] Papapantoleon, A., J. Schoenmakers, and D. Skovmand (2012). E_ cient and accurate log – L_ evy approximations to L_ evy driven LIBOR models. Journal of Computational Finance 15 (4), 3 – 44.

[71] Poirot, J., and Tankov, P. (2006). Monte Carlo option pricing for tempered stable (CGMY), processes. Asia – Pacific Financial Markets 13, 327 – 344.

[72] Rebonato and P. Jaeckel: The Most General Methodology to Create a Valid Correlation Matrix for Risk Management and Option Pricing Purpo-

ses. Journal of Risk, Vol. 2: 2, (1999), pp. 17 – 28.

[73] Rebonato R., Mckay K. and White R. The SABR/LIBOR Market Model Pricing, Calibration and Hedging for Complex Interest Rate Derivatives [M]. John Wiley & Sons, 2009.

[74] Rebonato R., White R. Linking caplets and swaptions prices in the LMM – SABR model [J]. Journal of Computational Finance, 2009, 13 (2): 19.

[75] Rebonato R., Kainth D. A two – regime, stochastic – volatility extension of the LIBOR market model [J]. International Journal of Theoretical and Applied Finance, 2004, 7 (05): 555 –575.

[76] Rebonato R., Joshi M. A joint empirical and theoretical investigation of the modes of deformation of swaption matrices: implications for model choice [J]. International Journal of Theoretical and Applied Finance, 2002, 5 (7): 667 –694.

[77] Richard J. F., Zhang W. Efficient high – dimensional importance sampling [J]. Journal of Econometrics, 2007, 141 (2): 1385 – 1411.

[78] Rey C., Rey S., Viala J. R. Detection of high and low states in stock market returns with MCMC method in a Markov switching model [J]. Economic Modelling, 2014, 41: 145 – 155.

[79] R. Rebonato. Which process gives rise to the observed dependence of swaption implied volatility on the underlying? [J]. International Journal of Theoretical and Applied Finance, 2003, 6 (4): 419 –442.

[80] Shiraya K., Takahashi A. Pricing Basket Options under Local Stochastic Volatility with Jumps [R]. Available at SSRN 2372460, 2013.

[81] Schoenmakers and B. Coffey: Systematic Generation of Parameteric Correlation Structures for the LIBOR Market Model. International Journal of Theor. and Appl. Finance, Vol. 6: 4 (2003), pp. 1 – 13.

[82] Sohl, J. and Trabs, M. . A uniform central limit theorem and efficiency for deconvolution estimators. Electron. J. Statist. , 2012, 6: 2486 –2518.

[83] Steinruecke L., Zagst R., Swishchuk A. The Markov – switching jump diffusion LIBOR market model [J]. Quantitative Finance, 2015, 15 (3): 455 –476.

［84］ T. R. Hurd and Z. Zhou. A Fourier Transform Method for Spread Options Pricing ［J］. SIAM Journal on Financial Mathematics, 2010, 142 – 157.

［85］ Trabs, M.. Calibration of self – decomposable Levy models. Bernoulli, 2014, 20（1）: 109 – 140.

［86］ 孙斌:《随机波动率机制转换 LIBOR 市场模型及其 CMS 价差期权定价研究》, 硕士学位论文, 浙江财经大学, 2015 年。

［87］ Wu L., F. Zhang. LIBOR market model with stochastic volatility ［J］. Journal of Industrial and Management Optimization, 2006, 2（2）: 199 – 227.

［88］ Wu T. L., Xu S. A Random Field LIBOR Market Model ［J］. Journal of Futures Markets, 2014, 34（6）: 580 – 606.

［89］ 吴吉林、陶旺升:《基于机制转换与随机波动的我国短期利率研究》,《中国管理科学》2009 年第 3 期。

［90］ 吴鑫育、马超群、汪寿阳:《随机波动率模型的参数估计及对中国股市的实证》,《系统工程理论与实践》2014 年第 1 期。

［91］ 吴鑫育、周海林、汪寿阳等:《基于 EIS 的杠杆随机波动率模型的极大似然估计》,《管理科学学报》2013 年第 1 期。

［92］ 孙鹏飞、徐勤丰、俞燕:《基于隐马尔科夫模型对 LIBOR 序列的贝叶斯分析》,《统计与决策》2006 年第 14 期。

［93］ 颜忠田:《结构型商品评价与分析——以逆浮动利率连结商品与汇率连结商品为例》, 政大机构典藏, 2007 年。

［94］ 杨荣海:《货币国际化与金融市场发展协调推进的风险分析——基于 LIBOR 利率的视角》,《贵州财经学院学报》2012 年第 5 期。

［95］ 于洋、李红梅、刘艳春:《基于远期违约 LIBOR 的利率期权定价》,《辽宁大学学报》（自然科学版）2007 年第 2 期。

［96］ 曾昱璟:《中国大陆结构型商品之评价与分析——每日计息利率联动及 A 股多资产联动理财产品》, 政大机构典藏, 2005 年。

［97］ 张强:《外汇结构性存款定价的蒙特卡罗模拟方法研究评述》,《经济论坛》2010 年第 7 期。

［98］ 张强:《基于移动扩散随机波动率 LIBOR 市场模型的利率衍生证券定价方法研究》, 硕士学位论文, 浙江财经大学, 2013 年。

［99］张睿：《外汇结构性存款的合约设计和定价分析》，硕士学位论文，厦门大学，2005 年。

［100］郑振龙、康朝锋：《中国利率衍生产品的定价与保值》，北京大学出版社 2006 年版。

［101］Z. Grbac and W. J. Runggaldier. Interest Rate Modeling：Post – Crisis Chal – lenges and Approaches. Forthcoming in Springer Briefs in Quantitative Finance，Springer，2015.

［102］Zorana Grbac，David Krief，and Peter Tankov. Approximate Option Pricing in the Levy Libor Model. arXiv：1511. 08466v1. 2015.